Eigentum, Bodenwert und Visualisierung

Kataster im 19. und 20. Jahrhundert

HISTORISCHES
KOLLEG

Schriften des Historischen Kollegs

Herausgegeben von Hartmut Leppin

Kolloquien
112

Eigentum, Bodenwert und Visualisierung

Kataster im 19. und 20. Jahrhundert

Herausgegeben von
Ute Schneider

DE GRUYTER
OLDENBOURG

Das Historische Kolleg fördert im Bereich der historisch orientierten Wissenschaften Gelehrte, die sich durch herausragende Leistungen ausgewiesen haben. Es vergibt zu diesem Zweck jährlich bis zu sechs Fellowships. Darüber hinaus wird alle drei Jahre der „Preis des Historischen Kollegs" verliehen.

Die Advanced Fellowships, deren Verleihung zugleich eine Auszeichnung für die bisherigen Leistungen darstellt, sollen den berufenen Wissenschaftlerinnen und Wissenschaftlern während eines Kollegjahres die Möglichkeit bieten, frei von anderen Verpflichtungen eine größere Arbeit abzuschließen. Professor Dr. Ute Schneider (Duisburg-Essen) war – zusammen mit Dr. Pascal Firges (DHI Paris), Dr. Fabian Krämer (München), Juniorprofessor Dr. Patrick Merziger (Leipzig), Professor Dr. Dorothea Weltecke (Berlin), Professor Dr. Martin Zimmermann (München) – Fellow des Historischen Kollegs im Kollegjahr 2019/2020. Ute Schneider hat aus ihrem Arbeitsbereich ein digitales Kolloquium zum Thema „Eigentum, Bodenwert und Visualisierung: Kataster im 19. und 20. Jahrhundert" am 24. und 25. November 2021 gehalten. Die Ergebnisse des Kolloquiums werden in diesem Band veröffentlicht.

Das Historische Kolleg wird seit dem Kollegjahr 2000/2001 – im Sinne einer Public-private-Partnership – in seiner Grundausstattung vom Freistaat Bayern finanziert, die Mittel für die Stipendien kamen bislang unter anderem von der Fritz Thyssen Stiftung, dem Stiftungsfonds Deutsche Bank, der Gerda Henkel Stiftung, dem Stifterverband für die Deutsche Wissenschaft und der C.H.Beck Kulturstiftung. Träger des Historischen Kollegs, das vom Stiftungsfonds Deutsche Bank und vom Stifterverband errichtet und zunächst allein finanziert wurde, ist die „Stiftung zur Förderung der Historischen Kommission bei der Bayerischen Akademie der Wissenschaften und des Historischen Kollegs". Ute Schneider hatte im Kollegjahr 2019/2020 das Stipendium des Instituts für Zeitgeschichte München–Berlin und des Freistaats Bayern beim Historischen Kolleg inne.

www.historischeskolleg.de
Kaulbachstraße 15, 80539 München
Tel.: +49 (0) 89 2866 380   Fax: +49 (0) 89 2866 3863
E-Mail: elisabeth.huels@historischeskolleg.de

ISBN 978-3-11-113261-7
ISBN (PDF) 978-3-11-113482-6
ISBN (Epub) 978-3-11-113556-4
ISSN 2190-1392

Library of Congress Control Number: 2025941038

Bibliografische Information der Deutschen Nationalbibliothek
Die Deutsche Nationalbibliothek verzeichnet diese Publikation in der Deutschen Nationalbibliografie; detaillierte bibliografische Daten sind im Internet über http://dnb.dnb.de abrufbar.

Druck und Bindung: CPI books GmbH, Leck
Coverbild: Katasterblatt, Beginn 19. Jahrhundert, Bayerische Staatsbibliothek München / Mapp. XI,444 g-2; © Bayerische Staatsbibliothek München.
Satz: bsix information exchange GmbH, Braunschweig
Druck und Bindung: CPI books GmbH, Leck

www.degruyterbrill.com
Fragen zur allgemeinen Produktsicherheit:
productsafety@degruyterbrill.com

MIX
Papier | Fördert gute Waldnutzung
FSC
www.fsc.org
FSC® C083411

Inhalt

Besitz und Destinktion

Abkürzungen

2. VermRÄndG	Gesetz zur Änderung des Vermögensgesetzes und anderer Vorschriften (Zweites Vermögensrechtsänderungsgesetz)
a. F.	alte Fassung
AE	American Ethnologist
AER	The American Economic Review
AfS	Archiv für Sozialgeschichte
AHR	The American Historical Review
Amperland	Amperland. Heimatkundliche Vierteljahresschrift für die Kreise Dachau, Freising und Fürstenfeldbruck
AN	Archives Nationales, Paris
Annales ESC	Annales. Economies, sociétés, civilisations
Annales HSS	Annales. Histoire, Sciences Sociales
APUZ	Aus Politik und Zeitgeschichte
AQ	Anthropological Quarterly
ARoV	Amt zur Regelung offener Vermögensfragen
BayHStA	Bayerisches Hauptstaatsarchiv München
BArch	Bundesarchiv
BARoV	Bundesamt zur Regelung offener Vermögensfragen
BGB	Bürgerliches Gesetzbuch
BGBl.	Bundesgesetzblatt
BJS	Berliner Journal für Soziologie
BSNAF	Bulletin de la Société Nationale des Antiquaires de France
BVerfGE	Bundesverfassungsgericht. Entscheidungen
BWNotZ	Zeitschrift für das Notariat in Baden-Württemberg
CEH	Contemporary European History
Co.	Kompanie
DBG	Deutsche Bodenkundliche Gesellschaft
EA	Erstauflage
EALG	Gesetz über die Entschädigung nach dem Gesetz zur Regelung offener Vermögensfragen und über staatliche Ausgleichsleistungen für Enteignungen auf besatzungsrechtlicher oder besatzungshoheitlicher Grundlage (Entschädigungs- und Ausgleichsleistungsgesetz)

https://doi.org/10.1515/9783111134826-201

EH	Environment and History
FAO	Food and Agriculture Organization
FAZ	Frankfurter Allgemeine Zeitung
FNP	Frankfurter Neue Presse
FR	Frankfurter Rundschau
GBO	Grundbuchordnung
GBVerfO	Grundbuchverfahrensordnung
GG	Grundgesetz
GVBl.	Gesetz- und Verordnungsblatt
GWU	Geschichte in Wissenschaft und Unterricht
HCM	International Journal for History, Culture and Modernity
HSR	Historical Social Research – Historische Sozialforschung
HZ	Historische Zeitschrift
IJMES	International Journal of Middle East Studies
ILR	International Labour Review
JbWG	Jahrbuch für Wirtschaftsgeschichte
JCG	Journal of Cultural Geography
JCR	Journal of Consumer Research
JGH	Journal of Global History
JMES	Journal of Middle Eastern Studies
JMIS	Journal of Modern Italian Studies
JOIE	Journal of Institutional Economics
JPS	Journal of Peasant Studies
JWH	Journal of World History
k. A.	keine Angabe
KJ	Kritische Justiz
KZfSS	Kölner Zeitschrift für Soziologie und Sozialpsychologie
LAV NRW R	Landesarchiv Nordrhein-Westfalen, Abteilung Rheinland, Duisburg
LHAKo	Landeshauptarchiv Koblenz
LNR	laufende Nummer
MEW	Marx-Engels-Werke
MSG	Moderne Stadtgeschichte
NARA	U. S. National Archives and Records Administration
NDB	Neue Deutsche Biographie
NJW	Neue Juristische Wochenschrift
NJW-RR	Neue Juristische Wochenschrift Rechtsprechungs-Report
NP	Neue Presse

NTM	NTM. Zeitschrift für Geschichte der Wissenschaften, Technik und Medizin
NuM	Natur und Museum
OA	Oberbayerisches Archiv
RBl.	Königlich-Baierisches Regierungsblatt
RdN	Revue du Nord
RGBl.	Reichsgesetzblatt
RH	Rethinking History
RHETM	Research in the History of Economic Thought and Methodology
RhVjBll	Rheinische Vierteljahrsblätter
Rn.	Randnummer
RNotZ	Rheinische Notar-Zeitschrift
RSA	Rivista di storia dell'agricoltura
SachenRBerG	Sachenrechtsbereinigung im Beitrittsgebiet
S. B. T. F.	Società Anonima per la Bonifica dei Terreni Ferraresi
SchuldRAnG	Gesetz zur Anpassung schuldrechtlicher Nutzungsverhältnisse an Grundstücken im Beitrittsgebiet (Schuldrechtsanpassungsgesetz)
SSS	Social Studies of Science
sub\urban	sub\urban. Zeitschrift für kritische Stadtforschung
taz	taz, die tageszeitung
TD	Totalitarismus und Demokratie
UNRRA	United Nations Relief and Rehabilitation Administration
USAID	United States Agency for International Development
VEB	Volkseigener Betrieb
VermBerG	Gesetz zur Bereinigung vermögensrechtlicher und anderer Vorschriften (Vermögensrechtsbereinigungsgesetz)
VermG	Gesetz zur Regelung offener Vermögensfragen (Vermögensgesetz)
ZAGV	Zeitschrift des Aachener Geschichtsvereins
ZBLG	Zeitschrift für Bayerische Landesgeschichte
ZF	Zeithistorische Forschungen/Studies in Contemporary History
ZfK	Zeitschrift für Kulturwissenschaften
ZHG	Zeitschrift für hessische Geschichte und Landeskunde
ZIP	Zeitschrift für Wirtschaftsrecht

Ute Schneider

Eigentum, Bodenwert und Visualisierung: Kataster im 19. und 20. Jahrhundert

Der Wert des Bodens

Im Frühjahr 2019 setzte der ehemalige Münchner Oberbürgermeister, Hans-Jochen Vogel, mit seiner Forderung nach „Mehr Gerechtigkeit" das Thema einer neuen Bodenordnung auf die öffentliche Agenda. Er kehrte damit zu einem Arbeitsgebiet zurück, das ihn bereits seit Jahrzehnten in verschiedenen politischen Ämtern beschäftigt hatte. Sein Anliegen war die Schaffung von bezahlbarem Wohnraum vor allem in den Städten, die sich ihm erneut als politische und soziale Herausforderung von akuter Dringlichkeit darstellte. Vogel sah eine wesentliche Ursache für die hohen Mieten in den kontinuierlich steigenden Bodenpreisen, wobei der Zusammenhang von Mieten und dem Wert des Bodens ihn schon zu Beginn der 1970er-Jahre in seinem Amt als Münchner Oberbürgermeister politisch gefordert hatte. Ihm war klar geworden, dass es sich beim Boden um ein „unvermehrbares Gut" handelte, das seiner Meinung nach den freien Mechanismen des Marktes zu entziehen sei, um den ursächlichen Zusammenhang zwischen gestiegenen Bodenpreisen und hohen Mieten zu durchbrechen. In klarer Abgrenzung von der Enteignungspolitik in der DDR, die seit den 1950er-Jahren in Verordnungen und Rechtsreformen Gebäude- und Grundstückseigentum getrennt hatte, schlug Vogel eine Reform der Bodenwertermittlung zugunsten der Gemeinschaft und eine Trennung von Nutzungs- und Verfügungseigentum vor.[1] Folgen zeitigte sein Engagement erst Jahre später, als München 1994 das Prinzip „Sozialgerechter Bodennutzung" be-

[1] Hans-Jochen Vogel: Mehr Gerechtigkeit! Freiburg i. Br. 2019; ders.: Bodenrecht und Stadtentwicklung. In: Neue Juristische Wochenschrift (1972) 35, S. 1544–1547; ders.: Die Amtskette. Meine 12 Münchner Jahre. Ein Erlebnisbericht. München 1972, S. 65–67; zur DDR siehe Klaus Heuer: Bodenrecht. In: Uwe-Jens Heuer (Hg.): Die Rechtsordnung der DDR. Baden-Baden 1995, S. 147–172.

https://doi.org/10.1515/9783111134826-001

schloss und seither definierte Prozentsätze aus dem Wertzuwachs für kommunale Aufgaben abschöpft.[2]

Der Zeitpunkt, den Vogel wählte, um seine Vorschläge bundesweit erneut zur Diskussion zu stellen, war nicht zufällig; er erschien günstig, da die Forderungen nach einer Bodenreform bereits seit einigen Jahren wieder lauter geworden waren. Schon 2018 hatte der Luxemburger Pavillon auf der Biennale in Venedig eine „Architekturgeschichte der Bodenfrage" präsentiert. Zur Vorbereitung hatte sich der verantwortliche Architekt, Florian Hertweck, intensiv mit „Hans-Jochen Vogels Projekt eines neuen Eigentumsrechts des städtischen Bodens" auseinandergesetzt.[3] In einer Publikation zur Biennale sprach sich sogar die Mehrzahl der Autoren und Autorinnen für eine Neubewertung und Umverteilung des städtischen Bodens aus; ähnlich argumentierte eine Ausstellung des Wiener Architekturmuseums im Jahr 2020 unter dem Titel „Boden für alle".[4] Die Aktualität und die Auswirkungen des Problems zeigten sich in öffentlichen Protesten gegen Mietwucher und Wohnungsknappheit. Die SPD griff die Problematik auf und verankerte im Dezember 2019 auf ihrem Parteitag die Forderung nach einer Bodenwertzuwachssteuer in ihrem Programm, um den Kommunen eine Teilhabe an Bodenwertgewinnen etwa im Zuge der Umwidmung von Acker- in Bauland zu sichern.

An Sprengkraft hat das Thema seither nicht verloren, wie einerseits im Koalitionsvertrag von CDU und SPD im Frühjahr 2025 nachzulesen ist und andererseits die andauernden Auseinandersetzungen über die neuen Sätze der Grundsteuer zeigen, die eine der wichtigen kommunalen Einnahmequellen darstellt.

Obwohl sich die Problemlagen bei Mietern und Eigentümern ganz grundsätzlich unterscheiden, sind Mieten und Grundstückswerte eng miteinander verknüpft, da letztere die Grundlage für eine Jahresrohmiete und damit den Mietpreisspiegel der Kommunen bilden. Zeitgleich mit den Debatten über eine Bodenreform, hatte im Jahr 2018 das Bundesverfassungsgericht eine Verfassungsbeschwerde zugelassen, der mehrere abschlägig beschiedene Einsprüche gegen die sogenannten Einheitswertbescheide verschiedener Finanzämter und abschlägige Urteile des Bun-

[2] Informationen zur Sozialgerechten Bodennutzung im Münchner Wohnungsbau sind online zugänglich unter: https://stadt.muenchen.de/infos/sozialgerechte-bodennutzung.html (letzter Zugriff am 10.3.2025).

[3] Florian Hertweck: Hans-Jochen Vogels Projekt eines neuen Eigentumsrechts des städtischen Bodens. Ein Protokoll in 20 Punkten. In: ARCH+. Zeitschrift für Architektur und Urbanismus 231 (2018), S. 46–53. In dem Heft findet sich auch ein Gespräch mit Hans-Jochen Vogel.

[4] Karoline Mayer/Katharina Ritter/Angelika Fitz/Wien Architekturzentrum (Hg.): Boden für Alle. Zürich 2020; Hertweck: Vogels Projekt (wie Anm. 3); Stefan Rettich/Sabine Tastel (Hg.): Die Bodenfrage. Berlin 2021.

desfinanzhofs zugrunde lagen.[5] Die Kläger sahen in der Einheitsbewertung der Grundsteuer einen Verstoß gegen den Gleichheitssatz des Grundgesetzes (GG Art. 3 Absatz 1). Das Gericht sah die Verfassungswidrigkeit als gegeben an und verpflichtete den Gesetzgeber, eine Neuregelung zur Erhebung der Grundsteuer bis zum Ende des Jahres 2019 vorzulegen, die im Grundsteuer-Reformgesetz 2019 erfolgte.

Dass es sich bei der Wertermittlung von Grundeigentum um eine komplexe Materie und um ebensolche Verfahren handelt, betont das Gericht ausdrücklich in seinem Urteil. Das war wohl auch der Grund für die wiederholte Verschiebung von Reformbemühungen seit den 1970er-Jahren in der alten Bundesrepublik. Gültig war immer noch das Bewertungsgesetz von 1965, in dem der Gesetzgeber die Regelungen des „Bewertungsgesetzes für inländischen Grundbesitz" von 1934 neu gefasst hatte. Auf der Grundlage dieses Gesetzes hatte seit 1934 eine Wertermittlung stattgefunden, die im Westen einzig durch die Festlegung der Einheitswerte im Jahr 1964 angepasst worden war. In den neuen Bundesländern galten immer noch die Werte von 1936, da die DDR an diesen Bodenwerten festgehalten hatte, um über die Ressource „Boden" im staatlichen und ohne Rücksicht auf privates Interesse verfügen zu können. Diese Praxis führe, so das Verfassungsgericht, zu „weitreichenden Wertverzerrungen", da wertbildende Faktoren, wie „beispielsweise die Entwicklungen ehemals ländlich geprägter Bereiche hin zu hochpreisigen innerstädtischen Quartieren ebenso unbeachtet [blieben] wie zwischenzeitliche Um- oder Eingemeindungen". Erforderlich sei eine „realitätsgerechte [...] Bewertung". „Der Begriff der Wertverhältnisse [...] umfasse nach der Rechtsprechung vor allem die allgemeinen politischen, wirtschaftlichen und Verkehrsverhältnisse, die sich in dem allgemeinen Markt- und Preisniveau im Hauptfeststellungszeitpunkt niedergeschlagen hätten."[6]

Ein Blick in die Bewertungsvorschriften des Bodengesetzes von 1965 erklärt das Scheitern mehrerer Reformversuche der Grundsteuer in der alten Bundesrepublik bereits in den 1970er-Jahren.[7] Die Vielschichtigkeit der relevanten Faktoren war eine der Herausforderungen, denn „jede wirtschaftliche Einheit ist für sich zu bewerten. Ihr Wert ist im ganzen [sic] festzustellen. Was als wirtschaftliche Einheit zu gelten hat, ist nach den Anschauungen des Verkehrs zu entscheiden. Die örtliche Gewohnheit, die tatsächliche Übung, die Zweckbestimmung und die wirtschaftliche

[5] BVerfG, Urteil des Ersten Senats vom 10. April 2018 – 1 BvL 11/14, 1 BvR 889/12, 1 BvR 639/11, 1 BvL 1/15, 1 BvL 12/14 – Rn. (1 – 181); online zugänglich unter: http://www.bverfg.de/e/ls20180410_1bvl001114.html (letzter Zugriff am 15.3.2025).

[6] Ebd., Abs. 36, Abs. 40, Abs. 41 und Abs. 48.

[7] Siehe dazu die ausführlichen Angaben im Bewertungsgesetz (BewG 1965) in der Fassung vom 10. Dezember 1965. In: Bundesgesetzblatt Nr. 69, Jahrgang 1965, Teil I, S. 1861–1895.

Zusammengehörigkeit der einzelnen Wirtschaftsgüter sind zu berücksichtigen."[8] Das bedeutete, dass etwa zwischen verschiedenen Vermögensarten in der Land- und Forstwirtschaft, Anbauflächen und „Unland" als Betriebsflächen ohne Ertrag, Grund- und Betriebsvermögen zu unterscheiden war, um nur einige der im Gesetz ausdifferenzierten Kategorien zu nennen.

Neben den materiellen waren aber auch immaterielle Werte von Grund und Boden zu erfassen und in Wert zu setzen. Das galt für Lasten, Nutzungen etwa von Wohnungen und Kost, Pensionen und Renten, wobei „persönliche Verhältnisse" wie „Verfügungsbeschränkungen, die auf letztwilligen Anordnungen beruhen", keine Berücksichtigung fanden.[9]

Eigentum und Grundbuch

Dem Gesetz zufolge sollten zur Erfassung von Wohnungseigentum und Teileigentum die Grundbücher herangezogen werden, die die Besitzverhältnisse an Grund und Boden wie Wohnungseigentum in verschiedenen Formen einschließlich einer Kataster- oder Liegenschaftskarte dokumentieren. Das Modell des Grundbuches als Ordnungssystem und -praxis, wie Lorenz Kähler in seinem Beitrag herausarbeitet, war im 19. Jahrhundert entwickelt und mit seiner Verankerung im Bürgerlichen Gesetzbuch für das Deutsche Reich normiert worden.[10] Mit dem nun „erforderlichen" Eintrag in das Grundbuch gingen die Einrichtung von Grundbuchämtern (seit 1936 bei den Amtsgerichten) und eine Grundbuchordnung einher, die die Anlage und das Verfahren der Dokumentation regelte.

Diese staatliche Neuordnung, die das (Grund-)Eigentum im Privatrecht mit staatlichen Dokumentationen und Institutionen verknüpfte, ist zu einem konstitutiven Element der bürgerlichen Gesellschaft und des Kapitalismus geworden, mit der Folge, dass die ihm zugrundeliegenden Prozesse und Umwälzungen der Eigentumsverhältnisse im 19. Jahrhundert lange aus dem Blick geraten sind. In seiner 1876 neu aufgelegten Verwaltungslehre betonte Lorenz von Stein diesen Zusammenhang, stellte aber auch fest, dass „eine pragmatische Geschichte des Grund-

[8] BewG 1965 (wie Anm. 7), § 2 Abs. 1.

[9] BewG 1965 (wie Anm. 7), §§ 9, 13–16.

[10] § 873 BGB, Allgemeine Vorschriften über Rechte an Grundstücken. Erwin Hammer: Die Geschichte des Grundbuches in Bayern. München 1960; Daniel Speich: Das Grundbuch als Grund aller Pläne. Präzision und die Fiktion der Überschaubarkeit im Entstehungsprozess eines modernen Rechtsstaats. In: David Gugerli (Hg.): Vermessene Landschaften. Kulturgeschichte und technische Praxis im 19. und 20. Jahrhundert. Zürich 1999, S. 137–148.

buchwesens eine so schwierige Aufgabe [ist], dass nicht einmal ein Versuch ihrer Lösung vorliegt."[11]

Das Verhältnis von Boden und Recht, die rechtliche Fassung und Dokumentation von Grund und Boden, die Wertermittlung und schließlich die Bedeutung des Bodens in sozialen und mentalen Kontexten und ihr Wandel seit dem 19. Jahrhundert haben in der historischen Forschung nur wenig Aufmerksamkeit gefunden.[12] Immer noch handelt es sich um ein Forschungsdesiderat, obwohl die gegenwärtige Debatte über den Kapitalismus Fragen des Eigentums nicht zuletzt in Zusammenhang mit dem Erbrecht in die breitere Öffentlichkeit getragen hat. Neuere Arbeiten heben das Eigentum an Grund und Boden als zentrales, konstitutives Merkmal des Kapitalismus hervor und betonen – wie etwa Katharina Pistor – die Verknüpfung von Grundeigentum und Recht. Detailliert vermag sie zu zeigen, wie die Ausbildung von Institutionen des Rechts, Gesetzgebung und Rechtsfiguren die Entwicklung von privatem Grundbesitz unterstützten und sicherten, und somit die Ungleichheit nicht nur von Eigentumsverhältnissen beförderten.[13] Diese Impulse der Kapitalismusforschung finden ihren Niederschlag gegenwärtig in der Globalgeschichte, wo die Forschung neue Perspektiven auf das Gemeineigentum, die *commons*, zu entfalten scheint.[14]

Die Grundbücher bilden einen ordnenden Abschluss und Ausdruck dieser sich seit dem ausgehenden 18. Jahrhundert entfaltenden neuen Perspektive auf den Grund und Boden des Territoriums als verfügbare und kapitalisierbare Ressource.[15] Einen markanten, ja entscheidenden Meilenstein in diesem Prozess stellte in

[11] Lorenz von Stein: Handbuch der Verwaltungslehre und des Verwaltungsrechts mit Vergleichung der Literatur und Gesetzgebung von Frankreich, England und Deutschland als Grundlage für Vorlesungen. Stuttgart ²1876, S. 502, S. 505.

[12] Eine wichtige Ausnahme stellt die Untersuchung von Jonathan Sperber dar, der in einer leider wenig beachteten Studie Gerichtsakten nutzt, um Eigentumskonflikte in familiären Beziehungen in der Pfalz im 19. Jahrhundert zu untersuchen; Jonathan Sperber: Property and Civil Society in South-Western Germany. Oxford 2010.

[13] Katharina Pistor: The Code of Capital. How the Law Creates Wealth and Inequality. Princeton, NJ 2019; Jens Beckert: Erben in der Leistungsgesellschaft. Frankfurt a. M. 2013; Thomas Piketty: Kapital und Ideologie. München 2020. Siehe dazu auch Daniel Ben Damler: Wildes Recht. Zur Pathogenese des Effektivitätsprinzips in der neuzeitlichen Eigentumslehre. Berlin 2008.

[14] Elinor Ostrom: Governing the Commons. The Evolution of Institutions for Collective Action. Cambridge 2015; H. William Batt: Saving the Commons in an Age of Plunder. In: American Journal of Economics & Sociology 75 (2016), S. 346–371.

[15] Carol M. Rose: Property and Persuasion. Essays on the History, Theory, and Rhetoric of Ownership. Boulder u. a. 1994; Rafe Blaufarb: The Great Demarcation. The French Revolution and the Invention of Modern Property. New York 2016.

weiten Teilen Europas die „Vermögenssäkularisation“[16], wie Christof Dipper in Abgrenzung zur Herrschaftssäkularisation formulierte, zu Beginn des 19. Jahrhunderts dar, die kirchlichen Grundbesitz in staatliches Eigentum überführte und zum Verkauf freigab. Hier entstanden nicht nur ein Grundstücksmarkt und die Profession des Immobilienmaklers, wie Gabriele Clemens in ihrem Beitrag erneut unterstreicht, sondern auch rechtliche Praktiken wie die notarielle Beglaubigung und zwingende Notwendigkeit schriftlicher Dokumentationen der neuen Besitzverhältnisse.[17]

Die Erfassung der Güter, einschließlich aller Gebäude wie Mühlen, aber auch Gärten und Bienenstöcke, um nur einige zu nennen, erfolgte in tabellarischer Form. In England hatte sich seit dem Mittelalter diese Art der Dokumentation in den Grundregistern herausgebildet, die seit dem 17. Jahrhundert auch in anderen europäischen Staaten mit unterschiedlichen Erfassungskriterien zur Anwendung kamen.[18] Zu Beginn des 19. Jahrhunderts entsprachen die Tabellen zudem den Formen der Wissenssammlung und Wissensgenerierung der Zeit, auch wenn einige Zeitgenossen bereits über die „Tabellenwuth“ und die Unübersichtlichkeit derartiger Listen klagten.[19]

Im Zuge der territorialen Integration und Neuorganisation nach 1815 bemühten sich die deutschen Staaten um eine Vereinheitlichung der verschiedenen Dokumentationsformen des Eigentums innerhalb ihrer Territorien. Allerdings blieb die Frage, ob das gesamte Grundeigentum erfasst werden sollte, durchaus umstritten. In Bayern standen das Modell des Grundbuches mit der vollständigen Eigentumserfassung und ein Hypothekenbuch, das nur belastete Grundstücke verzeichnete, zur Diskussion. Für letzteres entschied sich die Regierung im Jahr 1822, nachdem eine Machbarkeitsstudie mit einem auf wenige Rubriken reduzierten Formular im Landgerichtsbezirk Eltmann im Untermainkreis gezeigt hatte, dass ein solches den bürokratischen Aufwand und die Anzahl der (voraussichtlich) benötigten Bände in einem finanzierbaren Rahmen hielt. Anfänglich gab es noch Überlegungen, das Hypothekenbuch als eine Vorstufe zum Grundbuch zu betrachten. Nach dem überzeugenden Testlauf verwarf der verantwortliche Jurist, Nikolaus Thaddäus von Gön-

[16] Christof Dipper: Probleme einer Wirtschafts- und Sozialgeschichte der Säkularisation in Deutschland (1803–1813). In: Armgard von Reden-Dohna (Hg.): Deutschland und Italien im Zeitalter Napoleons. Wiesbaden 1979, S. 123–170.

[17] Siehe dazu auch Gabriele B. Clemens: Immobilienhändler und Spekulanten. Die sozial- und wirtschaftsgeschichtliche Bedeutung der Großkäufer bei den Nationalgüterversteigerungen in den rheinischen Departements (1803–1813). Boppard am Rhein 1995.

[18] Vincent Nossek: Das Konzept „Grundbuch“. Tübingen 2019.

[19] Ute Schneider: „Den Staat auf einem Kartenblatt übersehen!“ Die Visualisierung der Staatskräfte und des Nationalcharakters. In: Christof Dipper/Ute Schneider (Hg.): Kartenwelten. Der Raum und seine Repräsentation in der Neuzeit. Darmstadt 2006, S. 11–25.

ner, diese Idee und Bayern folgte dem Modell „Hypothekenbuch".[20] Angelegt wurden Einträge in das Hypothekenbuch auf individuelle Veranlassung; sie erfolgten in dreispaltigen Tabellen mit Registern in Folianten. Beilagenbände versammelten Urkunden und Spezialakten.[21]

Die Entscheidung für die Hypothekenbücher unterstreicht die Gemengelage aus fiskalischen, rechtlichen und bürokratischen Herausforderungen für den Staat angesichts einer sich wandelnden Eigentums- und Sozialordnung. Letztlich fügte sich dieser bayerische Pfad in eine Vielzahl von Raumpraktiken ein, die die Umwandlung der sozialen in eine territoriale Ordnung einleiteten und gestalteten. Die Schaffung von Einwohnergemeinden stellte, wie Anette Schlimm in ihrem Beitrag zur Gemeindebildung in Bayern darlegt, einen zentralen Baustein dieses Transformationsprozesses dar, der sich in der Praxis als langjährig und keineswegs gradlinig erwies.[22] Flurbereinigungen und die Eingemeindung von „öden Plätzen" oder „Unland", wie es bis heute im Bewertungsgesetz heißt, waren damit verbundene Praktiken der Raumarrondierung und Beherrschung, über die wir bisher immer noch vergleichsweise wenig wissen, obwohl sie weder auf Bayern noch auf das frühe 19. Jahrhundert beschränkt blieben.

Der bayerische Staat, der mit dem Hypothekenbuch eine weitgehende territoriale Vereinheitlichung anstrebte, ausgenommen blieben allein die bayerische Pfalz, wo das französische Recht mit seinen Dokumentationsformen fortbestand, und die Stadt München, die die tradierte Form des Grundbuches parallel zum Hypothekenbuch führte, hatte sich an preußischen Reformbemühungen orientiert, deren Anfänge schon im 18. Jahrhundert lagen. Unter Friedrich dem Großen waren die Grund- und Hypothekenbücher im Hypothekengesetz von 1783 festgeschrieben worden; eine genauere Festlegung zur Ausgestaltung der Hypothekenbücher erfolgte jedoch erst durch das Allgemeine Landrecht im Jahr 1794. Nach 1815 fand das Hypothekenrecht mit einigen Novellierungen zu Beginn der 1850er-Jahre auch in den neuen Landesteilen Anwendung. Allerdings wuchs die Kritik an diesem Gesetz vor allem in den neuen, westlichen Provinzen, denn:

> Die Verkehrsverhältnisse hatten sich seit dem Anfange des Jahrhunderts vollständig umgestaltet. Der rapide sich steigernde Handel, die großartigen Anlagen der Eisenbahnen und anderer industrieller Unternehmungen, die in den mannigfaltigsten Anleihen sich ausprägen-

[20] Hammer: Geschichte des Grundbuches (wie Anm. 10), S. 101, S. 104–106.

[21] Ebd., S. 110–112.

[22] Siehe dazu den Beitrag von Anette Schlimm in diesem Band; vgl. auch Anette Schlimm: Regieren in Dörfern. Ländlichkeit, Staat und Selbstverwaltung, 1850–1945. Köln 2023 sowie dies.: Gespalten zwischen Stadt und Land? Neue Ansätze der Ländlichkeitsforschung und die Perspektiven der Zeitgeschichte. In: Neue politische Literatur. Berichte aus Geschichts- und Politikwissenschaft 69 (2024), S. 361–387.

den Kreditbedürfnisse der Staaten und anderer korporativer Verbände, die sich immer weiter ausdehnende internationale Gestaltung der Börse hatten zur Folge, daß sich das Kapital mehr und mehr von dem Hypothekenverkehr zurückzog. Indem die neuen Gelegenheiten zur Kapitalsanlage Vortheile boten und bieten, welche die Grundstücks-Hypothek nie bieten kann, mußte das spekulirende Kapital wachsen und sich das eine ruhige, dauernde Anlage suchende Kapital vergeringern.[23]

Grundkapital und Hypothekenrecht waren aus der Perspektive des 19. Jahrhunderts ein Überhang der „Geschlechter- und ständischen", während „das Werthkapital aber die Kapitalsform der freien staatsbürgerlichen Gesellschaftsordnung ist".[24]

Mit dem Wandel der Kapitalsformen nahm die Kritik am Hypothekenrecht seit den 1840er-Jahren beständig zu, und wiederholt befassten sich Justizministerium, Herren- und Abgeordentenhaus mit Vorlagen und Petitionen, die sich für Erleichterungen des Realkredits aussprachen. Ende der 1860er-Jahre legte das Justizministerium erstmalig einen Gesetzentwurf „über den Eigenthumserwerb und die dingliche Belastung der Grundstücke, Bergwerke und selbstständigen Gerechtigkeiten" im Paket mit einer „Grundbuchordnung" vor, die nach längeren Verhandlungen und Modifikationen im Jahr 1872 schließlich verabschiedet wurde und in Kraft trat.[25]

Das Gesetz und die Grundbuchordnung zur einheitlichen Umsetzung und Einführung des Grundbuches waren nicht das Resultat von Reformen bereits bestehender Regelungen, sondern stellten eine völlig neue „Kodifikation" dar, wie schon die Zeitgenossen hervorhoben. Sie traten mit Ausnahme Hannovers in allen Landesteilen in Kraft und legten ein neues Ordnungssystem der Erfassung und Dokumentation über das Eigentum und nationale Territorium, indem sie die bis dahin bestehenden Gesetze aufhoben. Im Unterschied zu den Hypothekenbüchern, die nur die belasteten Grundstücke verzeichneten, bedurfte es für die Grundbücher einer das gesamte Territorium erfassenden Grundlage, die seit dem frühen 19. Jahrhundert mit den systematischen Landesvermessungen und Katastern entstanden war. Entsprechend verzahnten Gesetz und Verordnung das Eigentum mit dem Grundbuch und den Katastern, auf die ich im Folgenden noch zurückkommen werde.

[23] Wilhelm Bahlmann: Das preußische Grundbuchrecht, die Gesetze vom 5. Mai 1872, betreffend: 1) den Eigenthumserwerb und die dingliche Belastung der Grundstücke, Bergwerke und selbstständigen Gerechtigkeiten, 2) die Grundbuchordnung; mit einem ausführlichen Kommentar in Anmerkungen, nebst den in Kraft gebliebenen, ergänzten Gesetzen. Berlin 1872, S. 3.

[24] Von Stein: Handbuch (wie Anm. 11), S. 502.

[25] Bahlmann: Das preußische Grundbuchrecht (wie Anm. 23), S. 4–6.

Die Durchsetzung eines einheitlichen Grundbuchsystems in den verschiedenen Landesteilen blieb jedoch eine „Fiktion“[26], an der auch die Einführung des BGB im Jahr 1900 mit der reichsweiten Normierung des Grundbuches im Privatrecht und einer Reichsgrundbuchordnung wenig änderte.[27] Erst die Nationalsozialisten griffen mit einer Grundbuchreform 1935 in dieses Ordnungssystem mit seiner Dokumentationsvielfalt auf der Ebene der Länder ein. Die Grundlage für die „Verordnung zur Veränderung des Verfahrens in Grundbuchsachen“ hatten sie sich durch die Aufhebung der Justizhoheit in den Ländern im Jahr zuvor geschaffen. Der Verordnung folgte ein Jahr später das Grundsteuergesetz vom Dezember 1936, das bis zum Urteil des Bundesverfassungsgerichts im Jahr 2018 als Bewertungsgrundlage herangezogen wurde. Auch die Grundbuchordnung von 1935 überdauerte das Kriegsende. In der späteren DDR fiel die Zuständigkeit für die Grundbücher seit den 1960er-Jahren an die Räte der Kreise, und mit der Ablösung des BGB durch das neue Zivilrecht im Jahr 1975 regelten die Grundstücksdokumentationsordnung und die Grundbuchverfahrensordnung die Erfassung der Eigentumsverhältnisse. Ohnehin waren ungefähr 50 Prozent des nationalen Grundes als „Volkseigentum“ in staatlichem Besitz, der lediglich zur Nutzung zur Verfügung stand.[28] Die Grundbücher wurden nicht systematisch weitergeführt, wohl aber in manchen Kreisen die Grundbuchblätter, wie sich nach 1990 im Prozess der Wiedervereinigung und im Zuge zahlreicher Forderungen und Durchsetzungen von Eigentumsrückübertragungen zeigen sollte, die als hypothetische Rechtsfrage schon bundesdeutsche Juristen in den 1950er-Jahren beschäftigt hatten.[29] Nach 1990 hat die Rückkehr des Privateigentums in der ehemaligen DDR bei Juristen und Juristinnen große Aufmerksamkeit gefunden, während sich die Geschichtswissenschaft diesem Problemkomplex der Zeitgeschichte erst seit wenigen Jahren nähert.[30] Kerstin Brückweh

[26] Daniel Speich benutzt diese Formulierung mit Blick auf die Schweiz, die sich bei ihren Ordnungsbemühungen um eine Homogenisierung des Erfassungswesens mit ähnlichen Herausforderungen konfrontiert sah. Die Charakterisierung als „Fiktion“ lässt sich auf den deutschen Fall übertragen. Speich: Grundbuch (wie Anm. 10), S. 137–148.

[27] Nossek: Konzept (wie Anm. 18), S. 318–344.

[28] Günter Sczostak: Das Volkseigentum in der DDR. In: Juristische Rundschau (1957) 7, S. 255–259; Manfred Hoffmann: Das Volkseigentum an Grund und Boden in der DDR. Ziele, Instrumente und Ergebnisse seiner Bewirtschaftung. Köln 1978; Ulrich Keller: Verfügung über Grundstück eingetragen in Volkseigentum. In: Der Deutsche Rechtspfleger 107 (1999), S. 268–270; Felix Muhl: „Volkseigentum ist unantastbar“. Das Volkseigentumsschutzgesetz der DDR und der Bestimmtheitsgrundsatz. Berlin 2011.

[29] Ernst Forsthoff: Ist die Bodenreform in der Deutschen Demokratischen Republik im Falle der Wiedervereinigung als rechtswirksam anzuerkennen? Rechtsgutachten für die Arbeitsgemeinschaft der Grundbesitzerverbände Bonn. Heidelberg 1954.

[30] Siehe dazu den Hinweis auf Bundesminister der Justiz: Nutzungsrecht und Eigentum an Grund und Boden in den neuen Ländern und im Osten Berlins vom 28. Oktober 1991 (unveröffentlicht, Az.

legt in ihrem Beitrag eine Sonde in das Verhältnis von Eigentum und Dokumentation in der DDR, das wie viele andere mit dem Grundbuch in seiner Materialität und Praxis der Dokumentation verbundene Fragen, weiterhin ein Forschungsdesiderat darstellt.

An der papierenen Materialität der Grundbücher, bei denen es sich um voluminöse Folianten handelt, in denen für jedes Grundstück ein Grundbuchblatt angelegt ist, das in drei Abteilungen die Eigentumsverhältnisse, Nutzungs- und Nießbrauchrechte sowie Pfandrechte und Hypothekenrechte verzeichnet, änderte sich bis in die 1990er-Jahre wenig. Da jeder Eigentümer- und Besitzwechsel, jede Grundstücksteilung, Enteignungen etwa im Zuge des Bergbaus und von Flurbereinigungen akribisch erfasst wurden, sind diese Bände Wissensspeicher und eine Dokumentation der Eigentumsverhältnisse in Deutschland seit dem 19. Jahrhundert, die sich wie geologische Schichten entfalten. Die schiere Materialfülle aber auch ihre langfristige Sicherung haben seit den 1970er-Jahren zu Diskussionen über elektronische Formate der Dokumentation und des fortlaufenden Eintrags geführt, die als Teil einer Technik- und Kulturgeschichte noch ihrer Aufarbeitung harren. Interessant ist auch in diesem Fall das Scheitern einiger Pilotprojekte zum „maschinellen Grundbuch“, wie es anfänglich hieß, was nicht zuletzt mit der Komplexität der Dokumentation von Gegenwart und Vergangenheit zusammenhing.[31]

Auch die Verknüpfung mit dem Kataster, die seit dem 19. Jahrhundert verpflichtend war, stellt nicht erst im Zeitalter der Digitalisierung eine beträchtliche Herausforderung dar. Denn das „Liegenschaftskataster definiert den Grundbesitz als eingemessenes, durch Flurkarte und Katasterbuch exakt und unverwechselbar

3440/4–6). In: Entwurf eines Gesetzes zur Änderung des Vermögensgesetzes und anderer Vorschriften. Deutscher Bundestag, Drucksache 12/2480 vom 28.4.1992, S. 36; Filippo Ranieri: Die Rückkehr des Privateigentums in die frühere DDR. Die deutsche Justiz zwischen Rechtsgeschichte, Rechtsdogmatik und Rechtspolitik. In: Ulrich Falk/Gert Bender (Hg.): Die Rückkehr des Privateigentums. Frankfurt a. M. 1999, S. 189–216; Jürgen Dinkel: Erben und vererben in der Moderne. Erkundungen eines Forschungsfelds. In: AfS 56 (2016), S. 81–108; Jürgen Dinkel: Erbpraktiken und Vermögensungleichheit. Was kann die historische Analyse von Erbfällen und Erbpraktiken zu einer Vermögens- und Gesellschaftsgeschichte im 20. und 21. Jahrhundert beitragen? In: GWU (2019), S. 661–677.

31 Beispielhaft aus der Fülle der Literatur seien genannt: Herbert Grziwotz: Das EDV-Grundbuch. In: Computer und Recht (1995), S. 68–73; Werner Schmidt: Das Grundbuch in elektronischer Datenverarbeitung. In: Datenverarbeitung in Steuer, Wirtschaft und Recht (DSWR) 1 (1972), S. 329–349; Hansjörg Geiger/Franz Göttlinger/Helmut Kobes: Die Konzeption des Computer-Grundbuchs. In: Der Deutsche Rechtspfleger (1973), S. 193–203; Walter Böhringer: Einführung des EDV-Grundbuchs jetzt möglich. In: Deutsche Rechts-Zeitschrift (1993) 7, S. 202; Frank M. Bischoff: Elektronisches Grundbuch in Nordrhein-Westfalen. Möglichkeiten der Überlieferungssicherung aus archivischer Perspektive. Archivierung elektronischer Unterlagen. Stuttgart 1999, S. 101–110.

dargestelltes Stück der Erdoberfläche". Durch die Übernahme in das Grundbuch wird die vermessene Katasterparzelle zu einem „Grundstück im Rechtssinne".[32]

Eigentum und Kataster

Die Geschichte des Katasters reicht in Antike und Mittelalter zurück; die Bezeichnung als „Kataster" für Register und Steuerbücher für Grund und Boden lässt sich jedoch erst seit der Frühen Neuzeit nachweisen.[33] Im 18. Jahrhundert begannen zahlreiche Staaten mit der Vermessung ihrer Territorien, so etwa im Herzogtum Kleve, wo der preußische König zwischen 1731 und 1738 einen Kataster erstellen ließ, um das Steuerwesen neu regeln zu können. Nils Bennemann zufolge stellte die Vermessung der Flurstücke am Rhein, der seinen Lauf mit den Jahreszeiten änderte, die Geometer vor besondere Herausforderungen bei der Erfassung von Pachtverhältnissen und Bodenbeschaffenheit. Dauerte diese Vermessung nur sieben Jahre, so waren in Frankreich mehrere Generationen der Familie Cassini mit der Vermessung des gesamten Territoriums im Auftrag der französischen Könige beschäftigt. Napoleon ließ zu Beginn des 19. Jahrhunderts diese Grundlage um die neu gewonnenen Gebiete durch die Vermessung von Tranchot erweitern. Auch Bayern begann 1808 nach umfangreichen Vorbereitungen mit einer Landesvermessung, um sich einen Überblick über das gesamte Territorium einschließlich der neu gewonnenen Landesteile zu verschaffen, wie Anette Schlimm in ihrem Beitrag betont.

32 Alle Zitate stammen aus Wolfgang Farke: Grundbuch und Kataster. In: Vermessung Brandenburg 1 (2002), S. 20–39, hier: S. 20. Siehe dazu auch beispielhaft Walter Bredl u. a.: Liegenschaftskataster und Liegenschaftsvermessungen. In: Das deutsche Vermessungs- und Geoinformationswesen (2010), S. 125–143; Wilhelm Harksen: Das preußische Kataster und seine Verbindung mit dem Grundbuch. Dessau 1896; Josef Heider: Das bayerische Kataster. München 1954; Gerald Kohl: Allgemeines Bürgerliches Gesetzbuch, Grundbuch und Grundsteuerkataster. In: Aus Forschung und Kunst 40 (2013), S. 35–42; Emil Schenk (Hg.): Grundbuch- und Katastersysteme in der Bundesrepublik Deutschland. Entwicklung und aktueller Stand. Beantwortung des Fragebogens der Internationalen Vereinigung der Vermessungsingenieure (FIG). Stuttgart 1993; Ulrich Gruber/Jens Riecken/Markus Seifert: Germany on the Way to 3D-Cadastre. In: Zeitschrift für Geodäsie, Geoinformation und Landmanagement (zfv) 139 (2014), S. 223–228.

33 Florence Bourillon/Nadine Vivier (Hg.): La mesure cadastrale. Estimer la valeur du foncier. Rennes 2012; Bernhard Wittstock: Rechts- und Verwaltungsvorschriften des preußischen Grundsteuerkatasters 1820–1945. Berlin 2001; Thomas Horst: Kartographie und Grundstückseigentum in der Frühen Neuzeit. In: Zeitschrift für Geodäsie, Geoinformation und Landmanagement (zfv) 139 (2014), S. 369–376; Roger J. P. Kain/Elizabeth Baigent: The Cadastral Map in the Service of the State. A History of Property Mapping. Chicago 1993, S. 1.

Diese Landesvermessungen lassen sich als ein Ausdruck von Territorialität verstehen, die Charles Maier als formatives Prinzip staatlichen Handelns vom Ende des 19. bis zum zweiten Drittel des 20. Jahrhunderts charakterisiert hat. Die Internationale Weltkarte (*International Map of the World*), die mich seit einigen Jahren beschäftigt und den Ausgangspunkt aller Überlegungen zu Katastern darstellt, kann als Ausdruck dieser Epochensignatur betrachtet werden. Denn die Erfassung des Territoriums ist nach Maier eine machtvolle Strategie, um Menschen und Dinge zu kontrollieren.[34] Ihm zufolge lässt sich seit der Mitte des 19. Jahrhunderts eine wissenschaftliche und politische Durchdringung von Territorien ausmachen, nachdem in den beiden Jahrhunderten zuvor Grenzen gezogen worden waren. Das Innere des Territoriums, seine Ressourcen, Macht- und Energiepotenziale galt es zu erfassen, sichtbar zu machen und die soziale Ordnung zu verhandeln und zu gestalten. Damit waren zugleich Hierarchisierungen im Raum (Zentren) und Vernetzungen durch raumüberwindende Technologien verbunden. Maier bezieht sich in seinen Überlegungen sehr allgemein auf kartografische Visualisierungen, deren Charakteristika er unter Verweis auf James C. Scott nicht weiter ausführt. Deutlich mehr Raum widmet Scott dem Medium. Für ihn haben „all the state simplifications that we have examined […] the character of maps." Karten stellen für ihn staatliche Ordnungsinstrumente dar, die er neben anderen Formen wie Kataster und Statistiken als Versuche einer „schematischen Kategorisierung" der Realität betrachtet.[35]

Die Kontrolle und den Überblick über die Territorien und Meere des Planeten lieferte auch das Projekt der Weltkarte trotz ihres Maßstabs von 1:1.000.000. Denn für die angestrebte Nutzung des Modells „Weltkarte" und auf der Ebene ihrer Produktion spielten Statistiken und vor allem Katasterkarten eine bedeutende Rolle. In einem undatierten Memo aus der Zwischenkriegszeit hielt einer der Mitarbeiter der „American Geographical Society", dessen zentrale Aufgabe die Weltkarte war, über einen Aufsatz des 1915 von Österreich in die USA emigrierten Kartografen Francis J. Marschner (1882–1966), der sich intensiv mit Landnutzungsfragen befasste, fest:

[34] Charles S. Maier: Once within Borders. Territories of Power, Wealth, and Belonging since 1500. Cambridge, MA 2016, S. 229–232; ders.: Transformations of Territoriality. 1600–2000. In: Gunilla Budde/Sebastian Conrad/Oliver Janz (Hg.): Transnationale Geschichte. Themen, Tendenzen und Theorien. Göttingen 2006, S. 32–55, hier: S. 34; ders.: Consigning the Twentieth Century to History: Alternative Narratives for the Modern Era. In: AHR 105 (2000), S. 807–831; ders.: Leviathan 2.0. Die Erfindung moderner Staatlichkeit. In: Emily S. Rosenberg (Hg.): Geschichte der Welt. Weltmärkte und Weltkriege. München 2012, S. 33–286.

[35] James C. Scott: Seeing Like a State. How Certain Schemes to Improve the Human Condition Have Failed. New Haven 1998, S. 77, S. 87.

> The importance of cadastral maps in (sic!) strikingly brought out with outstanding examples of the inaccuracy of land settlement grants in the past. It is suggested that states should provide central survey agencies charged with the maintenance of archives ‚where the muniments of private and public landownership as well as of institutional divisions (drainage, irrigation, conservancy etc., districts) are kept on file, and thus can act as centers of information where copies may be obtained or consulted by other government agencies or the public'.[36]

Den Mitarbeiterinnen und Mitarbeitern war klar, dass diese Karten nicht nur Einblicke in das Soziale geben konnten, sondern vielmehr auch den Wandel von Eigentumsverhältnissen, Bodennutzung, Ressourcen, Infrastrukturen etc. dokumentierten. Demgegenüber misst Maier den Katastern keine große Bedeutung und kaum mehr als Steuererhebungsfunktionen zu. Er lässt das „cadastral century" circa 1820 enden und bewegt sich in seiner Analyse eher im Vogelflug des Maßstabs der Weltkarte. Die grundlegenden Eigentumsveränderungen seit dem 18. Jahrhundert und die damit einhergehenden Veränderungen in Politik und Recht, den sozialen und ökonomischen Beziehungen aber auch im Hinblick auf Wissen über Grundeigentum, Inbesitznahme, Wahrnehmungen, Zuschreibung und schließlich auch Dokumentations- und Visualisierungsformen werden nur angerissen.

James C. Scott stellt die Bedeutung von Katastern im 19. Jahrhundert nicht infrage. Eine Herausforderung des Mediums stelle allerdings der Wandel der Besitzverhältnisse seit den 1830er-Jahren dar. Unter Verweis auf die Spannung zwischen einer statischen Karte und der aktuellen Lebenswelt betont er:

> The cadastral map is very much like a still photograph of the current in a river. It represents the parcels of land as they were arranged and owned at the moment the survey was conducted. But the current is always moving [...]. Changes are taking place on field boundaries; land is being subdivided or consolidated by inheritance or purchase; new canals, roads, and railways are being cut; land use is changing; and so forth. [...] The accumulation of annotations and marginalia at some point render the map illegible, whereupon a more up-to-date but still static map must be drawn and the process repeated. [...].[37]

Dieser Prozess einer regelmäßigen Überarbeitung oder neuen Kartierung bedarf einheitlicher Kriterien und Statistiken:

> And yet, even the most equitable, well-intentioned cadastral system cannot be uniformly administered except on the basis of stable units of measurement and calculation.[38]

36 American Geographical Society Library, Memo, AGSL Box 160, Folder 18, Map Projection Data, 1925–1943.

37 Scott: Seeing (wie Anm. 35), S. 46.

38 Ebd.

Es waren die nach Scott erforderlichen Kriterien, die zu regelmäßigen Diskussionen auf den internationalen statistischen Kongressen im 19. Jahrhundert führten, denn die grundlegende Umgestaltung der Eigentumsordnung, die mit der Französischen Revolution und der Säkularisation von 1803 in Europa eingeleitet worden war, stellte die europäischen Staaten nicht zuletzt vor administrative Herausforderungen. Die Bewältigung der „colossalen Aufgabe" war in der Mitte des 19. Jahrhunderts keineswegs abgeschlossen, vielmehr zeigten sich gerade auf den statistischen Kongressen die unterschiedlichen Wege, Formen und Ungleichzeitigkeiten im Umgang mit Grund und Boden.[39] Dies galt insbesondere für die Kartierung der Grundeigentumsverhältnisse in den Katasterkarten. Für den Vergleich waren einheitliche Grundlagen jedoch unerlässlich, denn nur auf ihrer Basis konnten die mittels Statistik erfassten Themen veranschaulicht und dem vergleichenden Blick präsentiert werden. Katasterkarten sind damit zugleich Ausdruck und Instrument der Territorialisierung und der damit verbundenen Techniken und Praktiken des Zählens und Messens.[40]

Weil die Erfassungskriterien für das Grundeigentum die Vielfalt der Besitzverhältnisse spiegelten, mit denen unterschiedliche politische und soziale Rechte verbunden waren, widmete sich bereits der erste Kongress in Brüssel intensiv der Frage des Grundeigentums.[41] In den Überblicken, die die Vertreter der einzelnen Staaten gaben, zeigte sich, dass das Grundeigentum über landwirtschaftliche, justizielle oder ökonomische Erhebungen erfasst wurde, sich ein „einheitlicher Grundgedanke" aber nicht erkennen ließ. Die Forderung des Kongresses nach einem „Grundcataster (Flächenausmessung und Bonitierung) [...], und dass dasselbe nach einem gleichförmigen und wissenschaftlichen System ausgeführt sei", wurde auch auf den folgenden Kongressen und bei späteren Zusammenkünften wiederholt.[42] Als einheitlicher Maßstab wurde 1:2.500 für die Katasterkarten festgelegt, nur in Gebieten mit starker Zersplitterung des Besitzes sollte im Maßstab 1:500 kartiert werden. Die Herausforderung der Kartierung lag aber nicht allein in der Ausbildung ein-

39 Siehe dazu Adolf Ficker: Die 3. Versammlung des internationalen Congresses für Statistik zu Wien im Sept. 1857. Wien 1857, S. 20; Ernst Engel: Rechenschaftsbericht über die fünfte Sitzungsperiode des Internationalen Statistischen Congresses in Berlin vom 4. bis 12. September 1863. Bd. I. Berlin 1865, S. 55–59.

40 Scott: Seeing (wie Anm. 35), S. 44–52; Kain/Baigent: Cadastral Map (wie Anm. 33).

41 „Diese Verschiedenheit der Stellung der Grundeigenthümer, je nach der Qualität ihres Besitzthums, ist durchaus nicht in allen Ländern genau dieselbe; sie ist anders bei den Völkern romanischen Stammes, anders bei den germanischen Stammes und wieder anders bei denjenigen slavischen Stammes u.s.w. [...] Und selbst der Besitz der kleinsten Parzelle räumt dem Eigenthümer derselben unter seines Gleichen in mehr als einer Hinsicht ein sociales Vorrecht vor Dem ein, der keinen Grundbesitz sein nennt."; Engel: Rechenschaftsbericht. Bd. I (wie Anm. 39), S. 40.

42 Ebd., S. 24–27, Zitat: S. 26.

heitlicher Erhebungskriterien, für die die Berliner Kongressteilnehmer standardisierte Erhebungsbögen entwickelten, sondern gleichermaßen in sich wandelnden Besitzverhältnissen. Diesem Wandel, den die Katasterkarte als Momentaufnahme nicht zu spiegeln vermochte, trug der Londoner Kongress im Jahre 1860 Rechnung. Mit ihrem entsprechenden Beschluss zielten die Teilnehmer auf Aktualisierungen als dauerhafte staatliche Aufgabe: „Diese Carte muss während der Zeit der Landesaufnahmen, so zu sagen bis zum Tage der Publication selbst, vervollständigt werden, und die Staatsverwaltung muss sowohl zeitweilige Revisionen der Carte wie auch des Besitzstand-Verzeichnisses anordnen, damit beide so gut als möglich immer den neuesten Zustand des Grundeigenthums erkennen lassen.“[43]

Der Zusammenhang zwischen Landesaufnahme und der Erstellung eines Katasters war bereits auf dem ersten Kongress 1853 thematisiert worden.[44] Institutionell waren die Voraussetzungen dafür in einigen Staaten gegeben, da – wie etwa in Preußen – das statistische Büro in Personalunion mit dem topografischen geführt wurde. Dies galt auch für Württemberg. Dort vermaßen seit einigen Jahren Trigonometer das Territorium, sodass der Leiter zum Kongress in Brüssel einige neuere Arbeiten vorlegen konnte. Diese trugen „den gesteigerten Anforderungen der Gegenwart auf sehr anerkennenswerthe Weise Rechnung“. Dazu gehörte auch eine „Untersuchung der Benützung und Zerstückelung des Grundes und Bodens“, die wie andere Gegenstände auch „durch illuminirte Karten in schlagendes Licht gerückt“ wurde.[45]

Mit der Formulierung einheitlicher Standards hinsichtlich der Maßstäbe und Erhebungskriterien für die Katasterkarten zielten die Teilnehmer der statistischen Kongresse auf eine Inventarisierung des staatlichen Territoriums und die Ausbildung eines konsentierten Modells. Dies sollte die Grundlage für die Erfassung seiner Ressourcen und Verhältnisse bilden:

> Neben der Bevölkerung nimmt jedenfalls das Territorium die wichtigste Stelle in der Statistik ein. Denn eben so wenig wie ein Land ohne Volk einen Staat bildet, eben so wenig ist ein Volk ohne Land ein solcher. Wie die Geschichte lehrt, und wie wir es noch heute vor unsern Augen sehen, ist aber nicht das Land im Allgemeinen, sondern das angeeignete Land das Element der Staatenbildung. Und dieses Land ist es, was wir *Grundeigenthum* nennen.[46]

43 Ebd., S. 26.

44 Zum britischen Survey siehe den Bericht in Compte rendu des travaux du Congrès général de statistique 1853. Brüssel 1853, S. 191–194, S. 198–202.

45 Johannes Fallati: Der statistische Congress in Brüssel. Sonderdruck aus: Zeitschrift für die gesamte Staatswissenschaft/Journal of Institutional and Theoretical Economics 9 (1853), S. 626–710, hier mit neuer Paginierung: S. 34–36, S. 64f., Zitat: S. 36; William C. B. Farr/James T. Hammack/Richard F. S. S. Valpy (Hg.): Report of the Proceedings of the Fourth Session of the International Statistical Congress, Held in London 1860. London 1861, S. 156f.

46 Engel: Rechenschaftsbericht. Bd. I (wie Anm. 39), S. 25; Hervorhebung im Original gesperrt.

In Abgrenzung zu Charles Maier sprechen diese Debatten für die These, dass das Zeitalter des Katasters erst im 19. Jahrhundert an Fahrt aufnahm und die Vielfalt seiner Funktionen gegenüber den frühneuzeitlichen Vorläuferinstitutionen zunahm. Gegen Maiers These vom Ende des Zeitalters des Katasters um 1820 spricht zudem die steigende Relevanz der Statistik im 19. Jahrhundert, die sich aus der Staatsbeschreibung entwickelte, professionalisiert wurde und zu einem grundlegenden Instrument der Planung und Gestaltung von der Politik bis zum Sozialen avancierte.[47] So diente auch die Agrarstatistik einer „totalen" Planung der Landwirtschaft im Nationalsozialismus, die Ernst Langthaler in seinem Beitrag in diesem Band wegen ihrer Dynamik und der Erhebungsmethoden von innen und außen als „Machtdispositiv" charakterisiert.

Die Verbindung mit anderen Dokumentationssystemen, unter denen sich Liegenschaftskataster und Grundbuch als ein in Deutschland etabliertes Modell darstellen, trug zu einer Dynamisierung der Kataster und ihrer Formen bei. Auf die Rolle der Statistik bei der Entstehung einer neuen Katasterform weist Andreas Dix in seinem Beitrag hin, in dem er die Reichsbodenschätzung von 1934 untersucht. Sie zielte auf die Festlegung von Wert- und Ertragsmesszahlen der Böden, um deren Besteuerung festlegen zu können. In Westdeutschland wurde die Schätzung bis in die 1970er-Jahre hinein fortgeführt und abgeschlossen, während sich die DDR für ein anderes System entschied.

Das mitteleuropäische Kataster stellt somit eine Praktik der Raumbildung dar, hinter der sich eine Vielfalt von Erfassungsmethoden, Ausdrucks- und Visualisierungsformen in der Vergangenheit verbirgt. Mit Blick auf den Zusammenhang von Eigentum, Recht und Visualisierung ist der Vergleich mit Zeiten und/oder Regionen interessant, in denen Eigentumsfragen ohne Kataster gelöst wurden. Der Verkauf der Nationalgüter und ihre Umschreibung, wie von Gabriele Clemens vorgestellt, stellt eine dieser schriftlichen Dokumentationsformen – ohne kartografische Visualisierung – dar. Offenbar bestand für die Akteure kein Bedarf an weiteren Dokumentationsformen, wozu möglicherweise Besichtigungen vor Ort und Kenntnisse der Grundstücke und ihrer Lage beigetragen haben. Im 20. Jahrhundert bildeten fehlende Kataster und eine europäische *mental map* des „Eigentums" ein Spannungsfeld im südlichen und nördlichen Mittelmeerraum, das die Erwartungen und

[47] Günter Menges: Versuch einer Geschichte der internationalen Statistik von ihren Vorläufern im Altertum bis zur Entstehung des Völkerbundes. In: Statistical Papers 1 (1960), S. 22–64; Theodore M. Porter: The Rise of Statistical Thinking. 1820–1900. Princeton, NJ 1986; Theodore M. Porter: Trust in Numbers. The Pursuit of Objectivity in Science and Public Life. Princeton, NJ 1995; Alain Desrosières: La politique des grands nombres. Histoire de la raison statistique. Paris 2000; zum 20. Jahrhundert siehe J. Adam Tooze: Statistics and the German State, 1900–1945. The Making of Modern Economic Knowledge. Cambridge 2001.

Praktiken im Zuge von Dekolonisation und Landreformen prägte und einer Wahrnehmung mediterraner Eigentumskonzepte entgegenstand. In diesem Fall sind die Kategorien der Erhebung einmal mehr ein beredter Ausdruck des Denkens und der Vorstellungen der Sozialwissenschaftler und Sozialreformer. Heinrich Hartmann, der die sozialwissenschaftlichen „Umschreibungen" von Eigentumsverhältnissen und Bodenrechten im Mittelmeerraum untersucht, spricht von einer „Orientalisierung des Bodenbegriffs".[48]

Eigentum und Wertigkeit

Die Erfassung, Festlegung und Steigerung des Wertes von Grund und Boden in Grundbüchern und Katastern ist nur die eine Seite der Medaille. Darüber darf keineswegs die Erfahrungswelt der Menschen, vom Bauern über den Vermesser bis zum Enteigneten, vernachlässigt werden. Ihre Beziehung zu und Wahrnehmung von Grund und Boden im materiellen wie rechtlichen und kulturellen Sinne sowie lokale Ökonomien und Ökologien, um nur einige Beispiele zu nennen, dürfen in einer Geschichte des Eigentums nicht unberücksichtigt bleiben. Denn Eigentum ist immer auch eine soziale Beziehung, die auf dem Boden, dem Territorium wirkt und nicht durch diesen, wie Nicholas Blomley betont.[49] Er und andere Vertreter der „Legal Geography" weisen seit mehr als 15 Jahren auf die Dynamik von Raumbildung durch das Zusammenspiel rechtlicher, sozialer und kultureller Prozesse hin.

Spuren dieser Erfahrungswelten finden sich in den Berichten der Geometer, in den „Hofkarten", die die Nationalsozialisten zur Erfassung an die Bauern ausgaben, und in der Literatur, die die Vielfalt der menschlichen Beziehungen zu Grund und Boden ebenfalls spiegelt.[50] Intensiv hat sich der britische Romancier Alan Sillitoe (1928–2010) mit Grundeigentum, Karten und seinen Leseerfahrungen auseinandergesetzt. Er schreibt:

> My blacksmith grandfather later gave me a large-scale cadastral plan of Lord Middleton's estate, on which his cottage stood. Three years before I was born, he had thought of bidding at an auction to buy the property, rather than go on paying rent. He had obtained the plan from the land agent's office, but had been outbid at the sale. [...] Every hedge and field, embank-

[48] Zum Vergleich siehe auch Elisabetta Malaspina Fiocchi/Simona Tarozzi (Hg.): Historical Perspectives on Property and Land Law. Madrid 2019.

[49] Nicholas K. Blomley/David Delaney/Richard T. Ford (Hg.): The Legal Geographies Reader. Law, Power, and Space. Oxford 2001.

[50] Barbara Piatti: Die Geographie der Literatur. Schauplätze, Handlungsräume, Raumphantasien. Göttingen 2008.

> ment and ditch was marked. Symbols taught me to recognize the ground my feet walked on. The nearby canal was a straight line of blue. Houses were engraved in their proper shapes. The railway was shown by the correct number of lines – I had run across them often enough to know, dodging swiftly approaching locomotives. The wood where I had made bows and arrows, to play Robin Hood and his Merry Men with other boys, was illustrated by small neatly drawn trees. The brook which ran through the centre, whose limpid water we drank, was shown in every blue squiggle.
> I knew people who lived and worked and walked there, so there was something human about the landscape depicted on that sheet of paper too.[51]

Wie viele andere Autorinnen und Autoren, etwa Dörte Hansen („Mittagsstunde"), Christoph Hein („Landnahme", „Trutz"), Geert Mak („Jorwerd") und Louise Erdrich („The Night Watchman"), verweist er auf Praktiken der Nutzung und materielle wie immaterielle Wertigkeit des Bodens und des Eigentums, selbst nach einem gescheiterten Versuch des Erwerbs und dem Verbleib als Pächter. Demgegenüber spricht Christof Dipper im Fall der italienischen „Bonifica" von einer „kulturellen Enteignung", weil ein Wandel der Eigentumsverhältnisse im großen Maßstab die genossenschaftlichen Verantwortlichkeiten für die Äcker und die Familienarbeitsverfassung verschwinden ließ. Mit dem Verschwinden der Landschaft und den Menschen entfiel das, was Kerstin Brückweh als „Pflege" bezeichnet, deren gemeinschafts- und ortbindende Kraft in Ostdeutschland durch die Wende in ein Spannungsfeld von konkurrierenden Eigentumsansprüchen und unklaren Besitzverhältnissen führte. Inwieweit es sich bei „Pflege" ebenfalls um eine Form der Visualisierung handelt, wie sie abschließend postuliert, bedarf sicherlich weiterer Überlegungen. Denn Visualisierung beinhaltet eine Denkoperation zur Ausbildung eines kategorialen Ordnungssystems und bedeutet somit mehr als das Zurschaustellen oder Sichtbarmachen eines gepflegten Hauses oder Wohneigentums. Ein eindrückliches Beispiel für die Präsentation und Repräsentation von Eigentum bietet der Frankfurter Lerchesberg, der gezielt als Villenviertel geplant, in Hochglanzprospekten visualisiert und vermarktet wurde. Die Angst vor einem Wertverlust der bebauten Grundstücke durch Bauplanungen in der Nachbarschaft, aber vor allem auch die Proteste gegen den Flughafenausbau und Fluglärm, trugen zur Identitätsbildung der neuen Eigentümer und Eigentümerinnen bei, wie Eva Maria Gajek und Nils Güttler in ihrem Beitrag feststellen. Interessant ist an diesem Beispiel das große Interesse der Wissenschaft, insbesondere der Sozialgeografie, an dem Projekt Lerchesberg und vor allem an seinen Bewohnern und Bewohnerinnen. Wissen

[51] Alan Sillitoe: The Ground Beneath Our Feet. A Writer's Life in Maps. In: Times Literary Supplement (2007), S. 13–15, Zitat: S. 13f.

als zentrale Ressource, vor allem aber die Generierung und „Fixierung“ [52] von Wissensbeständen im Wechsel- wie Spannungsverhältnis zum gesellschaftspolitischen Wandel ziehen sich wie ein roter Faden durch alle Überlegungen und Beiträge dieses Bandes zu Eigentum, Grundbüchern und Katastern, die ansonsten sehr unterschiedliche Regionen und Epochen betrachten.

Einen ersten „Umgang“, eigentlich eine Praktik der Markierung des Eigentums an Grund und Boden und im übertragenen Sinne des Forschungsfeldes, wollten alle Kolleginnen und Kollegen im März 2020 im Historischen Kolleg in München unternehmen. Wegen Corona musste er mehrfach verschoben werden und fand schließlich erst im November 2021 in der neuen, digitalen Form statt. Ich danke allen Beteiligten, dass sie das Interesse am Thema nicht verloren und sich zum Teil in ein ihnen bislang fremdes Terrain begeben haben, um Grund und Boden, seinen materiellen und immateriellen Wert im Spannungsfeld von Eigentum und Enteignung, Privat- und Gemeineigentum zu erschließen. Das nun vorliegende breite Spektrum chronologischer und regionaler Zugriffe auf die Zusammenhänge und den Wandel von rechtlicher, sozialer, politischer, ökonomischer und kultureller Raumbildung (*spatialization*) erweitert unser Wissen, antwortet auf Forschungsdesiderate und wirft neue Fragen auf. Und wieder einmal hat sich gezeigt, wie fruchtbar das interdisziplinäre Gespräch sein kann, zu dem auch Dorothee Wierling, Kornelia Konczal, Jürgen Dinkel, Nina Szidat und Lisa Olbering beigetragen haben.

Danken möchte ich vor allem dem Historischen Kolleg, und das heißt, allen Mitarbeitern und Mitarbeiterinnen, insbesondere seinem Geschäftsführer, Karl-Ulrich Gelberg, der uns durch die Herausforderungen der Coronazeit mit einer Mischung aus Sorge und beeindruckender Pragmatik begleitete. Jörn Retterath hat meine geplante Tagung jedes Mal umsichtig und engagiert vorbereitet. Ich habe diese Form der Zusammenarbeit sehr geschätzt! Er hat auch die ersten Fassungen der Beiträge gelesen und kommentiert. Die Redaktion des Bandes samt der Kommentierung vieler Manuskriptfassungen hat Elisabeth Hüls übernommen und mit vielen inhaltlichen Anregungen zuverlässig zum Abschluss gebracht. Nicht zuletzt ist es ihrem Beharrungsvermögen und stets sanftem Druck zu verdanken, dass aus dem interdisziplinären „Umgang“ ein schöner und substanzieller Band wurde. Der Fritz Thyssen Stiftung sei für die großzügige finanzielle Unterstützung der Tagung gedankt. Der Bayerischen Staatsbibliothek München, vor allem der Leiterin der Kartenabteilung, Dr. Cornelia Jahn, danke ich nicht nur für die Katasterkarte auf dem Titelbild, sondern auch für ihre beständige Unterstützung bei der Tagungsvorbereitung und Recherchen. Und schließlich: Trotz Corona hatte ich ein überaus an-

[52] Jürgen Dinkel: Tagungsbericht Eigentum, Bodenwert und Visualisierung: Kataster im 19. und 20. Jahrhundert. 24.11.2021–25.11.2021, digital (München). In: H-Soz-Kult, 29.1.2022, online zugänglich unter: https://www.hsozkult.de/conferencereport/id/fdkn-127837 (letzter Zugriff am 23.7.2025).

regendes Jahr in München, von dem ich immer noch zehre. Ermöglicht wurde der Aufenthalt durch das Fellowship des Instituts für Zeitgeschichte München–Berlin und des Freistaats Bayern beim Historischen Kolleg. Mein Dank dafür geht nicht zuletzt an Andreas Wirsching und in die Leonrodstraße.

Ordnungsversuche

Anette Schlimm

Zwischen Bezirk und Genossenschaft

Die Probleme der bayerischen Gemeindebildung im frühen 19. Jahrhundert

Gemeindebildung als Forschungsproblem

Im frühen 19. Jahrhundert veränderte sich in Deutschland und Europa die politische Konzeption von (Land-)Gemeinden grundlegend.[1] Dabei handelte es sich, so das Argument dieses Aufsatzes, um einen Bruch der politischen Epistemologie von Gemeinde: Gemeinde wurde zu einer politisch-administrativen Körperschaft, eng auf den Staat bezogen, während ältere in diesem Begriff steckende Konnotationen von Genossenschaft und Bürgerschaft zwar erhalten blieben, aber in den Hintergrund rückten. Diese Diskontinuität kann sowohl am Schreiben und Sprechen über Gemeinden als auch am politisch-administrativen Umgang mit ihnen festgemacht werden, denn die politische Epistemologie der (Land-)Gemeinde war im 19. Jahrhundert (und ist seitdem) eine, in der Diskurs und administrative Praxis eng aufeinander bezogen und miteinander verknüpft sind.

Die skizzierte Verschiebung im Denken und Handeln stand in einem engen Zusammenhang mit der diskontinuierlichen Ausbildung des modernen Staates und seiner räumlichen Entsprechung, dem Territorium. Denn ein (selten beschriebener) Teil der Geschichte der Staatsbildung einerseits, der Territorialisierung andererseits ist die der Gemeinden, die im Laufe des 19. Jahrhunderts immer enger an den Staat gebunden wurden, ohne allerdings mit diesem identisch zu werden. Sogar in stark zentralisierten Staaten wie Frankreich waren die Gemeinden stets mehr als nur Verwaltungsbezirke des Staates. Und doch waren sie auch in ihrem „eigenen" Wirkungskreis, also zum Beispiel bei der Instandhaltung örtlicher Wege, der Bewachung der Felder oder der Verwaltung von Kollektivbesitz, eng auf den

[1] Grundlegend dazu Heide Wunder: Die bäuerliche Gemeinde in Deutschland. Göttingen 1986, bes. S. 114–140; allerdings verweist Wunder vor allem auf sozialstrukturelle Prozesse wie die Veränderung der dörflichen Bevölkerung als Motoren des Wandels. Für einen breiteren europäischen Blick vgl. auch Beat Kümin: The Communal Age in Western Europe, c. 1100–1800. Basingstoke 2013.

https://doi.org/10.1515/9783111134826-002

Staat ausgerichtet: Die lokalen Praktiken der Verwaltung wurden staatlicherseits vorgegeben und kontrolliert, die Akteure der Verwaltung als lokale Amtsträger (je nach Gemeindeverfassung) mehr oder weniger stark in das bürokratische Korps eingebunden, die Bürgerrechte und sonstigen Zugehörigkeiten in der Gemeinde in engem Zusammenhang (wenn auch in der Regel nicht deckungsgleich) mit staatlicher *citizenship* strukturiert. All diese Bezüge verstärkten sich im Laufe des 19. Jahrhunderts. Das habe ich an anderer Stelle als Gouvernementalisierung bezeichnet und ausführlich hergeleitet.[2]

Die Gouvernementalisierung war nicht auf die alltäglichen Regierungsprobleme beschränkt. Denn als ein Teil dieses Prozesses wurden die Gemeinden selbst neu formiert und zu territorialen Einheiten gemacht. Das geschah nicht auf einen Schlag, sondern war ein langwieriger Prozess, den ich im vorliegenden Aufsatz am Beispiel Bayerns im frühen 19. Jahrhundert analysiere. Dabei zeige ich, dass diese Territorialisierung der Gemeinden ein überaus komplexer Prozess war, der auf lokaler wie auf staatlicher Ebene enorme Ressourcen verschlang und ein hohes Maß an administrativer Koordinierung voraussetzte, die nicht immer gegeben war. Darüber hinaus mussten lokales und formalisiertes Wissen technisch miteinander in Einklang gebracht werden. Das größte Problem der bayerischen Gemeindebildung aber war, so die hier vertretene These, dass die epistemologische Ordnung der Gemeinde sich im Umbruch befand. Die Gemeindebildung war im frühen 19. Jahrhundert einerseits auf historisch bestimmte Gemeinschaften, andererseits auf technische Logiken bezogen, sie versuchte personale Zugehörigkeit und Herrschaft ebenso zu organisieren wie territoriale Eindeutigkeit. Doch diese Ordnungen konnten im Einzelfall miteinander kollidieren. Der Umbruch von der sozial zur territorial bestimmten Einheit machte die Gemeindebildung zu einem kaum zu bewältigenden Problem; zugleich trieb die Gemeindebildung selbst den epistemischen Umbruch weiter voran.

Die Gemeindebildung in Bayern war Teil einer umfassenden staatlichen Reform zu Beginn des 19. Jahrhunderts. In München vertrat zunächst Maximilian von Montgelas, der bayerische Reformer und königliche Minister, die Vorstellung, dass der gesamte bayerische Staat planmäßig territorial neu aufgebaut werden müsse. Die Gemeinden sollten nicht länger für sich, als personale Verbände, existieren, sondern auf den Staat und vor allem seine Steuerorganisation bezogen sein. Daran zeigt sich: Die Territorialisierung war nicht nur ein Projekt für die Organisation

[2] Anette Schlimm: Regieren in Dörfern. Ländlichkeit, Staat und Selbstverwaltung, 1850–1945. Köln/Weimar/Wien 2023, bes. S. 68 f.

der Verwaltung, sondern auch ein umfassendes rechtliches und fiskalisches Reformprojekt, das auf Grund und Boden als Basis des Staates gerichtet war.[3]

Im bayerischen Fall jedoch scheiterten die Montgelas'schen Versuche, die Gemeinden nach einer rein geografischen Logik zu bilden, weitgehend. Ab 1818, in der Post-Montgelas-Zeit, setzte die bayerische Politik dann verstärkt darauf, an etablierte Formen der territorialen Organisation anzuknüpfen, zum Beispiel an Pfarr- und Schulgemeinden. Gleichwohl handelte es sich hier nicht um eine Rückkehr zu alten Formen des lokalen Regierens. Denn es ging noch immer darum, neue gouvernementale Körperschaften zu bilden. Diese wurden durch den Rückgriff auf ältere Zugehörigkeitseinheiten geschaffen, die wiederum im Kontext einer ganz neuen Vorstellung gouvernementalisierter Gemeinden re-aktualisiert wurden.

Betrachtet man also die Territorialisierung auf der regionalen Ebene und richtet den Fokus dabei nicht nur auf die Sicherungen der Außengrenzen eines Territoriums,[4] sondern auch auf die Organisation und Aushandlung von inneren Strukturprinzipien des machtdurchdrungenen Raumes, zeigt sich sehr deutlich, wie das Regieren im 19. Jahrhundert auf eine neue Basis gestellt wurde. Im ländlichen Raum selbst wurde die Gemeinde als territoriale Einheit, als Gemeindebezirk, mehr und mehr zur Basis des lokalen Handelns sowie Regierens und löste damit sukzessive Formen von partikularer Herrschaft wie zum Beispiel die Patrimonialgerichte ab. Eng damit verknüpft war die Herausbildung der Einwohnergemeinde als Strukturprinzip – eine Erfindung des 19. Jahrhunderts, die an die Herausbildung der Gemeinde als territorialer Ordnung gebunden war. Nun war die Gemeinde also nicht mehr ein Verbund von benachbarten (bäuerlichen) Haushalten, sondern ein klar umgrenzter Raum mit einer ortsansässigen Bevölkerung.[5]

Auf lokaler Ebene zeigten sich Prozesse, die über die Region und über den ländlichen Raum hinaus ausstrahlten. Die enge Verbindung zwischen der Feststel-

[3] Charles S. Maier: Consigning the Twentieth Century to History. Alternative Narratives for the Modern Era. In: AHR 105 (2000), S. 807–831; ders.: Leviathan 2.0. Inventing Modern Statehood. In: Emily S. Rosenberg (Hg.): A World Connecting 1870–1945. Cambridge, MA/London 2012, S. 27–282; ders.: Once within Borders. Territories of Power, Wealth, and Belonging since 1500. Cambridge, MA/London 2016.

[4] Ders.: Borders (wie Anm. 3).

[5] Ohnehin zog sich in Bayern die Einführung der Einwohnergemeinde über einen sehr langen Zeitraum. Bis zum Ende des Ersten Weltkriegs galt in Bayern das Heimatrecht, das an vermeintlich traditionelle Formen der Herkunft und der kommunalen Rechte anknüpfte. Diese wurden aber über die zweite Hälfte des 19. Jahrhunderts hinweg mehr und mehr mit aufwendigen rechtlichen Konstruktionen an ein Konzept von Einwohnergemeinde angenähert, auch wenn die formale Verleihung des Heimatrechts durch die Gemeinden erhalten blieb. Reinhard Heydenreuter: Heimatrecht, Heiratserlaubnis und Ansässigmachung. Die Gesetzgebung zum Heimat- und Ansässigmachungsrecht im Königreich Bayern. In: Forum Heimatforschung 16 (2013), S. 120–138.

lung von Grundeigentum, der staatlich verbürgten Kodifizierung des lokalen Wissens über Zugehörigkeit und Besitz qua Vermessung und der damit verknüpften Rekonstruktion bisheriger Zugehörigkeiten fanden Eingang in die DNA des modernen Staates – ebenso wie die Gleichzeitigkeit unterschiedlicher Logiken.[6] Denn die Territorialisierung folgte eben nicht einer vollständig neuen Logik, sondern verknüpfte verschiedene Rationalitäten und Raumpraktiken je eigener geschichtlicher Zeit miteinander. Die Analyse der Gemeindebildung in Bayern schließt also nicht nur an Fragen von Raum und Staat, sondern auch von Raumzeitlichkeit an.[7]

Obwohl es sich bei der Gemeindebildung in Bayern um einen Prozess handelt, der an viele aktuelle Problemstellungen der Geschichtswissenschaft anschlussfähig ist – von Fragen nach Raum und Zeit bis hin zu solchen nach Praktiken der Staatsbildung im 18. und 19. Jahrhundert –, hat dieses Thema seit vielen Jahren keine besondere Aufmerksamkeit mehr auf sich gezogen. Es gibt lediglich einige wenige Arbeiten, die die Gemeindebildung in Bayern rekonstruieren, etwa die grundlegende Studie von Sebastian Hiereth aus dem Jahr 1952.[8] Als Mitbegründer des „Historischen Atlas von Bayern" interessierte sich Hiereth sehr für historisch-geografische Fragestellungen, und tatsächlich vollzieht er die Gemeindebildung akribisch und auf der Grundlage von Quellenmaterial nach, das derzeit nicht mehr zugänglich ist – ob die entsprechenden Akten im Archiv verloren gegangen sind oder nachträglich kassiert wurden, muss dabei leider offenbleiben.[9] Andere Studien, die die Gemeindebildung ebenfalls ansprechen, befassen sich in erster Linie aus lokalhistorischer Perspektive mit den wirtschaftlichen (und damit immer auch: rechtlichen) Problemen des Prozesses[10] oder aber aus einer übergeordneten Perspektive

6 Zum Konzept von Gleichzeitigkeiten (statt der normativen Vorstellung einer Gleichzeitigkeit von Ungleichzeitigkeiten) vgl. Achim Landwehr: Von der „Gleichzeitigkeit des Ungleichzeitigen". In: HZ 295 (2012), S. 1–34.

7 Vgl. Philip J. Ethington: Placing the Past. „Groundwork" for a Spatial Theory of History. In: RH 11 (2007), S. 465–493.

8 Sebastian Hiereth: Die Bildung der Gemeinden im Isarkreis nach den Gemeindeedicten von 1808 und 1818. In: OA 77 (1952), S. 1–34. Vgl. ebenso ders.: Die bayerische Gerichts- und Verwaltungsorganisation vom 13. bis 19. Jahrhundert. Einführung zum Verständnis der Karten und Texte (= Historischer Atlas von Bayern. Teil Altbayern. Bd. 1). München 1950 sowie die jeweiligen (meist sehr knappen) Kapitel zur Gemeindebildung in den Einzelbänden des Historischen Atlas von Bayern.

9 Hiereth zitiert ausführlich aus der Akte BayHStA, MInn 54219 mit Gutachten aus den Generalkreiskommissariaten, die aber im Bayerischen Hauptstaatsarchiv nicht auffindbar ist. Laut Findbuch ist der Band mit den Gutachten nicht in die neue Signaturordnung überführt worden, was erstaunlich ist, da die Signatur der von Hiereth zitierten Akte bereits dieser Ordnung entspricht.

10 Vgl. beispielsweise Volker D. Laturell/Georg Mooseder: Die Gemeindebildung 1808/18 am Beispiel Moosachs. In: Amperland 21 (1985), S. 35–39, S. 44–47; Hermann Raith: Der Konflikt zwischen den Gemeinden Teisbach und Loiching um die sog. „Teisbacher Enklave". Ein rechtshistorischer

mit der Problematik der Einbindung der Gemeinden in den Staat, ohne sich allerdings für den Raumbezug der Gemeindebildung zu interessieren[11].

Auf der Grundlage der vorliegenden empirisch dichten Arbeiten habe ich erneut einige Akten aus dem Bayerischen Hauptstaatsarchiv unter die Lupe genommen, auf der Suche nach den rekonstruierbaren Spuren der Praxis der Gemeindebildung. Denn neben der wechselhaften politischen Programmatik entsprechender Prozesse sollen hier besonders die lokalen Vorgänge im Vordergrund stehen. Es zeigt sich: Territorialisierung war ein Prozess, der nur zum Teil in den Vermessungsbüros und an Kabinettstischen stattfand. Auf der lokalen Ebene traten die vielfältigen Praktiken, Schwierigkeiten und Konflikte hervor, die mit der Umstellung der politischen Rationalität, mit der Transformation des Regierens und der Verschiebung der Gemeinden von der Genossenschaft zum Verwaltungsbezirk verbunden waren. Das hat Relevanz über den regionalen Einzelfall hinaus und macht das bayerische Beispiel anschlussfähig an allgemeinere Fragestellungen: Wie fanden neue räumliche Vorstellungen Eingang in das Regieren? Wie griffen die Veränderung von Besitz-, Eigentums- und Herrschaftsrechten, kartografische und Vermessungstechniken sowie Staatsvorstellungen ineinander? Und wie wirkte sich das bis auf die lokale Ebene, auf die Lebensweisen der (ländlichen) Bevölkerung aus? Zunächst aber geht es im vorliegenden Beitrag um etwas möglicherweise ganz Simples: Warum war die Gemeindebildung in Bayern ein solches Problem, warum zog sie sich so lange hin?

Um diese Frage zu klären, müssen zunächst die Vorstellungen, die mit der Gemeindebildung verknüpft waren, genauer untersucht werden. Hier werden die epistemologischen Brüche der Gemeindevorstellungen besonders deutlich, die aber eben nicht auf dem Höhenkamm des politischen Denkens nachzuweisen sind,[12] sondern ihren Niederschlag vor allem in politischen Gebrauchstexten wie

Beitrag zur Problematik der Gemeindebildung in Bayern im 19. und 20. Jahrhundert. Eichendorf 2007.

11 Markus Söder: Von altdeutschen Rechtstraditionen zu einem modernen Gemeindeedikt – die Entwicklung der Kommunalgesetzgebung im rechtsrheinischen Bayern zwischen 1802 und 1818. [Diss. Friedrich-Alexander-Universität Erlangen-Nürnberg] Erlangen 1998; Josef A. Weiss: Die Integration der Gemeinden in den modernen bayerischen Staat. Zur Entstehung der kommunalen Selbstverwaltung in Bayern (1799–1818). München 1986.

12 Auf dieser Ebene lassen sich die Brüche erst später nachweisen. Das betrifft vor allem das Denken über Genossenschaften, etwa bei Otto von Gierke, oder über die Rolle der Gemeinde im modernen Staat, etwa bei Johann Stüve, zum Teil auch bei Johann Heinrich Riehl. Vgl. Jasper von Altenbockum: Wilhelm Heinrich Riehl, 1823–1897. Köln/Weimar/Wien 1994; Christine van den Heuvel: Dorf und Landgemeinde im politischen Denken von Johann Carl Bertram Stüve. In: dies./ Bernd Kappelhoff/Thomas Vogtherr (Hg.): Land, Dorf und Kirche. Gemeindebildungen vom Mittelalter bis zur Neuzeit in Nordwestdeutschland. Hannover 2009, S. 143–167; Martin Peters: Die Genossenschaftstheorie Otto v. Gierkes (1841–1921). Göttingen 2001.

Gesetzen, Anordnungen und Ausführungsbestimmungen fanden. In einem zweiten Schritt stehen die (lokalen) Praktiken der Gemeindebildung und die dabei auftretenden Schwierigkeiten im Mittelpunkt. Denn es war nicht nur die „hohe Politik", die mit ihren wechselnden Zielsetzungen die Umsetzung auf der lokalen Ebene erschwerte. Mit dem Perspektivwechsel auf die konkreten Orte der Gemeindebildung wird sichtbar, wie schwierig es war, den Raum, der auf vielfältige Weise historisch geprägt war, dergestalt in eine eindeutige Ordnung zu überführen, dass keine sich überlappenden Zugehörigkeiten mehr existierten.

Die Gemeindebildung in Bayern als politisches Reformprogramm

Die Regierungszeit von Max I. Joseph und seinem Ersten Minister Maximilian Joseph Graf von Montgelas, der gemeinhin als Architekt des „Neuen Bayern" gilt,[13] wird nicht nur in der (leicht glorifizierenden[14]) Landesgeschichtsschreibung als grundlegende Reformepoche gehandelt.[15] Vor allem Montgelas wird zugeschrieben, dass die (im Vergleich zu den in anderen Mitgliedstaaten des Rheinbundes später einsetzenden) Reformen eine besonders einheitliche Handschrift trugen. Am Ende der Reformepoche habe Bayern – im Gegensatz zu Preußen und Österreich – „relativ modern" dagestanden,[16] mit einer Verfassung und einem (wenn auch wenig demokratischen) Parlament, einer einheitlichen Verwaltungsstruktur auf vier Ebenen, einer professionalisierten Beamtenschaft und einer zumindest teilweise vereinheitlichten Besteuerung.

In den Jahren um 1800 veränderte sich Bayern territorial sehr stark: Während Kurbayern vor 1799 über ein sehr verstreutes Territorium verfügt hatte, dessen

[13] So etwa Peter Claus Hartmann: Bayerns Weg in die Gegenwart. Vom Stammesherzogtum zum Freistaat heute. Regensburg ³2012, S. 359–361; Eberhard Weis: Die Begründung des modernen bayerischen Staates unter König Max I. (1799–1825). In: Alois Schmid (Hg.): Das Neue Bayern. Von 1800 bis zur Gegenwart. 1. Teilband: Staat und Politik. München 2003, S. 1–126, hier: S. 4–9.

[14] So insbesondere Eberhard Weis: Montgelas. Eine Biographie. München 2008.

[15] Keineswegs als Überblick, sondern mit starkem Fokus auf Einzelprobleme in Bayern vgl. ders. (Hg.): Reformen im rheinbündischen Deutschland. München 1984. Mit Blick insbesondere auf die Lokalverwaltung vgl. Paul Nolte: Staatsbildung als Gesellschaftsreform. Politische Reformen in Preußen und den süddeutschen Staaten 1800–1820. Frankfurt a. M./New York 1990; Joachim Eibach: Konflikte und Arrangement. Lokalverwaltung in Bayern, Württemberg und Baden zwischen Reformära und 48er Revolution. In: Eberhard Laux/Karl Teppe (Hg.): Der neuzeitliche Staat und seine Verwaltung. Beiträge zur Entwicklungsgeschichte seit 1700. Stuttgart 1998, S. 137–162; Barbara Vogel: Verwaltung und Verfassung als Gegenstand staatlicher Reformstrategie. In: Bernd Sösemann (Hg.): Gemeingeist und Bürgersinn. Die preußischen Reformen. Berlin 1993, S. 25–40 (aus der Perspektive des preußischen Reformzeitalters).

[16] Weis: Begründung (wie Anm. 13), S. 4.

Hauptbestandteil auf dem Gebiet des heutigen Bayern von Hunderten kleiner Enklaven durchzogen war, war das Staatsgebiet nach 1816, sieht man von der großen Exklave, der bayerischen Pfalz, einmal ab, arrondiert. Dieses neue Staatsgebiet wurde im Zuge der inneren Reformen administrativ vereinheitlicht. Während sich schon diese Reformen über viele Jahre hinzogen, dauerte die „Staatsintegration als soziale Integration“ in den Köpfen der Menschen und den Alltagspraktiken der Gesellschaft noch einmal deutlich länger, wie Werner K. Blessing eindrücklich nachgewiesen hat.[17]

Wichtige Grundvoraussetzung für die inneren Reformen war zunächst eine Inventarisierung des Territoriums. Neben der topografischen Landesaufnahme[18] dienten hierzu vor allem die Flurkarten, die im Zuge der Vereinheitlichung der Finanzverwaltung ab 1808 erarbeitet wurden. Unter der Ägide der Unmittelbaren Steuervermessungskommission sollte ein umfassendes Katasterwerk für alle Teile des heterogenen Königreichs geschaffen werden, um die bislang existierenden, mehr als hundert verschiedenen Grundsteuersysteme zu vereinheitlichen. Gleichzeitig sollte das Katasterwerk das Grundeigentum juristisch absichern: Die Landesaufnahme, die „die Parzellen des Landes erfasste und auf das Kartenblatt brachte, ergänzte den juristischen Präzisionsmechanismus des Grundbuchs [...], der jedes Grundstück dem Grundbuchblatt als seinem rechtlichen Ort zuordnete“.[19] Die Vermessung und Katastrierung Bayerns war ein Vorgang, der auf der untersten territorialen Ebene durchgeführt wurde und der sich zeitlich, aber auch technisch und administrativ mit einer anderen grundlegenden Reform des neuen Königreichs verband: mit der Gemeindebildung.

Die Unmittelbare Steuervermessungskommission hatte die Aufgabe, die eigens für diesen Zweck gebildeten Steuerdistrikte abzuzirkeln, die von den Landrichtern als Beamten der untersten bislang geschaffenen Verwaltungsebene, der Landgerichtsbezirke, in Vorbereitung der Landesvermessung errichtet werden sollten. Die Instruktion vom 13. Mai 1808 sah vor, dass die Steuerdistrikte in etwa gleich groß und in sich geschlossen zu sein hatten. Vier Steuerdistrikte auf eine Quadratmeile – das war die Vorgabe. Und die Instruktion gab noch mehr vor: „Die Begrenzung der Steuer-Distrikte soll sich, wo es nur immer möglich ist, [...] an natürliche und bleibende, oder doch wenigstens an leicht zu erkennende und allgemein bekannte

[17] Werner K. Blessing: Staatsintegration als soziale Integration. Zur Entstehung einer bayerischen Gesellschaft im frühen 19. Jahrhundert. In: ZBLG 41 (1978), S. 633–700.

[18] Theodor Ziegler: Die Entstehung des bayerischen Katasterwerks. München 1976, S. 5.

[19] Die großen amtlichen Kartenwerke des 19. Jahrhunderts – Flurkarte und Topographischer Atlas. In: Generaldirektion der Staatlichen Archive Bayerns (Hg.): Von der gemalten Landschaft zum vermessenen Land. Eine Ausstellung des Bayerischen Hauptstaatsarchivs zur Geschichte der handgezeichneten Karten in Bayern. München 2006, S. 286–296, hier: S. 292.

Merkmale anschliessen, z. B. an Gebirgs-Rücken, oder Schluchten, Gewässer, Wege, Geräumter,[20] Zäune u. dgl.“ [21]

Die zu schaffenden Steuerdistrikte sollten eine neue lokale territoriale Struktur vorgeben, die sich ausschließlich an räumlichen Gegebenheiten orientierte. Weder Herrschaftsverhältnisse noch genossenschaftliche Zusammenhänge, nicht einmal die Einzugsbereiche der vielen Patrimonialgerichte,[22] kurzum: weder historische noch herrschaftliche Strukturen sollten für das neue Steuersystem eine Rolle spielen.

Diese Vorgaben bezogen sich zunächst nur auf die Steuerdistrikte, die auch Steuergemeinden genannt wurden.[23] Die synonyme Verwendung dieser zwei Begriffe deutete bereits an, was nur wenige Wochen später dann auch offiziell gemacht wurde: Ende Juli 1808 erging von der Regierung das „Organische Edikt über die Bildung der Gemeinden“.[24] Dabei handelte es sich um den letzten Schritt beim planmäßigen Aufbau des neuen Staates von oben nach unten. Zunächst waren die Generalkreiskommissariate geschaffen worden, die erst in fünfzehn, später acht Kreisregierungen überführt wurden (diese entsprechen in etwa den heutigen Regierungsbezirken); unterhalb dieser Ebene wurden dann die Landgerichtsbezirke gebildet, die, weil hier Verwaltung und Justiz bis in die 1860er-Jahre nicht getrennt waren, auch die untere Ebene der Staatsverwaltung darstellten. Und nun wurden also die Landgerichtsbezirke noch in Gemeinden unterteilt, in Städte erster, zweiter und dritter Klasse sowie in die Ruralgemeinden, die ab 1869 dann Landgemeinden genannt wurden.

Gemeinden im politischen oder administrativen Sinne hatte es in Kurbayern nur in sehr eingeschränktem Maße gegeben. Insbesondere das Dorf, in seiner rechtlichen Hinsicht „Dorfgmein“ genannt, „war keineswegs eine (vom Staat) zu einem öffentlichen Zweck vereinte Gesellschaft, sondern eine durch einen privaten Zweck, nämlich durch die Berechtigung zur Nutzung gemeinsamer Grundstücke

20 „Geräumt“ oder „Geräumter“ ist eine bayerische Bezeichnung für einen Forstweg, der für die Forstwirtschaft von Schnee geräumt wurde.

21 Instruction zur Bildung der Steuer-Distrikte [13.5.1808], § 10. In: RBl. 26 (1808), Sp. 1110–1115, hier: Sp. 1112.

22 Hiereth: Bildung (wie Anm. 8), S. 2.

23 Das war explizit in der entsprechenden Verordnung niedergeschrieben. Die Steuerdistrikte seien „lediglich zum Behufe des Steuer-Wesens“ gedacht und sollten „in jeder anderen Hinsicht ohne alles Präjudiz sein“. Verordnung, das allgemeine Steuer-Provisorium für die Provinz Baiern betr., 13.5.1808, § 13, Abs. 4. In: RBl. 26 (1808), Sp. 1089–1110, hier: Sp. 1098.

24 Organisches Edikt über die Bildung der Gemeinden, 28.7.1808. In: RBl. 70 (1808), Sp. 2789–2797.

bedingte Vereinigung von Bauern einer oder mehrerer Ortschaften".[25] Insgesamt, so auch der Historiker Pankraz Fried, sei die Dorfgemeinde als politische Institution in Bayern vor 1800 sehr schwach entwickelt gewesen, was sich nur zum Teil aus der Siedlungsstruktur mit ihren vielen Einödhöfen und Weilern erklären lasse.[26] Woran auch immer die (vergleichsweise) Schwäche der mittelalterlichen und frühneuzeitlichen Dorfgemeinden in Bayern lag: Um eine einheitliche Ordnung der Gemeinden zu schaffen, mussten sie als Verwaltungsräume im 19. Jahrhundert erst einmal gebildet werden.

Das „Organische Edikt" von 1808 ist ein früher, aber dennoch zentraler Text für diesen Prozess, der in Bayern zeitiger als in anderen Territorien (wie etwa Preußen) einsetzte. Es verdeutlicht, dass die Ausrichtung der Gemeinden auf den Staat mit einer neuen räumlichen Ordnung einhergehen sollte. Dort hieß es etwa: „Die Gestaltung der Gemeinden ist eine nothwendige Maßregel sowohl zur organischen Ausbildung des Staatskörpers und seiner Theile, als zur Vereinfachung und Erleichterung der Staats-Verwaltung, deren Zweige sich größtentheils in den Gemeinden, dem eigentlichen Inbegriffe der Verwaltungs-Gegenstände, enden."[27]

Die Gemeindebildung diente also der stringenten Staatsverwaltung, und dafür war es notwendig, das bisherige Durcheinander zu beenden. Die bayerischen Reformer unter Montgelas traten an, um historische Bezüge zugunsten von einheitlichen und rationalen Verwaltungs- und Raummustern zu beseitigen: „Die Gemeinden befinden sich allenthalben in den Verhältnissen und Verbindungen, in welche sie nach ursprünglichen, sehr zufälligen Veranlassungen getreten sind, und welche sich so, wie alle Werke des Zufalls, durch Regellosigkeit ausnehmen. Ihre Verfassungen waren bisher in den verschiedenen Theilen des Königreiches nicht nur ganz ungleich, sondern auch selbst der Begriff der Gemeinden war in einer und eben derselben Provinz vieldeutig, je nachdem derselbe auf den politischen, oder auf den finanziellen, ökonomischen, kirchlichen, Unterrichts- oder einen anderen gemeinschaftlichen Zweck angewendet wurde."[28]

Die Reformer lasen die historische Struktur der Gemeinden als uneinheitlich und regellos. Hinzu kam die unstetige Struktur der bisherigen Gemeinden. Nicht immer waren die Pfarr- und Schulgemeinde und die bäuerliche Gemeinde miteinander deckungsgleich, die neuen Steuergemeinden folgten ohnehin einer ganz anderen Logik. Die neu zu schaffenden Gemeinden sollten nicht nur für alle nun

[25] Hiereth: Bildung (wie Anm. 8), S. 31 f., Anm. 38.

[26] Pankraz Fried: Zur Geschichte der bayerischen Landgemeinde. In: Konstanzer Arbeitskreis für Mittelalterliche Geschichte (Hg.): Die Anfänge der Landgemeinde und ihr Wesen. Bd. 1. Konstanz/Stuttgart 1964, S. 79–106, hier: S. 89.

[27] Organisches Edikt 1808 (wie Anm. 24), Sp. 2789.

[28] Ebd., Sp. 2790 f.

bayerischen Gebiete einen einheitlichen Typus von Gemeinde vorgeben, sondern auch alle bisherigen Aspekte von Gemeinde in sich vereinen und eine flächendeckende räumliche Ordnung produzieren. Dazu sollten sich die Generalkreiskommissariate, die mit der Gemeindebildung beauftragt wurden, an den soeben neu geschaffenen Steuerdistrikten orientieren. Denn das neue, einheitliche Steuersystem sah vor, dass die Gemeindeumlagen zur Deckung der Gemeindehaushalte als Aufschläge auf die Staatssteuern erhoben werden sollten. Von der Staatsverwaltung und der Steuererhebung her gedacht, war es daher nur vernünftig, die Gemeinden analog zu den Steuerdistrikten zu bilden. Das Problem bestand allerdings darin, dass die Steuerdistrikte auf die bisherigen Zugehörigkeiten, vor allem aber auf Gemeindevermögen oder gemeinsames bäuerliches Wirtschaften, gerade keine Rücksicht genommen hatten. Dass nun aber alle bisherigen Zuständigkeiten der verschiedenen Gemeinden in einer rein an topografischen Gegebenheiten orientierten räumlichen Ordnung gebündelt werden sollten, erwies sich als hochgradig problematisch. Entsprechend war die Gemeindebildung, die eigentlich binnen eines Jahres abgeschlossen werden sollte, ein extrem langwieriger Prozess, der sich über mehrere Jahre hinzog, schließlich unterbrochen und 1818 unter neuen Maßgaben wiederaufgenommen wurde.

Die neue Verfassung von 1818, vor allem das neue Gemeindeedikt von 1818, werden in der Literatur zur kommunalen Selbstverwaltung in Bayern gerne als 180-Grad-Wendung dargestellt, als Abkehr von den Montgelas'schen Prinzipien des Staates, der sich lediglich an seiner eigenen Logik, nicht aber an historischen Gegebenheiten zu orientieren habe.[29] Gleichwohl war das gut zehnjährige Intermezzo der Standardisierung und Zentralisierung der Gemeinden notwendige Voraussetzung, um überhaupt zu einer einheitlichen Struktur der Gemeindeverwaltung im ganzen Königreich zu gelangen.[30]

Das Gemeindeedikt von 1818 begann mit einem Abschnitt zur Bildung und Einteilung der Gemeinden. Explizit wurde hier nun an historische Zugehörigkeiten angeknüpft: „Jede Stadt [...], jeder Markt oder Flecken, und jedes Dorf, welches bisher schon eine für sich bestehende Körperschaft mit eigenem Gemeinde-Vermögen

[29] Hans-Joachim Hecker: Bayerisches Kommunalrecht von 1818 bis 1919. Historische Einführung. In: ders. (Hg.): Bayerisches Kommunalrecht. 1818–1919; mit Reprints der Originale und einer Einführung. Kronach 1998, S. 3–9, hier: S. 4; Fried: Geschichte (wie Anm. 26), S. 85.

[30] So stellt Weiss fest, dass das Gemeindeedikt von 1818 die Herrschaftskonzentration von 1808 nicht revidierte; Weiss: Integration (wie Anm. 11), S. 260. Söder spricht davon, dass zunächst die „mittelalterlichen Strukturen" hätten überwunden werden müssen, um zu einer „moderne[n] Staatsform" zu kommen; Söder: Rechtstraditionen (wie Anm. 11), S. 90.

und mit besonderen Gemeinde-Rechten ausmachte, bildet eine Gemeinde, und soll als solche ferner fortbestehen.“[31]

Gleichwohl orientierte sich das Gemeindeedikt sehr stark sowohl an der territorialen Vorstellung von Gemeinde als auch daran, dass die neue politische Gemeinde künftig alle bisherigen Aspekte von Gemeinde in sich aufnehmen sollte. Die territoriale Vorstellung schlug sich vor allem in der Maßgabe nieder, dass diejenigen Orte, die mit dem ersten Paragrafen noch nicht erfasst waren, also zum Beispiel Dörfer ohne eigenes Vermögen und ohne bisherige Rechte sowie Weiler, Einöden, Mühlen et cetera entweder zu einer eigenen Gemeinde vereinigt oder aber „einer ihnen zunächst gelegenen Gemeinde“ einverleibt werden sollten – und zwar möglichst derjenigen, zu deren Pfarr- oder Schulsprengel sie ohnehin gehörten.[32]

Auch machte das Gemeindeedikt die Eingemeindung von nicht-bewohnten Räumen zur Pflicht. Das betraf vor allem Wälder, Seen oder „öde Plätze“. Die neue Gemeindeordnung von 1818 verfolgte ebenso wie das Vorgängeredikt das Ziel, ein (beinahe) flächendeckendes Netz aus Gemeindebezirken über das gesamte Territorium zu legen. Lediglich „[g]rößere, ausser den bisherigen Ortsmarkungen liegende Waldungen, Seen und Freigebirge sind von obiger Zutheilung ausgenommen, und bleiben in ihren bisherigen Verhältnissen“.[33]

Vor allem zeigte sich die Kontinuität des territorialen Prinzips von 1808 über 1818 bis zur Gegenwart an den Ausführungsbestimmungen, die in den Jahren nach der Verkündung der Gemeindeordnung erlassen wurden – denn auch mit den neuen Vorgaben zog sich die Gemeindebildung hin. So wies etwa eine Verordnung des Finanzministeriums alle Kreisregierungen sowie die Steuerkataster-Kommission am 12. August 1825 an: „Bei der definitiven Herstellung der Gränzen der bisher blos politisch formirten Stadt-, Markt- und Ruralgemeinden soll der geographische Zusammenhang und die Geschlossenheit derselben als Regel betrachtet werden, so daß die gezogene Begränzungslinie den ganzen und alleinigen Inbegriff jeder Gemeinde enthalte.“[34]

[31] Gemeindeedikt vom 17. Mai 1818, § 1. In: Georg Ferdinand Döllinger (Hg.): Sammlung der im Gebiete der inneren Staats-Verwaltung des Königreichs Bayern bestehenden Verordnungen aus amtlichen Quellen geschöpft und systematisch geordnet. Bd. 11.1. München 1838, S. 35–61, hier: S. 35.

[32] Ebd., § 3.

[33] Ebd., § 4. Diese gemeindefreien Gebiete existieren bis zum heutigen Tag – es handelt sich in der Regel um größere Seen und Wälder, im Landkreis München ist das zum Beispiel der Forstenrieder Park. Hier übernimmt das Landratsamt (früher: Landgericht oder Bezirksamt) die öffentlichen Aufgaben, die sonst der Kommune zufallen.

[34] Verordnung des Staatsministeriums der Finanzen an sämtliche Kreisregierungen, Kammern der Finanzen, und die Steuerkataster-Kommission vom 12.8.1825. In: Georg Ferdinand Döllinger (Hg.): Sammlung der im Gebiete der inneren Staats-Verwaltung des Königreichs Bayern bestehen-

Dass es sich hierbei um eine höchst komplexe Grenzziehung handelte, wurde, wie sich in der gleichen Verordnung lesen lässt, durchaus reflektiert: „Bei diesem geschlossenen Gränzzug soll aber keineswegs auf blosse Regularität oder Geradlinigkeit, sondern vielmehr dahin gesehen werden, daß, soviel es unbeschadet des Zusammenhanges nur immer möglich ist, alle Liegenschaften der Gemeindeglieder mit eingeschlossen werden, und daß nirgends wegen Jurisdictions-, Weidenschafts-, Zehent- oder anderer Lehensverhältnisse die Gemeindegränze einzelne Grundstücke durchschneide.“[35]

Die Bildung der Gemeinden sollte also eine territoriale Ordnung zur Regierung des Königreichs bereitstellen, ohne dabei bisherige Zugehörigkeiten in Mitleidenschaft zu ziehen. Angesprochen in der Verordnung waren kirchliche oder bäuerliche Verbindungen, vor allem aber die Zugehörigkeit zu Gerichten, also zu den in Bayern bis 1848 existierenden adligen Patrimonialgerichten.[36] Diese Vorgaben konnten in der Praxis der Gemeindebildung jedoch nur schwer erfüllt werden, weshalb sich dieser Prozess über viele Jahre hinzog und die räumliche Neuordnung von Besitz und Zugehörigkeiten notwendig machte.

Gemeindebildung als praktische Herausforderung

Aus dem bisher Gesagten wird deutlich: Die Gemeindebildung war ein komplexer Prozess, der die unterschiedlichen Verwaltungsinstanzen vor schier unlösbare Probleme stellte. Das galt nicht nur für die Jahre nach 1808, als eine neue, vollkommen arbiträre Ordnung auf die unterste Ebene der Zugehörigkeiten und der Verwaltung übertragen werden sollte. Die Gemeindebildung war auch nach 1818, als doch eigentlich an bereits vorhandene Zugehörigkeiten angeknüpft werden konnte, vor Ort ein höchst schwieriges Geschäft. Das hatte die verschiedensten Gründe. Die Gemeindebildung wurde dadurch erschwert, dass nicht alle an diesem Prozess Beteiligten sich jederzeit nach den gerade gültigen Ordnungen richteten. Sie litt also, wie viele andere komplexe Verwaltungsaufgaben im 19. Jahrhundert auch, an Koordinationsproblemen zwischen den unterschiedlichen Verwaltungsakteuren. Das hatte nicht nur etwas mit den sich erst herausbildenden Kommunikations- und Kontrollmechanismen zwischen den verschiedenen Verwaltungsebenen zu tun. Vielmehr stellte ein erhebliches Problem auch die Vieldeutigkeit des Gemeindebe-

den Verordnungen aus amtlichen Quellen geschöpft und systematisch geordnet. Bd. 11.2. München 1838, S. 225–227, hier: S. 225.

35 Ebd., S. 225 f.

36 Monika Wienfort: Ländliche Rechtsverfassung und bürgerliche Gesellschaft. Patrimonialgerichtsbarkeit in den deutschen Staaten 1800–1855. In: Der Staat 33 (1994), S. 207–239.

griffs dar, der zwischen sozialer und territorialer Logik changierte und (zumindest nach 1818) beides auf einen Nenner bringen sollte. Zudem zeigt sich am Beispiel der Gemeindebildung ein typisches Problem von Staatlichkeit und Verwaltung (nicht nur) im 19. Jahrhundert: Der sich bildende bürokratische Staat war für die Standardisierung seiner Funktionen und die Gouvernementalisierung seines Territoriums nicht nur auf eine starke Zentrale, sondern auch auf lokales Wissen angewiesen. Doch wie sollte der Staat an dieses lokale Wissen gelangen? Notwendig waren geschickte Vermittler zwischen Zentrum und Peripherie. Während bereits häufiger auf eine solche Funktion des (dauerhaften) administrativen Personals, also der Amtmänner, Landräte et cetera und auch der lokalen Akteure, etwa der Bürgermeister, hingewiesen wurde,[37] müssen gerade im Zusammenhang mit der Territorialisierung auch diejenigen Akteure mit ins Auge gefasst werden, die lediglich kurzzeitig vor Ort waren und über die bislang kaum etwas bekannt ist, obwohl es sich bei ihnen um hoch interessante Akteure der Territorialisierung, Gouvernementalisierung und auch Professionalisierung des Staates handelt: die Geodäten. Um diese verschiedenen Probleme wird es im Folgenden gehen.

Die Gemeindebildung war ein koordinativ aufwendiges Unterfangen. In München waren verschiedene Ministerien und Regierungsstellen damit befasst, die Vorgaben immer wieder aufs Neue auszuarbeiten, aber auch in den Regionen waren ganz unterschiedliche Stellen an der Gemeindebildung beteiligt. Die Kreisregierungen führten die Oberaufsicht, aber letztlich waren es die Landgerichte, die in ihrem jeweiligen Gerichtsbezirk für die Einteilung der Wohnplätze und Ländereien in Gemeinden zuständig waren. Nicht immer gelang es jedoch, diese Landgerichte auf die jeweils aktuell gültigen Vorgaben zur Gemeindebildung einzuschwören. Erschwert wurde das Koordinieren der verschiedenen Akteure auch dadurch, dass für die Umsetzung der Anweisungen aus München stets extrem enge Fristen vorgegeben waren. So wurde am 11. Juni 1818 eine Verordnung zur Gemeindebildung veröffentlicht und als Zieldatum für die Einreichung der Listen der gebildeten Gemeinden der 1. Juli ausgegeben – wohlgemerkt des gleichen Jahres![38]

[37] Joachim Eibach: Der Staat vor Ort. Amtmänner und Bürger im 19. Jahrhundert am Beispiel Badens. Frankfurt a. M./New York 1994; Anette Schlimm: Vom unwilligen, unfähigen Schulzen zum kompetenten Bürgermeister? Verhaltenslehren und Lernprozesse im ländlichen Raum des 19. Jahrhunderts. In: Administory 2 (2017), S. 207–229; Patrick Wagner: Landräte, Gutsbesitzer, Dorfschulzen. Zum Wandel der „Basisposten“ preußischer Staatlichkeit in Ostelbien im 19. Jahrhundert. In: Bärbel Holtz/Hartwin Spenkuch (Hg.): Preußens Weg in die politische Moderne. Verfassung – Verwaltung – politische Kultur zwischen Reform und Reformblockade. Berlin 2001, S. 249–283; ders.: Bauern, Junker und Beamte. Lokale Herrschaft und Partizipation im Ostelbien des 19. Jahrhunderts. Göttingen 2005.

[38] Verordnung vom 11.6.1818, die Gemeindebildung betreffend. In: Döllinger (Hg.): Sammlung (wie Anm. 31), S. 215–217.

Aus den Berichten, die vonseiten des Innenministeriums angefertigt wurden und für einzelne Kreise archivalisch überliefert sind, geht hervor, dass es sich einige Landrichter mit der Gemeindebildung offenbar leicht machten. Statt Dorf für Dorf überlieferte Zugehörigkeiten zu rekonstruieren, bildeten sie die Gemeinden lieber nach den seit nunmehr zehn Jahren existierenden Steuerdistrikten. Ein solcher Fall war offenbar das Landgericht Parsberg im Regenkreis: „Das Landgericht sieht neuerdings die Bildung der Gemeinden nach den bestehenden Steuer-Distrikten als die zweckmäßigste um so mehr vorzustellen, als sämmtliche Gemeinde Glieder damit verstanden sind“.[39]

Der Berichterstatter aus dem Innenministerium bezweifelte allerdings, ob wirklich alle Gemeindemitglieder damit einverstanden gewesen seien, und forderte das Landgericht auf, dies durch neue Unterschriftenlisten der beteiligten Gemeindeausschüsse noch einmal nachzuweisen. Interessant sind sowohl das Vorgehen der Landrichter als auch die Kritik durch den Berichterstatter deshalb, weil das grundlegende Problem hierbei gar nicht angesprochen wurde: Gemeinden, die vor 1818 nicht existierten und entsprechend neu gebildet werden mussten, konnten auch keine Gemeindeausschüsse haben, die der Gemeindebildung zustimmten. Die Landrichter in ihrer Not, möglichst schnell die Gemeindebildung durchzuführen, sprachen also wohl lediglich mit denjenigen lokalen Akteuren, die es gab. Und das waren die Vorstände der Steuerdistrikte.

Auch im Unterdonaukreis (dem heutigen Niederbayern) war nicht alles so gelaufen, wie es in den Münchner Ministerien geplant worden war. Im Jahr 1821, also zu einem Zeitpunkt, als die „neue“ Gemeindeformation bereits seit zwei Jahren abgeschlossen sein sollte, schrieb die dortige Kammer des Innern nach München ans Innenministerium. Man habe bemerkt, dass der Geschäftsgang in den Ruralgemeinden „bisher zum Theil an der erforderlichen Einfachheit und Kraft leidet [sic!], welche Mängel zuvörderst den vorzüglichen Grund darin haben, daß es manche Aemter an der erforderlichen Umsicht bey der vorgeschriebenen Bildung der Gemeinde-Bezirke“ hätten mangeln lassen. Das Problem sei, dass „sich Pfarr- Schul- und Armensprengel in einem, und eben demselben neu formierten Gemeinde-Bezirke widerlich und geschäftshemmend und störend durchkreutzen und besonders die Anstöße in der Verwaltung der Polizey, des Schul- und Armenwesens so wie der Gemeinde- und Stiftungs-Vermögens-Administration sehr vervielfachte“.[40] Daher habe die Kammer gemeinsam mit mehreren Landrichtern beschlossen, die Gemeindebildung zu revidieren.

39 Vortrag über die Bildung der Gemeinden im Regenkreise [1818], BayHStA, MInn 54269.

40 Kammer des Innern des Unterdonaukreises an das Ministerium des Innern, 27.6.1821, BayHStA, MInn 54259.

Obwohl die Gemeindebildung im Unterdonaukreis in den frühen 1810er-Jahren unverrichteter Dinge abgebrochen und erst 1818 wieder aufs Gleis gesetzt worden war, hatten sich also die zuständigen Stellen, hier vor allem die Landrichter, entgegen allen neuen Richtlinien an den (fertig gebildeten) Steuergemeinden orientiert. Als dies auffiel, erließ die Regierung in Passau eine Instruktion zur Revision der Gemeindebezirke und wies darauf hin, dass die Einteilung der Steuerdistrikte nicht die der Gemeindebezirke vorgeben sollte. Stattdessen sollten andere Zusammenhänge berücksichtigt werden, „nämlich die Pfarrsprengel. Diese sind in der Regel den wenigsten Veränderungen unterworfen, – und nach ihnen richten sich auch meistens die Schul-Bezirke [...] – und endlich stehet der pfarrliche Wirkungskreis mit dem der Gemeinde-Ausschüße in so vielfältiger Berührung, daß eine möglichst annähernde Uebereinstimmung der Pfarr- und Gemeindesprengel vor allem übrigen als wünschenswerth erscheint.“[41]

Die Gemeinderevision schleppte sich nicht nur im Unterdonaukreis hin, weil die Landgerichte als zuständige Stellen offenbar überfordert waren. Auch nach abgeschlossener Revision gab es weiterhin Konflikte. Die Gemeindemitglieder beschwerten sich darüber, dass die Abgaben in der neuen Gemeinde zu hoch, dass zwei Ortschaften mit sehr widersprüchlichen Interessen zusammengespannt worden oder dass die Wege zum neuen Gemeinde-Mittelpunkt zu weit seien.[42] Mit allen diesen Fällen mussten sich die Kammern des Innern in den Kreisen en détail beschäftigen und Entscheidungen treffen, sodass sich der Prozess der Gemeindebildung sehr lange hinzog.

Im Landgericht Regenstauf im Regenkreis dauerte es besonders lange, und auch hier sind einige interessante Kehrtwenden zu beobachten. Im Bericht des Innenministeriums wurde 1818 darauf hingewiesen, dass die Unterlagen über die Bildung der Ruralgemeinden entsprechend „zur Umarbeitung zurückgesendet werden“ müssten.[43] Als dies nicht geschah, beauftragte die Kammer des Innern auf Kosten des Landgerichts einen Kommissar damit, die Gemeindebildung nach den Vorgaben des Gemeindeedikts und der Ausführungsbestimmungen durchzuführen.

41 Instruktion der kgl. bayerischen Regierung des Unterdonaukreises, 2.5.1821 (Drucksache), BayHStA, MInn 54259, S. 2.

42 Besonders interessant ist ein Bericht über die Abkopplung zweier kleiner Siedlungen von der Münchner Vorstadt Au, weil dort direkt eine ganze Vielzahl von Gründen für die Umgemeindung ins Feld geführt wurde – von den hohen Abgaben der Vorstadt über den weiten Schulweg der Kinder bis hin zu naturräumlichen Gegebenheiten; Bericht des Bayerischen Innenministeriums (Abschrift) an das Generalkommissariat des Isarkreises, 15.7.1818, BayHStA, MInn 54244; vgl. auch die Beschwerde von Einwohnern des Dorfes Dötzting, 6.11.1827, BayHStA, MInn 54259.

43 Vortrag über die Bildung der Gemeinden im Regenkreise [1818], BayHStA, MInn 54269.

Nun kehrte für viele Jahre Ruhe in den Gemeindebildungsangelegenheiten des Regenkreises ein. Doch im Jahr 1830 fiel der Kreisregierung im Zuge einer Durchsicht der Unterlagen zu den Gemeindeaufschlägen auf, dass die Gemeinden im Landgericht Regenstauf vollkommen „verordnungswidrig" gebildet worden seien. Dieser Zustand sollte nun schnellstmöglich beseitigt werden, bevor im Jahr 1831 die nächsten Gemeindewahlen anstanden.

Was war das Problem? Im Gebiet des Landgerichts Regenstauf sei der „wichtigste Grundsatz der Continuitaet der Bezirke der Gemeinden [...] ganz außer Acht geblieben", referierte der Berichterstatter aus der Kammer des Innern der Regierung des Regenkreises ans Innenministerium nach München. Gemeint war damit aber nicht die historische Kontinuität, sondern die geografische – diverse Gemeinden bestanden nun aus nicht zusammenhängenden Gebieten. Das entsprach nicht den Vorgaben und den Vorstellungen, wie eine Gemeinde aussehen sollte. Offenbar hatte der Kommissar, der als externe Kraft im Jahr 1818 die Gemeindebildung in großer Eile hatte durchführen müssen, vor der Problematik kapituliert, dass sich im Regenkreis nicht nur die unterschiedlichen Gemeindeaspekte, sondern auch noch verschiedenste herrschaftliche Beziehungen überschnitten. Denn das größte Problem existierte in jenen Bereichen, in denen benachbarte Dörfer, Wohnplätze, Weiler und Einödhöfe mal zum Landgericht, mal zu Patrimonialgerichten gehörten. Da die Gemeinden immer fein säuberlich nach diesen Gerichtszugehörigkeiten getrennt sein sollten, hatte der Kommissar im Jahr 1818 offenbar kurzen Prozess gemacht und sich vor allem an diesen herrschaftlichen Zugehörigkeiten orientiert, demgegenüber aber die territoriale Geschlossenheit vernachlässigt.

Nun, im Jahr 1830, fiel das auf und sollte korrigiert werden. In einem höchst komplexen Prozess, der sehr viele unterschiedliche Akteure einschloss und zu Konflikten führte, wurde die territoriale Geschlossenheit der Gemeinden hergestellt.[44] Dafür mussten aber einzelne Dörfer oder Weiler aus der patrimonialgerichtlichen Zugehörigkeit gelöst, andere als Ausgleich wiederum in dieses Herrschaftsverhältnis gebracht werden. Weder die Dörfer noch ein bestimmter Patrimonialherr, der königliche Staatsrat Graf von Drechsel, wollten sich damit zufriedengeben und legten Widerspruch gegen dieses Hin- und Hertauschen ein. In einem ausführlichen Bericht begründete der zuständige Referent in der Kammer des Innern, von welchen Rationalitäten er sich habe leiten lassen, um nun, mehr als zwanzig Jahre

[44] Im entsprechenden Band des Historischen Atlas von Bayern wird übrigens auf diese komplizierten Gemeindebildungs- und -umbildungsprozesse nicht eingegangen; allerdings lag der Fokus bei der Erarbeitung auch eher auf den vor- und frühmodernen Herrschaftsverhältnissen; Diethard Schmid: Regensburg 1: Das Landgericht Stadtamhof, die Reichsherrschaften Donaustauf und Wörth. München 1976, S. 294.

nach Beginn der Gemeindebildung, diese endlich zu einem guten Abschluss zu bringen.

Es ist interessant, sich hier genauer anzuschauen, wie die Kreisregierung argumentierte. Zwei Faktoren spielten für sie eine besondere Rolle: einerseits die räumlichen Gegebenheiten, andererseits die herrschaftlichen Verbindungen. Die geografische Lage der Gemeinden wurde immer wieder als Argument herangezogen, indem die Geschlossenheit der Gemeindebezirke, aber auch die geringere Entfernung von Weilern zum (neuen) Hauptort ins Feld geführt wurde. Ferner ging es der Kreisregierung um das Problem der Herrschaftskonkurrenz. Keinesfalls sollten dem Patrimonialgerichtsherrn zusätzliche Einflussgebiete zugestanden werden. Solche, die ihm erst im Zuge der Gemeindebildung von 1818 zugekommen waren, sollten ihm schnellstmöglich wieder aberkannt werden. So sei es nicht zu akzeptieren, dass das Pfarrdorf Kirchberg zum Patrimonialgericht Karlstein komme, da „durch die Zutheilung dieses Dörfchens nach Karlstein dem königlichen Landgericht auch die Niederkuratel über das Stiftungsvermögen zu Kirchberg entzogen worden wäre“. Es müsse verhindert werden, dass Veränderungen der Gemeindebezirke „zum Nachtheil des allerhöchsten Aerars und der unmittelbaren königlichen Unterthanen, welche bisher ohne unbedingte Nothwendigkeit durch Zutheilung zu patrimonialgerichtischen Gemeinden der Polizeygewalt eines Patrimonial Gerichts untergeordnet worden sind, statt finden könnte[n]“.[45]

An der zitierten Äußerung wird deutlich, dass zum einen die territoriale Vorstellung der Gemeinde als eines geschlossenen Bezirks prägend für das Verwaltungshandeln geworden war. Gemeinde war nicht primär etwas Soziales, sondern eine räumliche Ordnung – zumindest aus der Perspektive der Kreisregierung. Zum anderen aber waren es nicht nur die lokalen Zugehörigkeiten, sondern auch die herrschaftlichen Verhältnisse, die andere, mit der geografischen Zuordnung interferierende Logiken schufen. Während beispielsweise in Frankreich die territoriale Neuordnung der Verwaltungsräume nach der Revolution gleichzeitig mit der Aufhebung der nicht-staatlichen Herrschaftsverhältnisse durchgeführt worden war, war es in Bayern zu einem solchen Schritt nicht gekommen. Trotz aller Reformanstrengungen waren die Patrimonialgerichte nicht angetastet worden und blieben bis 1848 ein wichtiger Faktor für die lokale Verwaltung im ländlichen Raum. An der Argumentation der Kreisregierung wird aber deutlich, dass diese „Gleichzeitigkeit“ von lokalem Herrschaftsgericht und moderner Staatsräson zunehmend als Problem, zumindest als Konkurrenzverhältnis, gesehen wurde. Denn die Gemeinden, um die es hier ging, waren auf den Staat bezogen. Dass sich ihre räumliche

[45] Bericht der Kammer des Innern, Regierung des Regenkreises, ans kgl. Staatsministerium des Innern in München, die Beschwerde wegen Revision der Gemeindebildung im königlichen Landgerichtsbezirke von Regenstauf betreffend, 5.4.1831, BayHStA, MInn 54269.

Ordnung auch aus einer anderen Machtquelle herleiten sollte, konnten die Bürokraten der Kreisregierung nicht akzeptieren.

Auch wenn diese beiden Argumente – das territoriale und das gouvernementale – für die Bürokratie die entscheidenden waren, heißt das nicht, dass das für alle Akteure galt. Das Grundproblem der Gemeindebildung bestand in einem Umstand, der im „Organischen Edikt" schon angesprochen war: Es existierten ganz unterschiedliche Gemeinden, die Pfarr-, die Schul-, die Armengemeinde, die bäuerliche Gemeinde oder Genossenschaft der Nachbarn et cetera. Die räumlichen Ordnungen dieser Gemeinden stimmten oftmals nicht überein, ja es handelte sich manchmal nicht einmal um räumliche Determinationen, sondern um soziale. Denn eine bäuerliche Gemeinde umfasste nicht ein geschlossenes Territorium, sondern die Grundstücke, die von den Gemeindemitgliedern, den Genossen, genutzt wurden.

Die Gemeinden, an welche die politischen Gemeinden ab 1818 anschließen sollten, waren räumlich-soziale Gebilde verschiedener Art, die noch dazu keinen einheitlichen Bezugspunkt und keine einheitliche Legitimation hatten. Denn sie leiteten sich nicht alle zum Beispiel von der staatlichen Herrschaft ab. Überschneidungen, Vieldeutigkeiten und Ambiguitäten waren nicht die Ausnahme, sondern die Regel.

Friedrich Ludwig Freiherr von Bernhard, Professor für Rechtswissenschaft an der Universität München, verfasste für das Innenministerium im Zuge der Revision des Gemeindeedikts im Jahr 1833 ein Gutachten, bei dem es unter anderem darum ging, wie „Gemeinde" denn nun zu definieren sei. Er referierte lange und ausführlich die zwei dominierenden Vorstellungen von Gemeinde: Entweder seien sie nur als Untergliederungen des staatlichen Territoriums zu verstehen, als bloße „Abtheilungen des Staatsgebietes", wie in der französischen (oder Montgelas-bayerischen) Gemeindegesetzgebung. Oder aber sie müssten als moralische Personen begriffen werden, als Verband der Gemeindebürger, wie in der preußischen Städteordnung. Letztlich kapitulierte Bernhard vor der Schwierigkeit, einer Seite den Vorzug geben zu müssen. Denn Gemeinden müssten sowohl politisch, also auf den Staat bezogen, als auch sozial, als privatrechtlicher Verband privatrechtlicher Subjekte, verstanden werden. Doch sei das letztlich auch irrelevant für die Revision der Gemeindeordnung, diese brauche gar keine Definition von Gemeinde. Entsprechende Überlegungen würden ins Feld der Wissenschaften gehören, nicht ins Feld der Politik.[46]

[46] Friedrich Ludwig Freiherr von Bernhard (königl. Hofrath und Ministerialreferent, ordentlicher Professor der Rechte an der Universität München): Vortrag die Revision der Grundbestimmungen der Verordnung über die Verfassung und Verwaltung der Gemeinden betr., August 1833, BayHStA, MInn 54219a, Bl. 35–37.

Doch Bernhard irrte. Das administrative Verständnis von Gemeinden wirkte auf deren Form ein, sodass es keineswegs irrelevant war, was der Gesetzgeber unter „Gemeinde“ verstand und wie er sie definierte. Auch wenn die territorial-gouvernementale Vorstellung von Gemeinde durch rechtliche Kodifikationen wie die Gemeindeordnungen und verwandte administrative Gebrauchstexte immer wichtiger wurde und die tatsächliche Regierungspraxis auch prägte, blieb doch die soziale, die genossenschaftliche Konnotation von Gemeinde erhalten. Noch im Jahr 1950 argumentierte der Rechtshistoriker Fritz Zimmermann, dass Gemeinde immer auch auf eine „‚gemeindlich[e]‘ Personenverbindung“ hindeute: „Hier verdichtet sich der Gemeindebegriff ganz konkret zu seiner sichtbaren Erscheinungsform, zur Gemeindeversammlung.“[47]

Beide Vorstellungen von Gemeinde, die territoriale und die personale, existierten parallel und waren miteinander verflochten. Das bereitete so lange keine Schwierigkeiten, wie nicht die politische Forderung aufkam, dass jedes Grundstück, jeder Flecken Erde, einer Verwaltungseinheit eindeutig zugeordnet werden müsse. Da genau dies aber die Grundidee von Montgelas (und auch seinen Nachfolgern) war, stellte sich die Frage, wie ein Umgang mit den Ambiguitäten von Gemeinde gefunden werden könnte.

Im lokalen Raum war das weniger eine hochtheoretische, als vielmehr eine absolut praktische Frage. Denn es gab schlichtweg keine vorgängige Ordnung, die die Grenzen der Gemeinden in allen Fällen vorgegeben hätte. Und darüber hinaus wusste oft niemand vor Ort, wer und welcher Boden eigentlich wohin gehörte.

Das zeigte sich oftmals erst in der Praxis, vor allem im offenen Gelände. Im Landgerichtsbezirk Dachau, der als einer der ersten überhaupt vermessen wurde, lag auch das Dachauer Moos, eine große Fläche, die extensiv – und das bedeutete vermutlich auch: kollektiv – bewirtschaftet wurde. Offenbar wussten nicht einmal die Grundbesitzer selbst ganz genau, wem welche Fläche gehörte. Mit den Katastern und der Gemeindebildung ging auch die Fixierung des Privateigentums und die Aufteilung bisher kollektiv genutzter Flächen einher.[48] Die Geodäten, die die Besitzgrenzen im Moos kartieren sollten, standen nun vor einem Problem. Sie versuchten, „sämmtlich[e] Interessenten“ an einen Tisch beziehungsweise zu einem Ortstermin ins Moos zu bringen. Bewohner von nicht weniger als 26 Ortschaften aus den Landgerichten Dachau, München und Starnberg waren involviert, sodass die Besitzer zum Teil aus dem Voralpenland anreisen mussten, um ihre Grundstü-

[47] Fritz Zimmermann: Die Rechtsnatur der altbayerischen Dorfgemeinde und ihrer Gemeindenutzungsrechte: an Hand von Quellen aus dem Bayerischen Wald (Gericht Viechtach). Straubing 1950, S. 49 f.

[48] Vgl. etwa Verzeichniß der in nachstehenden Gemeinden des königl. Landgerichts Schongau noch vorzunehmenden Meßungen, 26.12.1823, BayHStA, Bayerisches Landesvermessungsamt 4489.

cke im Moos zu markieren. Zumindest einige von ihnen konnten mit Drohungen zum Kommen bewegt werden, denn wer nicht erschien, sollte seine Moosanteile verlieren.

Der zuständige Assessor vermutete, dass die Berechtigten nur wenig Interesse an ihrem Besitz hätten: „[W]eil die Mööser u. Filzen keine erhebliche [...] entsprechende Nutzung gewähren, und [...] eben deshalb oft mehrere Jahre hindurch unbenützt liegen bleiben, weswegen [...] der Eigenthümer selten im Stande ist, den Ort und die Gränzen seines Moostheiles anzugeben; weil auch sein Wohnort nicht selten 4–5 bis 6 Stunden entfernt ist; übrigens, wie er von einer Vermessung und Besteuerung hört, sich des Grundstücks nicht gerne annimmt.“[49]

Es war also nicht nur so, dass die lokalen Berechtigten selbst nicht wussten, wo ihre Grundstücksgrenzen verliefen, sondern sie wollten möglicherweise dieses Wissen einfach nicht teilen, war ihnen doch bewusst, dass der Kataster letztlich dazu diente, ein neues Steuersystem festzulegen.

Fünfzehn Jahre nach der Katastrierung des Dachauer Mooses waren die Vermesser immer noch mit der Ordnung des Raumes in Bayern beschäftigt. Inzwischen war man bis in den Unterdonaukreis gekommen, wo die Gemeindebildung im Landgerichtsbezirk Simbach im Juni 1824 Formen annahm. Am 13. Juni jenes Jahres schrieb ein Beamter namens Lämmle, vermutlich der Leiter der dortigen Lokalkatasterkommission und wahrscheinlich der gleiche Lämmle, der sich schon in Dachau mit der Vermessung herumgeschlagen hatte, an die königliche Unmittelbare Steuerkatasterkommission in München, um sie über ein besonderes Vorgehen im Landgerichtsbezirk Simbach zu informieren: „[I]ndem ich aus der Erfahrung überzeugt bin, daß es weit besser ist, die Gemeindegrenzen vor der Vermessung aufzusuchen, um die allenfallsigen Umstände kennen zu lernen, die Gemeinde-Vorsteher und die Ausschüßer auf die Wichtigkeit des Gegenstandes aufmerksam zu machen, damit sie die nach der Vermessung herzustellende[n] Grenzprotokolle vollkommen verstehen und mit Sicherheit unterzeichnen können“, habe der Landrichter den Geodäten Oberhofer, der als Grenzrevisor benannt worden war, sofort mit den unterschiedlichen lokalen Amtsträgern zusammengebracht, um Grenzbegehungen abzuhalten.

„Durch die Geschicklichkeit, mit welcher genannter Oberhofer diesen Gegenstand zu behandeln verstehet, und durch seinen angestrengten Fleiß sind bereits alle Gemeindegrenzen im Innern des Landgerichts Simbach von ihm mit den jedesmaligen angrenzenden Gemeindeverwaltungen durchgegangen, und die Haupt-Eckpunkte mit starken, und numerierten Pfählen kummulative vermerket worden, worüber ich in der Anlage eine Übersicht übersende.“ Dadurch sei die endgültige

[49] Assessor Laemmle an die kgl. Unmittelbare Steuervermessungskommission, 4.7.1809, BayHStA, Landesvermessungsamt 2.

Festlegung der Gemeindegrenzen in diesem Gerichtsbezirk praktisch abgeschlossen, lediglich die Außengrenzen des Bezirks müssten noch endgültig revidiert werden.

Abb. 1: Der Prozess der praktischen Gemeindebildung im Landgerichtsbezirk Simbach, verdeutlicht in einer Karte.[50]

Ansonsten sei die Fertigstellung der Grenzrevision in der Region allerdings schwierig, so Lämmle. In Burghausen etwa liege die ganze Gemeindebildung – über Grenzrevisionen sprach Lämmle hier noch nicht! – noch „in der Kindheit“; weder die zuständigen Ämter, also die Landgerichte, noch die Gemeindevorsteher seien eine Hilfe, weil diese meist das „Gemeinde-Edict nur dem Namen nach, oder gar nicht kennen“ würden. Zudem sei die Gemeindebildung in manchen Landgerichten auch besonders herausfordernd: In Pfarrkirchen etwa gebe es 900 abgesonderte Orte, die zu Gemeinden zusammengefasst und in ihren Grenzen genau beschrieben

50 Ebd.

werden müssten. Außerdem sei kaum an geschultes und geeignetes Personal zu kommen – es gebe einfach zu wenig fähige Geodäten so wie Oberhofer, der die Gemeindebildung in Simbach zu einem guten Abschluss führen konnte.[51]

Einerseits also Erfolgsmeldungen, garniert mit einer genauen Karte der Gemeindegrenzen im Landgerichtsbezirk Simbach, andererseits das Eingeständnis, dass die Gemeindebildung im Unterdonaukreis keineswegs binnen kürzester Zeit abgeschlossen werden könne.

Die überlieferte Karte (Abb. 1) zeigt die praktisch vollständige Gemeindebildung im Landgerichtsbezirk Simbach. Die Grenzen sind mit Zahlen beschriftet. Die arabischen geben an, wie viele Pfähle den Verlauf der Grenze markierten; die römischen hingegen verweisen auf die Reihenfolge, in welcher der Geodät Oberhofer mit den Vertretern der angrenzenden Gemeinden die Grenzen abgegangen war. Der Plan stellt also mehr als eine Karte der Gemeindegrenzen dar, er ist ein Nachweis darüber, wie der Prozess der Grenzziehung in mühevoller Kleinarbeit nicht nur technisch, sondern auch im Gespräch und unter Beteiligung der lokalen Bevölkerung durchgeführt wurde.

Die Formalisierung des Wissens über Grund und Boden in Form von Karten und Grundbuch, die letztlich dazu diente, die staatliche Ordnung im lokalen Raum zu verwirklichen, funktionierte nicht unabhängig von lokalem Wissen. Die Geodäten kamen nicht im Dorf vorbei, vermaßen Grund und Boden, ordneten ihn nach den staatlichen Vorschriften und reisten weiter, sondern mussten mit der lokalen Bevölkerung in Interaktion treten. Sie mussten versuchen, möglichst viele Beteiligte, also etwa die Grundbesitzer im Dachauer Moos, selbst zu treffen, mit ihnen zu sprechen und mit ihrer Hilfe festzustellen, welche Grundstücke wo begannen und wo endeten. Sie mussten mit den Gemeindevertretern die Grenzen der Gemeinden abschreiten und darauf hinwirken, dass die Grenzen und ihre Bedeutung dann auch wirklich verstanden und in Zukunft als Organisationsprinzip der lokalen Ordnung beachtet und gelebt wurden – es also eine dauerhafte Entsprechung von Karte und Raum gebe.

Die Geodäten waren also viel mehr als nur technisches Personal. Sie waren diejenigen, die lokales und staatliches Wissen zusammen- und miteinander in Passung brachten. Wie auf anderen Feldern der lokalen Herrschaft auch, kam diesen „Brokern", den Vermittlern zwischen staatlicher und lokaler Ebene, eine zentrale Bedeutung zu.

51 Dieses und voriges Zitat: Lämmle (Lokal-Kommission Simbach?) an die Königliche Unmittelbare Steuerkatasterkommission in München, 12.6.1824, BayHStA, Landesvermessungssamt 173.

Gemeindebildung, Gouvernementalisierung und Staatlichkeit im 19. Jahrhundert

Die Gemeindebildung in Bayern war ein langwieriger Prozess, innerhalb dessen sich die Kriterien, nach denen Gemeinden gebildet werden sollten, grundsätzlich änderten. Das Gemeindeedikt von 1808 stand ganz im Zeichen einer planmäßigen Unterteilung des Königreichs in kleine Einheiten, die der Vereinheitlichung der Besteuerung und anderer Regierungstechniken dienen sollte. Zehn Jahre später sollten sich die Gemeindebezirke hingegen an bereits vorhandenen räumlichen Beziehungen – Pfarrgemeinden oder Schulsprengeln – orientieren. Das klingt zunächst nach einem großen Unterschied, nach zwei grundsätzlich verschiedenen Vorstellungen davon, was Gemeinden sein sollten. Doch so verschieden waren die 1808 und die 1818 verfolgten Konzeptionen von den Gemeinden als staatlicher Feinstruktur gar nicht. Die Gouvernementalisierung der Gemeinden war notwendigerweise auf eine territoriale Ordnung der Gemeinden angewiesen, um etwa staatliche Aufgaben delegieren zu können. Doch die Vorstellung eines Personenverbands blieb trotzdem bestehen. Die Gemeinden in Bayern – und darüber hinaus in weiten Teilen des deutschsprachigen Raumes – bewegten sich permanent in diesem Spannungsfeld von territorialer und personaler Ordnung.[52]

Die Territorialisierung der Gemeinden, die in Bayern ab 1808 vorgenommen wurde, war nur für die Planung im Ministerium unproblematisch – dort konnte man verfügen, dass auf eine Quadratmeile vier Gemeinden kommen sollten.[53] Doch im Konkreten war diese Vorgabe kaum umzusetzen. Denn der Raum war ja nicht leer,[54] sondern durch naturräumliche Gegebenheiten, vor allem aber durch soziale Beziehungen, Besitz- und Herrschaftsverhältnisse vorstrukturiert. Diese Beziehungen mussten in die Planungen mit einbezogen werden, weshalb akribische Kenntnisse über die Verhältnisse vor Ort notwendig waren, um die Gemeinden zu bilden. Weil aber natürlich sehr unterschiedliche Auffassungen darüber vorherrschten, welche Beziehungen denn nun die entscheidenden waren, ergaben sich Konflikte, die oftmals langwierig geschlichtet werden mussten.

Was den Bürokraten dabei nicht in den Sinn kam: Durch die Gemeindebildung entstanden wieder neue soziale Beziehungen. Es war kaum möglich, in den 1820er-Jahren auf einen Zustand vor der ersten Gemeindebildung zurückzuschalten, denn

[52] Das gilt – möglicherweise unter veränderten Vorzeichen – sogar für die Gegenwart. In den gegenwärtigen Debatten über Gemeinden verschränken sich ebenfalls Vorstellungen von Bürgergesellschaft vor Ort und Verwaltungsbezirk.

[53] Instruktion zur Bildung der Steuer-Distrikte (13.5.1808), § 2. In: RBl. 26 (1808), Sp. 1110–1115, hier: Sp. 1110.

[54] Dorothee Kimmich: Leeres Land. Niemandsländer in der Literatur. Göttingen 2021.

inzwischen hatten sich ja Gemeindevertretungen gebildet, waren Schul- oder Hebammenbezirke geschaffen worden. Das heißt, die Sozialbeziehungen strukturierten die Räume permanent um, es gab keinen „Urzustand“, auf den man rekurrieren konnte. Das machte den Prozess der Gemeindebildung, je länger er lief, um so problematischer. Ohnehin war das Vorhaben „Gemeindebildung“ der Versuch, „einen Pudding an die Wand zu nageln“. In einer Situation, in der in nie gekanntem Ausmaß Zugehörigkeiten und Lokalisierungen von Besitz wie von Menschen in Bewegung gerieten, stellte das Projekt einen Versuch dar, diese Ordnung zu fixieren. Weil aber diese Ordnung selbst hergestellt werden musste, wurden durch die Gemeindebildung Dynamiken in Gang gesetzt, die über längere Zeit nicht mehr stillgestellt werden konnten. Im Grunde ist also die Gemeindebildung ein Beispiel dafür, wie moderne Gesellschaften versuchten, ihre Ordnungen zu fixieren und dabei gleichzeitig die gesellschaftliche Dynamik weiter befeuerten.[55]

Schlussendlich: Die Gemeindebildung basierte darauf, dass staatliches und lokales Wissen zusammengebracht werden mussten. Ideen davon, was Gemeinden waren, insbesondere in ihrer territorialen Ausprägung, mussten mit konkreten lokalen Beziehungen und Verhältnissen verschränkt werden, um Gemeindebezirke voneinander abzugrenzen und diese Grenzen dauerhaft zu etablieren. Dafür brauchte es Vermittler – in diesem Fall waren das unter anderem die Geodäten, eine Berufsgruppe, über die bislang kaum etwas bekannt ist. Gerade bei der Gemeindebildung, die gleichzeitig mit der Katastrierung und der topografischen Vermessung Bayerns stattfand, waren die Geodäten gefragte Fachkräfte. Das Beispiel des Landgerichtsbezirks Simbach hat darüber hinaus gezeigt, welch wichtige Rolle ihnen im Hinblick auf die Akzeptanz der Gemeindebildung zukam. Diese Akteure sollten daher in einer eigenen Untersuchung einmal unter die Lupe genommen, ihre Herkunft und ihre Arbeitspraxis genauer untersucht werden.

Letztlich blieb das Spannungsfeld von territorialer und genossenschaftlicher Gemeindevorstellung erhalten, das Pendel schlug aber tendenziell stärker in Richtung der territorialen Ordnung aus. Doch beide Vorstellungen trieben die Gouvernementalisierung der Gemeinden voran, wenn auch auf unterschiedlichen Feldern.[56] Die zunehmende Dominanz der territorialen Ordnung speiste sich nicht nur aus der Gemeindebildung, sondern auch aus einer Vielzahl staatlicher Reformen, die im ausgehenden 18. Jahrhundert angestoßen worden waren und die bis weit ins 19. Jahrhundert hinein fortdauerten. Dazu gehörten zum Beispiel die (un-

[55] Christof Dipper: Moderne. In: Docupedia-Zeitgeschichte (2018), online zugänglich unter: https://docupedia.de/zg/Dipper_moderne_v2_de_2018 (letzter Zugriff am 7.2.2024).

[56] So zeige ich beispielsweise, dass die genossenschaftliche Idee der Gemeinde für die ökonomische Regierung der Gemeinden im 19. Jahrhundert von erheblicher Bedeutung war; Schlimm: Regieren (wie Anm. 2), S. 149–190.

terbrochene) Auflösung der komplexen Ordnung persönlicher Abhängigkeits- und Herrschaftsverhältnisse (unterbrochen wegen der problematischen Durchführung der Abschaffung der Patrimonialgerichtsbarkeit – einem der größten Hindernisse auf dem Weg zu einer eindeutigen territorialen Ordnung), die „Bauernbefreiung", die in Bayern erst mit den Ereignissen des Jahres 1848 wirklich an Fahrt aufnahm, aber im Kleinen viele Vorläufer hatte, aber auch die Flurbereinigung und die Auflösung der Allmenden und Gemeinheiten. All diese Reformen trugen zu einer Vereindeutigung der territorialen staatlichen Ordnung bei. Räumliche Gemengelagen von Herrschaftsverhältnissen, Rechten oder Zuständigkeiten sollten beseitigt, Machtbeziehungen räumlich geordnet werden. Die Gemeindebildung ist allerdings ein besonders plastisches Beispiel für diese innere Territorialisierung, nicht zuletzt deshalb, weil die territoriale Ordnung der Verwaltung binnen kurzer Zeit zu einer Selbstverständlichkeit geworden war. Oder wurde sie zu so einem einflussreichen Modell, weil sie die anderen Reformprozesse zu bündeln vermochte?

Die Gemeinden, die im frühen 19. Jahrhundert gebildet wurden, waren räumliche Ordnungen vollkommen neuer Art. Die gemeindlichen Körperschaften des 18. Jahrhunderts wurden re-aktualisiert und neu ausgerichtet – und damit zu etwas Neuem. Das schließt nicht aus, dass es Anknüpfungen gab – explizite Legitimationsstrategien aufseiten des Staates oder durch entstehende politische Bewegungen, zum Teil auch durch lokale Akteure. Auch bestimmte lokale Praktiken weisen auf eine Kontinuität in der lokalen Organisation hin.[57] Aus einer relationalen Logik heraus müssen die neu gebildeten Gemeinden im Sinne von Gemeindebezirken aber als Teile vollkommen neuer Zusammenhänge verstanden werden, die nicht auf „alte" Essenzen zurückgeführt werden können.

Dass die Gemeinden trotz dieser Diskontinuität und aller Konflikte, die bei ihrer Bildung ausgefochten werden mussten, eine beachtliche Prägekraft entwickelten, ist erstaunlich. Spätestens in den 1860er-Jahren wurde deutlich, wie sehr sie mit der Lebenswelt der lokalen Bevölkerung verflochten waren.[58] Mit der neuen Gemeindeordnung von 1869 sollte auch im rechtsrheinischen Bayern die Möglichkeit eröffnet werden, mehrere kleine Gemeinden zu Bürgermeistereien zusammenzulegen, die von einem berufsmäßigen und besoldeten Bürgermeister, also einem Vertreter der Bürokratie, verwaltet werden sollten. Der Widerstand der lokalen Be-

[57] Für die Kontinuitätsthese auf der Ebene der alltäglichen Praktiken und Diskurse vgl. Wolfgang Kaschuba: Kommunalismus als sozialer „Common Sense". Zur Konzeption von Lebenswelt und Alltagskultur im neuzeitlichen Gemeindegedanken. In: Peter Blickle (Hg.): Landgemeinde und Stadtgemeinde in Mitteleuropa. Ein struktureller Vergleich. München 1991, S. 65–91.

[58] Werner K. Blessing: Staatsbezirk und Gesellschaftshorizont. Zur Wahrnehmung von Verwaltungsräumen im Bayern des 19. und 20. Jahrhunderts. In: Gerhard Hetzer/Bodo Uhl (Hg.): Festschrift Hermann Rumschöttel zum 65. Geburtstag. 1. Teilband. Köln/Weimar/Wien 2006, S. 25–44.

völkerungen gegen diese Neuerung war erheblich, und die Bayerische Patriotenpartei verstand es, die Bindung der Landbevölkerung an die Landgemeinden zu nutzen, um eine Massenmobilisierung gegen die liberale Regierung zu organisieren. Schließlich wurde die geplante Reform fallengelassen. Dies geschah nicht zuletzt deshalb, weil sich die Gemeinden, die vielfach erst in den 1820er-Jahren gebildet worden waren, innerhalb von knapp fünfzig Jahren in dorfgeschichtliche Kontinuitäten eingefügt hatten.

Abstract

The formation of municipalities provides an interesting case study within the history of territorialisation of European states and the governmentalisation of municipalities in the 19th century. The process was characterised by the interweaving of different social ideas of state and municipality, of space and governance. The case study shows that the formation of municipalities in Bavaria in the early 19th century can be read as an indication of an epistemic break in thinking about municipalities: they were henceforth understood as territorial subunits of the state, no longer primarily as cooperatives of peasants or citizens. At the same time, this personal connotation persisted on some levels and continued to shape the notion of community and local governance. The coexistence and confrontation of these concepts of municipality made municipality formation considerably more difficult, as did the typical coordination problems within the professionalising administration and the considerable difficulties in reconciling local and state knowledge. The case study shows how strongly these problems were intertwined and that state-building, territorialisation and governmentalisation were not anonymous processes, but were driven by discontinuous and local practices.

Lorenz Kähler

Ordnungsvorstellungen im Grundbuchrecht

Einleitung

Die Grundbuchordnung (GBO) ist im doppelten Sinn ein einfaches Gesetz: Zum einen ist sie dies nach der Terminologie des Verfassungsrechts,[1] das damit die vom Parlament verabschiedeten Gesetze vom Grundgesetz als dem höherrangigen Recht unterscheidet. Zum anderen gestaltet sie den Grundstücksverkehr mit vergleichsweise einfachen Regeln. Die damit einhergehende Übersichtlichkeit klingt auch in ihrer Bezeichnung als „Ordnung“ an. Dieser Terminus markiert den Anspruch, nicht irgendeine gesetzgeberische Entscheidung zu enthalten, sondern ein umfassendes und systematisches Regelungswerk zu sein, das sich typischerweise durch klare und in diesem Sinne einfache Grundsätze auszeichnen soll. Ähnlich ist das bei der Konkursordnung von 1877, die 1999 zur Insolvenzordnung wurde, der Straßenverkehrsordnung von 1934 und der Reichsnotarordnung von 1937, auf welche die Bundesnotarordnung zurückgeht. In jüngerer Zeit verzichtet der Gesetzgeber in aller Regel auf den Begriff der Ordnung und unterscheidet umfassende Kodifikationen von sonstigen Gesetzen meist durch den Begriff des Buches. Mit dieser Bezeichnung ist der Anspruch gemildert, übersichtliche und systematisch aufeinander abgestimmte Regelungen zu schaffen. Wie schon beim Bürgerlichen Gesetzbuch (BGB) von 1896 hat der Gesetzgeber bei der Schaffung der Sozialgesetzbücher seit Mitte der 1970er-Jahre nicht von einer Sozialrechtsordnung gesprochen. In dieser Beziehung ist er bescheidener geworden, womöglich im Bewusstsein, dass seine Gesetze umfassender, komplexer und damit alles andere als einfacher geworden sind.

Die 1897 verabschiedete Grundbuchordnung geht in ihrem Ordnungsanspruch über das besonders zum Ende des 18. und zu Beginn des 19. Jahrhunderts verbreitete Kodifikationsideal noch hinaus, alles geltende Recht in eine gesetzliche Form

[1] Josef Isensee: Verfassungsrecht als politisches Recht. In: ders./Paul Kirchhof: Handbuch des Staatsrechts. Bd. XII. Heidelberg ^{3}2014, S. 483–556, hier: S. 483; Sondervotum von Schlabrendorff/Geiger/Rinck zu Bundesverfassungsgericht: Beschluss vom 25.6.1974. Aktenzeichen: 2 BvF 2 u. 3/73. In: NJW 27 (1974), S. 1751–1761, hier: S. 1756.

https://doi.org/10.1515/9783111134826-003

zu bringen.[2] Paradigmatisch dafür waren das Preußische Allgemeine Landrecht von 1794 und der französische Code civil von 1804. Die Grundbuchordnung hingegen sollte nicht nur alle geltenden Regeln für das Grundbuch zusammenfassen, sondern eine neue inhaltliche Ordnung errichten, die mit der Abschaffung einer Vielzahl bisheriger Normen einherging, welche in den einzelnen Ländern des Reichs galten. Diese Neugestaltung war an einer Reihe von Rechtsprinzipien orientiert, zu denen insbesondere das Publizitäts- und das Antragsprinzip gehören. Nach dem Publizitätsprinzip[3] bedarf es eines öffentlichen Akts wie einer Grundbucheintragung, damit eine Eigentumsübertragung oder eine sonstige Änderung erfolgen kann; nach dem Antragsprinzip beziehungsweise Antragsgrundsatz[4] wird das Grundbuchamt nicht von Amts wegen tätig, sondern erst auf Antrag der Grundeigentümer oder sonstiger Beteiligter.

Eine möglichst kleine Zahl oberster Prinzipien, denen ein Regelungswerk folgt, galt in der Rechtswissenschaft des 19. Jahrhunderts als Ausweis eines Systems und dieses als Zeichen der Wissenschaftlichkeit.[5] Geistiger Pate dafür war Kant, nach dessen Vorstellung „jede Lehre, wenn sie ein System, d. i. ein nach Principien geordnetes Ganze der Erkenntnis, sein soll, [...] Wissenschaft“ heiße.[6] Allerdings werden als Prinzipien in der Philosophie meist oberste Grundsätze oder Grundlagen eines Sachverhalts verstanden.[7] Deshalb verleiht nach Kant erst die Philosophie als Wissenschaft dieser obersten Grundsätze allen anderen Wissenschaften eine systematische Einheit.[8] Wendet man diesen Prinzipienbegriff auf ein technisches Regelungswerk wie die Grundbuchordnung an, fällt es schwer, die dort niedergelegten Grundsätze als Prinzipien einzuordnen. Denn die Grundbuchordnung dient keinem Selbstzweck und verfolgt über sie hinausgehende Ziele wie die Erleichterung des Grundstücksverkehrs, insbesondere also das Ziel, den Kauf und Verkauf von Land samt der auf ihm errichteten Häuser sowie die Kreditaufnahme zu ermöglichen.

2 Zur Geschichte der GBO siehe Vincent Nossek: Das Konzept „Grundbuch“. Der Streit um das Grundregister in Deutschland, Frankreich und England zwischen 1652 und 1900. München 2020; Walter Böhringer: 100 Jahre Grundbuchordnung – Die Grundlagen der Grundbuchführung im Wandel der Zeiten. In: BWNotZ 66 (1999), S. 161–163, hier: S. 161.

3 Johannes Holzer: Kommentar zu § 1 GBO. In: Stefan Hügel (Hg.): Beck'scher Onlinekommentar GBO. München [46]2022, § 1 Rn. 16.

4 Wolfgang Reetz: Kommentar zu § 13 GBO. In: Hügel (Hg.): GBO (wie Anm. 3), § 13 vor Rn. 1.

5 Im Einzelnen siehe Jan Schröder: Recht als Wissenschaft. München [2]2012, S. 247.

6 Immanuel Kant: Metaphysische Anfangsgründe der Naturwissenschaften (1786), zitiert nach ders.: Gesammelte Werke. Akademieausgabe. Bd. 4. Berlin 1968, S. 467.

7 Etwa Aristoteles: Metaphysik, 1013a.

8 Immanuel Kant: Logik, zitiert nach ders.: Gesammelte Werke. Akademieausgabe. Bd. 9. Berlin 1968, S. 24.

Oberste Prinzipien, die angeben könnten, warum die Regelungen der Grundbuchordnung bestehen, hätten daher eher mit Freiheit und Autonomie als mit Detailfragen wie derjenigen zu tun, ob für jede Veränderung im Grundbuch ein Antrag erforderlich ist. Prinzipien im kantischen Sinne wird man in der Grundbuchordnung daher kaum finden. Dies hat deren Verfasser, vor allem aber die sie begleitende Rechtswissenschaft und Praxis indes nicht daran gehindert, derartige Prinzipien beziehungsweise Grundsätze aufzustellen und zu betonen. Bis heute wird beispielsweise § 13 Abs. 1 Satz 1 GBO nicht etwa ein Antragserfordernis entnommen, sondern ein Antrags*grundsatz*.[9] Das soll signalisieren, dass es sich um etwas besonders Wichtiges und Unverrückbares oder sogar denklogisch Notwendiges handelt. Kein technisches Detail erscheint als zu klein, um es nicht zu einem Prinzip oder Grundsatz zu erheben.

Die Sprache der Grundbuchordnung ist demgegenüber vergleichsweise nüchtern. So heißt es in dem das Antragsprinzip enthaltenden § 13 Grundbuchordnung alter Fassung (GBO a. F.), in seiner Formulierung dem zur Zeit seiner Entstehung herrschenden Kodifikationsstil folgend, lediglich, dass eine Eintragung nur auf Antrag erfolgen dürfe. Gleichwohl nimmt die GBO nicht nur in ihrem Titel, sondern auch in ihrem Inhalt die Vorstellung auf, das Grundbuchwesen habe bestimmten klaren Prinzipien zu folgen. Das erklärt die vergleichsweise hohe Prägnanz der geschaffenen Regelungen. Mit 102 Paragrafen ist die Grundbuchordnung deutlich kürzer als ihre Vorläufer wie insbesondere die 458 Paragrafen umfassende[10] Allgemeine Hypothekenordnung Preußens von 1783. Diese hatte ähnlich wie das Preußische Allgemeine Landrecht noch den Versuch unternommen, möglichst alle Details zu regeln, und hatte darauf verzichtet, die Einzelregelungen mittels einheitlicher Grundsätze zu konsolidieren.

Die Bezeichnung „Grundbuchordnung“ ist daher auch vor dem Hintergrund verständlich, die bis 1900 geltenden Regeln nach bestimmten Grundsätzen zu ordnen. Dazu bestand nach der Reichseinigung 1871 ein besonderer Anlass, weil die Grundstücke in den einzelnen Ländern bis dahin auf sehr unterschiedliche Weise registriert waren, was einen für das bürgerliche Recht angestrebten einheitlichen Grundstücksverkehr behinderte. Die Partikularrechte der einzelnen Länder kannten etwa zum Teil noch Dienstbarkeiten wie Wegerechte, die ohne Grundbucheintragung entstehen konnten[11] – ein Umstand, der die Stellung des Grundbuches erheblich herabstufte und es potenziellen Käufern erschwerte, sich schnell einen Überblick über den Wert eines Grundstücks zu verschaffen. Derartige Hindernisse

[9] Siehe Anm. 4.

[10] Nossek: Konzept (wie Anm. 2), S. 240.

[11] Ulrich Keller: Kommentar zu § 1 GBO. In: ders./Jörg Munzig (Hg.): KEHE Grundbuchrecht. Bonn [8]2019, § 1 Rn. 1 mit weiteren Nachweisen.

sollten mit der neuen, einheitlichen Grundbuchordnung ausgeräumt werden. Zu ordnen war nicht nur eine Vielzahl von Regeln, sondern das Grundbuchwesen im gesamten Reich. Sämtliche Angaben über die Rechtsverhältnisse eines Grundstücks sollten fortan an einer Stelle zu finden sein.[12]

Zur Stellung der Grundbuchordnung im Grundstücksrecht

Der Inhalt und das Anliegen der GBO wird nur im Blick auf ihre Stellung im Gesamtgefüge der Rechtsordnung deutlich. Auch der für das Recht verwendete Begriff „Rechtsordnung" soll ausdrücken, dass es sich bei ihr nicht um eine ungeordnete Menge von Normen handelt, sondern das Recht bestimmten Grundsätzen folgt, nach denen sich seine Normen einteilen lassen. Die Begriffsbildungen Grundbuch*ordnung* und Rechts*ordnung* sind insofern miteinander verwandt. Auch wenn die Zuordnung einzelner Regelungswerke zu einzelnen Rechtsgebieten nicht immer bruchlos gelingt, sind für das Grundbuchrecht drei Unterscheidungen zentral: die zwischen dem materiellen Recht und dem Prozessrecht, die zwischen dem öffentlichen und dem privaten Recht sowie die zwischen dem Bundes- und dem Landesrecht. In aller Regel enthält ein Gesetz nur Normen aus je einem dieser Regelungsgebiete, also etwa nicht gleichzeitig solche aus dem öffentlichen und dem privaten Recht oder aus dem materiellen Recht und dem Prozessrecht, wobei es gelegentlich gleichwohl zu einer Kombination derartiger Normen in einem Gesetz kommt.

Die Grundbuchordnung als Verfahrensrecht

Die GBO gehört anders als das BGB zum Prozessrecht, das die Aufgabe hat, die mit dem materiellen Recht einhergehende Zuordnung von Rechten und Pflichten umzusetzen. Dazu dienen die Verfahren bei den Grundbuchämtern. So regelt die GBO, unter welchen Voraussetzungen Eintragungen im Grundbuch vorgenommen werden können, die nach dem materiellen Recht Voraussetzung für eine Rechtsänderung sind (§§ 13–55b GBO). Darüber hinaus bestimmt sie, wie die einzelnen Grundstücke und Rechte an ihnen im Grundbuch verzeichnet werden. Die Trennung der Grundbuchordnung vom materiellen Recht hat den großen Vorteil, dass damit für die Eintragungen im Grundbuch vielfach schwer zu beurteilende inhaltliche Fragen ausgeklammert bleiben und das Verfahren im Grundbuchamt nicht belasten.

[12] Entwurf einer Grundbuchordnung. In: Stenographische Berichte über die Verhandlungen des Reichstages. 9. Legislaturperiode. IV. Session 1895/97. Bd. 13 (5. Anlagenband). Berlin 1897, S. 3035.

Zu den damit für das Grundbuchverfahren nicht mehr relevanten Prüfpunkten gehört etwa die Frage, ob eine Einigung zwischen einem bisherigen Eigentümer und einem Erwerber wirksam oder aufgrund von Sittenwidrigkeit oder eines Gesetzesverstoßes unwirksam ist. Darüber lässt sich vielfach trefflich streiten, etwa weil es für die Sittenwidrigkeit gemäß § 138 Abs. 2 BGB darauf ankommt, ob jemand eine Unerfahrenheit oder einen Mangel an Urteilsvermögen ausnutzt, wofür eine Vielzahl von Umständen zu betrachten ist. Indem die Grundbuchordnung allein auf formellen Erfordernissen wie einer Bewilligung des bisherigen Inhabers gemäß § 19 GBO aufbaut und damit materielle Umstände ausklammert, wird das Grundbuchverfahren formalisiert und von den Fragen materieller Richtigkeit entlastet.

Diese Entlastung ist rechtsgeschichtlich keine Selbstverständlichkeit, sondern war das Ergebnis einer längeren Entwicklung. Insbesondere in Preußen galt bis 1872 das sogenannte Legalitätsprinzip,[13] wonach ein richterliches Collegium vor jeder Eintragung in das Hypothekenbuch sowohl die formellen als auch die materiellen Voraussetzungen eines Übergangs von Grundeigentum zu prüfen hatte.[14] Zu den Letzteren gehörte etwa auch die fehlende Sittenwidrigkeit, deren Feststellung damals wie heute eine umfassende Würdigung des Sachverhalts erforderte. Insbesondere in Hypothekensachen waren umfangreiche richterliche Belehrungen vorgesehen, „daß niemand, aus Unwissenheit der Rechte, in Schaden gesetzt, oder durch Verabsäumung der erforderlichen Legalitäten, nichtige und unkräftige Handlungen bey dem Hypotheken-Buche vorgenommen werden“.[15]

Im Vergleich dazu ist das Prüfprogramm nach der GBO sehr viel kürzer und formaler; im Wesentlichen wird hier geprüft, ob alle Unterlagen für eine Grundbuchänderung vorhanden sind. Daher sind damit Personen befasst, die sich auf die Prüfung formaler Voraussetzungen beschränken und entsprechend ausgebildet sind. Statt Richtern, die durch ihre Ausbildung zumindest im Ansatz mit allen Rechtsgebieten vertraut sein sollten, werden dafür Grundbuchbeamte eingesetzt, die eine viel stärker auf das Verfahrensrecht konzentrierte Rechtspflegerausbildung absolviert haben. Die Grundbuchordnung ist daher nur vor dem Hintergrund der Trennung von Richterschaft und Rechtspflegern verständlich, die sich erst nach und nach herausgebildet hat.

In ihrer formalisierten Prüfung unterscheidet sich die GBO von den materiellrechtlichen Grundstücksregelungen, die im BGB vor allem in § 873 kodifiziert sind. Dort geht es vor allem um die Frage, wer Eigentümer eines Grundstücks ist und

13 Nossek: Konzept (wie Anm. 2), S. 402.

14 Ebd., S. 241.

15 Allgemeine Hypotheken-Ordnung für die gesammten Königlichen Staaten. Berlin 1784, Dritter Titel, § 14.

unter welchen Voraussetzungen er dieses übertragen sowie mit Hypotheken, Grundschulden oder Dienstbarkeiten belasten kann. Für all dies gibt es keinerlei personelle Beschränkungen. Auch Säuglinge können Eigentümer von Grundstücken werden, etwa durch Erbschaft oder aufgrund Vertretung durch die Eltern. Entsprechend hängt die Zuordnung von Eigentum nicht allein von formalen Voraussetzungen wie der Leistung einer Unterschrift ab, sondern von einer Vielzahl möglicher Erwerbsakte. Deren Prüfung bleibt trotz formalisierter Grundbuchverfahren wichtig, weil von ihr abhängt, wer als Eigentümer gemäß § 903 Satz 1 BGB mit der Sache nach Belieben verfahren und andere von jeder Einwirkung ausschließen kann, sein Grundstück also etwa zum Leidwesen der Nachbarn auch verkommen lassen[16] oder es mit unansehnlichen Zäunen abgrenzen kann. Aus diesem Grund schreibt das Gesetz für die Übertragung von Eigentum zwar die Einhaltung der GBO vor, behält sich aber vor, die im Grundbuch dokumentierten Akte inhaltlich zu würdigen und sie etwa aufgrund von Sittenwidrigkeit für unwirksam zu erklären.

Die GBO ist daher von ihrer Anlage her Verfahrensrecht, das nur einen Ausschnitt der für das Grundeigentum maßgeblichen Fragen regeln kann und will, indem es materiellrechtliche Fragen ausklammert.

Die Grundbuchordnung als Privatrecht

Soweit das Verhältnis des Grundstückseigentümers zu Nachbarn und anderen Privatpersonen betroffen ist, zählt das Grundstücksrecht zum Privatrecht. Im Gegensatz dazu gehören die Regelungen der GBO formal zum öffentlichen Recht, da sie das Verhältnis des Einzelnen zum Staat und die Verhältnisse innerhalb des Staates betreffen, wozu auch die Verfahren vor staatlichen Ämtern gehören. Die GBO ordnet dabei an, was die einzelnen Bürger tun müssen, damit die Grundbuchämter als staatliche Institutionen tätig werden und in ihrem Auftrag Eintragungen im Grundbuch vornehmen. Der öffentlich-rechtliche Charakter der GBO hat unter anderem zur Folge, dass die Parteien für die einzelnen Verfahrenshandlungen Gebühren an den Staat abführen müssen.

Gleichwohl hat die Grundbuchordnung erhebliche Auswirkungen auf das Verhältnis von Privaten untereinander, etwa wenn ein Grundstück nur deshalb noch zum bisherigen Eigentümer gehört, weil das Grundbuchamt noch nicht den bereits beschlossenen Übergang auf einen Erwerber eingetragen hat. Überdies ist der Sinn der Grundbuchordnung nur verständlich, weil sie es Privaten ermöglicht, das Ei-

[16] Bundesgerichtshof: Urteil vom 7.3.1969. Aktenzeichen: V ZR 169/65. In: NJW 22 (1969), S. 1208–1210, hier: S. 1208 f.

gentum an ihrem Grundstück zu dokumentieren und es zu belasten sowie an andere zu übertragen. Dank des Grundbuches, in das nach dem Publizitätsprinzip im Grundsatz jedermann Einsicht nehmen kann, können sich Einzelne vergewissern, wem ein Grundstück gehört. Deshalb kann man bei der GBO von einem das Privatrecht unterstützenden öffentlich-rechtlichen Gesetz sprechen und es damit im weiten Sinn auch zum bürgerlichen Recht zählen. Entsprechend sind Streitigkeiten darüber als Angelegenheit der sogenannten freiwilligen Gerichtsbarkeit den ordentlichen Gerichten zugewiesen und behandeln es sowohl in der Anwaltschaft als auch in der Wissenschaft Privat- und nicht Verwaltungsrechtler.

In all dem unterscheidet sich die GBO von den Katastergesetzen.[17] Diese gehören zum öffentlichen Recht und legen unabhängig von privaten Interessen fest, wer für die Vermessung der Grundstücke zuständig ist, wie diese im Kataster zu verzeichnen und welche Daten dafür aufzunehmen sind. Ein derartiges Verzeichnis wäre selbst dann sinnvoll, wenn es keinen privaten Grundstücksverkehr gäbe. Denn auch dann hätte der Staat – etwa in Bezug auf die Raumplanung – ein Interesse daran, sein Territorium zu vermessen und diese Daten in öffentlichen Registern festzuhalten. Die Katastergesetze sind daher noch klarer als die GBO dem öffentlichen Recht zugewiesen, auch wenn der Inhalt der Kataster historisch vielfach auf privaten Entscheidungen über die Grenzziehung zwischen verschiedenen Grundstücken und ihre entsprechende Markierung mit Grenzzeichen beruht.[18]

Die Katastergesetze nehmen auf die GBO Bezug, wie diese in § 2 Abs. 2 auf die von den Ländern eingerichteten Liegenschaftskataster verweist. Erst aus den Katastern ist mithilfe der dort aufgeführten geodätischen Daten und Karten ersichtlich, welche konkreten Teile der Erdoberfläche die Flurstücke sind, aus denen die Grundstücke gebildet werden. Während die Kataster festlegen, was zu einem Flurstück gehört, bestimmen die Grundbücher daran anknüpfend, wem diese zugeordnet sind. Hauptsächlich geben die Kataster damit die tatsächlichen Verhältnisse, die Grundbücher hingegen die rechtlichen Verhältnisse wieder.[19]

[17] Etwa in Bremen und Bayern Vermessungs- und Katastergesetz; in Sachsen: Sächsisches Vermessungs- und Katastergesetz.

[18] Deshalb hält sie Joachim Bohnert: Der Kataster im System des Sachenrechts. In: Juristenzeitung 66 (2011), S. 775–780, S. 778 für „rein privatrechtlicher Art".

[19] Oberlandesgericht Hamm: Urteil vom 5.6.2014. Aktenzeichen: 5 U 207/13. In: RNotZ 14 (2015), S. 23–27, hier: S. 26.

Die Grundbuchordnung als Bundesrecht

Das Zusammenspiel zwischen Katastern und Grundbüchern ist nicht allein dadurch bestimmt, dass diese jeweils unterschiedliche Fragen regeln sollen. Vielmehr ist es auch davon geprägt, dass im föderalen System in einem Fall der Bund, im anderen Fall die Länder zuständig sind.

Der Hintergrund dafür ist, dass die Länder die Gesetzgebungskompetenz für die Kataster haben, während der Bund für das bürgerliche Recht nach Art. 74 Abs. 1 Nr. 1 Grundgesetz (GG) zuständig ist, wie dies schon bei der Verabschiedung der Grundbuchordnung nach Art. 4 Nr. 13 der Verfassung für das Reich von 1871 der Fall war. Der Begriff „Bürgerliches Recht" wird unter Bezug auf die traditionell darunter gefassten Materien weit verstanden,[20] weshalb dazu auch die GBO zählt.

Für die Grundbuchordnung kommt auf den ersten Blick auch die Zuständigkeit des Bundes für das gerichtliche Verfahren nach Art. 74 Abs. 1 Nr. 1 GG in Betracht, weil die Grundbuchämter bei den Amtsgerichten angesiedelt sind. Jedoch geht es in Grundbuchverfahren nicht um einen zu entscheidenden Streit, sondern um eine zu treffende Verwaltungsentscheidung, weshalb diese Kompetenz ausscheidet. Auch die Zuständigkeit für den städtebaulichen Grundstücksverkehr und das Bodenrecht gemäß Art. 74 Abs. 1 Nr. 18 GG sind für die GBO nur auf den ersten Blick einschlägig. Denn damit sind staatliche Regulierungen und Beschränkungen gemeint, etwa für den Verkauf und die Teilung von Grundstücken, was über die bloße Registrierung hinausgeht, wie sie die Grundbuchordnung vorsieht. Das zeigt die Vielfalt der Regelungsmaterien im Grundstücksrecht, wovon die GBO nur eine umfasst.

Die damit einhergehende Zersplitterung des Grundstücksrechts widerspricht dem Ordnungsanspruch der GBO und ist das Ergebnis einer historisch gewachsenen Aufteilung zwischen Reich/Bund und Ländern sowie den vielfältigen Regulierungsbedürfnissen, die zu immer mehr Gesetzen geführt haben. Zugleich steht in der GBO die genaue und vollständige Erfassung der Grundstücksverhältnisse so stark im Vordergrund, dass die Frage nach den Kosten und möglichen Effizienzeinbußen durch die mehrfache Regulierung und insbesondere die doppelte Führung von Katastern und Grundbüchern kaum gestellt wird. Man kann die Register nicht unterschiedlichen Institutionen zuweisen und trotz ihres Zusammenhangs erwarten, damit eine möglichst schlanke, effiziente Verwaltung zu schaffen.

Diese Zersplitterung des Grundstücksrechts zeigt sich auch daran, dass eine Vielzahl der für die Grundstücksübertragung relevanten Fragen weder in der GBO

[20] Bundesverfassungsgericht: Beschluss vom 8.6.1960. Aktenzeichen: 1 BvR 580/53. In: NJW 13 (1960), S. 1659.

noch im BGB noch in den Katastergesetzen geregelt ist. Denn diese Gesetze lassen etwa offen, wer die Einigung zwischen den Privaten beurkunden darf, die für die Verfahren vor den Grundbuchämtern benötigt wird, und was bei ihrer Erklärung zu beachten ist. Vorschriften dazu finden sich in der Bundesnotarordnung und im Beurkundungsgesetz, die für das Grundstücksrecht daher beide ebenfalls eine große Bedeutung haben.

Darüber hinaus sind für das Grundstücksrecht die Bauordnungen der einzelnen Bundesländer und die auf ihrer Grundlage ergangenen Bebauungspläne wichtig. Sie legen fest, ob und wie ein Grundstück bebaut werden kann. So ermöglichen die Bauordnungen die Errichtung von öffentlich-rechtlichen Baulasten,[21] die ähnlich wie die im Grundbuch verzeichneten privaten Dienstbarkeiten zu einem Tun oder Unterlassen verpflichten. Anders als diese bestehen sie aber gegenüber dem Staat und nicht gegenüber einem anderen Grundstückseigentümer. Daher werden sie von ihnen unterschieden und stehen nicht im Grundbuch, sondern in einem getrennten Baulastverzeichnis, das damit ebenfalls ein für das Grundstücksrecht maßgebliches öffentliches Register ist. Es wäre daher eine Illusion zu meinen, aus dem Grundbuch mit seiner Eintragung von Grundschulden, Wegerechten und anderen dinglichen Rechten seien alle Rechtsverhältnisse eines Grundstücks erkennbar.[22]

Das gilt umso mehr, als das Grundstückverkehrsgesetz gesonderte Genehmigungserfordernisse für land- und forstwirtschaftliche Grundstücke aufstellt und auf dem Grundstück steuerliche Abgaben lasten, die im Grundsteuergesetz und der Abgabenordnung geregelt sind, aber nicht im Grundbuch verzeichnet werden. Ebenso relevant für die Grundstücksverhältnisse sind das Raumordnungsgesetz des Bundes und die auf seiner Grundlage ergangenen Flächennutzungs- und Bebauungspläne, da von ihnen die Nutzbarkeit der einzelnen Grundstücke abhängt. Auch dazu schweigt das Grundbuch. Schließlich wird die GBO durch die Grundbuchverfügung konkretisiert – und ist auch insofern unvollständig.

Die im Umfang wie im Inhalt noch einigermaßen überschaubare Grundbuchordnung ist daher nur ein kleiner Teil eines überaus komplexen Regelungsgefüges des Grundstücksrechts, in dem Bundes- und Landesregelungen, formelle und materielle, privatrechtliche und öffentlich-rechtliche, per Gesetz und per Verordnung verabschiedete Normen zusammenwirken. Dieses Regelungsgefüge ist erst nach und nach gewachsen und daher zumindest historisch nicht alternativlos. Die isolierte Kodifikation des Grundbuchrechts in der GBO war nur um den Preis zu erreichen, dass dabei zahlreiche Fragen ausgeklammert wurden, die dann an anderer

[21] Etwa § 82 Bremische Landesbauordnung; § 83 Sächsische Bauordnung; § 81 Niedersächsische Bauordnung.

[22] So der ursprüngliche Anspruch; siehe Anm. 12.

Stelle zu regeln waren. So wachsen nebeneinanderstehende Normenordnungen heran, die insgesamt nur schwer zu überschauen sind, auch wenn sie paradoxerweise wie die GBO jeweils von der Absicht getragen sind, Ordnung zu schaffen. Diese ist faktisch nur möglich, wenn man die verschiedenen Rechtsfragen voneinander trennt und isoliert behandelt.

Bei der Gesetzgebung indes sind all diese Fragen zu berücksichtigen, weshalb die GBO von Anfang an insbesondere auf das materielle Grundstücksrecht der §§ 873–902 BGB abzustimmen war. Zum Zeitpunkt der Verabschiedung der GBO war dieses bereits kodifiziert, wenn auch noch nicht in Geltung. Nach ihm können Übereignungen wie andere Rechtsänderungen im Grundsatz nur erfolgen, wenn sie im Grundbuch eingetragen sind (§ 873 Abs. 1 BGB). Unter welchen Voraussetzungen eine Eintragung erfolgt, ist in der GBO geregelt. Beide Gesetze, GBO und BGB, waren daher von Anfang an aufeinander abgestimmt und kamen ab dem 1. Januar 1900 gemeinsam zur Anwendung. Mit dem neuen Jahrhundert sollte eine neue Privatrechtsordnung gelten.

Ganz untypisch für eine Regelung über das Inkrafttreten eines Gesetzes nannte § 82 GBO a. F. nicht das konkrete Datum, ab dem die GBO anzuwenden war. Vielmehr verwies die Grundbuchordnung auf das Inkrafttreten des BGB und unterstreicht damit die dienende Rolle der GBO, wenngleich zwischen beiden keine Geltungshierarchie besteht. Formal waren beide gleichrangige Reichsgesetze, wie sie auch noch heute als gleichrangige, einfache Bundesgesetze gelten.

Noch außergewöhnlicher für eine Regelung über das Inkrafttreten eines Gesetzes war die Bestimmung, dass die Grundbuchordnung für jeden Grundbuchbezirk erst dann in Kraft tritt, wenn das Grundbuch als angelegt anzusehen ist (§ 82 Abs. 1 GBO a. F.). Damit lag das Inkrafttreten in der Hand der Landesgesetzgeber, die bestimmen konnten, ob und ab wann bisherige Grundstücksbücher als Grundbuch im Sinne von BGB und GBO galten oder ob dafür neue Grundbücher einzurichten waren (§ 87 Satz 1 GBO a. F.). Außergewöhnlich ist das deshalb, weil der Reichsgesetzgeber – wie auch heute der Bund – seine Gesetze normalerweise nicht von Landesregelungen abhängig macht und in Art. 2 Satz 1 der Reichsverfassung den Vorrang der Reichsgesetze vor den Landesgesetzen ausdrücklich festgelegt hatte.

Zu erklären ist diese faktische Delegation des Inkrafttretens der GBO an die Länder wohl damit, dass die Grundbuchordnung nur mit funktionierenden Grundbuchämtern und bereitstehenden Grundbüchern umsetzbar ist, ohne die nach dem BGB keine Übertragung von Grundeigentum erfolgen kann. Anders als viele andere Gesetze lässt sich die GBO daher nur mittels einer technischen Infrastruktur umsetzen. Man konnte den Grundstücksverkehr nicht ruhen lassen, bis die organisatorischen Voraussetzungen für die Umsetzung der neuen Vorschriften geschaffen waren, und nahm daher für eine Übergangszeit die Fortgeltung des bisherigen Rechts in Kauf. Diese zog sich sehr lang, zum Teil bis zum Zweiten Weltkrieg hin.[23] Ebenso wollte man offenbar Streit darüber vermeiden, welche Grundstücksregister in den einzelnen Ländern als Grundbuch im Sinne des BGB gelten und damit die neue Ordnung nicht mit alten Unsicherheiten belasten. Der Neuanfang sollte auf sicherer Grundlage erfolgen.

Die mit der GBO geschaffene Ordnung des Grundbuchwesens beruht damit auf zwei wesentlichen Voraussetzungen: auf der Isolation von einer Vielzahl anderer Rechtsfragen sowie auf der Einrichtung von Grundbuchämtern, welche die technische Infrastruktur zur Verfügung stellen.

Die Abhängigkeit vom Kataster

Bei der Trennung zwischen Kataster und Grundbuch sowie der sie regelnden Gesetze wird leicht übersehen, wie stark eine Eintragung im Grundbuch auf das Kataster angewiesen ist. Fehlt im Kataster ein bestimmtes Flurstück, etwa weil es infolge einer Anspülung im Küstenbereich neu entstanden ist, kann es das Grundbuch nicht in Bezug nehmen. Dann aber lässt sich das Eigentum daran nicht dokumentieren, sodass das Grundstück weder einem anderen übertragen noch mit einem Grundpfandrecht belastet werden kann, auch wenn es in Besitz genommen ist. In der Folge lässt sich der Bau eines Hauses darauf und dessen Erwerb kaum durch ein Darlehen finanzieren, da dafür als Sicherheit regelmäßig eine im Grundbuch zu vermerkende Grundschuld vonnöten ist. Der wirtschaftliche Wert eines Grundstücks hängt damit auch von der Eintragung im Kataster ab.

Diese Abhängigkeit ist bei solchen Grundstücken geringer, die im Kataster vermerkt sind, selbst wenn diese Eintragung falsch ist. Denn die Bezeichnung eines Grundstücks im Grundbuch samt seines dabei in Bezug genommenen Grenzverlaufs ist nur deklarativ[24] und nicht konstitutiv[25]. Dies bedeutet, dass derjenige, der einmal Eigentum an einem Grundstück mit einem bestimmten Grenzverlauf erworben hat, sein Eigentum nicht durch eine fehlerhafte Eintragung im Grundbuch verliert. Es ist dann dort nur falsch wiedergegeben. Gegenüber dem sogenannten Bucheigentum, das heißt der Rechtslage, wie sie sich nach dem Grundbuch dar-

[23] So für Thüringen Böhringer: Grundbuchordnung (wie Anm. 2), S. 162.

[24] Erkennbar an der Definition, dass ein Grundstück ein räumlich abgegrenzter Teil der Oberfläche sei, ohne dass dabei auf das Grundbuch Bezug genommen wird; etwa Reichsgericht, Urteil vom 15.2.1908. Aktenzeichen: V 254/07. In: Entscheidungen des Reichsgerichts in Zivilsachen 68 (1908–1909), S. 24 f.; Urteil vom 12.3.1914. Aktenzeichen: V 368/13. In: Entscheidungen des Reichsgerichts in Zivilsachen 84 (1914–1915), S. 265, S. 270.

[25] Von einer konstitutiven Wirkung geht aber offenbar Johannes Holzer aus: Johannes Holzer: Kommentar zu § 2 GBO. In: Hügel (Hg.): GBO (wie Anm. 3), § 2 Rn. 17.

stellt, hat das tatsächliche Eigentum den Vorrang. Auch ohne Manifestation in einem Verzeichnis und ohne Markierung mittels Grenzzeichen oder natürlicher Grenzen wie eines Flusses bleibt es als ideelle Größe maßgeblich. Allerdings ist der Nachweis mit erheblichen Schwierigkeiten verbunden, weil nach § 891 Abs. 1 BGB die Richtigkeit des Grundbuches vermutet wird. Entsprechend hat der Eigentümer zu beweisen, dass der Grenzverlauf tatsächlich anders ist, als im Grundbuch vermerkt. Das scheitert in vielen Fällen.

Wegen dieser faktischen Abhängigkeit des Eigentums an einem Grundstück vom Kataster wird bisweilen formuliert, das Grundstück im Sinne des Sachenrechts ergebe sich aus einem Zusammenwirken zwischen den Kataster- und den Grundbuchämtern.[26] Sieht man vom eben erwähnten Fall ab, dass im Grundbuch und im Katasteramt eine falsche Grenze vermerkt ist, trifft das faktisch durchaus zu. Interessant ist allerdings diese ausnahmsweise Abweichung des Grundstücks von der Kataster- und Grundbucheintragung nicht nur für die durchaus vorkommenden Fälle, dass man die Vermutung von deren Richtigkeit widerlegen kann. Vor allem zeigt sich an diesem Ausnahmefall, was GBO und BGB generell unter Grundeigentum verstehen. Ein solches ist nicht schlicht diejenige Fläche, die in den amtlichen Verzeichnissen aufgeführt ist, sodass es sich mit diesen Verzeichnissen ändern oder mit ihnen gar untergehen würde. Vielmehr ist damit ein Recht an einem abgegrenzten Raum der Erdoberfläche gemeint, der vom Staat reguliert, aber nicht hervorgebracht wird.

Die damit einhergehende Doppelung zwischen dem Eigentum und seiner Dokumentation entspricht einer auch an anderen Stellen des deutschen Rechts zu findenden Doppelung zwischen dem, was Recht ist, und dem, was für Recht gehalten wird. Besonders prominent ist diese Unterscheidung etwa bei der über Jahrhunderte und Ländergrenzen hinweg viel diskutierten Frage, ob oberste Gerichte das Recht finden oder erfinden.[27] Für das Grundstücksrecht aufschlussreich ist diese Unterscheidung, weil in ihm damit trotz seiner Praxisverbundenheit und Technizität letztlich ein ideeller Eigentumsbegriff dominiert. Grundeigentum ist nicht unbedingt das, was für Grundeigentum gehalten wird. Das ist eine Einsicht, mit der diejenigen modernen Rechtstheorien Schwierigkeiten haben, welche im Anschluss an John Searle den konstitutiven Charakter sozialer Praktiken betonen.[28]

[26] Oberlandesgericht Hamm: Urteil vom 5.6.2014 (wie Anm. 19), S. 23, S. 26.

[27] Zur Diskussion mit weiteren Nachweisen: Lorenz Kähler: Strukturen und Methoden der Rechtsprechungsänderung. Baden-Baden ^{2}2011, S. 205.

[28] Etwa Andrei Marmor: Philosophy of Law. Princeton 2011, S. 35.

Etatistische Voraussetzungen und Privilegien

Die beschriebene Abhängigkeit des Grundstücksverkehrs von den Grundbüchern und den Katastern geht von der stillschweigenden Vorstellung aus, der Staat stelle die dafür erforderliche Infrastruktur bereit, verfüge also über funktionierende Kataster- und Grundbuchämter. Diese Vorstellung ist Ende des 19. Jahrhunderts durchaus realistisch gewesen, gleichwohl aber keineswegs selbstverständlich, wie sich an den bereits erwähnten Übergangszeiten ersehen lässt. Es gibt durchaus Rechtsordnungen wie etwa in den USA, die in den das Rechtssystem prägenden Anfangsjahren nicht in gleicher Weise von einer funktionierenden Staatlichkeit ausgegangen sind und daher das Eigentum an Grundstücken in öffentlichen Registern nur dokumentieren, ohne dass man bei einem Erwerb aufgrund des Vertrauens auf die Richtigkeit des Registers gutgläubig Eigentum erwerben könnte.[29]

Überdies zeigt ein Blick auf das in der DDR vernachlässigte Grundbuchwesen und die Schwierigkeiten, dort nach der Wiedervereinigung zu einem geordneten Grundstücksverkehr zurückzukehren,[30] dass diese Infrastruktur permanent gepflegt werden muss. Ist das nicht garantiert, liegt es nahe, den Grundstücksverkehr materiellrechtlich nicht an das Grundbuchwesen zu binden und so – wie bei beweglichen Gegenständen – eine Übereignung ohne staatliche Beteiligung zu ermöglichen. Dass das BGB das ausschließt und die Grundbuchämter daher das Monopol haben, Veränderungen und Belastungen des Eigentums auf Antrag der Beteiligten vorzunehmen, zeigt einen Optimismus hinsichtlich einer funktionierenden Staatlichkeit, der rechtsgeschichtlich nicht selbstverständlich ist. Es erscheint nicht als Zufall, dass das sonst im Privatrecht vielfach als Vorbild herangezogene römische Recht keine entsprechende Abhängigkeit des Grundeigentums von staatlichen Registern kannte[31] und sich diese Abhängigkeit in Deutschland auch erst mit der GBO Ende des 19. Jahrhunderts vollständig herausbildete. Das dürfte daran liegen, dass man erst dann für alle Landesteile Deutschlands funktionierende Grundbuchämter voraussetzen konnte.

Interessanterweise zeigt sich allerdings selbst in der GBO ein gewisses Zögern gegenüber einer vollständigen Abhängigkeit von den Grundbuchämtern, und zwar

[29] Keller: Kommentar (wie Anm. 11), § 1 Rn. 2. Zum Vergleich der Systeme in den USA Dean Lueck/Thomas Miceli: Property Law. In: Mitchell Polinsky/Steven Shavell (Hg.): Handbook of Law and Economics. Amsterdam 2007, S. 183–258, hier: S. 215 f.

[30] Siehe etwa den Bericht des ehemaligen Justizministers Sachsens Steffen Heitmann: Justizpraktische und justizpolitische Probleme der Deutschen Einheit – eine Zwischenbilanz für den Freistaat Sachsen. In: NJW 45 (1992), S. 2177–2185, hier: S. 2179. Vgl. dazu auch den Beitrag von Kerstin Brückweh in diesem Band.

[31] Harm Peter Westermann/Karl-Heinz Gursky/Dieter Eickmann: Sachenrecht. Heidelberg [8]2011, § 4 Rn. 1, S. 42.

ausgerechnet dort, wo es um die eigenen Grundstücke des Staates geht. Hier enthält § 3 Abs. 2 GBO eine ursprünglich nur in einer Verordnung[32] der Länder enthaltene Privilegierung der öffentlichen Hand und der Kirchen. Für deren Grundstücke wird ein Grundbuchblatt nur auf Antrag angelegt, Grundstücke in staatlichem und kirchlichem Besitz müssen also im Unterschied zu sonstigen Grundstücken im Grundbuch nicht dokumentiert sein. Womöglich steht dahinter die Vorstellung, dass man nicht erst ins Grundbuch schauen muss, um zu wissen, dass das Rathaus der Stadt und der Dom der Kirche gehört. Darüber hinaus ist die Vorstellung maßgeblich, dass mit derartigen Grundstücken üblicherweise kein Handel getrieben wird und sie deshalb nicht am Grundstücksverkehr teilhaben.[33] Die GBO nimmt es daher hin, dass das Grundbuch einen erheblichen Teil der Grundstücke – so einzelne staatliche und kirchliche Ländereien – nicht erfasst, während § 3 Abs. 1 GBO im Übrigen anordnet, dass jedes Grundstück eine besondere Stelle im Grundbuch erhält. Reguliert werden sollte offenbar vor allem der private Grundstücksverkehr, während sich der Staat vorbehielt, eigene Grundstücke weiterhin außerhalb der staatlichen Register zu halten.

Hieran zeigt sich auch ein interessanter Unterschied zu den Katastergesetzen, die keine derartige Privilegierung kennen. Sie ordnen die lückenlose Erfassung sämtlicher Grundstücke an.[34] Während das staatliche Territorium vollständig dokumentiert sein muss, erscheint das dem Gesetzgeber für die Eigentumsverhältnisse nicht erforderlich. Allerdings standen ihm Ende des 19. Jahrhunderts die damit einhergehenden Probleme durchaus vor Augen. So wird in den Verhandlungen des Reichstags von einem Fall berichtet, in dem eine Kirche irrtümlich einem Rittergut zugeschlagen wurde und dann als miterworben galt.[35] Ob ein Kirchengebäude zu einem Gut gehörte oder der Landeskirche, war selbst damals nicht eindeutig, schon weil es vielfach mit Mitteln des Gutes gebaut worden sein dürfte. Eine ordentliche grundbuchrechtliche Dokumentation hätte diese Unsicherheit verhindert.

Die Privilegierung des Staates und der Kirche in § 3 Abs. 2 GBO schafft allerdings nur eine Möglichkeit. Vielfach wird sie nicht genutzt. Nur selten hat man mit sogenannten buchungsfreien Grundstücken zu tun, für die kein Grundbuchblatt angelegt ist. Denn auch bei staatlichen und kirchlichen Grundstücken besteht die

[32] In Preußen etwa § 1 der Königlichen Verordnung betreffend das Grundbuchwesen vom 13.11.1899.

[33] Zur Verkehrsfähigkeit von Grundstücken vgl. Christian Klumpp: Die Einbuchung nicht gebuchter Grundstücke in das Grundbuch und die Frage nach dem Eigentümer. In: BWNotZ 81 (2013), S. 137–142, hier: S. 137.

[34] Etwa in Bremen: § 4 Abs. 1 Satz 3 Nr. 1 Vermessungs- und Katastergesetz; § 11 Abs. 1 Satz 1 Vermessungs- und Katastergesetz Nordrhein-Westfalen.

[35] Stenographische Berichte über die Verhandlungen des Reichstags. 9. Legislaturperiode. 1895/97. 149. Sitzung, S. 3950 f.

Notwendigkeit, die Grundstücksgrenzen gegenüber Nachbarn zu bestimmen und im Streitfall zu beweisen. Das fällt schwer, wenn die Grundstücke nicht im Grundbuch eingetragen sind. Die Eigentumsverhältnisse sind dann auf andere Weise zu beweisen, wofür aber vielfach die Unterlagen fehlen. Daher werden in aller Regel auch für staatliche und kirchliche Grundstücke Grundbuchblätter angelegt.[36]

Zugleich ist auch das von § 3 Abs. 1 GBO verfolgte Ziel einer lückenlosen Erfassung privater Grundstücke keineswegs überall Wirklichkeit. Insbesondere in den ehemals preußischen Gebieten Ostdeutschlands gibt es nach wie vor sogenannte ungetrennte Hofräume, in denen zwar die Außengrenzen vermessen sind, nicht aber die auf ihnen befindlichen einzelnen Grundstücke.[37] Deren Grenzverlauf ist daher nicht dokumentiert, weshalb für die auf diesen Hofräumen befindlichen Grundstücke kein Grundbuchblatt angelegt werden kann. In der Folge sind diese Grundstücke faktisch unveräußerlich und unbelastbar. Das bringt für deren Eigentümer erhebliche Probleme mit sich. Denn diese können die Grundstücke nur eingeschränkt bewirtschaften, weil sie mangels Grundsicherheiten keine Kredite aufnehmen können.

Führt man sich die komplizierten Vorschläge vor Augen, die zur Bereinigung dieser Lage vorgetragen werden,[38] so zeigt sich die starke Abhängigkeit des Grundstücksrechts vom Grundbuch. Der Eigentumserwerb durch die Ersitzung eines Grundstücks etwa, die sonst § 900 BGB nach 30 Jahren ermöglicht, wäre bei nicht gebuchten Grundstücken zwar in besonderer Weise angezeigt, um zum Eigentumsnachweis nicht auf alte und vielfach verschollene Unterlagen wie Gebäudesteuerbücher aus den 1860er-Jahren[39] zurückgreifen zu müssen. Indes scheidet die Ersitzung just hier aus, weil sie gemäß § 900 Abs. 1 Satz 1 BGB daran anknüpft, dass der Eigentümer im Grundbuch eingetragen ist. Selbst also dort, wo es um einen durch Realakt und nicht durch Rechtsgeschäft erfolgenden Eigentumserwerb geht, wird der sogenannte Eintragungsgrundsatz gemäß § 39 Abs. 1 GBO durchgehalten. Ohne Eintragung im Grundbuch darf es keine Rechtsänderung an einem Grundstück geben. Geht es um Grund und Boden, so muss der Staat beteiligt sein.

Diese von BGB und GBO geschaffene Angewiesenheit des Grundstücksrechts auf das Grundbuch und das Kataster rächt sich dort, wo diese Verzeichnisse – aus

36 Aufschlussreich etwa II.5 der Anordnung betreffend die Führung einer Grundbesitzkartei vom 2. Juli 1971 (GVBl., 17. Bd., S. 107) der Evangelisch-Lutherischen Kirche in Oldenburg, wonach eine derartige Eintragung vorzunehmen sei. Ähnlich auch eine E-Mail-Auskunft der Bundesanstalt für Immobilienaufgaben vom 26.3.2020 an den Verfasser, wonach man nicht auf die Anlegung von Grundbuchblättern verzichte.

37 Ein nordsächsisches Problem – ungetrennte Hofräume machen Ärger. In: Leipziger Volkszeitung, 9.2.2017.

38 GBO §§ 3, 116; BGB §§ 900, 927, 928; FamFG §§ 433–446. Dazu Klumpp: Einbuchung (wie Anm. 33).

39 So etwa in den einst preußischen Gebieten Sachsens, siehe Problem (wie Anm. 37).

welchen Gründen auch immer – die Verhältnisse nicht dokumentieren. Die Grundbuchordnung ist daher nicht nur ein Ergebnis staatlicher Rechtsetzung, sondern setzt ihrerseits in erheblicher Weise einen in seiner gesamten Fläche funktionierenden Staat voraus. Nicht zufällig ist sie das Kind einer Epoche, in der ein etatistischer Rechtspositivismus weitverbreitet war.[40]

Voreintragungsgrundsatz

Für den Charakter der GBO und ihre Ordnungsvorstellungen besonders aufschlussreich ist der in § 39 Abs. 1 GBO niedergelegte Voreintragungsgrundsatz. Danach soll eine Eintragung im Grundbuch nur erfolgen, wenn die dadurch betroffene Person dort zuvor eingetragen war. Wenn etwa eine Person A ihr Grundstück an B und dieser es kurze Zeit darauf weiter an einen Dritten C veräußert, so mögen die Anträge auf Grundbuchänderung gleichzeitig beim Grundbuchamt eingehen. Naheliegend wäre dann, dass A aus dem Grundbuch gestrichen und gleich C eingetragen wird, weil B auf den ersten Blick kein nachvollziehbares Interesse daran hat, in das Grundbuch eingetragen zu werden, wenn er sofort wieder daraus gestrichen werden müsste. Immerhin fallen für alle diese Akte Kosten an.[41] Das nimmt die GBO allerdings hin. Nach § 39 Abs. 1 GBO ist mit der Streichung von A daher zunächst B einzutragen, ehe er daraufhin wieder gestrichen und erst dann C eingetragen wird. B wird also in diesem Fall bereits im Wissen eingetragen, dass er sofort wieder zu streichen ist. Auf diese Weise sollen alle Änderungen nachvollziehbar sein.[42] Es genügt nicht, die jetzige Rechtslage zutreffend wiederzugeben, sondern es müssen auch alle vergangenen Vorgänge lückenlos rekapitulierbar sein. Lediglich für Erben macht § 40 Abs. 1 GBO davon eine Ausnahme.

Man kann lange darüber streiten, ob sich dieser strikte Formalismus angesichts des mit ihm einhergehenden Aufwands und der damit verbundenen zeitlichen Verzögerungen lohnt. Diejenigen, die das deutsche Grundstücksrecht als „Ruhmesblatt des deutschen Rechts“[43] gefeiert haben und heute noch mit ähnlichen Worten rühmen,[44] werden dies bejahen. Andere mögen darauf verweisen, dass etwa die USA einen gut funktionierenden Immobilienmarkt haben, auch

[40] Etwa Paul Laband: Das Staatsrecht des deutschen Reiches. Bd. 1. Tübingen/Leipzig [4]1876, S. VI.

[41] Anl. 1 Nr. 14110 Gesetz über Kosten der freiwilligen Gerichtsbarkeit für Gerichte und Notare.

[42] Bundesgerichtshof: Urteil vom 20.1.2006. Aktenzeichen: V ZR 214/04. In: NJW-RR 21 (2006), S. 888 Rn. 18.

[43] Julius von Gierke: Das Sachenrecht des bürgerlichen Rechts. Berlin [4]1959, S. 33.

[44] Böhringer: Grundbuchordnung (wie Anm. 2), S. 163: „Grundbuch […], um das uns viele Länder beneiden“.

wenn dort öffentliche Register oftmals eine geringere Rolle spielen.[45] Klären ließen sich Vor- und Nachteile dieser Systeme einschließlich der dafür entstehenden Kosten nur durch rechtssoziologische Untersuchungen, die, soweit ersichtlich, bisher nicht angestellt wurden.

Deutlich aber dürfte sein, dass der Voreintragungsgrundsatz die Stellung der Grundbuchämter stärkt und das Verfahren formalisiert. Die Kritik daran ist vergleichsweise verhalten geblieben.[46] Selbst in der aktuellen Debatte über ein Blockchain-Kapitalgesellschaftsrecht wird die Übernahme des Voreintragungsgrundsatzes aus dem Grundstücksrecht in das Gesellschaftsrecht empfohlen.[47] Mögen die technischen Mittel auch neu sein, so überleben doch die Ordnungsvorstellungen. Eine lückenlose und für Übertragungsvorgänge verbindliche Dokumentation verspricht Nachvollziehbarkeit und Sicherheit. Insoweit erweist sich auch die aus dem 19. Jahrhundert stammende Grundbuchordnung noch als modern.

Zusammenfassung

Die Grundbuchordnung gehört zu denjenigen Gesetzen, die sich nicht darauf beschränken, in der Praxis gewachsene Regeln zu kodifizieren und damit sämtliche geltenden Regeln zu erfassen. Vielmehr verfolgt sie das Ziel, eine nach bestimmten Prinzipien gestaltete Ordnung zu schaffen. Dies erschien Ende des 19. Jahrhunderts in Deutschland vor dem Hintergrund der bis dahin bestehenden Rechtszersplitterung als besonders wichtig. Möglich wurde eine vergleichsweise kurze und geordnete Zusammenfassung der für das Grundbuchrecht geltenden Vorschriften allerdings nur deshalb, weil zugleich eine Vielzahl anderer Fragen ausgeklammert wurde. Entgegen der Bezeichnung „Grundbuchordnung“ ist das Grundstücksrecht insgesamt überaus zerklüftet und kennt eine Reihe von Doppelungen sowie parallelen Prüfungen, weil neben der GBO unter anderem die Katastergesetze, die Beurkundungsgesetze, die Bundesnotarordnung und die landesrechtlichen Bauordnungsgesetze zu beachten sind.

Die Ordnung des Grundbuchwesens durch die GBO hängt zudem in erheblicher Weise von einer funktionierenden Staatlichkeit ab, da sie das Grundstücksrecht vollständig in die Abhängigkeit einer staatlichen Registrierung gibt. Diese Voraussetzungen waren seit der Verabschiedung der GBO im Jahr 1897 zwar weit-

[45] Lueck/Miceli: Property Law (wie Anm. 29).

[46] Etwa Roland Böttcher: Kommentar zu § 39 GBO. In: Georg Meikel/Roland Böttcher: Kommentar zur GBO. Hürth [12]2021, § 39 Rn. 3.

[47] Florian Möslein/Sebastian Omlor/Nils Urbach: Grundfragen eines Blockchain-Kapitalgesellschaftsrechts. In: ZIP 41 (2020), S. 2149–2164, hier: S. 2157.

gehend, aber nicht durchgängig gegeben. Die in der GBO vorgesehene Ausnahme einer Grundbuchpflicht für Staat und Kirche hat keine große Bedeutung erlangt, weil der Grundstücksrechtsverkehr im Übrigen vollständig vom Grundbuch abhängt. Die Ausnahmenormen der GBO sind in gewisser Weise Opfer deren Erfolgs geworden. Auch wenn der Rechtssetzung Ende des 19. Jahrhunderts gern ein inzwischen überkommener Formalismus unterstellt wird,[48] bleiben die überaus formalen Grundsätze in der GBO unangetastet und gelten als Vorbild für neue Register.

Abstract

The German Land Register Code (GBO) pursues the goal of creating an order according to certain principles. This seemed particularly important in Germany at the end of the 19th century against the background of contemporary legal fragmentation. However, a comparatively short and orderly summary of the regulations applicable to land register law was only possible because a large number of related legal issues were not codified in this code. Contrary to what the name of the code implies, namely „order", land law as a whole is extremely fragmented and characterised by numerous duplicate regulations and parallel reviews.

The organisation of the land register by the GBO depends to a considerable extent on a functioning state, as it places land law entirely in the hands of state registration offices. These prerequisites have been largely in place since the GBO was passed in 1897. The exception provided for in the GBO for the state and the church has not acquired much significance, because transactions would otherwise be severely restricted. Although legislation at the end of the 19th century is often accused of a now outdated formalism, the formal principles in the GBO remain untouched and are regarded as a model for new registers.

[48] Etwa Tilman Repgen: Die soziale Aufgabe des Privatrechts. Tübingen 2001, S. 132 für den Allgemeinen Teil des BGB.

Andreas Dix

Die Reichsbodenschätzung ab 1934

Bodenklassifikation und -bewertung im Spannungsfeld zwischen Steuerpolitik und räumlichen Ordnungsvorstellungen

Am 16. Oktober 1934 wurde das Gesetz über die Schätzung des Kulturbodens (Bodenschätzungsgesetz) verabschiedet, in dessen Folge die Böden im Deutschen Reich umfassend kartiert und bewertet wurden. Ausgangspunkt war die Absicht, ein Verfahren für die einheitliche und leicht reproduzierbare Schätzung von landwirtschaftlich genutzten Böden zu entwickeln, das für eine einheitliche Besteuerung herangezogen werden sollte. Die Reichsbodenschätzung als rein steuertechnisches Projekt darzustellen, würde gleichwohl zu kurz greifen. Sie ist in ihrer Intention und Anlage vielmehr ein Ergebnis ganz unterschiedlicher, länger zurückreichender Entwicklungsstränge. Hier wäre erstens die spätestens seit dem 18. Jahrhundert immer intensivere Durchdringung von Territorium und Raum zu nennen. Im Zusammenhang physiokratischer Denkfiguren wuchs obendrein das Bedürfnis, die Betriebsmittel des eigenen Hofes, wozu der Grund und Boden gehörte, quantitativ und qualitativ besser erfassen zu können. Zweitens ist es die Entwicklung einer spezifischen Kombination von Karte und Text, die sowohl eine exakte Quantifizierung und Verortung von konkreten Flächen wie auch ihre Verknüpfung mit vielfältigen Daten zulässt, wie sie für Katasterkartenwerke typisch ist. Drittens erzeugen diese organisatorischen Großprojekte immense Datenbestände, deren Nutzung für andere Zwecke sich auch den Zeitgenossen immer aufdrängte.

In der folgenden kurzen Skizze soll die Reichsbodenschätzung als Beispiel eines Katasters vorgestellt werden, das eben nicht nur ein technisches oder organisatorisches Projekt war, sondern seine Wirkung erst durch Vollzug und Kommunikation erreichte, weshalb die Rahmenbedingungen und handelnden Personen eine wichtige Rolle spielten. Dazu werden zunächst die historischen Voraussetzungen und Wurzeln des Problems der Bodenschätzung, wie es sich seit dem 19. Jahrhundert entwickelte, kurz beleuchtet.

https://doi.org/10.1515/9783111134826-004

Taxation, Grundsteuer und Kataster

Der Agrarökonom Albrecht Daniel Thaer (1752–1828) war einer der ersten, der Vorschläge für eine systematische ökonomische Bonitierung landwirtschaftlicher Böden machte.[1] Die Schwierigkeit dabei ist, dass man aus der Beschreibung des Bodenzustands nicht zuverlässig dessen Ertragsfähigkeit bestimmen kann. An diesem Thema haben sich unendlich viele Autoren von Bonitierungs- und Klassifizierungsvorschlägen abgearbeitet. Thaer unterschied deshalb zunächst zwischen dem Roh- und Reinertrag von Böden. Sodann definierte er Bodenklassen, denen er jeweils eine bestimmte Ertragsfähigkeit zumaß, und zwar Tonboden, Lehmboden, sandiger Lehmboden, schlechter Sandboden, Mergelboden, Kalkboden und Humusboden. Von dieser ökonomischen Taxation unterschied Thaer die chemische, die sich nach physisch nachprüfbaren Kriterien richtet. So einfach eine solche Einteilung zunächst erscheinen mag, so vielfältig sind die Systeme der Schätzung, die sich daraus entwickelt haben.[2] Die immer wieder formulierten Vorschläge und Versuche, in den einzelnen deutschen Ländern die Bewertung landwirtschaftlichen Grundbesitzes zu vereinheitlichen, verhinderten nicht, dass regional und in den Ländern des Deutschen Reiches eine große Vielfalt von schwer vergleichbaren Taxationssystemen existierte.[3]

Eng verbunden mit diesen Klassifikationsbemühungen war die zunehmend differenzierte Darstellung von Böden als kartografischer Inhalt. Ein Beispiel hierfür ist das „Franziszeische Kataster" in der Habsburger Monarchie, das zwischen 1810 und 1870 erstellt wurde und einen großen Umfang erreichte. Insgesamt wurden die Gemarkungen von 30.000 Katastralgemeinden auf insgesamt 164.357 Blättern aufgenommen. Um die Blätter vergleichbar und überhaupt lesbar zu machen, wurden genaue Darstellungsvorschriften in Musterblättern auf der Grundlage der sogenannten Schätzungsoperate erstellt.[4] Dies betraf vor allem die Differenzierung der verschiedenen landwirtschaftlichen Kulturarten.

[1] Albrecht Daniel Thaer: Versuch einer Ausmittelung des Rein-Ertrags der productiven Grundstücke mit Rücksicht auf Boden, Lage und Oertlichkeit zu genauerer Prüfung vorgelegt. Berlin 1813.

[2] Hierzu Karl Birnbaum: Bodenbesteuerung mit besonderer Berücksichtigung der gegenwärtig sich geltend machenden Reformbestrebungen im Gebiet des Steuerwesens überhaupt. Leipzig 1869; Theodor Freiherr von der Goltz: Landwirtschaftliche Taxationslehre. Umgearbeitete Auflage. Berlin [3]1903.

[3] F. Herzog: Die Bedeutung der Bodenschätzung für die Landwirtschaft. In: Arbeiten des Reichsnährstandes 34 (1941), S. 1–78, stellt die Situation vor Einführung der Reichsbodenschätzung dar.

[4] Hierzu Martin Bauer: Die Schätzungsoperate des Franziszeischen Katasters als agrarhistorische Quelle. In: Jahrbuch für die Geschichte des ländlichen Raumes 14 (2017), S. 216–250; Ernst Brandstötter/Josef Wagner: Von der Ermittlung der wahren Fruchtbarkeit und des wirklichen Ertrages

Aber nicht nur in der eigentlichen Katasterkartografie wurden Böden dargestellt, es kamen nun auch die ersten thematischen Karten auf, die die Bodengüte darstellten. Hierzu zählt der „Administrativ-statistische Atlas vom Preußischen Staate. Berlin 1828“, der auf Karte 22 eine „Allgemeine Übersicht der Fruchtbarkeit des Bodens“ in den preußischen Provinzen enthält.[5] Einer der ersten, der dann explizite Bodenkarten entwickelte, war der Österreicher Joseph Roman Lorenz, der 1868 seine „Grundsätze für die Aufnahme und Darstellung von landwirthschaftlichen Bodenkarten“ veröffentlichte. Ähnlich wie geologische Karten entwickelten sich Bodenkarten hin zu immer komplexeren synthetischen Darstellungen, also zu sinnvollen Verknüpfung unterschiedlicher Sachverhalte, die mit einem immer ausgefeilteren System von Symbolen und Farben arbeiteten.

Reichssteuerreform und Reichsbodenschätzung

Das deutsche Kaiserreich verfügte über keine eigene Steuerverwaltung. Für die Verwaltung der Reichsfinanzen war das Reichsschatzamt zuständig, das über ein Netz von „Reichsbevollmächtigten für Zölle und Steuern“ die Erhebung der Reichssteuern durch die Einzelstaaten überwachte.[6] Durch die finanziellen Kriegsfolgen und die großen Reparationslasten baute sich jedoch zur Zeit der Weimarer Republik ein erheblicher Handlungsdruck auf, der an vielen Stellen zu einer durchgehenden Zentralisierung und Verlagerung von Kompetenzen auf das Reich führte. Treibende Kraft dieser Reform war Reichsfinanzminister Matthias Erzberger (1875–1921).[7] Mit dem Gesetz über die Reichsfinanzverwaltung vom 10. September 1919 wurde eine hierarchisch streng gegliederte, dreistufige Finanzverwaltung mit einem Reichsfinanzministerium an der Spitze, Landesfinanzämtern als Mittelbehörden und Finanzämtern als Reichsbehörden auf der untersten Stufe geschaffen.[8]

zur Bodenschätzung. In: Bundesamt für Eich- und Vermessungswesen (Hg.): 200 Jahre Kataster. Österreichisches Kulturgut. Wien 2017, S. 143–155.

5 Administrativ-statistischer Atlas vom Preußischen Staate. Berlin 1828.

6 Zur Reichssteuerreform siehe Christoph Palmer: Reichsfinanzreform (Weimarer Republik), 8.1.2018. In: Historisches Lexikon Bayerns, online zugänglich unter: www.historisches-lexikon-bayerns.de/Lexikon/Reichsfinanzreform_ (Weimarer_Republik) (letzter Zugriff am 23.3.2024).

7 Zu Erzberger siehe Christopher Dowe: Matthias Erzberger. Ein Leben für die Demokratie. Stuttgart 2011.

8 Zur Gründungsphase des Reichsfinanzministeriums siehe Stefanie Middendorf: Macht der Ausnahme. Reichsfinanzministerium und Staatlichkeit (1919–1945). Berlin/Boston 2022, S. 44–84. Leider finden sich in ihrer grundlegenden Arbeit keine Informationen zur Reichsbodenschätzung. Generell zur Bedeutung des Reichsfinanzministeriums siehe auch Stefanie Middendorf: Staatsfinanzen und Regierungspraktiken: Das Reichsministerium der Finanzen (1919–1945) in der Geschichte von Staatlichkeit im 20. Jahrhundert. In: Geschichte und Gesellschaft 41 (2015), S. 140–

Damit ging die Finanzhoheit von den Ländern auf das Reich über. Mit mehreren Gesetzen wurden nun erstmals für das ganze Reich einheitliche Besteuerungsgrundlagen geschaffen und die Reichsabgabenordnung 1931 erlassen. Das Problem der Bodenschätzung ging man auch bereits früh an, so wurde 1925 ein Reichsbewertungsgesetz erlassen, in dem das Prinzip der Vergleichsschätzung auf der Grundlage des Vergleichs mit ausgesuchten landwirtschaftlichen Betrieben eingeführt wurde. Die Bonitierung des Bodens selber erfolgte aber noch nach den in den Regionen historisch bedingt sehr unterschiedlichen Grundsätzen. Deshalb wurde nun in Vorbereitung des Gesetzes über die Schätzung des Kulturbodens (Bodenschätzungsgesetz) vom 16. Oktober 1934 ein neues Verfahren entwickelt, das sich nicht auf die schwierige Beschreibung von Bodentypen stützte, sondern einfach zu erhebende physikalische Merkmale zum Maßstab machte. Für die Ansprache der Böden erstellte man im gesamten Reichsgebiet circa 8.000 Musterstücke als beispielhafte Bodenprofile. Mit ihrer Hilfe sollten die Böden leichter vergleichend geschätzt werden können.[9]

Eine Schätzung sollte folgendermaßen ablaufen: Wichtige Vorarbeit war zunächst, genau zwischen ertragsfähigem und nicht ertragsfähigem Acker- und Grünland zu unterscheiden. Sodann wurde mit einem Ackerschätzungsrahmen und einem Grünlandschätzungsrahmen der Boden nach verschiedenen Kriterien aufgenommen. Hierzu gehörten zunächst die Kulturarten, Struktur und Farbe des Bodens, Zustandsstufen des Bodens, geologische Entstehung, Wasserstufen und Klimastufen sowie Neigungsverhältnisse. Aus diesen unterschiedlichen Parametern konnten Wert- und Ertragsmesszahlen errechnet werden, die dann die Grundlage für die Besteuerung bildeten. Für die Ertragsmesszahl wurde ein Referenzboden als landwirtschaftlich ertragreichster Boden festgelegt und die Zahl 100 zugewiesen. Dieser Boden liegt in der Magdeburger Börde in Eickendorf.[10]

Zur Untersuchung wurde der Boden in regelmäßigen Abständen mit einem Handbohrer abgebohrt und dann das Profil per Hand untersucht. Außerdem wurden Schurflöcher gegraben, um Bodenprofile anlegen zu können. Ausgewählte Profile dienten als Musterstücke für Vergleiche und wurden in der Finanzverwaltung hinterlegt. Die Schätzungsergebnisse trug man zunächst in einer Schätzungsurkarte

168. Zum Reichsfinanzministerium in der NS-Zeit siehe Ralf Banken: Hitlers Steuerstaat. Die Steuerpolitik im Dritten Reich. Berlin/Boston 2018; zur Steuerpolitik des NS-Staates Reimer Voß: Steuern im Dritten Reich. Vom Recht zum Unrecht unter der Herrschaft des Nationalsozialismus. München 1995.

9 Zum Gesetz insgesamt Walter Rothkegel/Heinrich Herzog: Das Bodenschätzungsgesetz. Berlin 1935.

10 M. Altermann/W. Jäger: Der Spitzenbetrieb der Bodenschätzung Haberhauffe/Jäger in Eickendorf. In: Mitteilungen der DBG 67 (1992), S. 185–189.

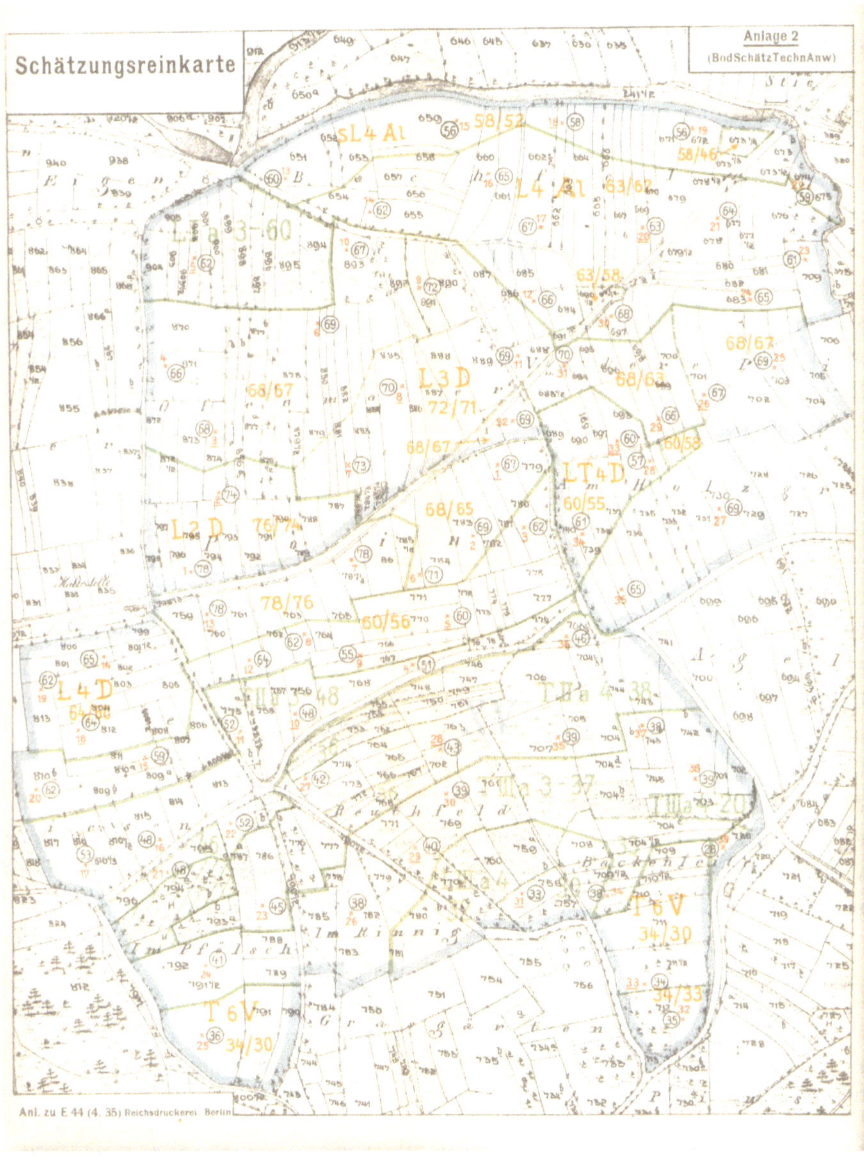

Abb. 1: Beispiel einer Schätzungsreinkarte; entnommen aus: W. Rothkegel/H. Herzog: Das Bodenschätzungsgesetz. Berlin 1935, Anlage zu E 44.

– auch als Schätzungsreinkarte bezeichnet – ein, wobei die entsprechenden Klassenzeichen bei Ackerland in braun und bei Grünland in grün gehalten waren. Flächen gleicher Ertragsfähigkeit wurden zu Klassen zusammengefasst und durch grüne Grenzlinien voneinander abgetrennt. Zusätzlich zu den Schätzungsurkarten wurden Schätzungsbücher in Tabellenform angelegt. Zudem wurden weitere Informationen zu den Gemarkungen erhoben und in einer Gemeindebeschreibung festgehalten (Abb. 1).[11]

Tatsächlich fingen die Arbeiten an der Reichsbodenschätzung in der zweiten Hälfte der 1930er-Jahre an und wurden dann in Westdeutschland bis in die siebziger Jahre hinein fortgesetzt und auch weitgehend abgeschlossen. In der DDR wurde im Zuge der Kollektivierung ein anderes System der Bodenschätzung eingesetzt. Heute liegt ein Großteil der Daten digital vor und ist Teil des sogenannten ALKIS (Amtliches Liegenschaftskataster-Informationssystem).

Die treibende Kraft in der Formulierung des Schätzungsgesetzes und der Reichsbodenschätzung war Walter Rothkegel (1874–1959), ein studierter Geodät, der sein berufliches Leben fast ausschließlich dem Thema der Bodenschätzung gewidmet hat. Nach einem Studium an der Landwirtschaftlichen Hochschule Berlin wurde er 1897 in die preußische Katasterverwaltung übernommen. 1920 promovierte er mit einer Dissertation über „Untersuchungen über Bodenpreise, Mietpreise und Bodenverschuldung in einem Vorort von Berlin“ an der Friedrich-Wilhelms-Universität zu Berlin. Zwischen 1925 und 1945 war er als Ministerialrat im Reichsfinanzministerium der zentrale Fachmann für alle Fragen zur Bodenschätzung. Obendrein war er ab 1936 als Honorarprofessor für Schätzungslehre von Grundstücken an der Technischen Hochschule in Berlin tätig. Zwischen 1949 und 1954 war er dann erneut Lehrbeauftragter auf demselben Fachgebiet.[12] Er ist ein typischer Vertreter des Experten „in der zweiten Reihe“, der mit seiner Fachkenntnis oft unentbehrlich ist, wenn es um die Umsetzung rechtlicher Vorgaben in die Praxis

[11] Herbert Dahlsky: Die technischen Grundlagen der Reichsbodenschätzung. In: Reichsnährstand 3 (1935) 15–16, S. 534–537, S. 575–579; Albrecht Rösch/Friedrich Kurandt: Reichsbodenschätzung und Reichskataster: Gesetze mit amtlicher Begründung, Durchführungsbestimmungen und Verwaltungsvorschriften nach dem neuesten Stand. Berlin 1939.

[12] Zu Walter Rothkegel siehe M. Altermann u. a.: Walter Rothkegel (1874–1959). Initiator und Wegbereiter der Reichsbodenschätzung. Kiel 2012; Rothkegel, Walter. In: Catalogus Professorum. Professorinnen und Professoren der TU Berlin und ihrer Vorgänger, online zugänglich unter: https://cp.tu-berlin.de/person/2134 (letzter Zugriff am 25.5.2024). Zu Rothkegel liegt außer den eigenen Einschätzungen seiner Arbeit (Walter Rothkegel: Landwirtschaftliche Schätzungslehre. Stuttgart ²1952) und eher hagiografisch zu nennenden biografischen Skizzen keine wissenschaftlich fundierte Biografie oder eine Einordnung seiner Person vor, wie sie z. B. im Projekt über die Beamten nationalsozialistischer Reichsministerien beispielhaft vorgenommen wurde; online zugänglich unter: https://ns-Reichsministerien.de/biografien/ (letzter Zugriff am 23.6.2024).

geht.[13] Dabei ist er aber nicht nur als Verwaltungsfachmann zu sehen, sondern hat oft die wichtigen Entscheidungen getroffen. Dies wird auch in den Publikationen deutlich, die Rothkegel zu diesem Thema verfasste. So bemerkte er nach dem Krieg: „Im Gegensatz zu anderen frühen Agrargesetzen der NS-Zeit wie dem Reichserbhofgesetz und dem Gesetz zur Neubildung deutschen Bauerntums hat dieses Gesetz hier nur wenig Beachtung gefunden. Ich halte es aber in seiner Langzeitwirkung bis heute fast für das wichtigste."[14]

Bodendaten für andere Zwecke

1938 wurde zusätzlich vom Reichsfinanzministerium eine Richtlinie für die Nutzbarmachung der Bodenschätzung für nichtsteuerliche Zwecke erlassen. Diese Richtlinie kann als ein Baustein in einer langen Folge von Überlegungen, Forschungen und Projekten angesehen werden, mit denen man in Abkehr von einer liberalistischen Wirtschafts- und Agrarpolitik des 19. Jahrhunderts zu einer einheitlichen und geplanten Nutzung des Bodens kommen wollte. Dazu lieferte die Bodenkunde mit ihren naturwissenschaftlich immer weiter verfeinerten Verfahren ideale Planungsgrundlagen. Ein wichtiger Vertreter der entstehenden Bodenkunde war Hermann Stremme (1879–1961), der von 1914–1945 Professor für Geologie und Paläontologie an der TH Danzig war. Er erwarb sich einen großen Einfluss dadurch, dass er die in Russland unter anderem von Wassili Wassiljewitsch Dokutschajew (1846–1903) entwickelte Bodentypenkunde übernahm und weiterentwickelte.[15] Bekannt wurde er auch durch die auf seine Initiative hin gegründete „Internationale Bodenkundliche Gesellschaft", die eine Bodenkarte Europas im Maßstab 1:2,5 Mio. erstellte.

Stremme sah die Bodenkunde als wichtiges Werkzeug für eine Optimierung landwirtschaftlicher Bodennutzung und damit natürlich auch für eine Ertragssteigerung. Besonders beschäftigte er sich mit der Rentabilität von Kleinbetrieben und der Frage, welche Bodenausstattung Betriebe haben müssten, um wirtschaftlich

[13] Hierzu demnächst: Michael C. Bienert/Alexander Olenik (Hg.): Personen der „zweiten Reihe". Überlegungen zu einer Akteursgruppe zwischen Biographie und Institution. Berlin 2025.

[14] Walter Rothkegel: Geschichtliche Entwicklung der Bodenbonitierung und Wesen und Bedeutung der deutschen Bodenschätzung. Stuttgart 1950, S. 71. Zur Einschätzung der Wirkung des Gesetzes siehe auch Hans-Joachim Mohr/Ulrich Ratzke: 75 Jahre einheitliche Bodenschätzung in Deutschland 1934–2009. Tellow 2009; Christian Petzold: 75 Jahre Bodenschätzung in Deutschland 1934 bis 2009. In: Mitteilungen der DBG 113 (2010), S. 1–6.

[15] Zur Entwicklung der russischen und sowjetischen Bodenkunde siehe Jan Arend: Russlands Bodenkunde in der Welt. Eine ost-westliche Transfergeschichte 1880–1945. Göttingen 2017. Zu Stremme siehe Hans-Peter Blume: Stremme, Hermann. In: NDB. Bd. 25. Berlin 2013, S. 541 f.; zur Entwicklung der Bodenkunde in Deutschland siehe Frank Uekötter: Die Wahrheit ist auf dem Feld. Eine Wissensgeschichte der deutschen Landwirtschaft. Göttingen 2010, S. 225–231.

rentabel arbeiten zu können. Dementsprechend finden sich viele Publikationen von ihm zu diesem Thema. Bemerkenswert ist eine Arbeit, die er zusammen mit seinem Assistenten Eberhard Ostendorff 1937 veröffentlichte (Abb. 2).[16] Unabhängig von den bestehenden Besitzstrukturen wollte Stremme wissen, wie viele bäuerliche Betriebe man theoretisch im Deutschen Reich zusätzlich einrichten könnte, wenn man beispielsweise alle Betriebe mit einer Betriebsfläche von über 200 ha aufteilen würde. Dazu ermittelte er anhand von Bodentypen die entsprechende Bodenqualität und errechnete, welche Flächenausstattung ein Hof haben musste, um wirtschaftlich überlebensfähig zu sein. Hintergrund waren die Hungererfahrungen im Ersten Weltkrieg, die Furcht vor einer Abhängigkeit in der Nahrungsversorgung von anderen Staaten und nicht zuletzt die Idee, heimkehrende Soldaten auf dem Land anzusiedeln, wofür man Siedlerstellen benötigte.

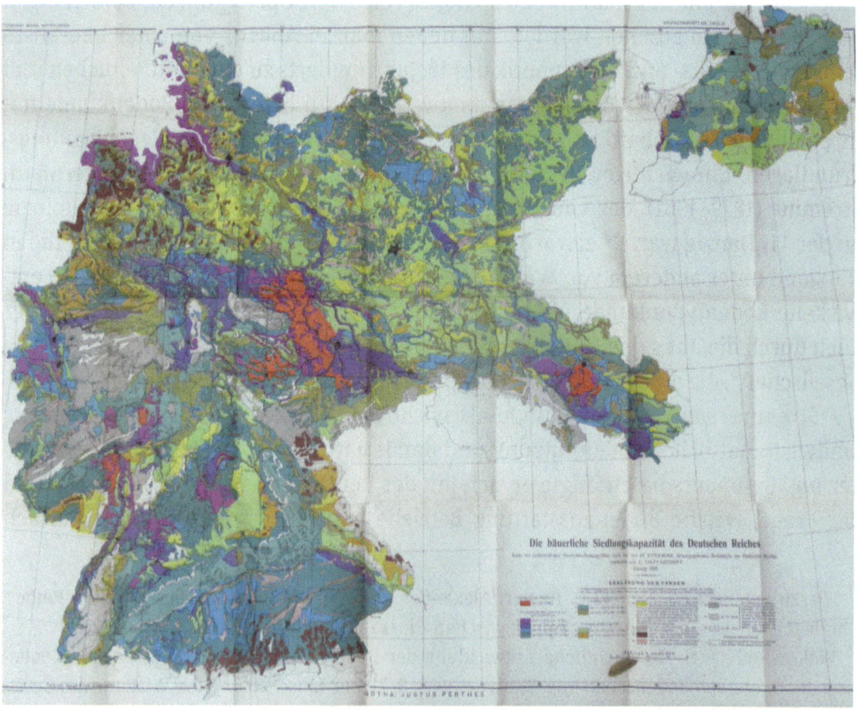

Abb. 2: Übersichtskarte zur potenziellen bäuerlichen Siedlungskapazität des Deutschen Reiches; entnommen aus: Hermann Stremme/Eberhard Ostendorff: Die bäuerliche Siedlungskapazität des Deutschen Reiches (Petermanns Geographische Mitteilungen. Ergänzungsheft, 228). Gotha 1937.

[16] Hermann Stremme/Eberhard Ostendorff: Die bäuerliche Siedlungskapazität des Deutschen Reiches (Petermanns Geographische Mitteilungen. Ergänzungsheft, 228). Gotha 1937.

Stremme verfolgte sein Ziel der Optimierung der landwirtschaftlichen Betriebsstrukturen durch die Vergabe von Dissertationsthemen an seine Studenten an der TH Danzig.[17] Die Idee der Funktionalisierung der Bodenschätzung für planerische Zwecke hat also eine große Kontinuität über alle politischen Systeme hinweg. Dies erklärt schließlich die späte Karriere Hermann Stremmes, den man als bodenkundlichen Fachmann für die Umsetzung der Bodenreform in der Sowjetischen Besatzungszone heranzog, indem die „Deutsche Wirtschaftskommission" 1947 auf Veranlassung der Sowjetischen Militäradministration Deutschlands ihn mit der Gründung eines Instituts für Bodenkartierung in Berlin beauftragte.[18]

In Westdeutschland waren diese Überlegungen aber ebenfalls nicht fremd. So überrascht es nicht, dass Rothkegel auch nach dem Krieg noch einmal auf diesen Punkt zurückkam, wobei die von ihm verwendete Diktion nicht vermuten lässt, dass das Zitat aus der Zeit nach 1945 stammt: „Es hat sich immer wieder gezeigt, daß das *deutsche Volk* in seinem Lebenskampf letzten Endes immer nur auf den *eigenen Boden* und seine Stoffe und Kräfte angewiesen ist, und daß darum alles daran gesetzt werden muß, um diese auf die vollkommenste und beste Art zu ordnen und zu nutzen. Eine ungeordnete Nutzung unseres Lebensraumes würde zu einer Vergeudung von Kräften führen, die nicht zu rechtfertigen ist. Aus dieser Erkenntnis heraus waren Bestrebungen entstanden, die darauf hinzielten, durch eine *vorausschauende Planung* die zweckmäßigste *Ordnung* und *Nutzung* des deutschen *Bodens* herbeizuführen."[19] Tatsächlich haben bodenkundliche Untersuchungen und Überlegungen bei allen Planungen für einen Umbau und für die Expansion des „deutschen Lebensraumes" eine wichtige Rolle gespielt.[20]

[17] Siehe die Dissertationen: Joseph Przeperski: Auswertung der bodenkundlichen Kartierung für agrar- und bevölkerungspolitische Untersuchungen, gezeigt an dem ostpreußischen Landkreis Stuhm. Würzburg 1937 [zugl. TH Danzig Diss.]; Rudolf Müller: Die Kartierung nach Bodentypen als Grundlage systematischer Vorarbeiten für Siedlungsplanungen. Eberswalde 1938 [zugl. Danzig, TH Diss.].

[18] Andreas Dix: „Freies Land". Siedlungsplanung im ländlichen Raum der SBZ und frühen DDR 1945–1955. Köln u. a. 2002, S. 463; Hermann Stremme: Bodenübersichtskarte der sowjetischen Zone Deutschlands. In: Die Deutsche Landwirtschaft 1 (1947), S. 8–10, S. 29–31.

[19] Rothkegel: Entwicklung (wie Anm. 14), S. 71; Hervorhebungen im Original gesperrt gesetzt.

[20] Zusammenfassend in Heinz Hamann: Wirtschaftliche Grundlagen und Leistungen von Landvolk und Landwirtschaft. In: Konrad Meyer (Hg.): Landvolk im Werden. Material zum ländlichen Aufbau in den neuen Ostgebieten und zur Gestaltung des dörflichen Lebens. Berlin ^{2}1942, S. 175–211.

Resümee

Blickt man mit etwas fachlichem und zeitlichem Abstand auf die Reichsbodenschätzung, ihre Kontinuitäten und Ergebnisse so ergibt sich ein sehr vielfältiges und streckenweise auch ambivalentes Bild. Zunächst ist festzuhalten, dass sich die Bodenschätzung wegen ihrer Praktikabilität und raschen Umsetzbarkeit tatsächlich als Verfahren für eine angemessen gerechte Steuerschätzung durchsetzte. Bemerkenswert ist die Geschwindigkeit, mit der große Flächen des Reiches kartiert wurden. Nur über diesen „steuerlichen" Umweg war es überhaupt möglich, über so große Areale hinweg räumlich hochauflösende Daten über die Bodenbeschaffenheit zu erheben. Diese sind auch heute noch so gut verwendbar, dass man in den letzten Jahren zunehmend versucht, die analogen Unterlagen in eine digitale Form zu konvertieren, die in jüngster Zeit zum Beispiel für den Naturschutz verwendet werden.

Gleichzeitig ordnet sich die Reichsbodenschätzung in einen Entwicklungsstrang der Agrarpolitik ein, der die Auswüchse einer liberalen Bodenpolitik des 19. Jahrhunderts kritisiert und stattdessen eine zentrale und nach einheitlichen Kriterien geplante Bodennutzung propagiert. Es ist festzuhalten, dass mit diesen Daten eben ein sehr viel schnellerer Zugriff auf Grund und Boden möglich war. Dies wurde bereits in der NS-Zeit mit dem Gesetz über die Landbeschaffung für Zwecke der Wehrmacht vom 29. März 1935 höchst relevant, denn im Zuge der Wiederaufrüstung kam es überall zur Enteignung einer großen Zahl landwirtschaftlicher Grundstücke für den Bau von Kasernen und Truppenübungsplätzen. Für Enteignungen aber auch für die Flurbereinigung bedeuten die Bodenschätzungsdaten auch heute noch eine nicht zu unterschätzende Grundlage für die Rationalisierung und Beschleunigung der Verfahren, wenn es zum Beispiel um Entschädigungen oder Wertausgleich geht. In gewisser Weise reiht sich damit die Reichsbodenschätzung in die lange Geschichte des Katasters ein, räumliche Verhältnisse so exakt wie möglich zu erfassen und als Instrument einer staatlichen Steuerung und Überwachung einzusetzen.

Abstract

The Reichsbodenschätzung (law concerning the land evaluation in the German Reich), initiated together with the Bodenschätzungsgesetz on October 16, 1934, aimed to systematically assess and categorize agricultural land across Germany for tax purposes. This project, however, extends beyond a mere tax initiative, encapsulating deeper historical and socio-political contexts dating back to the 18th century. The movement towards better agricultural practices led to an emphasis on the quantitative and qualitative evaluation of land as an essential resource for economic development. Albrecht Daniel Thaer, a pivotal agrarian economist in this field, laid foundational ideas regarding systematic soil classification. His frameworks for distinguishing soil types and their productivity facilitated the evolution of various taxation systems in German regions, despite existing discrepancies among them. The integration of cartographic methodologies saw a rise, as evidenced by the comprehensive „Franziszeische Kataster" of the Habsburg monarchy, which served as a model for illustrating agricultural land quality across extensive territories. The increasingly centralized financial governance during the Weimar Republic paved the way for this soil evaluation project, which was further accelerated by financial pressures stemming from WWI reparations. Walter Rothkegel emerged as the key figure responsible for implementing the soil evaluation system, which relied on tangible physical characteristics of soil rather than complex classifications. Ultimately, this systematic approach enabled a distinct differentiation between productive and non-productive land. Despite its contentious implications during the Nazi regime – particularly in relation to land appropriation for military purposes – the soil data gathered has proven invaluable for various administrative functions, including current ecological conservation efforts. The legacy of the land evaluation reflects the attempts to regulate land use systematically, addressing both economic efficiency and state oversight, influencing agricultural policies well into the latter half of the 20th century and beyond.

Wissen und Wahrnehmungen

Nils Bennemann

Eine „wissensgeschichtliche Sattelzeit“?
Hydrodynamische Landschaften und das Katasterwesen im 18. und 19. Jahrhundert

Einleitung

„Natürliche Grenzen“ haben ihre Tücken, gerade dann, wenn sie in der Flussmitte verlaufen. Es entbehrt daher nicht einer gewissen Ironie, dass ausgerechnet im Jahr 1840 – dem Jahr der sogenannten Rheinkrise zwischen dem Deutschen Bund und Frankreich – in Baden und Frankreich Rheinkarten erstellt wurden, die das Ziel hatten, Hilfsmittel bei der Ausführung eines Staatsvertrags über die gemeinsame Grenzfestlegung zu sein und die auf gemeinschaftlichen Arbeiten zur Kartenaufnahme fußten.[1] Während auf der außenpolitischen Bühne der aggressive Nationalismus aufgeführt wurde, arbeiteten französische und badische Techniker auf einer ganz anderen Ebene daran, eine Grenze, die durch einen Fluss verlaufen sollte, überhaupt darstellbar zu machen. Dies bezog sich sowohl auf die Festlegung der Grenze als auch auf deren Einzeichnung in Karten. Denn Flüsse, ihre Ufer und das sie umgebende Land lassen sich als hydrodynamische Landschaften charakterisieren, die ihren Charakter ohne menschliche Eingriffe stetig ändern und sich damit scheinbar eindeutigen politischen Ordnungsvorstellungen wie Grenzen entziehen.

Eine Wissensgeschichte der Kartografie, die Karten nicht als Abbildung des Physischen versteht, sondern danach fragt, wie kartografisches Wissen hergestellt wird und welche zeitgebundenen Vorstellungen sich darin wiederfinden, betont den durch Karten konstruierten Charakter des Raumes.[2] Hydrodynamische Land-

[1] Vgl. hierfür bereits Nils Bennemann: Kartographische Ordnungsvorstellungen in den badisch-französischen Rheinkarten 1828–1840. In: Guido Thiemeyer/Hélène Miard-Delacroix (Hg.): Der Rhein/Le Rhin. Stuttgart 2018, S. 49–58.

[2] Für diese Perspektive vgl. Tanja Michalsky: Karten schaffen Räume. Kartographie als Medium der Wissens- und Informationsorganisation. In: Ute Schneider/Stefan Brakensiek (Hg.): Gerhard Mercator. Wissenschaft und Wissenstransfer. Darmstadt 2015, S. 15–38; Ute Schneider: Die Macht der Karten. Eine Geschichte der Kartographie vom Mittelalter bis heute. Darmstadt 2006; Christof Dipper/dies. (Hg.): Kartenwelten. Der Raum und seine Repräsentation in der Neuzeit. Darmstadt

https://doi.org/10.1515/9783111134826-005

schaften und ihre Bannung auf das Kartenblatt stellen hier einen besonderen Untersuchungsgegenstand dar, da der Impetus der Kartografen, diese Dynamiken in Karten stillzustellen, durch das Physische unterlaufen wird. Dies haben unter anderem Untersuchungen zur amtlichen Flusskartografie im 19. Jahrhundert gezeigt.[3]

Das Problem, die Dynamik des Flusses auf Karten zu bannen, bestand allerdings nicht alleine für diese Form der Spezialkartografie, die vor allem zur Planung und Evaluierung von Flussbauarbeiten zu Rate gezogen wurde. Auch im Rahmen von Katasteraufnahmen stellten (und stellen bis heute) Bereiche, die von veränderlichen Wasserständen betroffen sind, ein Problem dar: zum einen in Bezug auf die konkrete Darstellung solcher dynamischen Bereiche, zum anderen in Bezug auf die Zuweisung von Bodenwerten und Nutzungsformen.

Der vorliegende Beitrag behandelt die Frage, wie im frühen Katasterwesen mit der Hydrodynamik von Flüssen umgegangen wurde. Welcher Nutzen wurde umspülten Flächen zugewiesen? Wie wurden diese Nutzungsarten und Wertzumessungen festgehalten? Das zentrale Beispiel wird hier das Klevische Kataster aus den 1730er-Jahren sein, dessen Katasterkarten und -bücher exemplarisch untersucht werden. In einem weiteren Schritt soll dann ein Seitenblick auf die Kontinuitäten und Diskontinuitäten zu dem 100 Jahre später angelegten preußischen Urkataster geworfen werden. Dabei – so die These – fügen sich beide Katasterwerke in eine generelle Tendenz von Landesaufnahmen aus dem ersten Drittel des 18. bis zur Mitte des 19. Jahrhunderts ein: Ideen und Visualisierungstechniken waren bereits in der ersten Hälfte des 18. Jahrhunderts etabliert, allerdings gab es weder eine Institutionalisierung noch einen linearen Fortschritt bis in das 19. Jahrhundert hinein, sondern eine Wiederaufnahme dieser Techniken am Beginn des 19. Jahrhunderts, als politische und institutionelle Revolutionen die Voraussetzungen für eine kontinuierliche Landesaufnahme schufen.

Das Klevische Kataster, 1731–1738

Eines der ersten Unterfangen einer visuellen Erfassung von Eigentum und Bodenwert hydrodynamischer Landschaften war die Katasteraufnahme in Kleve im

2006; John B. Harley: The New Nature of Maps. Essays in the History of Cartography. Baltimore 2001.

[3] Zur Flusskartografie vgl. bereits Nils Bennemann: Rheinwissen. Die Zentralkommission für die Rheinschifffahrt als Wissensregime, 1817–1880. Göttingen 2021; ders.: Karte und Kontingenz: Der Rhein im Kartenbild des 19. Jahrhunderts. In: Janusz Tandecki/Krzysztof Kopinski/Helmut Flachenecker (Hg.): Editionswissenschaftliches Kolloquium 2015: Die Geschichte im Bild. Torun 2016, S. 35–48.

18. Jahrhundert, deren Visualisierungs- und Verzeichnungsformen im Folgenden beispielhaft untersucht werden sollen.

Die Katasteraufnahme wurde in den Jahren 1731 bis 1738 durchgeführt und darf daher nicht mit der preußischen Urkatasteraufnahme etwa 100 Jahre später verwechselt werden. Die bisherige Forschung zum Klevischen Kataster – wie zu Katasteraufnahmen im Allgemeinen – ist äußerst begrenzt und wurde vor allem vonseiten der Geografie und aus der Perspektive des Vermessungswesens betrieben. Entsprechend standen bisher zumeist Fragen nach der Genauigkeit und Zuverlässigkeit der damaligen Katasteraufnahmen im Vordergrund.[4] Eine ältere Studie von Kurt Ketter geht jedoch über diesen Fokus hinaus, indem sie neben den vermessungstechnischen Fragen auch die verwaltungs- und politikgeschichtlichen Aspekte der Katasteraufnahme in den Blick nimmt.[5] Untersuchungen aus den 1980er-Jahren führten diesen Strang weiter.[6] Die Klevische Katasteraufnahme wird hier als bis dahin einzigartige Vermessung zu Steuerzwecken oder gar als Avantgarde in Europa gedeutet,[7] Ketter sieht in der Vermessung einen völlig isolierten Versuch der Neuregelung des Steuerwesens.[8]

Aus der Perspektive der Kartografie- und Wissensgeschichte kann diesem Urteil jedoch nur bedingt zugestimmt werden: Zwar mag im Bereich des Steuerwesens die Aufnahme einen gewissen exzeptionellen Charakter besitzen, allerdings fügt sich der Fall Kleves in eine Entwicklung ein, die den Zeitraum etwa von 1730 bis 1880 umfasst und die man als eine 150-jährige Sattelzeit wissenschaftlicher Landesbeschreibungen bezeichnen kann. In diesem Zeitraum gab es eine Reihe von Innovationen im Bereich der Kartografie, die sich zunächst nicht durchsetzen konnten, aber am Beginn des 19. Jahrhunderts wieder aufgegriffen wurden. Bisher ist dies in der Forschung zumeist am Beispiel der sogenannten Strom- und Flusskarten festgemacht worden, die spezielle kartografische Lösungen für die Problematik der Visualisierung hydrodynamischer Landschaften darstellten.[9] Das Beispiel des Klevischen Katasters aus den 1730er-Jahren in Kombination mit der Wiederaufnahme

4 Gerhard Aymans: Die Preußische Katasteraufnahme im Herzogtum Kleve der Jahre 1731–1738. In: Erdkunde 40 (1986), S. 14–28; Gregor Hövelmann/Heinrich Steibring (Hg.): 250 Jahre Klevisches Kataster. Studien zur Geschichte der Kartographie und des Vermessungs- und Katasterwesens am Niederrhein. Kleve 1984.

5 Kurt Ketter: Der Versuch einer Katasterreform in Cleve unter Friedrich Wilhelm I. Bonn 1929.

6 Paul-Günter Schulte: Vom klevischen Grundsteuerregister zur Katasterkarte. In: Gregor Hövelmann/Heinrich Steibring (Hg.): 250 Jahre Klevisches Kataster. Studien zur Geschichte der Kartographie und des Vermessungs- und Katasterwesens am Niederrhein. Kleve 1984, S. 185–201.

7 Ebd., S. 187.

8 Ketter: Katasterreform (wie Anm. 5), S. 33.

9 Bennemann: Rheinwissen (wie Anm. 3), S. 248.

der Katasteraufnahmen in den 1820er-/1830er-Jahren reiht sich ebenfalls in diese Entwicklung ein.

Der Ausgangspunkt für die Erstellung des Klevischen Katasters liegt in der Ernennung Friedrich Wilhelm Freiherr von Borckes (1693–1769) zum Kammerpräsident von Minden und Kleve. Von Borcke kam als Finanzrat aus Magdeburg nach Minden und Kleve, 1731 wurde er zum preußischen Minister ernannt, allerdings 1739 schon wieder wegen Kritik an seiner Amtsführung aus den Diensten entlassen.[10] Im März 1731 – zwei Monate vor seiner Ernennung zum Minister – verfasste er einen Bericht an König Friedrich Wilhelm I. in Berlin, in dem er die Zustände in Kleve umriss.[11] So zahlten viele Höfe dort mehr Kontributionen, als sie abwerfen würden, was unter anderem dazu führe, dass einige Ländereien bereits „wüste" liegen würden. Zudem seien die Kontributionen ungleich verteilt, trotz „gleicher Güte und Größe" würden unterschiedliche Kontributionen gezahlt. Manche Ländereien wiederum seien von den Abgaben ausgenommen, obwohl sie „bei genauer Untersuchung solche Exemtion nicht behaupten" könnten.[12] Das Problem der ungleichen Kontributionen sowie der Ausnahmen wollte von Borcke durch die Erstellung eines neuen Katasters beheben lassen. So empfahl er: „1) ein neues Catastrum und Matrikel verfertigen zu lassen, 2) alle diejenigen, welche von ihren Ländereien eine Exemtion prätendiren, anzuhalten, daß sie in einer gewissen Zeit solche dociren, anderst aber gewärtigen müssen, daß sie gleich den übrigen herangezogen werden. Wie aber zu einer richtigten Matrikel bei den hiesigen Umständen ohnmöglich zu gelangen, wann nicht eine ganze neue und generale Vermessung des Landes vorhergehet und eine neue und gleichsfalls generale Taxation zum Fundament geleget wird, so stelle E. K. M. ... [Auslassung in der Vorlage, Anm. des Verfassers] anheim, was Sie dieserhalb an die Clevische Kammer und denen Ständen, welche das Contributionswesen allhier hauptsächlich in Händen haben, zu rescribiren gut finden werden. Wegen der Vermessung aber würde gut sein, einige Conducteurs dazu nach dem Clevischen zu beordern, welche diese Arbeit nebst den hiesigen Landmessern anfangen und in einer Revier zu Ende bringen könnten."[13]

[10] Vgl. Rolf Straubel: Borcke, Friedrich Wilhelm von. In: ders. (Hg.): Biographisches Handbuch der preußischen Verwaltungs- und Justizbeamten 1740–1806. 15. Bd. 1: A–L. Berlin/New York 2009, S. 114 f.; Hans Branig: Borcke, Friedrich Wilhelm Freiherr von. In: NDB. Bd. 2: Behaium–Bürkel. Berlin 1955, S. 460 f.

[11] Immediatbericht des Clevischen Kammerpräsidenten von Borcke, Cleve, 12. März 1731. In: Königliche Akademie der Wissenschaften (Hg.): Acta Borussica. Denkmäler der preußischen Staatsverwaltung im 18. Jahrhundert. Behördenorganisation und allgemeine Staatsverwaltung. Bd. 5.1: Akten vom 3. Januar 1730 bis Ende December 1735. Berlin 1910, S. 221–226.

[12] Ebd., S. 224 f.

[13] Ebd.

Der preußische König entsprach diesem Gesuch später.[14] Von Borckes Bericht sprach zentrale Probleme der Steuerverwaltung in Kleve an und schlug zu deren Behebung eine vollständige Neuaufnahme des Landes vor. Letzteres war eine übliche Forderung in Kontexten von Landesaufnahmen, die sich häufig von einzelnen kartografischen Vorarbeiten abzusetzen suchten. Auch in den 1830er-Jahren lässt sich die Forderung nach einer vollständigen und vor allem neuen kartografischen Erfassung von Territorien immer wieder finden.[15] Die von Borcke vorgeschlagene Vermessung sollte der Neuordnung des Kontributionswesens dienen. Dabei sollte ein Aspekt die Neuklassifizierung des Bodens sein, wie seine Bemerkungen über Flachländer verdeutlichen, auf die keine Kontributionen erhoben wurden, die aber dennoch Ertrag abwarfen. Hat sich die Forschung bisher – wie oben ausgeführt – mit den Fragen von Genauigkeit sowie von verwaltungs- und politikgeschichtlichen Kontexten der Aufnahme auseinandergesetzt, sollen in den folgenden Ausführungen am Beispiel hydrodynamischer Landschaften die Visualisierungsweisen, Kategorisierungen und Bodenwertbestimmungen auf den Katasterkarten in den Blick genommen werden.

Eigentum und Bodenwert in hydrodynamischen Landschaften im 18. Jahrhundert

Das erste Beispiel für Visualisierungen, Kategorien und Bodenwertbestimmung ist das sogenannte Emmericher Eiland am linken Niederrhein kurz vor der niederländischen Grenze, das heute ein Stadtteil von Kalkar ist. Die Auswahl geht auf die Vorannahme zurück, dass in einem Gebiet, das durch Altrheinarme und Altwasser geprägt ist, davon ausgegangen werden kann, dass das Problem der Hydrodynamik in besonderer Weise seinen Niederschlag findet und kartografisch bearbeitet wird. Die weiteren angeführten Beispiele aus der Katasteraufnahme dienen zur Einordnung dieser Befunde. Die Katasterkarte für das Emmericher Eiland wurde im Jahr 1738 von einem gewissen Arnold Neuwertz angefertigt,[16] das ebenfalls vorhandene Registerbuch stammt aus demselben Jahr.[17] Neuwertz bezeichnet sich selbst auf dem Kartentitel als approbierten und vereidigten Landmesser beziehungsweise Geometer, auf früheren Karten als „königlich preussischer Landmesser“.[18] Auf insgesamt acht Blättern wird die Pachtstruktur und Bodenbeschaffenheit der Gemar-

[14] Ebd., S. 226.
[15] Vgl. u. a. Bennemann: Rheinwissen (wie Anm. 3), S. 53–98.
[16] Ketter: Katasterreform (wie Anm. 5), S. 84.
[17] Für die Karte: LAV NRW R, AA0647, Nr. 5; für das Registerbuch: ebd., Nr. 89.
[18] Ebd., Nr. 71.

kung gezeigt. Im Folgenden soll zunächst das erste Blatt vorgestellt werden (Abb. 1), indem die am Wasser gelegenen Flurstücke mit den Textelementen der Katasterkarte und dem Registerbuch (Abb. 2) in Verbindung gesetzt werden.

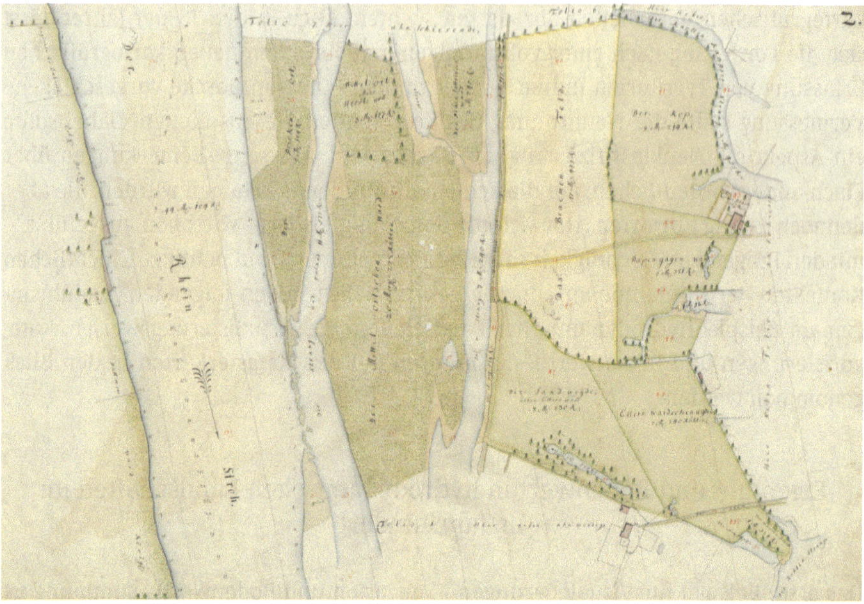

Abb. 1: Blatt 1 der Katasterkarte vom Emmericher Eiland, LAV NRW D, AA0647, Nr. 5.

Für den vorliegenden Beitrag von besonderem Interesse sind die Flurstücke mit den Nummern 1, 2, 6, 7, 8 beziehungsweise 8 ½, 10, 11, 13 und 30. Das Flurstück Nr. 1 umfasst – wie aus der Übersichtsabbildung leicht zu erkennen ist – den Hauptarm des Rheins selbst. Im Registerbuch wird hierzu vermerkt, dass es sich hierbei um „Unland" handeln würde und nicht – wie man vielleicht zunächst vermuten könnte – um Wasserfläche.[19] Unter der Flurstücknummer 2 wird noch weiter ausdifferenziert, was der Geometer Neuwertz unter dem „Unland" verstand. Dieses umfasst bei ihm drei verschiedene Geländetypen: Wasserflächen, die nicht zum Hauptarm des Rheins gehören, einen starken Steingrund sowie Sand und ein nicht näher spezifizierter Uferbereich, der auf der Karte in neutralen Farben verzeichnet ist. Der erläuternde Text dazu benennt diese drei Typen als „Unland", „Wasser" und „Grind", das Flurbuch verzeichnet die entsprechenden Stücke unter der Rubrik „Nahmen deß Unlands Grind und Todtes Wasser", schlägt aber insgesamt die

[19] Ebd., Nr. 89, fol. 20.

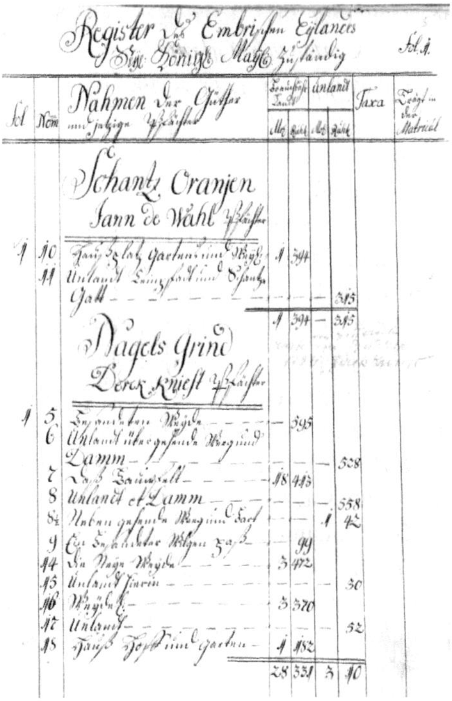

Abb. 2: Registerbuch, LAV NRW D, AA0647, Nr. 89.

19 Morgen und 550 Ruthen der Kategorie „Unland“ zu.[20] Bei Flurstück Nr. 6 findet sich die Kategorie des nicht näher spezifizierten Uferbereichs wieder, der ebenfalls als Unland bezeichnet wird. Zugleich wird aber auch der Weg, der durch das Flurstück Nr. 5 verläuft sowie der dortige Damm als Unland klassifiziert. Im Registerbuch ist dieses Stück insgesamt dem Flurstück des an einen Derck Knieft verpachteten Nagelsgrunds zugewiesen und als Unland unter dem Titel „Unlandt übergehende Weeg und Damm“ geführt.[21] Diese Reihe von kleinteiligen Beispielen lässt sich noch weiter fortsetzen, wenn man die Flurstücke mit den Nummern 7, 8, 10, 11, 13 und 30 betrachtet. Nummer 7 umfasst das sogenannte Baufeld, eine große Brachfläche auf dem Nagelsgrund, klassifiziert ebenfalls als Unland; bei Nummer 8 werden erneut Wege und Dämme als Unland bezeichnet. Die Flurstücke Nr. 10 und 11 liegen auf einem befestigten Ufer und gehörten einem Jan de Wahl. Während die Nr. 10 vollständig als „brauchbares Land“ qualifiziert wird und hierbei „Hausplatz Gartens und Weydeland“[22] umfasst, sind die Flurstücke Nr. 11 und 13 komplett als

[20] Ebd., Nr. 89, fol. 19.
[21] Ebd., Nr. 89, fol. 1.
[22] Ebd.

Unland klassifiziert, umfassen dabei aber Leinpfade und Uferbefestigungen. Die Nr. 30 bezeichnet einen Altrheinarm mit der Wasserfläche wie auch den Uferbereichen, die „vetrunckene" Pachtstöcke umfassen – also nicht mehr vorhandene Nutzflächen.

Das „Unland" – so zeigt die Untersuchung des neuwertzschen Katasterwerks – tritt somit als zentrale Klassifizierung von Flächen an Flüssen, das heißt von hydrodynamischen Landschaften, auf. Diese trägt aber mehrfache Bedeutungen: Zunächst bezeichnete Unland nicht-nutzbare Flächen, in einem zweiten, weiteren Sinne, umfasst es aber auch solche Flächen, die keine besondere Beschaffenheit aufweisen wie zum Beispiel Wasser, Sand oder Steine. In einem dritten Sinne umfasst das Unland Einrichtungen der Infrastruktur wie Wege, Leinpfade und Dämme. Damit lassen sich zwei Kategorien von Unland klassifizieren: solches, das nicht wirtschaftlich genutzt werden konnte (etwa Uferbereiche) und solches, das wirtschaftlich nicht genutzt wurde, aber durchaus einen Nutzen besaß (Wege, Leinpfade und Dämme). Der Rhein selbst fiele hier in die zweite Kategorie. Die von 1773 bis 1858 erschienene „Oeconomische Encyclopädie" von Johann Georg Krünitz definierte Unland als Ausdruck „im Deichwesen, bei Deich- und Sielachten" für „schlechtes Land, auf welches keine Leistungen vertheilt werden"[23] – ein Eintrag, der sich wortwörtlich in Meyers Konversationslexikon von 1852 wiederfindet.[24]

Ausgehend von diesem Beispiel – der Katasterkarte von Neuwertz aus dem Jahr 1738 – soll nun in weiteren Karten des Klevischen Katasters geschaut werden, in welcher Art dort hydrodynamische Landschaften klassifiziert wurden. Die Karte des Emmericher Eilands war nicht die erste, die Arnold Neuwertz im Rahmen des Katasterprojekts anfertigte. Bereits im Jahr 1734 hatte er Katasteraufnahmen des heutigen Stadtgebiets von Duisburg (Herrlichkeit Meiderich) angefertigt (Abb. 3).[25] Bei der hier abgedruckten Abbildung handelt es sich um einen Auszug aus dem ersten Kartenblatt, der die Ruhr zeigt. Sie durchschneidet in diesem teilweise die einzelnen Flurstücke, sodass die Wasserflächen als ein halbes Flurstück zu anderen Flurstücken gezählt werden. Im dazugehörigen Register wird zum Beispiel die Nr. 116 ½ als Unland geführt, gleiches gilt für die Flurstücke Nr. 105 ½ oder Nr. 115 ½. Die Liste ließe sich fortsetzen. So bezeichnet etwa die Nr. 34 ein gesamtes Flurstück in der Ruhr als Unland.[26] Auch die Uferzonen der Flurstücke Nr. 36 bis

[23] Unland. In: Krünitz' Oeconomische Encyclopädie. Bd. 198. Berlin 1849, S. 600.

[24] Unland. In: Das große Conversations-Lexicon für die gebildeten Stände. Zweite Abtheilung: O bis Z. Bd. 13: Ungarn–Vico. Hildburghausen 1852, S. 199.

[25] Für die Karte: LAV NRW R, AA0647, Nr. 71; für das Registerbuch: ebd., Nr. 148.

[26] Ebd., Nr. 148, fol. 1–3.

38, die zur Vikarie Duisburg gehörten, sind allesamt als Unland klassifiziert.[27] Die Klassifikation von Landstücken in hydrodynamischen Landschaften war also von 1734 bis 1738 identisch geblieben. Zumindest Neuwertz unterschied – wenn auch recht schematisch – nutzbares Land von Unland, wobei Unland für ihn im Jahr 1734 zunächst nur die unmittelbaren Flächen an Flüssen oder in Flüssen umfasste, im Jahr 1738 dann aber auch Verkehrsflächen und Schutzbauten.

Abb. 3: Auszug aus der Katasterkarte von Meiderich, LAV NRW D, AA0647, Nr. 71.

Dabei ist anzumerken, dass nicht nur Arnold Neuwertz am Katasterprojekt beteiligt war, sondern auch andere Vermesser mit diesen Aufgaben betraut wurden. Im Vergleich der unterschiedlichen Blätter zeigt sich, dass die Vorgaben, die von Borcke 1731 gemacht hatte, nicht immer eingehalten wurden. Im Spiegel der Aufnahmen erscheinen die Arbeiten Neuwertz’ als jene, die den Anforderungen der klevischen Kammer am ehesten entsprachen. Einige Beispiele aus den 1730er-Jahren verdeutlichen, dass nicht überall zwischen ertragreichen und ertraglosen Flurstücken unterschieden wurde, was auch für die Aufnahme des hydrodynamischen Landes zutraf. Ein Beispiel hierfür ist die Katasteraufnahme von Rees, die ein Geometer des Namens de Lancizolle 1734 anfertigte; das Blatt 7 zeigt die Reeser Schan-

[27] Ebd., Nr. 148, fol. 72.

ze gegenüber der Stadt.[28] Weder die Karte noch das dazugehörige Registerbuch allerdings teilen die Flurstücke nach ihrer Bodenbeschaffenheit ein, wie dies Neuwertz in seinen Karten tat. Es findet sich für Rees keine Klassifizierung nach brauchbarem Land oder Unland, sondern lediglich die Angabe von Besitzern, Pächtern und Flächen der jeweiligen Flurstücke. Damit schrieben Vermesser wie Lancizolle lediglich den Status quo der Katasteraufnahme fort, der bereits 1724 durch den Vermesser Theodor Bucker, welcher in diesem Jahr unter anderem das Amt Emmerich aufgenommen hatte, vorgegeben worden war.[29] Auf dem Blatt 12 der Karte von Bucker sieht man unter anderem das Spillekes Ward (Flurstücke Nr. 120 und 121), das im Registerbuch lediglich mit seinem Flächenmaß und seiner Zugehörigkeit zur preußischen Krone angegeben ist, jedoch ohne Einstufung hinsichtlich der Qualität des Bodens, obschon das Stück an einen Kammerrat verpachtet war. Allein vermerkt ist, dass das Ufer der Insel stark abfällt. Auch andere Flurstücke wie das der Nr. 111, das zwischen mehreren Wasserflächen lag, listet das Register lediglich mit ihrem Flächenmaß auf, ohne dass dort weitere Angaben zur Beschaffenheit gemacht werden.

Der Geometer Petri hingegen, der das Amt Rees im Jahr 1734 vermessen hatte, unterschied wiederum zwischen den unterschiedlichen Bodenbeschaffenheiten – hauptsächlich zwischen Wiesen, Äckern und Gärten. Im Falle eines Uferabschnitts (Blatt 1, Flurstücknummer 200) heißt es bei ihm: „Der Strauch und Sandt längs dem Rhein".[30] Insofern markierte er zwar die Bodenbeschaffenheit, unterließ aber – auch bei hydrodynamischen Landschaften – eine Wertzuweisung, wie sie bei Neuwertz zu finden ist.

Das Klevische Kataster aus den 1730er-Jahren lässt Rückschlüsse darauf zu, wie zu Beginn des 18. Jahrhunderts Eigentum und Bodenwert verzeichnet wurden. Dabei gilt es allerdings zu beachten, dass trotz gewünschter zentraler und einheitlicher Aufnahme des Katasters in einzelnen Fluren, bedingt durch das Wirken unterschiedlicher Landmesser, diese Einheitlichkeit insgesamt nicht erreicht wurde. Es ist vielmehr zu konstatieren, dass in den verschiedenen Ämtern nach unterschiedlichen Maßgaben verfahren wurde, wobei sich die detaillierteste Lösung im Umgang mit der Katasteraufnahme in den Arbeiten von Arnold Neuwertz findet.

28 Für die Karte: LAV NRW R, AA0647, Nr. 30; für das Registerbuch: ebd., Nr. 119.
29 Für die Karte: LAV NRW R, AA0647, Nr. 18; für das Registerbuch: ebd., Nr. 105.
30 Für die Karte: LAV NRW R, AA0647, Nr. 41; für das Registerbuch: ebd., Nr. 127.

Preußisches Urkataster der 1830er-Jahre

Das Klevische Kataster aus dem frühen 18. Jahrhundert wird – wie sich in den älteren Forschungsbeiträgen andeutet – als Vorläufer des heutigen Katasters (vor allem des preußischen Urkatasters aus den 1830er-Jahren) gesehen. Zumindest auf der Ebene der Katasterkartografie lässt sich dieser Befund allerdings nur bedingt nachvollziehen. Zum einen kann – wie bereits oben dargestellt – im Falle des Klevischen Katasters nicht von einem einheitlichen Katasterwerk gesprochen werden, zum anderen muss in Rechnung gestellt werden, dass die Katasteraufnahme der 1830er-Jahre andere Impulse wie jene der Vermessungen durch Tranchot und Müffling aufnahm.[31]

Schaut man sich das Emmericher Eiland auf der Katasterkarte des Jahres 1831 an (Abb. 4),[32] so sind die Veränderungen in der Kartierung augenfällig. Auf mehrere Aspekte soll hier hingewiesen werden. So ist erstens eine generelle „Technisierung“ der Darstellungsform zu beobachten: Das Kartenbild kommt – im Gegensatz zu den Vorläufern aus dem frühen 18. Jahrhundert – ohne eine naturalistische Darstellung einzelner Flurstücke aus, die Visualisierung unterschiedlicher Bodenbeschaffenheiten erfolgt durch Farbgebung oder figürliche Darstellung von Bewuchsformen. Die Grenzen der einzelnen Flurstücke werden nunmehr allein durch Strichführung dargestellt, Baumbewuchs als Markierung der Flurstückgrenzen wie noch bei Neuwertz ist nicht mehr in der Karte verzeichnet. Farblich abgesetzt bleiben allein die Wasserflächen, einige Uferbereiche (gelb) sowie die Grenzen der gesamten Flur (rot). Damit zusammenhängend ist zweitens eine weitere Informationstrennung festzustellen: Im Gegensatz zum Kataster aus dem 18. Jahrhundert tritt die Aufnahme von Bodenbeschaffenheiten sowie Flächenmaßen vollständig hinter dem Flurnummernsystem zurück; entsprechende Angaben sind vollständig in das dazugehörige Flurbuch ausgelagert. Die Informationstrennung betrifft – drittens – die Darstellung von unmittelbaren Uferbereichen und anderen Orten, die besonders von der Hydrodynamik des Flusses betroffen sind: Solche Gebiete werden im Kataster der 1830er-Jahre nicht mehr gesondert ausgewiesen, eine explizite Klassifizierung als Unland bleibt hier aus.

[31] Für diese Aufnahmen vgl. Peter Effertz: Die Kartenaufnahme der Rheinlande durch Tranchot im Spannungsfeld zwischen wissenschaftlichen und politischen Interessen. In: RhVjBll 54 (1990), S. 211–239; Rudolf Schmidt: Die Kartenaufnahme der Rheinlande durch Tranchot und v. Müffling. Köln u. a. 1973.

[32] Urkatasterkarte, online zugänglich unter: http://offenedaten.kreis-kleve.de/files/?dir=Fachbereich_6/gisverb/Flurkarten_und_Flurbuecher_Kreis_Kleve/historische_Flurkarten_Format_pdf/3017%20Emmericher-Eyland (letzter Zugriff am 31.1.2024).

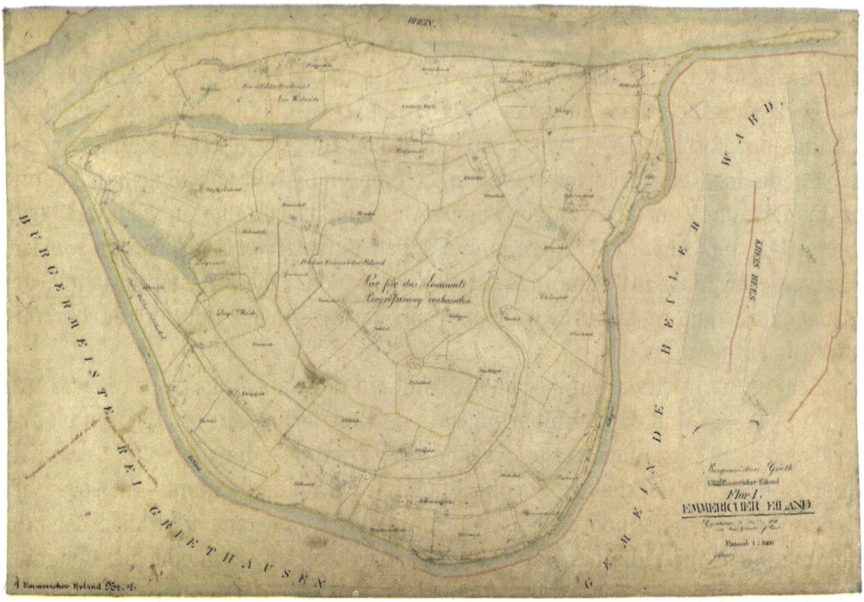

Abb. 4: Preußisches Urkataster 1831; aus: Kreis Kleve OpenData.

Die These, dass es sich um eine zunehmende „Technisierung" der Darstellungsform handelte, die mit der ständigen Fortschreibung und Aktualisierung und damit einer weiteren Institutionalisierung des Katasterwesens einherging, lässt sich auch durch das zeitgenössische Schrifttum aus der Mitte des 19. Jahrhunderts belegen, wenngleich dort weniger über die Darstellungsformen auf den Katasterkarten gesprochen wird, als vielmehr über das Problem der Fortschreibung von Katastervermessungen. Für die Zeitgenossen stellte sich die Frage, wie es gelinge, das einmal aufgestellte Kataster für Änderungen und zukünftige Herausforderungen zu wappnen.

Entsprechende Gedanken machte sich beispielsweise der ehemalige preußische Geometer und Steuerrat G. Wagner. In seiner Schrift „Ueber Kataster-Vermessungen mit Beziehung auf das rheinisch-westphälische Grundsteuer-Kataster" adressierte er das Problem der laufenden Fortschreibung des Katasters.[33] Als Ausgangspunkt seiner Überlegungen diente aber nicht das klevische Urkataster aus dem 18. Jahrhundert, sondern die Katastrierung, die durch die französischen Geometer durchgeführt und ab 1819 durch die preußischen Behörden betrieben wurde.

[33] G. Wagner: Ueber Kataster-Vermessungen, mit Beziehung auf das rheinisch-westphälische Grundsteuer-Kataster. Aachen 1854.

Dabei gingen – so Wagner – die Instruktionen der preußischen Generaldirektion aus dem Jahr 1822 über die französischen hinaus, die aber weiterhin die Grundlage für die Arbeiten bildeten. Getragen waren diese vom Gedanken, „allen Arbeiten denjenigen Grad von Genauigkeit und Vollständigkeit zu geben, die sie ihrer Natur nach nur immer haben können“.[34] Das zentrale Problem der Fortschreibung des Katasters sah Wagner aber nicht in der Erreichung des Ideals von Genauigkeit und Vollständigkeit in der Kartenaufnahme, sondern sowohl in der mangelhaften Markierung von Grenzen im Feld als auch in der bewussten oder unbewussten Zerstörung von Grenzmarkierungen im Verlauf der Zeit. Diese „mangelhafte Begrenzung“ führe zu stetigen Neuvermessungen, der Unzuverlässigkeit von Katasterkarten und Büchern sowie häufigen Streitfällen.[35] Eine Lösung gegen aufwendige Neuvermessungen und häufige Korrekturen der Katasterkarten, sei es aus Anlass von natürlichen Ereignissen oder menschlichen Eingriffen, erblickte Wagner aber in einer wesentlich weitergehenden Maßnahme, deren gesetzliche Grundlage zu schaffen sei: Der Umkehrung des Verhältnisses von Feld und Katasterkarte. Die mangelnde Bezeichnung von Grundstücksgrenzen im Feld führte häufig zu Abweichungen von Katasterkarten und Katasterbuch, die dann berichtigt werden müssten. Um dem zu begegnen schlug Wagner den umgekehrten Weg vor: „Wird dagegen in allen Fällen die den ursprünglichen Bestand jederzeit richtig darstellende Karte als maßgebend betrachtet, so ist jeder Kataster-Auszug auch dann noch richtig, wenn Veränderungen der oben angedeuteten Art eingetreten sein sollten, weil nicht mehr diese durch Zufall oder auch wohl in böswilliger Absicht herbeigeführten Abweichungen das Eigenthum bestimmen, sondern die Katasterkarte, die der Grundeigenthümer in solchen Fällen jederzeit zu Rathe ziehen und sein Feld kann danach berichtigen lassen. Eine neue Vermessung der Gemeinde, in welcher nach diesem Prinzip konsequent verfahren wird, ist dann nie mehr erforderlich.“[36]

Wagner war sich der Nichtidentität von Karte und physischem Raum sowie dem Auseinandertreten beider im Zeitverlauf bewusst und plädierte zur Lösung dieses Problems für eine radikale Umkehr: Fortan sollte das Ergebnis der amtlichen Vermessung in Form der Karte die Situation im Feld bestimmen und nicht mehr umgekehrt. In der Konsequenz bedeutete dies eine Verschiebung der Autorität hin zur amtlichen Kartografie, die sowohl die widerständigen Handlungsmöglichkeiten der lokalen Bevölkerung zugunsten der Verwaltung begrenzte als auch den Einfluss natürlicher Dynamiken beschnitt. Eine 1860 erschienene Schrift nutzte Wagner, um zunächst stärker auf die historische Entwicklung des Katasterwesens in Preußen einzugehen und gewissermaßen einen Kommentar zur gegenwärtigen

[34] Ebd., S. 1.
[35] Ebd., S. 10.
[36] Ebd., S. 58.

Verordnungslage im Zusammenhang mit der Fortschreibung des Katasters zu geben.[37]

Ein weiteres Beispiel für die Beschäftigung der Zeitgenossen mit dem Problem der Fortschreibung des Katasters ist eine Denkschrift des preußischen Generalleutnants und Geodäten Johann Jakob Baeyer (1794–1885), die nach seinem eigenen Bekunden bereits seit den 1850er-Jahren in Verwaltungskreisen zirkulierte.[38] Ihm war es mit seinen Arbeiten zum europäischen Gradnetz und ab 1868 als Leiter des Geodätischen Instituts gelungen, „der deutschen Geodäsie in der damaligen, bis zum ersten Weltkrieg reichenden Epoche eine Vorrangstellung zu verschaffen“.[39] In seiner Denkschrift sorgte sich Baeyer – ähnlich wie Wagner – darum, wie das Katasterwesen auch zukünftig auf hohem Niveau beibehalten werden könne, zielte mit seinen Vorschlägen dabei aber über das Kataster hinaus: Seiner Ansicht nach bedurfte es für die zukünftigen Herausforderungen vielmehr einer allgemeinen Landesaufnahme, aus der verschiedenste Projekte entwickelt werden konnten.

Im Zentrum seiner „Allgemeinen Überlegungen zu einer Landesaufnahme“[40] standen zwei Fragen: zum einen, ob Kartenaufnahmen so ausgeführt werden könnten, dass sie ihren gegenwärtigen und zukünftigen Aufgaben gerecht würden, zum anderen, ob die Vorteile einer Landesaufnahme deren Kosten rechtfertigten. Aus der Perspektive der Wissenschaft konnte Baeyer zufolge die erste Frage als erledigt angesehen werden, sie beschränkte sich eher auf die praktische Ausführung von Vermessungen.[41] Die Frage nach der ökonomischen Zweckmäßigkeit wusste Baeyer indes wenig konkret zu beantworten, vielmehr verwies er auf die Kontingenzen der Gegenwart, die nur durch weitere wissenschaftliche Erschließung des Landes eingehegt werden könnten: „So sehen wir Wissenschaften, Ackerbau, Fabriken und Gewerbe mit rastloser Thätigkeit auf diesem Gebiete arbeiten; allerdings mit mehr oder minderer Ergiebigkeit, aber im allgemeinen immer mit Erfolg. Schon ein Stillstand würde verderblich werden: wir dürfen daher nicht ermatten, sondern müssen unsere Anstrengungen fortwährend steigern, wenn wir des Erfolges sicher sein wollen. Die Natur hat die ersten nothwendigsten Bedürfnisse so offen dargelegt, dass der Einzelne sie finden kann; je mehr die Menschen aber bedürfen, desto tiefer zieht sie sich in ihre Geheimnisse zurück, und fordert, dass immer

37 G. Wagner: Das Entstehen und die Fortführung des rheinisch-westphälischen Grundsteuer-Katasters nebst einem Anhang über den Werth der Kauf-, Pacht- oder Miethpreise als Prüfungsmittel für die Katastral-Abschätzung des Grundeigenthums. Düsseldorf 1860.

38 Johann Jakob Baeyer: Mein Entwurf zur Anfertigung einer guten Karte von den östlichen Provinzen des Preussischen Staates: Ein Beitrag zur Entwickelung der Messkunde in Preussen. Berlin 1868.

39 Fritz Mühlig: Baeyer, Johann Jakob. In: NDB. Bd. 1. Berlin 1953, S. 536 f., hier: S. 537.

40 Baeyer: Entwurf (wie Anm. 38), S. 4–7.

41 Ebd., S. 4.

grössere Kräfte und bedeutendere Mittel aufgewendet werden, um ihre Schätze zu heben. Das Feld der vereinzelten Bestrebungen ist ziemlich erschöpft. Eine erhöhte Stufe der Thätigkeit hat sich in den Vereinen entwickelt. Was dem Einzelnen nicht gelingen wollte, gelingt Vielen, unter einsichtsvoller Leitung und planmässiger Benutzung der Kräfte und Mittel.“[42]

Baeyer zeichnete hier ein Wechselspiel zwischen den wachsenden Bedürfnissen von Wirtschaft und Gesellschaft in der zweiten Hälfte des 19. Jahrhunderts auf der einen und den Anforderungen an die wissenschaftliche Erforschung des eigenen Territoriums auf der anderen Seite. Dabei wich er der von ihm selbst aufgeworfenen Frage nach den Aufwendungen für solche Unternehmungen aus und verwies stattdessen auf ein generelles – noch nicht zu bezifferndes – ökonomisches Potenzial. Baeyer beschrieb eine neue Komplexität wissenschaftlicher Erschließungen des Territoriums. Ausgehend von einer früheren Bearbeitung von konkreten Einzelfällen habe sich die Notwendigkeit zu einer allgemeineren – man könnte sagen einer Grundlagenforschung – ergeben.

Als Grundlage für die Erforschung der „inneren Hülfsquellen“ des Landes sah er „eine gute Karte“ als ein „nothwendiges unentbehrliches Hülfsmittel“ an, deren Erstellung sei „den Einzelnen unmöglich“ und könne „von Vereinen nicht erwartet werden“, sodass es „Sache des Staates“ sei, „dafür Sorge zu tragen, und er wird es in keinem Falle umgehen können, noch in seinem eigenen Interesse umgehen wollen, ein fortwährend steigendes Bedürfnis unbefriedigt zu lassen“.[43] Baeyers Schrift ist also als Plädoyer dahingehend zu lesen, dass der Staat durch seine Verwaltung sich zunehmend an der wissenschaftlichen Landeserschließung beteiligen solle, um den Bedürfnissen der Zeit gerecht zu werden. Es ging Baeyer somit im Kern um eine weitergehende Institutionalisierung wissenschaftlicher Tätigkeiten in der staatlichen Verwaltung, weg von dem reinen Wirken an einzelnen Maßnahmen: „Eine Landesaufnahme muss daher von einem weitergreifenden Gesichtspunkt als dem einer Kataster-Vermessung behufs Steuer-Regulirung aufgefasst werden; sie muss allerdings auch hierzu benutzt werden können, sobald es wünschenswerth erscheint; allein ihr höherer Zweck ist die Erforschung des Grund und Bodens in staatsökonomischer Beziehung nach allen Richtungen zu fördern.“[44]

Wenn man nun versucht, die Entwicklung des preußischen Urkatasters aus einer Perspektive der Wissensgeschichte, die auch Genealogien von Wissen in den Blick nimmt, zu betrachten, so scheint dieses zunächst eher Verbindungen in die „Franzosenzeit“ aufzuweisen und weniger auf den Vorarbeiten des Klevischen Katasters des 18. Jahrhunderts zu beruhen. Vor dem Hintergrund der Diskussionen

42 Ebd., S. 5.
43 Ebd.
44 Ebd., S. 6.

über das Katasterwesen in der Mitte des 19. Jahrhunderts ist es aber dennoch möglich, beide in einen Zusammenhang zu stellen: Sowohl das Klevische Kataster als auch das preußische Urkataster erscheinen als Beginn der neuzeitlichen Katastervermessung, die vor allem die Feststellung des Status quo der Besitzverhältnisse zum Zweck hatte. Die kontinuierliche Fortschreibung des Katasters blieb weiterhin ein Problem. Zumindest aus den hier untersuchten Quellen ergibt sich, dass erst nach der französischen und preußischen Aufnahme eine Diskussion über die weitere Nutzung des Katasters außerhalb der unmittelbaren Ermittlung der Steuerlast entstand. Das Kataster ist damit ein weiteres Beispiel für die Diskussionen um die Institutionalisierung und Nutzung amtlicher Kartografie im 19. Jahrhundert.

Eine „wissensgeschichtliche Sattelzeit" der amtlichen Kartografie?

Die Befunde dieses Beitrags legen zunächst nahe, dass für das Klevische Kataster des 18. Jahrhunderts ein Experimentieren mit verschiedenen Verzeichnungsformen, hier untersucht am Beispiel hydrodynamischer Landschaften, konstatiert werden kann. Die unterschiedlichen Darstellungsformen einzelner Geometer deuten in diese Richtung. Gerade am Beispiel von dynamischen Landschaften wird deutlich, vor welche Probleme sich die Katasterkartografie im Besonderen, aber auch die amtliche Kartografie im Allgemeinen gestellt sah. Für das frühe 19. Jahrhundert, mit den Katasteraufnahmen Preußens in der Nachfolge französischer Landesaufnahmen, zeigt sich eine Technisierung der Darstellung, die als Bemühen gelesen werden kann, Standardisierungen im Bereich der amtlichen Kartografie durchzusetzen, um deren Aktualisierbarkeit zu gewährleisten. Diese Erkenntnisse beruhen zunächst allein auf dem kartografischen Befund. Eine Auswertung des amtlichen Schrifttums und der amtlichen Denkschriften zu dieser Frage steht noch aus, ebenso harrt eine Wissensgeschichte des Katasters noch der Bearbeitung.

Der Ertrag einer solchen Untersuchung könnte – über die konkreten Erkenntnisse zu Dokumentationssystemen der neuzeitlichen Eigentumsordnung hinaus – eine breitere Einordnung des Katasters in die Wissensgeschichte der Neuzeit sein. Hier kommt insbesondere die Rolle der amtlichen Kartografie für eine Verwaltungsgeschichte der Wende vom 18. auf das 19. Jahrhundert in Betracht, für die das Kataster nur ein Beispiel bildet. Die These von einer wissensgeschichtlichen Sattelzeit der amtlichen Kartografie, deren neuzeitliche Gestalt auf den wissenschaftlich-technischen Entwicklungen des frühen 18. Jahrhunderts und den politischen und institutionellen Revolutionen der Wende vom 18. zum 19. Jahrhundert fußte, ließe sich am Beispiel des Katasters noch weiterverfolgen – so sind die Erkenntnisse dieses Beitrags zunächst explorativ zu verstehen.

Abstract

Using the example of the Cleves cadastre from the 1730^{s} and the Prussian original cadastre from the 1830^{s}, this chapter examines how the early cadastral system dealt with the hydrodynamics of rivers, specifically how the recording of land use types and property valuations for river-surrounded lands was carried out. Both cadastral works align with the general trend of land surveys from the first third of the 18th century to the mid-19th century, wherein cartographic visualization techniques were already established in the first half of the 18th century but were only resumed at the beginning of the 19th century, when political and institutional revolutions created the prerequisites for a unified land survey.

Christof Dipper

Eigentum, Bodenwert, Landschaft

Trockenlegung und Landwirtschaft im Po-Delta von 1860 bis 1915

Vorbemerkung

Agrargeschichte hat in Italien einen völlig anderen Stellenwert als in Deutschland. Sie ist kein historisches Randgebiet, sondern steht beziehungsweise stand bis in die 1980er-Jahre, also vor dem *cultural turn*, gleichberechtigt neben anderen Themengebieten und wurde beziehungsweise wird (wenngleich mit abnehmender Häufigkeit) auch von den Koryphäen des Faches betrieben;[1] wo Gramscis kritische Position übernommen wird, sind es zumeist sich entschieden als links verstehende Professoren.[2] Das hat, wenn man von der retrospektiven Agrarkritik der Linken absieht, zwei Gründe: Erstens wird die Landwirtschaft trotz der Bündnisse der Großgrundbesitzer mit dem Faschismus nicht für die von jenem verursachte historische Katastrophe mitverantwortlich gemacht, sondern ist im Gegenteil vielfach eine Beispielsammlung von Großtaten nationaler Bedeutung, der die Industrialisierung lange Zeit nichts Vergleichbares an die Seite zu stellen vermochte. Und zweitens ist, weil bis in die 1950er-Jahre das Land größtenteils in der Hand von Adel und Bürgertum war, Agrargeschichte letztlich Selbstdarstellung dieser Eliten, das heißt wohlhabender, liberaler, gebildeter Städter, der Gründer des Nationalstaates und Repräsentanten der Moderne.

Wenn es im Folgenden um die Bändigung des Wassers, die *bonifica*, im Gebiet zwischen Ferrara und dem Meer geht, befinden wir uns thematisch in einem Kern-

1 Genannt seien nur Namen wie Mario Mirri (1925–2018), Pasquale Villani (1925–2015), Alberto Caracciolo (1926–2002), Marino Berengo (1928–2000) oder Teresa Isenburg (geboren 1943) und Maria Malatesta (geboren 1949).

2 Unter diesen ragen der prominente Resistenza-Kämpfer Emilio Sereni (1907–1977) sowie Renato Zangheri (1925–2015) und Giorgio Giorgetti (1927–1976) hervor. Die beiden Erstgenannten waren auch aktive Politiker, das heißt Senatoren oder Abgeordnete der Kommunistischen Partei sowie Minister (Sereni 1946/47) beziehungsweise Bürgermeister (Zangheri von 1970 bis 1983 in Bologna). Ihre kritische Haltung geht auf Gramscis bekannten Vorwurf an das Risorgimento zurück, es habe eine „agrarische Revolution“ versäumt. Davon spricht heute kaum noch jemand.

https://doi.org/10.1515/9783111134826-006

bereich nationaler Selbstverständigung. Entsprechend reichhaltig ist nicht nur das gedruckte Material; eine Fülle an lokalen Museen[3] und neuerdings auch Onlinedatenbanken[4] liefern darüber hinaus wichtige Ergänzungen. Der Historiker hat es also mit einem *embarras de richesse* zu tun – ein Umstand, der bei der deutschen Agrargeschichte eher selten vorkommt.

Hinführung

> *Am Anfang schuf Gott Himmel und Erde. Und die Erde war wüst und leer* [...] *und der Geist Gottes schwebte auf dem Wasser.* [...] *Und Gott sprach: Es werde eine Feste zwischen den Wassern* [...] *und nannte die Feste Himmel. Da ward aus Abend und Morgen der andere Tag. Und Gott sprach: Es sammle sich das Wasser unter dem Himmel an besondere Örter, dass man das Trockene sehe. Und es geschah also. Und Gott nannte das Trockene Erde und die Sammlung der Wasser nannte er Meer. Und Gott sah, dass es gut war. (Erstes Buch Mose, Kapitel 1, Verse 1, 6–8)*

Das bekanntlich in Trockengebieten lebende Volk Israel stellte sich – das wird aus der zitierten Passage der Schöpfungsgeschichte im Ersten Buch Mose deutlich – die Erde als klar vom Wasser getrenntes Land vor und die Christen sind ihnen hierin gefolgt, auch wenn viele von ihnen Wohnplätze hatten, an denen sich die Dinge ganz anders verhielten. Man denke nur an die Niederlande, die in der Frühen Neuzeit der Inbegriff einer „hydrografischen Gesellschaft" waren.[5] Auch im ausgedehnten Po-Delta dauerte um 1860/1870 – scheinbar – noch immer der erste Schöpfungstag an, weil die uns geläufige Trennung zwischen „trocken" und „nass" je nach Jahreszeit sehr verschieden aussah (Abb. 1). Gleichwohl lebten dort seit jeher Menschen auf knapp über dem Wasser liegenden Dünenstreifen, morastigen Erhebungen und Salzmarschen. Ihre Wohnstätten waren vom häufigen Hochwasser gefährdet, denn sie befanden sich in einem Deltagebiet, in dem das Wasser mit jeder Jahreszeit alles neu schaffen konnte. Die meisten der dort Lebenden jagten, fischten und sammelten Pflanzen (Kräuter, wilden Spargel und Reis, vor allem jedoch Ruten beziehungsweise Rohr zum Flechten von allerlei Gegenständen), aber es gab

[3] Für dieses Thema mit Abstand am wichtigsten ist das nahe bei Taglio di Po gelegene *Museo della Bonifica di Ca' Vendramin*, das im größten, um 1900 errichteten, inzwischen stillgelegten Pumpwerk der *Bonifica* untergebracht ist. Taglio di Po liegt allerdings im zum Po-Delta gehörenden Veneto, während sich die hier behandelte *Bonifica ferrarese* im Gebiet der Emilia Romagna befindet. In der Provinz Ferrara gibt es das *Museo della Bonifica* in Argenta sowie eine Reihe Museen über das Leben auf dem Lande und am Wasser.

[4] Besonders reichhaltig ist die Online-Enzyklopädie Ottocento Ferrarese, online zugänglich unter: www.ottocentoferrarese.it (letzter Zugriff am 7.9.2022).

[5] So die Prägung bei Simon Schama: Überfluss und schöner Schein. Zur Kultur der Niederlande im Goldenen Zeitalter. München 1988, S. 59.

auch Müller, Fährleute und Waldhüter.[6] Das Po-Delta war weder unbewohnt noch wirtschaftlich ungenutzt, es beherbergte nicht weniger eine „hydrografische Gesellschaft“ als die Niederlande, wenngleich diese völlig anders verfasst war und bald schon der Moderne zum Opfer fallen sollte.

Zur Zeit der Gründung des Nationalstaates waren mehr als 1,6 Millionen Hektar Land versumpft,[7] das heißt allein schon der Umfang an ‚hydraulischer Unordnung‘ war enorm. Aber nicht nur die quantitative Seite ist von Bedeutung. Wohl einmalig in Europa war, dass in Italien die Trockenlegung mehr als einen nur landwirtschaftlichen Vorgang bildete, sie diente nicht nur der Ausdehnung der Nutzfläche, sondern auch der Verhinderung von Seuchen, war doch die Apenninenhalbinsel – und oft gerade ihre besten Böden – seit dem Mittelalter malariaverseucht, was vor allem Kinder und Alte oft mit dem Leben bezahlten. Gleichwohl sah sich der junge, von Großgrundbesitzern und Advokaten gegründete und ausschließlich von ihnen eineinhalb Jahrzehnte lang regierte Nationalstaat liberaler Prägung, anders als seine Vorgängerstaaten, anfangs nicht in der Pflicht, aktiv zu werden,[8] waren doch Be- und Entwässerung seit Jahrhunderten von diesen Gruppen oder, was praktisch dasselbe war, von den Kommunen in die Hand genommen worden. Erst der im Zuge der „parlamentarischen Revolution“ von 1876 an die Regierung gekommene „linke“ Flügel der Liberalen – beide Begriffe sind zeitgenössisch und daher nur mit Vorbehalt zu verwenden – machte nach etlichen Jahren die Trockenlegung zum nationalen Projekt und nahm dann auch dafür Geld in die Hand. Zum richtigen Interventionsstaat wandelte sich Italien allerdings erst in der Zeit des Faschismus. Daher avancierte auch erst nach 1922 die *bonifica integrale*, womit nun nicht mehr nur die Trockenlegung gemeint war, zur vorrangigen Staatsaufgabe und wurde symbolisch entsprechend aufgeladen. Man kann das in dem 2010 erschienenen und bald darauf auch ins Deutsche übersetzten amüsanten Roman „Canale Mussolini“ von Antonio Pennacchi nachlesen, der allerdings nicht in der hier behandelten Po-Ebene, sondern in den Pontinischen Sümpfen spielt.[9]

[6] Im Deltagebiet herrschte seit alters der sogenannte *vagantivo*, das heißt Gemeinweide, freies Jagd- und Leserecht und dergleichen. Anschaulich dazu Piero Bevilacqua: Tra natura e storia. Ambiente, economie, risorse in Italia. Rom ²2000, Kap. 1: Economie d’acqua ed equilibri d’ambiente.

[7] Jedenfalls wurden bis 1921 im Norden Italiens eine Million und im Süden 0,6 Millionen Hektar Land melioriert; Piero Bevilacqua: Tra Europa e Mediterraneo. L’organizzazione degli spazi e i sistemi agrari nell’Italia contemporanea. In: ders. (Hg.): Storia agraria italiana. Bd. 1: Spazi e paesaggi. Venedig 1989, S. 5–36, hier: S. 27.

[8] Bevilacquas Urteil darüber ist eindeutig: „Lo Stato unitario: un passo indietro“ (Der Nationalstaat bedeutete einen Rückschritt); Bevilacqua: Tra Europa (wie Anm. 7), S. 54.

[9] Antonio Penacchi: Canale Mussolini. Mailand 2010; in deutscher Übersetzung: ders.: Canale Mussolini. München 2012.

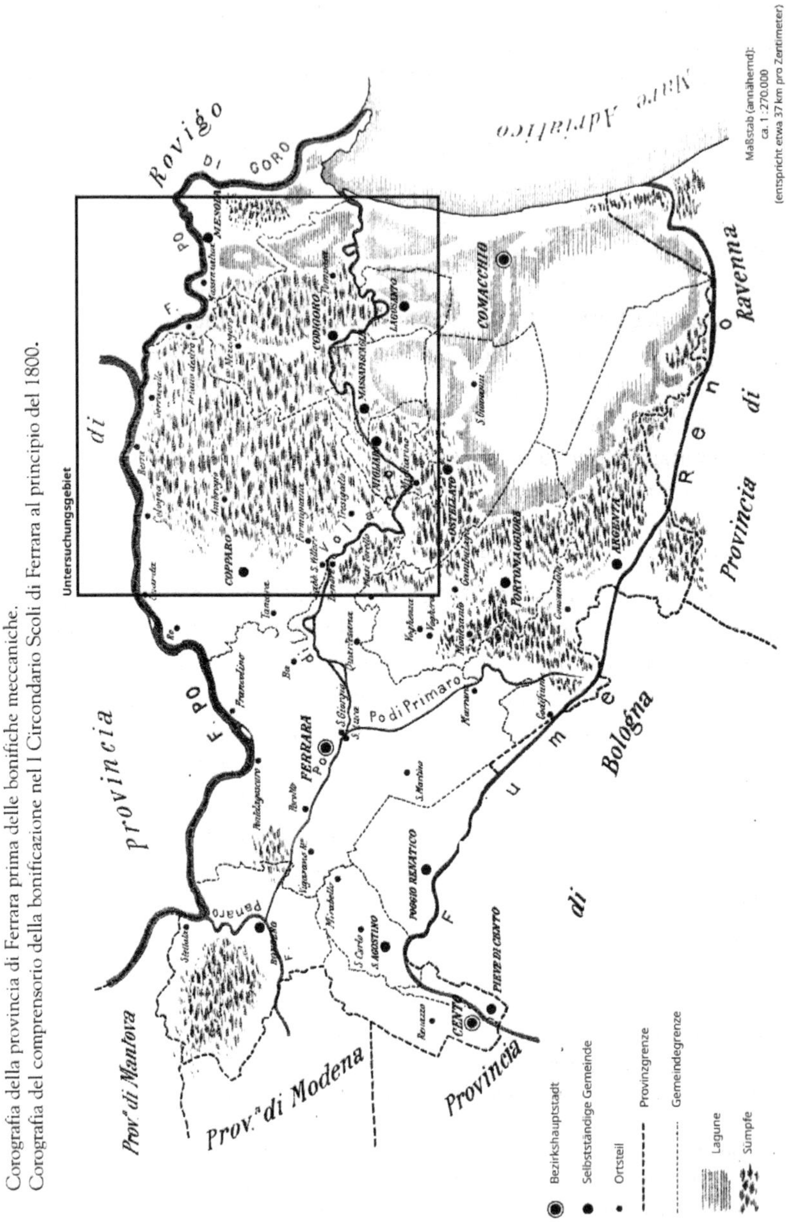

Abb. 1: Die naturräumliche Gliederung der nachmaligen Provinz Ferrara um 1800 – der eingerahmte Ausschnitt zeigt das Untersuchungsgebiet; entnommen aus: Anna Maria Visser Travaglia/Giorgio Vighi (Hg.): Terre ed acqua. Le bonifiche ferraresi nel delta del Po. Ferrara 1989, S. 149, Markierung durch den Verfasser.

Bevor wir zu den Einzelheiten kommen, seien kurz drei agrarhistorische Besonderheiten Mittel- und Oberitaliens erläutert:

Erstens: Auch wenn in den Quellen viel von *contadini* die Rede ist und das mit „Bauer“ übersetzt zu werden pflegt, gab es um 1870 in ganz Italien keine Bauern im Sinne von selbstständig wirtschaftenden Besitzern eines Hofes, sondern nur Pächter und Landarbeiter verschiedenster Kategorien. Das vermittelte der Landwirtschaft ein völlig anderes Gepräge als man es aus Deutschland kennt. Noch größer wird die Distanz dadurch, dass es – *zweitens* – bis heute auch keine Dörfer im Sinne autonomer Gemeinden gibt, sondern nur Städte mit ausgedehntem Umland, dem *contado*, dessen Streusiedlungen (*borghi, località, frazioni*) zur Stadt gehören. Das bedeutet: Was immer man unter „Bauern“ versteht, sie hatten keine politische Stimme. Und schließlich gab es – *drittens* – seit Langem keinen Feudalismus mehr, sondern nur stadtsässige Großgrundbesitzer patrizischen oder adligen, seit 1800 zunehmend auch bürgerlichen Ursprungs, die ihre Güter meistens von Verwaltern leiten ließen. Der oft riesige Grundbesitz diente jahrhundertelang vorwiegend dem standesgemäßen Leben in der Stadt, wie Stefano Jacini, fortschrittlicher Landwirt aus der Lombardei und Politiker, wortreich beklagte.[10] Während des hier untersuchten Zeitraums trat örtlich zunehmend das Interesse an der Verzinsung des Kapitals in den Vordergrund. Dieser Umbruch ist zentraler Gegenstand dieses Beitrags.

Will man verstehen, weshalb die Italiener pathetisch werden, wenn sie von der *bonifica*, das heißt der Kultivierung von Land, sprechen und der festen Überzeugung sind, dass bei ihnen mehr als anderswo in Europa[11] der landwirtschaftlich genutzte Raum Ergebnis langer, oft unterbrochener und mühsamer Entwässerung – und nicht der Rodung – ist,[12] dass ihre Umwelt „aus Land und Wasser be-

[10] Jacini leitete im Auftrag der italienischen Abgeordnetenkammer eine Agrar-Enquête, die *Inchiesta Jacini*, die er abschließend auswertete; vgl. Stefano Jacini: I risultati della Inchiesta agraria [1885]. Relazione pubblicata negli Atti della Giunta per la Inchiesta agraria. Neu hg. von Giacomo Nenci. Turin 1976, S. 70. Seine Selbstbeschreibung samt agrarpolitischem Programm in deutlicher, aber nicht sklavischer Übernahme der klassischen englischen Nationalökonomie findet sich in: Stephan Jacini: Grundbesitz und Landvolk in der Lombardie. München 1857, S. 306–312. Jacini wurde 1880 geadelt und erhielt den Grafentitel.

[11] „Un caso unico in Europa“ (Ein eurpopaweit einmaliger Fall); Bevilacqua: Tra Europa (wie Anm. 7), S. 24, unter Berufung auf Braudel. Neuerdings muss man die Dinge aber anders sehen. Eine deutsche Heldensaga, die 1750 begann, schrieb David Blackbourn: Die Eroberung der Natur. Eine Geschichte der deutschen Landschaft. München 2007, obgleich er in Wahrheit die Interdependenz von anthropogener Landschaftsumwandlung und gesellschaftlichem Modernisierungsprozess in der deutschen Geschichte thematisiert.

[12] Bevilacqua: Tra Europa (wie Anm. 7), S. 23–29.

steht, die im Wechsel übereinander siegen“,[13] dann empfiehlt sich ein Blick auf das Mündungsgebiet des Po, der bis 1799 die Grenze zwischen Venedigs Terraferma und den päpstlichen Legationen sowie von 1814 bis 1861 zwischen Letzteren und dem Königreich Lombardo-Venetien bildete und der regelmäßig über die Ufer trat. Nördlich von ihm, also im Polesine (was im lokalen Dialekt „Sumpf“ bedeutet), vor allem aber südlich, im Ferrarese, gab es Wasser im Überfluss. Schon die (bis 1597 regierenden) Herzöge von Ferrara hatten mit einem ausgefeilten Kanalsystem das Land zu erschließen begonnen, aber angesichts der zeitgenössisch verfügbaren vergleichsweise bescheidenen Mittel mussten sie vor der schwierigen Aufgabe der Entwässerung des Marsch- und Schwemmlandes kapitulieren. Hinzu kam, dass die Venezianer von 1600 bis 1604 zum Schutze Chioggias eigenmächtig den Lauf des Hauptarms des Po nach Süden verlegten, sodass die Grande Bonificazione, wie das Land seit den Zeiten der Este heißt, wieder zeitweise oder gar dauerhaft zum Überschwemmungsgebiet wurde. Anders als in der Lombardei und im Piemont, wo seit circa 1840 neue Kanäle das alte Bewässerungssystem vor allem im Interesse des Reisanbaus und der *marcite*-Wiesen – ständig bewässerte Wiesen (*prati marcite*) mit bis zu neun Schnitten im Jahr – ertüchtigen sollten,[14] ging es im Mündungsgebiet des Po primär um Entwässerung. Die Beschäftigung damit erscheint auch deshalb interessanter, weil bei der Trockenlegung Technik, Kapital und Eigentumsfragen sowie der agrarische, soziale und ökologische Umbruch in enger Wechselbeziehung zueinander standen, was immer auch die Politik auf den Plan rief. Im Polesine und mehr noch im Ferrarese hat man, um das eingangs beschworene Bild aufzunehmen, die bis dahin scheinbar unvollendete Schöpfung fortgesetzt oder besser: abgeschlossen. Das Land wurde vom Wasser dauerhaft geschieden und anschließend bebaut – und das hieß natürlich auch, dass sich nun viel mehr Menschen niederließen. Diese Vorgänge sollen im Folgenden in drei Schritten nachgezeichnet werden, wobei vorab etwas zum institutionellen Rahmen des fraglichen Gebiets, der durch die Trockenlegung schwer durcheinandergewirbelt wurde, gesagt werden und abschließend eine kulturgeschichtliche Einordnung stattfinden soll.

[13] „Il filo conduttore è dato dalla natura del nostro ambiente, fatto di acqua e di terra che, a fase alterne, prendono il sopravvento le une sulle altre“ (Den Leitfaden liefert die Eigenart unserer Umwelt, die aus Wasser und Land besteht und phasenweise das eine über das andere herrschen lässt). Geleitwort zum Ausstellungskatalog der Provinz Ferrara: Anna Maria Visser Travaglia/Giorgio Vighi (Hg.): Terre ed acqua. Le bonifiche ferraresi nel delta del Po. Ferrara 1989, S. 7.

[14] Nicht von ungefähr schrieb der Italienkenner Reuchlin damals: „Eigenthum von Wasser ist im Mailändischen die sicherste und bestrentirende Capitalanlage, während es“ stromabwärts „ungleich weniger nutzbringend ist“. Hermann Reuchlin: Geschichte Italiens von der Gründung der regierenden Dynastien bis zur Gegenwart. Teil 2, 1. Hälfte. Leipzig 1860, S. 5.

Rahmenbedingungen

Wenn man bedenkt, dass bis 1870 ein Drittel der Provinz Ferrara aus zeitweiligen oder dauerhaften Feuchtgebieten bestand[15] (von den nahe der Adria gelegenen Überschwemmungsgebieten, den bekannten Valli di Comacchio, Lagunen also, ganz abgesehen[16]), die natürlich kaum Erträge abwarfen, und dass in der anderen Hälfte die aus den Apenninen herunterstürzenden Flüsse gebändigt werden mussten, ermisst man die Rolle gemeinschaftlicher Unternehmungen zur Einhegung des Wassers in dieser Region Italiens. Es hatte sich zu diesem Zweck seit Langem eine *solidarietà idraulica* etabliert, die zu weiträumigen Nachbarschaftsverbänden führte. Diese im Italienischen *consorzi* genannten, genossenschaftlich verfassten Organisationen, von denen 1817 die meisten von der zurückgekehrten päpstlichen Verwaltung zu sechs *Circondari idraulici* zusammengeschlossen worden waren,[17] regelten Deich- und Kanalbau, Be- und Entwässerung auf dem Abstimmungswege, was Blockaden naturgemäß nicht ausschloss.

Das Königreich Italien verkündete 1865 ein Zivilgesetzbuch, das im Rückgriff auf römischrechtliche Tradition dem Eigentümer des Bodens völlig freie Hand ließ und die Bodenverbände zur freiwilligen Angelegenheit erklärte, ihre Beschlüsse aber für alle verbindlich machte. Für die Mehrheitsfindung war fortan der Besitzumfang, nicht die Zahl der Eigentümer maßgeblich.[18] Damit stellte der junge Nationalstaat die hergebrachte *solidarietà idraulica* auf eine schwere Probe, die diese letztlich nicht bestehen konnte. Denn die neuen Rahmenbedingungen waren völlig andere als zu jenen Zeiten, in denen die *consorzi* entstanden waren. Inzwischen war nämlich der Boden zur Ware, zum Spekulationsobjekt, geworden. Die Gründe liegen auf der Hand: erhebliches Bevölkerungswachstum, ein nunmehr nationaler Markt, potenziell beträchtliche Bodenreserven und – mangels nennenswerter industrieller Entwicklung – fehlende alternative Kapitalanlagemöglichkeiten sowie nicht zuletzt ein technischer Durchbruch bei dampfgetriebenen Pumpen in England und den Niederlanden. Das war eine Kombination von Faktoren, die die Fach-

[15] Es handelte sich um circa 88.000 von insgesamt 263.000 Hektar; Matteo Prodo: Valli e paludi. 2011. In: Ottocento Ferrarese, online zugänglich unter: https://www.ottocentoferrarese.it/component/k2/item/89.html?Itemid=44 (letzter Zugriff am 7.9.2022).

[16] Deren Fläche betrug circa 49.000 Hektar (heute bestehen davon kaum noch 17.000 Hektar); ebd. Insgesamt eigneten sich circa 60 Prozent der Fläche nicht für eine dauerhafte landwirtschaftliche Nutzung.

[17] Motu proprio Pius' VII. vom 23.10.1817.

[18] Codice Civile Art. 678: „Non vi è maggioranza se non quando i voti che concorrono alla deliberazione, rappresentano la maggiore entità degli interessati che costituiscono l'oggetto della comunione" (Es gibt nur dann eine Mehrheit, wenn die zustimmenden Voten zugleich den größten Teil derjenigen Interessenten vertreten, die den Zweck des Zusammenschlusses repräsentieren).

leute elektrisierte; sie forderten darum Grundbesitzer und Regierung zu Taten auf.[19] Letztere aber fühlte sich, wie bemerkt, nicht angesprochen. Stattdessen brachte sie den Bodenmarkt in Bewegung, und zwar durch den massenhaften Verkauf von Gemeinde- und Kirchenbesitz und 1865 durch die Abschaffung der Primogenitur, die viele Adelsfamilien zu Landverkäufen zwang, um die nötigen Abfindungen aufzubringen. Auch viele Erben verkauften, weil sie im Nationalstaat freiberufliche Karrieremöglichkeiten sahen, vor allem in der Advokatur als Einstieg in die schon damals lukrative Politik.[20]

Die *bonifica idraulica*

Die *bonifica* zerfällt in mehrere Phasen, weil die europaweite Agrarkrise in den 1880er-Jahren vielen Investoren im Untersuchungsgebiet einen Strich durch die Rechnung machte und weil nach 1900 ruhigere Zeiten und technischer Fortschritt die Umgestaltung der Landwirtschaft erleichterten, während die Konflikte zwischen Agrariern und militanten Landarbeitern zunahmen. Der vorliegende Beitrag beschränkt sich auf ein spektakuläres Beispiel, das allerdings im Unterschied zu Nachbarprojekten nicht von einer Ausbootung der *comunisti*, wie man die Allmendenutzer nannte,[21] begleitet war. Umso bemerkenswerter ist der Auftritt des wie aus dem Nichts auftauchenden Kapitals.

In die seit undenklichen Zeiten überwiegend vom Großgrundbesitz, der sich mit sehr niedrigen Erträgen begnügte, beherrschte Landschaft kam Bewegung, als die 1870 in London gegründete *Ferrarese Land Reclamation Company* sich in Ferrara niederließ und mit Landkäufen begann.[22] Piemontesische Finanzkreise betrach-

[19] So insbesondere der Bologneser Ordinarius für Agronomie, Francesco Luigi Botter: Intorno alle condizioni idrauliche di scolo e agli asciugamenti meccaniche a vapore della provincia di Ferrara in generale e delle valli di Comacchio in particolare. Bologna 1862. Von Hydraulik verstand Botter allerdings wenig, seine entsprechenden Vorschläge stießen darum auf die Kritik von Ingenieuren wie Gedeone Scottini, der eine Gegenschrift publizierte. Gedeone Scottini: Esame sulla relazione del cav. Fr. L. Botter intorno alle condizioni idrauliche di scolo ed agli asciugamenti meccanici [...]. Turin 1864. Botters Appell an die Regierung, die Entwässerung zur nationalen Aufgabe zu erklären, unterstützte Scottini gleichwohl ausdrücklich.

[20] Francis Démier: Le grand propriétaire en Italie de 1830 à 1930. In: ders. u. a.: Les sociétés rurales (1830–1930). Paris 2005, S. 188–201, hier: S. 195.

[21] Näheres hierzu bei Wolfgang Schieder: Kommunismus. In: Otto Brunner/Werner Conze/Reinhart Koselleck (Hg.): Geschichtliche Grundbegriffe. Historisches Lexikon zur politisch-sozialen Sprache in Deutschland. Bd. 3. Stuttgart 1982, S. 455–529, hier: S. 466–468.

[22] Das Folgende nach Mario Zucchini: L'agricoltura ferrarese nell'ottocento. In: RSA 7 (1967), S. 327–367; Teresa Isenburg: Investimenti di capitale e organizzazione di classe nelle bonifiche ferraresi (1872–1901). Florenz 1971, S. 48; Giorgio Porisini: Bonifiche e agricoltura nella bassa valle

teten das als Einmischung, taten sich mit lokalen Grundbesitzern und Ingenieuren zusammen und blockierten den Fortgang der Geschäfte der Ausländer so lange, bis diese mit ihnen fusionierten. So entstand 1872 die halb englische, halb italienische *Società Anonima per la Bonifica dei Terreni Ferraresi* (*S. B. T. F.*). Der sich im selben Jahr ereignende verheerende Dammbruch am Unteren Po erleichterte der S. B. T. F. die Geschäfte, denn viele Grundbesitzer sahen ein, dass nun die Zeit zum Handeln gekommen war. Der S. B. T. F. ging es freilich nicht um die Landwirtschaft, sie verfolgte rein spekulative Ziele: Landkauf, Trockenlegung, Verkauf. Entsprechend bescheiden waren die von ihr getätigten Investitionen. Von den circa 54.000 Hektar des sogenannten Polesine di S. Giovanni Battista zwischen zwei Po-Armen gehörten 32.000 Hektar zu den trockenen und landwirtschaftlich genutzten *terre alte*, deren Besitzer nicht verkaufen wollten, aber vom nassen Terrain gelang es der Gesellschaft binnen Kurzem, dort und anderswo 18.000 Hektar zu erwerben, die allerdings kein zusammenhängendes Gebiet darstellten.[23] Reibungen mit den benachbarten Alteigentümern blieben nicht aus. 1873 begann die S. B. T. F. mit den Arbeiten und erklärte sie 1880 für beendet, nachdem die verschiedenen Terrains mittels eines Kanalnetzes von 170 Kilometer Länge[24] und eines Pumpwerks bei Codigoro leidlich entwässert waren.

Die S. B. T. F. wollte das trockengelegte Land nun verkaufen und so das Kapital ihrer Anteilseigner verzinsen, aber die sich nach 1870 ausbreitende und, von Großbritannien abgesehen, große Teile Europas erfassende Agrarkrise ließ den Bodenmarkt zusammenbrechen und machte besonders jenen einen Strich durch die Rechnung, die auf Getreidebau setzten, also den Großgrundbesitzern vor allem. 1887 führte die italienische Regierung schließlich einen Schutzzoll für Getreide ein,

padana (1860–1915). Mailand 1978, S. 14–35; Giorgio Vighi: Dal 1860 al primo conflitto mondiale. In: Visser Travaglia/ders. (Hg.): Terre (wie Anm. 13), S. 143–162.

[23] Zum Vergleich: Unter den deutschen Latifundienbesitzern kamen Mitglieder ehemals regierender Häuser auf durchaus größere Flächen, doch war das meiste davon Wald. Der größte adlige Landeigentümer ohne diesen familiären Hintergrund, der schlesische Montanindustrielle Franz Hubert Graf Tiele-Winckler, besaß zu Zeiten der Weimarer Republik 28.800 Hektar, doch auch das war ganz überwiegend Wald. Die landwirtschaftlich genutzte Fläche seines Besitzes betrug lediglich 7.200 Hektar. Bürgerliche Großgrundbesitzer rangierten deutlich dahinter. Der Besitz von Banken, Versicherungen und Aktiengesellschaften insgesamt betrug 1937 immerhin 446.000 Hektar, doch ist über diese heterogene und agrarpolitisch kaum aufgefallene Gruppe nichts bekannt. Alle Angaben aus Theodor Häbich: Deutsche Latifundien. Bericht und Mahnung. Stuttgart [3]1947, S. 159, S. 168; die Angaben dort zu Tiele-Winckler sind identisch mit der 1. Auflage des Werkes von 1929. Die einzelnen Gutsbetriebe waren hier wie dort selbstverständlich kleiner; im Ferrarese umfassten sie um 1900 durchschnittlich circa 400 Hektar.

[24] Zucchini: L'agricoltura (wie Anm. 22), S. 331. Porisini: Bonifiche (wie Anm. 22), S. 28, spricht von 450 Kilometern.

doch kam dieser Schritt für die S. B. T. F. zu spät.[25] Sie hatte bereits 1882 Bankrott gemacht – auch weil es ihr nicht gelungen war, die benachbarten Altbesitzer an den enormen Trockenlegungskosten zu beteiligen, im Gegenteil: Diesen sollte 1883 die Gründung eines eigenen Konsortiums gelingen,[26] wodurch sie die gesetzliche Verpflichtung zur Kostenbeteiligung loswurden.

Unterdessen gelang in Rom in parlamentarisch turbulenten Zeiten den Vertretern der Grundbesitzer die Übereinkunft mit den Linken, einen schon seit Jahren vorliegenden Gesetzentwurf zur Bekämpfung der Malaria mit Maßnahmen zur Unterstützung der Trockenlegung zu verbinden. Das entsprechende Gesetz von 1882, die sogenannte *legge Baccarini*, war bahnbrechend, weil es die Konsortien zu Rechtspersonen erhob, die Trockenlegung zur öffentlichen Aufgabe erklärte und nach Zuordnung in Kategorien gestaffelte Zuschüsse vorsah, die in den folgenden Jahren mehrfach erhöht wurden.[27] Spätere Regelungen machten den Beitritt zu Konsortien verpflichtend und schufen sogar die Möglichkeit der Enteignung sich sträubender Grundbesitzer. Die *legge Baccarini* stabilisierte den Bodenmarkt, der deshalb nie mehr die Dramatik der Jahre 1871/1880 erreichte, denn nunmehr konnte das nahezu wertlose nasse Land mit staatlichen Mitteln aufgewertet werden. Die inzwischen entschuldete S. B. T. F. kaufte bis 1900 trotzdem lediglich 700 Hektar.[28]

Bevor im Folgenden die landwirtschaftliche Seite des Vorgangs behandelt werden soll, seien einige wenige Bemerkungen zum Besitzwechsel insgesamt gemacht (siehe dazu auch Abb. 2): Dessen Dimension war enorm, ein Autor spricht gar von einem „Erdbeben", das die Provinz nach der napoleonischen Zeit nun schon zum zweiten Male erfasst habe,[29] und nennt als Gründe, dass erhebliche Teile der Provinz innerhalb von wenigen Jahren den Besitzer gewechselt hätten und die neuen Eigentümer entweder auswärtige Kapitalgesellschaften oder ebenfalls von aus-

[25] Von ihm profitierten die seit jeher auf Getreideproduktion spezialisierten süditalienischen Großgrundbesitzer mehr als die in der Po-Ebene ansässigen.

[26] Es handelte sich dabei um das *Consorzio di Bonifica Terre Vecchie*, wieder andere schlossen sich im *Consorzio della Grande Bonificazione Ferrarese* zusammen; Franco Cazzola: Consorzi di bonifica. 2011. In: Ottocento Ferrarese, online zugänglich unter: https://www.ottocentoferrarese.it/component/k2/item/147.html?Itemid=44 (letzter Zugriff am 7.9.2022).

[27] Urheber des Gesetzes war Augusto Baccarini, der Anführer der Linken im Parlament, ein Bauingenieur aus der Romagna und damals Minister für Öffentliche Arbeiten. Zu Einzelheiten vgl. Ivo Biagianti: La legislazione sulle bonifiche nell'Italia unita. In: RSA 27 (1987), S. 231–249, hier: S. 236–238.

[28] Es ging nur noch um Abrundung; Porisini: Bonifiche (wie Anm. 22), S. 164.

[29] Cazzola spricht vom „secondo terremoto negli assetti fondiari"; Franco Cazzola: Catasti e proprietà. 2012. In: Ottocento Ferrarese, online zugänglich unter: https://www.ottocentoferrarese.it/component/k2/item/63.html?Itemid=44 (letzter Zugriff am 7.9.2022).

wärts kommende Bankiers gewesen seien, darunter einige jüdischer Konfession.[30] Eine besondere Rolle spielten dabei Ingenieure wie Girolamo Chizzolini (1824–1897), der als Herausgeber der renommierten Zeitschrift „L'Italia agricola", als Industrievertreter und als Planer aus Mailand, wo er sich mit dem Bankier Schanzer zusammengetan hatte, überaus einflussreich war und im Ferrarese in kurzer Zeit und mit oft zweifelhaften Mitteln ein Riesenvermögen anhäufte.[31] Die Verkäufer waren vor allem patrizische sowie einige bürgerliche Grundbesitzer aus Ferrara, aber es boten auch Gemeinden Brachland an. Nicht alle Transaktionen geschahen einvernehmlich. Der skandalöseste Fall betraf Massafiscaglia, wo sich Chizzolini eines Strohmannes bediente, Giuseppe Pavanelli,[32] der 1875 die allmendberechtigten *poveri comunisti*[33] übers Ohr haute und 1.500 Hektar ersteigerte. Landbesetzungen und Prozesse hinderten Chizzolini dann jahrelang, die geplante Trockenlegung durchzuführen, Pavanelli hingegen brachte sich noch 1875 um. 1878 erwarb Chizzolini zusammen mit Schanzer weitere 3.500 Hektar an nassem Land von der Gemeinde Comacchio, von dem er die Hälfte schon 1879 mit hohem Gewinn an den Wiener Bankier Klein weiterverkaufte[34] – auch hier kam es zum Prozess.

30 Die Kapitalgesellschaften waren *Ferrarese Land Reclamation Company* (London), *Società Anonima per la Bonifica dei Terreni Ferraresi* (Turin), *Società Cirio, Società Agricola Immobiliare Veneta, Società Anonima Immobiliare Lodigiana* (Lodi) und *Société Vaudoise d'Exploitations Agricoles* (Lausanne). Die jüdischen Bankiers waren Ulrico Geisser (Turin) und Adolf Klein (Wien); Cazzola: Catasti (wie Anm. 29). Merkwürdig ist, dass Cazzola die jüdischen Bankiers nennen zu müssen glaubt – dabei den über Wien und Triest nach Mailand gekommenen Luigi Schanzer, der sich mit Girolamo Chizzolini zusammentat, übersieht – und die italienischen Banken, *Banca di Torino, Banco di Napoli* und *Banca Nazionale*, übergeht.

31 Über Chizzolini sind die Meinungen geteilt. Während Bürgertumshistoriker wie Banti oder Malatesta seine Pionierrolle hervorheben, betonte Isenburg die Zeitumstände, die einem Mann wie Chizzolini alle Chancen eröffneten, und Saltini sah in ihm rundheraus einen Betrüger. Maria Malatesta: I signori della terra. L'organizzazione degli interessi agrari. Mailand 1989, S. 44; Alberto M. Banti: Storia della borghesia italiana. L'età liberale. Rom 1996, S. 80; Teresa Isenburg: Tra progetto e proprietà: l'azione dell'ingegnere Chizzolini. In: Padania 1 (1987), S. 123–139; Antonio Saltini: L'epopea della bonifica nel Polesine di San Giorgio 2005, online verfügbar unter https://it.wikisource.org/wiki/L%27epopea_della_bonifica_nel_Polesine_di_San_Giorgio (letzter Zugriff am 3.1.2024), S. 8–13.

32 Zu Pavanelli vgl. Saltini: L'epopea (wie Anm. 31), S. 11 (Tre protagonisti).

33 Zitiert nach Porisini: Bonifiche (wie Anm. 22), S. 160.

34 1878 zahlten Chizzolini und Schanzer 69 Lire pro Hektar, im Folgejahr verkauften sie für 134 Lire, 1884 schließlich erzielten sie beim Verkauf der zweiten Hälfte gar 1.400 Lire pro Hektar; Saltini: L'epopea (wie Anm. 31), S. 12 (Beni comunali, affaristi e banchieri).

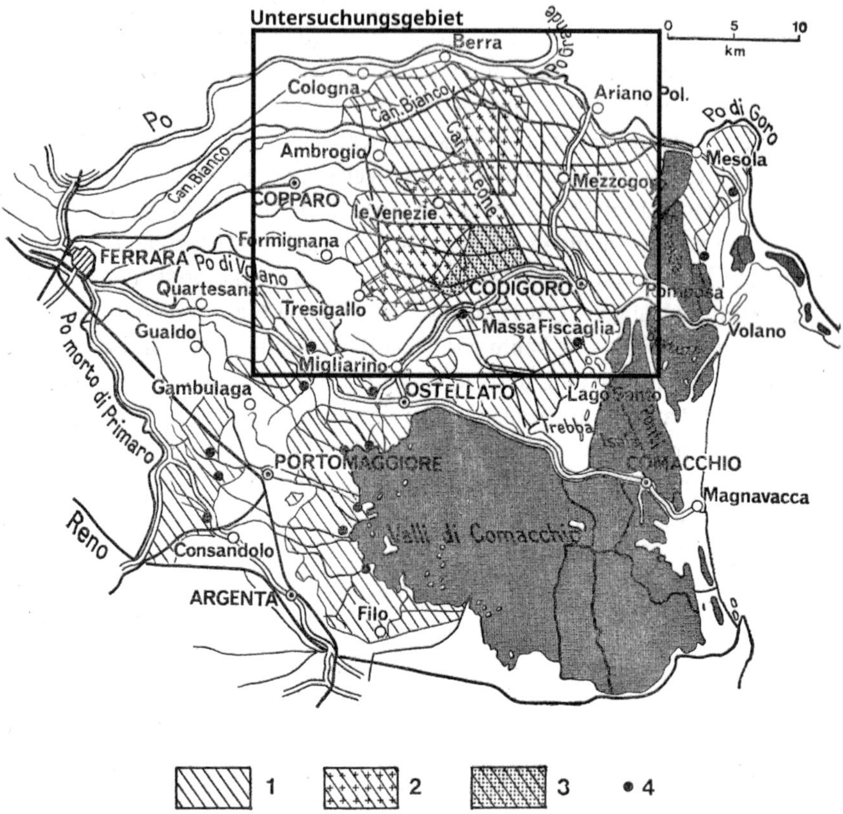

Trockenlegungen und Besitzverhältnisse 1907:

1. bezeichnet von 1872 bis 1907 trockengelegte und in Bewirtschaftung genommene Ländereien; 2. steht für den Besitz der S.B.T.F. im Jahr 1901; 3. für den Besitz der Immobiliare Lodigiana SA, und 4. kennzeichnet Pumpstationen

Abb. 2: Trockenlegungen und Besitzverhältnisse 1907 – der eingerahmte Ausschnitt zeigt das Untersuchungsgebiet; entnommen aus: Teresa Isenburg: Investimenti di capitale e organizzazione di classe nelle bonifiche ferraresi (1872–1901). Florenz 1971, S. 26 (nach einer Vorlage von 1910), Markierung durch den Verfasser.

In der Zusammenschau fällt auf, dass die ortsansässige Bevölkerung mit dem „erdbebenartigen“ Besitzwechsel alles andere als einverstanden war, denn schließlich handelte es sich dabei um die Basis ihrer Subsistenz, während die auswärts lebende Oberschicht die Verkäufe mehrheitlich als gute Gelegenheit empfand, Geld für andere Zwecke in die Hand zu bekommen.

Die *bonifica agraria*

Das anfängliche Geschäftsmodell der S. B. T. F. war, wie erinnerlich, das eines Finanzinvestors, der mit eingesammeltem Kapital Spekulation im Zusammenhang mit der *bonifica idraulica* zu betreiben gedachte, also Bodenerwerb, Entwässerung, Verkauf. Das hatte nicht funktioniert, sodass 1882 der Bankrott unvermeidlich war. Größte und politisch einflussreichste Aktionärin war die *Banca di Torino*, die somit als Konkursverwalterin unversehens zur Grundbesitzerin wurde. Sie versuchte von dem im Wert erheblich gesunkenen Land so viel wie möglich in der einen oder anderen Form loszuwerden. 1883 übereignete sie der von ihr schon 1876 gegründeten *Società Anonima Immobiliare Lodigiana*, einer bisher in der Niederlombardei engagierten Bodengesellschaft, 2.800 Hektar als Emphyteuse, das heißt als Meliorationspacht für 30 Jahre. Weitere circa 1.000 Hektar besseren Landes waren in Gestalt der nicht minder altertümlichen *mezzadria*, also Halbpacht, vergeben,[35] während knapp 15.000 Hektar für die üblichen drei Jahre verpachtet waren.[36] Den Rest bewirtschaftete die S. B. T. F. selbst und statt durch Verkäufe Geld in die Kasse zu bekommen, musste sie nun in die Infrastruktur investieren. Und dann blieben auch noch die Pachtzinsen und Verkaufserlöse meist deutlich unter den Gewinnzielen der Bank, die ihren Aktionären fünf Prozent Verzinsung versprochen hatte – mit der Folge, dass sie 1894 nun selber bankrottging und damit – ein weiteres Mal – auch die S. B. T. F. Erst vier Jahre später wurde letztere die Zwangsverwaltung los.

Der Vorrang der Spekulationsinteressen hatte zur Folge, dass das Terrain nur unzureichend entwässert worden war. Mit Ochsen ließ sich kaum pflügen, von Dampfpflügen ganz zu schweigen. Mangelnde Sachkenntnis der Führungsebene bei der nun unumgänglichen Bewirtschaftung in Eigenregie machte die Dinge in der Folge nur noch schlimmer. Die Agrarkrise tat ein Übriges dazu, dass der S. B. T. F. mit ihrer – unverhofften – Rolle als landwirtschaftlich aktive Großgrundbesitzerin

[35] Die *mezzadria* war in Mittel- und Oberitalien bis in die zweite Hälfte des 19. Jahrhunderts bei Weitem die häufigste Form der Bewirtschaftung; sie war gewohnheitsrechtlich geregelt, schriftliche Verträge gab es erst seit Anfang des 20. Jahrhunderts. Eine Familie brachte lebendes und totes Inventar mit und erhielt dafür formal für drei Jahre (in der Praxis vererbte sich jedoch meist dieses Verhältnis, sofern die Familie genügend Köpfe zählte) ein Landgut zur Bearbeitung nach den Vorgaben des Besitzers. Die Roherträge wurden je nach Produkt unterschiedlich geteilt, Steuern und Abgaben zahlte meist der Besitzer. Da dieses altertümliche Verhältnis modernen Bewirtschaftungsformen im Wege stand, geriet es seit Mitte des 19. Jahrhunderts in die Kritik (einer der wichtigsten Kritiker war der in Anm. 19 genannte Botter). Zusätzlich setzten Bevölkerungswachstum und Bodenspekulation die *mezzadria* unter Druck, die Halbpächter verarmten; schlimmstenfalls wurden sie abgemeiert und zu Landarbeitern beziehungsweise Tagelöhnern gemacht, was bald zu Unruhen führte. Doch erst 1964 wurde die *mezzadria* gesetzlich verboten.

[36] Isenburg: Investimenti (wie Anm. 22), S. 54, Tab. 5. Laut Porisini: Bonifiche (wie Anm. 22), S. 164, erwarb die *Lodigiana* nur 1.300 Hektar.

wenig Glück beschieden war. Sie hatte bereits 1874 auf den noch viel zu nassen Feldern 1.000 Hektar mit Weizen und Mais bestellt, 1875 weitere 3.000 Hektar – bei fallenden Weltmarktpreisen. Zuckerrüben, für die man verarbeitende Fabriken in der Nähe benötigt hätte, wurden erst ganz am Ende des Jahrhunderts angepflanzt, nachdem 1894 der Zoll auf Zucker verdoppelt und 1902 weiter erhöht worden war.[37] Hanf, das mit Abstand lohnendste Produkt (denn die englische Marine kaufte jahrzehntelang nur Ferrareser Hanf für ihre Segeltaue), konnte anfangs dagegen überhaupt nicht angebaut werden, denn dazu waren weder die Böden geeignet noch verfügte die S. B. T. F. über entsprechend geschultes Personal.

Wer arbeitete auf diesen riesigen Gütern? Die nur auf den Getreidepreis fixierte Leitung der S. B. T. F. unterließ anfangs die übliche Aufteilung in Gutsbetriebe mit fachkundigen Verwaltern an der Spitze, da dies aus ihrer Sicht nur noch mehr Investitionen verursacht hätte. Zudem vermied sie nach Kräften das mit der agrarkapitalistischen Gesinnung unvereinbare Halbpachtsystem und wählte stattdessen die regionaltypische *boaria*, eine Betriebsform, deren Beteiligte in gewisser Hinsicht den ostpreußischen Insten (Familien, die für einen Teil des Gutes zuständig waren und außerdem auf einer zugewiesenen Parzelle von circa einem Hektar eine eigene kleine Landwirtschaft mit Schweinen oder Schafen betrieben) entsprachen. Die *boari* in der Provinz Ferrara hatten traditionell Jahresverträge, lebten mietfrei auf herrschaftlichem Grund und bewirtschafteten mit ihrer Familie, die aus zehn bis zwölf Personen bestehen musste, gegen Geld und etwas Naturalerträge nach festen Vorgaben Felder im Umfang von einem *versuro*, circa 25 bis 30 Hektar. Sie hatten auch in schlechten Jahren ein sicheres Einkommen, aber der Grundbesitzer konnte mit ihnen viel flexibler wirtschaften als etwa mit Halbpächtern. Für weitere Arbeiten, zumal in Erntezeiten, standen *braccianti*, Landarbeiter, zur Verfügung, von denen die meisten Tagelöhner waren.[38]

Die S. B. T. F. hielt sich jedoch von Anfang an nicht an diese gewohnheitsrechtlichen Gepflogenheiten. Die meisten der vielen Tausend *boari* kamen von weit her – man sieht das bis heute an den Namen der Siedlungen (im Umkreis von Jolanda di Savoia, einer Neugründung von 1903 mitten im Trockenlegungsgebiet, tragen die *frazioni* Namen wie Torino, Asti, Alessandria, Bologna, Pola und so weiter) –, waren zunächst als Erdarbeiter bei der Entwässerung beschäftigt und froh, ein solches Angebot zu erhalten. Als Fremde hatten viele auch keine genaue Kenntnis der Ver-

[37] Gianni Toniolo: Storia economica dell'Italia liberale (1850–1918). Bologna 1989, S. 167, S. 194. In der Provinz Ferrara entstanden in drei Jahren fünf Zuckerfabriken beziehungsweise Raffinerien, aber keine hatte einen lokalen Eigentümer; Porisini: Bonifiche (wie Anm. 22), S. 185.

[38] Mehr dazu bei Roberto Parisini/Ciada Telloli: Boari. 2011. In: Ottocento Ferrarese, online zugänglich unter: https://www.ottocentoferrarese.it/component/k2/item/55.html?Itemid=44 (letzter Zugriff am 7.9.2022).

träge, denn diese wurden seit jeher per Handschlag geschlossen; die Schriftform war erst seit 1901 verpflichtend. Die Konditionen der *boaria* im Gebiet der Trockenlegung waren jedenfalls von Anfang an deutlich schlechter als in den *terre vecchie*.[39] Zudem verlangte die Bewirtschaftung der Latifundien noch hohe Investitionen. So mussten die Bauerngüter mit Katen, Ställen, Scheunen sowie totem und lebendem Inventar – jeder *boaro* benötigte allein zum Pflügen sieben Joch Ochsen – versehen werden. Hinzu kamen Straßen und Wege. Außerdem musste man natürlich die hydraulische Installation pflegen, das heißt Kanäle und Gräben instand halten. Die Anlage der Felder geschah idealerweise gemäß festen Vorgaben, die insbesondere von der bewährten emilianischen Bauernregel, der *fossi e cavedagne*, diktiert waren,[40] der zufolge die Felder von Abflussrinnen und Ackerstreifen begrenzt sein mussten.

In dieser Situation kam die demografische Dynamik ins Spiel. Die vergleichsweise kostspielige *boaria* und das permanente Überangebot an Arbeitskräften, das auch durch zwei Wellen von Massenauswanderungen in den 1890er-Jahren nicht abnahm, wies der zu Einsparungen gezwungenen S. B. T. F.-Leitung den Weg.[41] Erst legte man zwei *versure* zusammen und suchte damit die Hälfte der *boari*-Familien einzusparen, dann zog man diese Familien in der Mitte eines ganzen Gutes zusammen und geizte mit der Infrastruktur – kurzum: Man versuchte die *boari* dem unter ihnen rangierenden Landarbeiterproletariat nach Kräften anzugleichen. Die Tagelöhner wohnten vielfach nicht mehr auf dem Gut; eine Mehrzahl von ihnen hatte immer öfter nur noch 120 Tage im Jahr Arbeit. Gegen die um sich greifenden spontanen Zusammenrottungen und Proteste stellte man schließlich berittene, teilweise bewaffnete Wächter ein, denen verschiedentlich sogar Morde vorgeworfen wurden. Jedes patriarchalische Verhältnis war verschwunden.

[39] 1897 setzte der Direktor der S. B. T. F., Avv. Lattuga, erstmals einen schriftlichen *boaria*-Arbeitsvertrag auf. Dieser verdeutlicht den enormen Unterschied zwischen *terre vecchie* und *terre nuove*, weil er ausschließlich die kapitalistischen Vorstellungen von Arbeitsbeziehungen zur Grundlage hatte; Isenburg: Investimenti (wie Anm. 22), S. 77–80.

[40] „Fossi e cavedagne benedicon le campagne" (Gräben und Ackerstreifen segnen die Felder), so ein Sprichwort aus der Emilia. Mit ihm sollte der Nutzen des Drainagesystems eingeschärft werden, das die Felder vor übermäßiger Feuchtigkeit schützte, das heißt vor allem im Herbst und im Frühjahr eine rasche Ableitung der Niederschläge ermöglichte, aber auch durch Pflügen – der Pflug musste auf den Ackerstreifen gewendet werden können – die für den Wasserbedarf der angebauten Pflanzen notwendige Feuchtigkeit erhalten sollte, was bei den zähen Lehmböden der Po-Ebene besonders nötig war. Einzelheiten bei Carlo Poni: Fossi e cavedagne benedicon le campagne. Studi di storia rurale. Bologna 1982.

[41] Das Folgende nach Zucchini: L'agricoltura (wie Anm. 22), S. 347 f. Vgl. auch Isenburg: Investimenti (wie Anm. 22), S. 66–75.

Die Strategie der S. B. T. F., einer Aktiengesellschaft und eben nicht einer Einzelperson mit moralischer Prägung, bestand in der Zurückdrängung der für eine kapitalistische Betriebsführung viel zu aufwendigen *boaria*-Struktur und in der Vereinheitlichung der landwirtschaftlichen Arbeitskraft in Richtung der proletarisierten, nur tageweise bezahlten *braccianti*. Das führte zu Unzufriedenheit, die sich erstmals 1891 in spontanen Streiks während der Erntezeit entlud.[42] Im Sommer war die Arbeit besonders hart: Die Mahd, ohnedies eine schwere Arbeit, fand auf Feldern statt, die, anders als auf den *terre vecchie*, weder Bäume, also Schatten, noch Trinkwasserbrunnen aufwiesen und zehn bis zwanzig Kilometer von den Wohnorten der Arbeiter entfernt waren. Wenn dann noch einzelne Gutsverwalter die *braccianti* zu Akkordarbeit zwangen und sie schadensersatzpflichtig angesichts der sich häufig selbst entzündenden Garbenbündel machten, war für viele das Maß endgültig voll. Aber auch im Winter, wo bei wahren Hungerlöhnen Gräben ausgehoben oder vertieft werden mussten, waren die Bedingungen keineswegs besser. Auch in den folgenden Jahren – mit Spitzen 1897 und 1901 – kam es regelmäßig zu Streiks und Protestmärschen von bis zu tausend *braccianti*.

Krasse Ausbeutungsverhältnisse[43] und erbarmungslose obrigkeitliche Verfolgung, wobei die Betriebe der S. B. T. F. eine Vorreiterrolle, aber keine Ausnahmestellung einnahmen, konnten die Solidarität der Landarbeiter nicht zerschlagen.[44] Selbst landsmannschaftliche – und damit sprachliche – Unterschiede schliffen sich ab. Als hilfreich erwies sich dabei die Besonderheit, dass Tagelöhner seit jeher in festen Kolonnen unter einem Anführer zu arbeiten pflegten, denn in diesen Gruppen aktivierte sich stets aufs Neue ein klares Bewusstsein von Würde und Recht. So wurden die Kolonnen häufig zu Keimzellen der gewerkschaftlichen Kampforganisationen, der *leghe di miglioramento* oder *di difesa*, wie sie vielerorts bezeichnenderweise hießen, die durch schlagkräftige Kooperativen die Agrarunternehmer zu zwingen versuchten, nur eigene Mitglieder zu beschäftigen – nach Möglichkeit auch im Winter. Es überrascht kaum, dass der revolutionäre Sozialismus in der Bassa Ferrarese seinen wichtigsten Stützpunkt fand. Unter wesentlicher Mithilfe der Ferrareser *leghe* formierte sich 1901 in Bologna der gewerkschaftliche Dachverband, die *Federazione Lavoratori della Terra* (*Federterra*), der schon bei seiner

[42] Das Folgende nach Roberto Parisini/Ciada Telloli: Braccianti. 2011. In: Ottocento Ferrarese, online zugänglich unter: https://www.ottocentoferrarese.it/component/k2/item/56.html?Itemid=44 (letzter Zugriff am 7.9.2022). Ferner vgl. Isenburg: Investimenti (wie Anm. 22), S. 67–76 und insbes. S. 90–114.

[43] Die Löhne auf entwässertem Land waren nur etwas mehr als halb so hoch wie auf den *terre vecchie*; Isenburg: Investimenti (wie Anm. 22), S. 76.

[44] Zum Selbstverständnis der italienischen Arbeiterbewegung, die vor allem eine Landarbeiterbewegung war, in damaliger Zeit vgl. Christof Dipper: Working Class Identities in Italy and Germany from the 1880s to the First World War. In: JMIS 25 (2020), S. 435–450, hier: bes. S. 441 f.

Gründung 152.000 Mitglieder vertrat. Das Problem der ‚agrarischen Reservearmee' konnte angesichts des anhaltenden Überangebots an Arbeitskräften allerdings auch die *Federterra* nicht lösen.

Nach 1900

Im Jahr 1898 endete die Insolvenzverwaltung der S. B. T. F. Die von der *Banca di Torino* eingesetzte neue Führung richtete den riesigen Besitz von circa 16.000 Hektar, über den die S. B. T. F. um 1900 immer noch verfügte, nach neuen Grundsätzen aus. Ein *erster* Schritt war dessen Aufspaltung in 39 selbstständige Güter unterschiedlichen Umfangs, die ihrerseits in fünf Gruppen zusammengefasst wurden,[45] ein *zweiter* deren Spezialisierung, etwa durch Anbau von Zuckerrüben. *Drittens* weitete man den Maschinenpark aus und setzte *viertens* endlich ausreichend – vielfach überhaupt erstmals – Düngemittel ein. Nun stiegen die Hektarerträge merklich an. Ermöglicht hatten diese Wende einerseits die durch die Insolvenz weitgehend bereinigte Kreditsituation, andererseits die – trotz Agrarprotektionismus – seit 1896 international Fahrt aufnehmende Konjunktur, in deren Gefolge dank zunehmender Kaufkraft auch steigende Preise für Agrarprodukte durchgesetzt werden konnten. Hinzu kam nicht zuletzt die innenpolitische Beruhigung in Italien, seitdem Giovanni Giolitti Ministerpräsident geworden war.

Trotzdem blieb die Konfliktualität hoch, was in der Bassa Ferrarese viele Landbesitzer, darunter auch die S. B. T. F., dazu veranlasste, Teile ihrer Güter aufzuspalten und zu verpachten (Abb. 3). Dies diente dem vorrangigen Ziel, der *boaria* ein Ende zu bereiten.[46] So bot die *Banca di Torino* auf ihren selbstbewirtschafteten Gütern ab 1901 den *braccianti*, um deren Streikneigung nicht länger ausgesetzt zu sein und die Arbeiterschaft zu spalten, die sogenannte *partitanza* an, das heißt die Verpachtung von bestelltem Land an Gruppen von Landarbeitern. Von den vorgegebenen Erntemengen mussten je nach Produkt zwei Drittel oder ein Drittel als Pacht abgegeben werden und ein Zehntel wurde darüber hinaus als Kaution einbehalten; außerdem bestand die Verpflichtung, gegebenenfalls die Arbeit der streikenden *boari* zu übernehmen, und zwar gegen Bezahlung aus den den Streikenden vorenthaltenen Löhnen. Verlockend war für die Arbeiter die Aussicht, mehrere Monate lang einer sicheren Tätigkeit nachzugehen und bei Winterarbeiten bevorzugt zu werden. Aber schon weil das verpachtete Land wegen des bei der S. B. T. F. noto-

[45] Porisini: Bonifiche (wie Anm. 22), S. 177, Anm. 1. Eine Liste der 39 Gutsbetriebe bei Isenburg: Investimenti (wie Anm. 22), S. 67, Anm. 46; eine Karte mit den unterschiedlichen Bewirtschaftungsformen im Jahr 1900 ebd., S. 82.
[46] Zucchini: L'agricoltura (wie Anm. 22), S. 347.

risch geringen Besatzes mit Zugvieh schlecht bestellt war und die Pächter mit Hacke und Spaten nacharbeiten mussten, weil eine Kaution zu zahlen war und weil man bei Verzug gekündigt wurde und damit auch noch gleich die Wohnung verlor, erfreute sich das Angebot keines großen Zuspruchs. Die Risiken waren bei diesem Modell offensichtlich sehr ungleich verteilt. Darum blieb die Bassa Ferrarese auf Dauer ein Zentrum der sozialen Konflikte, die nach dem Ende des Ersten Weltkriegs noch deutlich zunahmen, weshalb die Großgrundbesitzer sich faschistische Schlägerbanden zuzulegen begannen. Aus diesen schmiedete Italo Balbo den radikalen Agrarfaschismus, der 1921 in der Po-Ebene die Arbeiterbewegung zerschlug.[47]

Dass angesichts der günstigen internationalen Konjunktur der Vorkriegszeit und der nie stockenden ‚Reservearmee' proletarischer Arbeitskräfte die Landwirtschaft dort zu vorher ungekannter Blüte heranwuchs, steht hierzu keineswegs im Widerspruch. Von 1875 bis 1906 verdoppelten sich die Hektarerträge für Weizen und Mais, wohingegen beim Hanf das Plus nur 25 Prozent betrug,[48] was vielleicht die Verdreifachung seiner Anbaufläche in 25 Jahren erklärt.[49] In den Lagunen begann man sogar mit dem ebenso kostspieligen wie lukrativen Anbau von Reis. Dies alles führte zusammen mit anderen Indikatoren dazu, dass die Emilia Romagna in dieser Zeit die Lombardei als landwirtschaftlichen Spitzenreiter ablöste.[50] Wenn diese beiden Regionen zusammen mit dem Veneto und dem Piemont im Jahr 1900 neun Zehntel des italienischen Kunstdüngerbedarfs verbrauchten, belegt das die Ausnahmestellung der Po-Ebene, die nur 13 Prozent der italienischen landwirtschaftlichen Nutzfläche aufwies, mehr als deutlich.[51] Zudem zogen die trockengelegten Flächen auch dauerhaft siedelnde Menschen an. Während in der gesamten

[47] Vgl. dazu Paul Corner: Fascism in Ferrara, 1915–1925. Oxford 1975. Knappe Ausführungen in deutscher Sprache bei Sven Reichardt: Faschistische Kampfbünde. Gewalt und Gemeinschaft im italienischen Faschismus und in der deutschen SA. Köln 2002, s. v. Italo Balbo.

[48] Vighi: Dal 1860 (wie Anm. 22), S. 148.

[49] Zucchini: L'agricoltura (wie Anm. 22), S. 358. Dies geschah, obwohl die englische Marine immer weniger Taue aus Hanf benötigte, weil sie ihn zunehmend durch Baumwollfasern ersetzte. Mehr dazu bei David Celetti: La canapa nella Repubblica veneta: produzione nazionale e importazioni in età moderna. Venedig 2007, Kap. IV.

[50] So jedenfalls Démier: Propriétaire (wie Anm. 20), S. 197. Dabei ging die Reisanbaufläche in Italien seit Eröffnung des Suezkanals im Jahr 1869 insgesamt zurück. Wer als Produzent übrigblieb, war zur Optimierung gezwungen; Bevilacqua: Tra Natura (wie Anm. 6), S. 59 f.

[51] Gian Luigi della Valentina: Padroni, imprenditori, salariati: modelli capitalistici padani. In: Piero Bevilacqua (Hg.): Storia agraria italiana. Bd. 2: Uomini e classi. Venedig 1990, S. 151–200, hier: S. 194; Bruna Bianchi: La nuova pianura. Il paesaggio delle terre bonificate in area padana. In: Bevilacqua (Hg.): Storia (wie Anm. 7), S. 451–494, hier: S. 453.

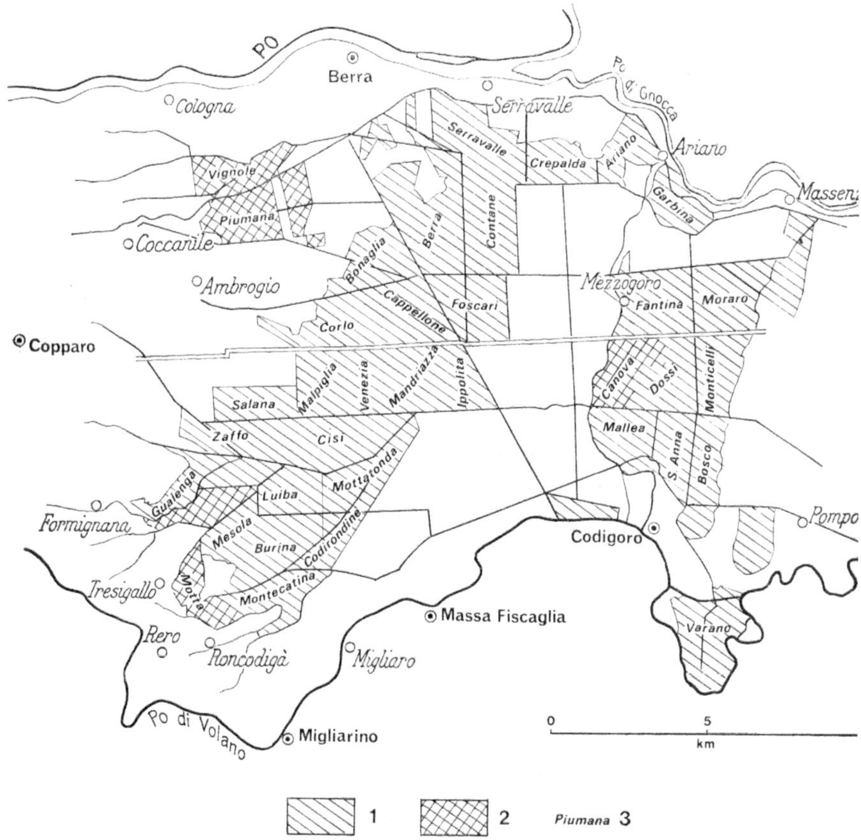

Bewirtschaftungsformen der S.B.T.F im Jahr 1900:

1. Selbstbewirtschaftete Gutsbetriebe; 2. Verpachtete Gutsbetriebe;
3. Namen der Gutsbetriebe

Abb. 3: Bewirtschaftungsformen der S. B. T.F im Jahr 1900; entnommen aus Teresa Isenburg: Investimenti di capitale e organizzazione di classe nelle bonifiche ferraresi (1872–1901). Florenz 1971, S. 82 (nach einem Bericht der S. B. T.F im Staatsarchiv Turin).

Provinz Ferrara die Bevölkerung in den vierzig Jahren nach der Nationalstaatsgründung um 0,9 Prozent im Jahr zunahm, stieg sie in den von Umbrüchen weitgehend unberührten *terre alte* nur um 0,2 Prozent, erreichte aber in den Gemeinden Copparo und Codigoro, zwischen denen sich der Besitz der S. B. T. F. ausdehnte,

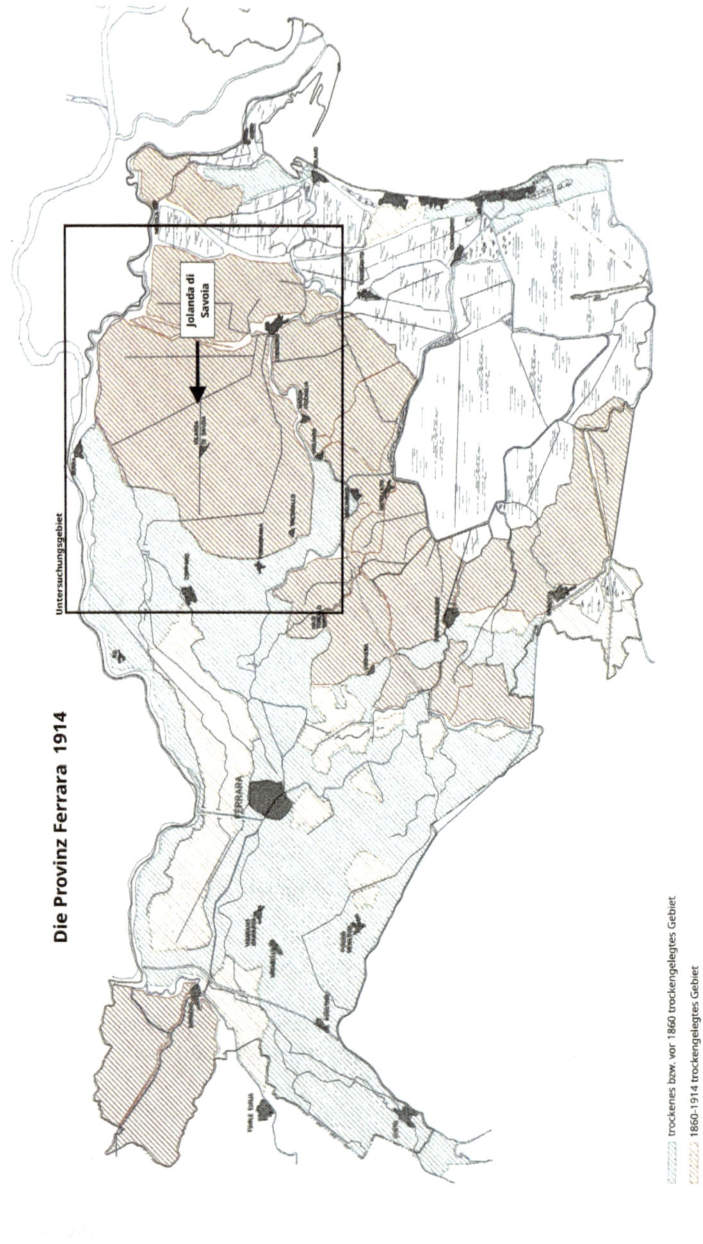

Abb. 4: Trockenlegungen in der Provinz Ferrara 1860–1914; der eingerahmte Ausschnitt zeigt das Untersuchungsgebiet, mit dem Pfeil ist die Ortschaft Jolanda di Savoia markiert; entnommen aus: Anna Maria Visser Travaglia/Giorgio Vighi (Hg.): Terre ed acqua. Le bonifiche ferraresi nel delta del Po. Ferrara 1989, S. 210, Markierung durch den Verfasser.

Spitzenwerte von 1,45 und sogar 3,0 Prozent.[52] Mitten in diesem Gebiet wurde 1903 die Gemeinde Le Venezie gegründet, die 1911, als sie bereits 3.400 Einwohner zählte, unter Anwesenheit des Königs nach dessen ältester Tochter in Jolanda di Savoia umbenannt wurde und heute Sitz der Hauptverwaltung der S. B. T. F. ist. Dass der Ortsteil Contane mit drei Metern unter dem Meeresspiegel die tiefstgelegene Gemeinde Italiens ist, verweist auf die ökologischen Folgen der Entwässerung und zugleich auf damit verknüpfte Ewigkeitsaufgaben, die ähnlich wie jene im Ruhrgebiet sind. Über davon abgeleitete kulturkritische Klagen, wie sie in Deutschland damals bereits seit Jahrzehnten vorgebracht wurden,[53] ist für die Emilia Romagna nichts bekannt (Abb. 4).

Schlussbetrachtung

War das nun Agrarkapitalismus? Dazu müsste man wissen, was „Agrarkapitalismus" genau meint. Der Begriff stammt bekanntlich von Karl Marx. Er prägte ihn zur Beschreibung des Hauptmerkmals der englischen Agrargeschichte im 15./16. Jahrhundert, der Enteignung der Kleinbauern, und er sah darin erklärtermaßen eine klare Parallele zum Industriekapitalismus seiner Zeit.[54] Obwohl sie andere Länder und andere Zeiten im Blick haben, arbeiten sich seither die meisten Agrarhistoriker, die den Begriff verwenden, an ihm ab. Dementsprechend variantenreich sind die Vorschläge für seine Definition. Die Sache wird nicht besser, wenn man stattdessen den Terminus „Agrarrevolution" wählt.[55] Der zeitgenössische Be-

[52] Errechnet nach den Angaben bei Vighi: Dal 1860 (wie Anm. 22), S. 148. Zum Vergleich: Zwischen 1860 und 1900 erreichte das italienische Bevölkerungswachstum 0,74 Prozent pro Jahr, das deutsche den historischen Spitzenwert von 1,41 Prozent.

[53] Genannt sei nur Nietzsche, der schon 1887 die Unterwerfung der Natur aus technokratischen Motiven gegeißelt hatte: „Hybrid ist unsre ganze Stellung zur Natur, unsre Natur-Vergewaltigung mit Hilfe der Maschinen und der so unbedenklichen Techniker- und Ingenieur-Erfindsamkeit"; Friedrich Nietzsche: Zur Genealogie der Moral. Eine Streitschrift, Abschnitt 3/9. In: ders.: Werke in 2 Bänden. Bd. 2. Hg. von Ivo Frenzel. München 1967, S. 175–288, hier: S. 251.

[54] Marx spricht von der „kapitalistischen Agrikultur" beziehungsweise der „agrikolen Revolution"; Karl Marx: Das Kapital. Bd. 1, Kap. 24, zitiert nach MEW. Bd. 23. Berlin (Ost) [1]1968. Die von ihm beschriebenen Vorgänge haben allerdings in keinem Land Europas eine Parallele, auch nicht in Italien, wo es nur auf den ersten Blick Ähnlichkeiten gibt. Für die meisten Länder fehlen schon die zeitgenössischen statistischen Quellen, um die man England so beneidet. Das sind vermutlich die Gründe, weshalb Friedrich Lenger in seinem Buch: Der Preis der Welt. Eine Globalgeschichte des Kapitalismus. München 2023, die Landwirtschaft, die ihm dank seiner Sombart-Studien nicht fremd ist, schon gar nicht die italienische, völlig ausspart.

[55] Isenburg: Investimenti (wie Anm. 22), S. 26; Zucchini: L'agricoltura (wie Anm. 22), S. 363.

obachter Stefano Jacini sprach von „industrieller Landwirtschaft".[56] Alle diese Definitionsversuche leiden unter einer wirtschaftsgeschichtlichen Engführung, die der Sache nicht gerecht wird. Denn dass ausländisches und italienisches Kapital in der Bassa Ferrarese Grunderwerb und anschließende Trockenlegung überhaupt erst ermöglicht hat und stellenweise Kapitalgesellschaften zu landwirtschaftlichen Unternehmern wurden, war zwar neu, lässt aber nicht entfernt die säkulare Bedeutung dessen erkennen, was sich in nur vierzig Jahren dort vollzogen hat.

Um das Ausmaß der Veränderung zu begreifen, muss man sich vor Augen führen, was in dieser Zeit alles zu Ende ging, nämlich Institutionen und mit ihnen verbundene Lebensformen, die seit vielen Jahrhunderten als selbstverständlicher Bestandteil regionaler Identität Bestand hatten. Stichworte müssen hier genügen: *Erstens* endete das bis dahin auch von Trockenlegungen respektierte *schema cittadino*, das eine denkbar enge Beziehung von Stadt und Umland repräsentierte, weil Kapital und Kapitale identisch waren.[57] Was nun auf den Äckern um Jolanda di Savoia passierte, wurde in Turin, London, Rom oder anderswo entschieden, aber jedenfalls nicht mehr in Ferrara. *Zweitens* versickerte buchstäblich die *solidarietà idraulica*, die Ober- und Unterlieger, Deichanlieger und Hinterland in Gestalt von Genossenschaften zusammenband, weil der Staat die Sorge für Flussdämme und später für das gesamte Kanalsystem zur öffentlichen Aufgabe erklärte und neue Regeln einführte, aber auch weil die Kapitalverzinsung wichtiger war als gedeihliches Zusammenleben. Die Gemeinde Comacchio beispielsweise hatte Mühe zu verhindern, dass ein geplanter Entwässerungskanal in ihren salzwasserhaltigen Lagunen endete, was das Ende der jahrhundertealten Aalfischerei bedeutet hätte. *Drittens* verschwand ganz rasch die seit unvordenklichen Zeiten praktizierte Familienarbeitsverfassung der *boaria* samt der zugehörigen Betriebseinheit, dem *versuro*, weil die in ihr ausgeglichenen technischen, wirtschaftlichen und gesellschaftlichen Verhältnisse den neuen kapitalgesteuerten Bedingungen nicht gewachsen waren. *Viertens* und in engem Zusammenhang damit vollzog sich ebenfalls ganz rasch ein Prozess der Klassenbildung, der nirgendwo in Italien konfliktreicher war als im Gebiet der *Bonifica*. Man kann diese vier Vorgänge auch als kulturelle Enteignung und deren Folgen verstehen, gegen die es zwar regelmäßig Widerstand gibt, der aber selten erfolgreich ist. Und nicht zuletzt unterlag – *fünftens* – natürlich die Landschaft in der unteren Po-Ebene einem radikalen Umbau, besonders im *I° Circondario idraulico*, in dem die S. B. T. F. ansässig war. Aus Lagunen, Auenwäldern, Dünen und

56 „La vera industria rurale" meint nicht die ländliche Industrie, sondern die Thaer'sche „rationelle Landwirtschaft", die Jacini von seiner Ausbildung in der Schweiz her kannte und selber betrieb; Jacini: Risultati (wie Anm. 10), S. 84.

57 Farinelli spricht von der „dissociazione tra capitale e capitali"; Franco Farinelli: Lo spazio rurale nell'Italia d'oggi. In: Bevilacqua (Hg.): Storia (wie Anm. 7), S. 229–247, hier: S. 233.

Sümpfen beziehungsweise Salzwassermarschen wurde binnen Kurzem eine öde, baumlose Gegend mit riesigen Feldern,[58] in der stellenweise der Grundwasserspiegel um mehr als 80 Meter sank[59] und entsprechende Bewässerungsanlagen errichtet werden mussten. Und schließlich endeten – *sechstens* – mit den Feuchtgebieten jahrhundertealte Lebens- und Subsistenzformen, die eingangs kurz geschildert wurden. Was aus den dort ehemals lebenden Menschen wurde, weiß man nicht, denn von ihnen hatte schon vorher kaum jemand, der lesen und schreiben konnte, also aus der fernen Stadt kam, Notiz genommen. Es bleibt das Geheimnis der in- und ausländischen Besucher, weshalb sie um die Jahrhundertwende dieses Gebiet als ‚Holland Italiens' bezeichnet haben.[60]

Die Entwicklung, die man in der Bassa Ferrarese beobachten kann, ist mit dem Begriff „Agrarkapitalismus" nur unzureichend beschrieben. Es handelte sich vielmehr um den Einzug der Moderne schlechthin in die Landwirtschaft, womit nicht nur wirtschaftliche Vorgänge angesprochen sind, sondern auch soziale, politische, ökologische und kulturelle. Aufgrund deren Unterschiedlichkeit sieht die landwirtschaftliche Moderne auch überall anders aus, während das Konzept des „Agrarkapitalismus" als Passepartout für alle möglichen Erscheinungsformen benutzt wird. Der vorliegende Beitrag verzichtet deshalb auch sehr bewusst auf die Verwendung dieses Begriffs zur Einordnung der Ereignisse.

Abstract

After introductory remarks on the importance of water drainage in the Italian self-image and an overview of the new basic conditions resulting from the founding of the nation state in 1861 – liberal politics par excellence, civil law code, national market, technical breakthroughs in steam pumps and lack of alternatives for capital investments due to the lack of industrialisation – the article explores the topic in three steps. 1) The bonifica idraulica (drainage) is described on the basis of one

[58] Auch für die Bassa Ferrarese gilt, was kürzlich für Gegenden festgestellt worden ist, in denen Flüsse reguliert wurden: „Zwischen 1800 und 1900 veränderte sich das Erscheinungsbild der Landschaft derart, dass ein Mensch des 17. Jahrhunderts Mühe gehabt hätte, bestimmte Regionen überhaupt wiederzuerkennen"; Nicolai Hannig: Diagnose: Gefahr. Hydrotechnische Bedrohungsszenarien im 19. Jahrhundert. In: Thomas Alkemeyer/Nikolaus Buschmann/Thomas Etzemüller (Hg.): Gegenwartsdiagnosen. Kulturelle Formen gesellschaftlicher Selbstproblematisierung in der Moderne. Bielefeld 2019, S. 319–333, hier: S. 320.

[59] Bianchi: Nuova pianura (wie Anm. 51), S. 478.

[60] „L'Olanda d'Italia", zitiert nach Cazzola: Consorzi (wie Anm. 26). Der Vergleich mit den Niederlanden war zeitgenössisch zwar uneingeschränkt positiv gemeint, aber heute weiß man, dass er auch in Bezug auf die hochproblematischen Folgen für die Umwelt gelten kann.

of the numerous wetlands of the lower Po valley, i. e. between Ferrara and the coastal fringe. It comprises almost 25,000 hectares that changed hands and were to be drained and subsequently sold for speculative reasons only. 2) The bonifica agraria. Since this plan did not work out, the buyer, a joint-stock company, had to start farming the land, which it failed to do before 1900 due to false economy, ignorance and because of the agricultural crisis, causing it to go bankrupt twice. 3) After 1900, the situation significantly improved in the context of the general economic situation, but now, due to the radical deterioration of working conditions compared to traditional farm labour, disputes and strikes increased and class consciousness was on the rise. The area on the lower course of the Po became the centre of the radical wing of the Italian workers' movement – and in 1920/21 provoked the emergence and eventual victory of radical agrarian fascism.

Heinrich Hartmann

Landbesitz verstehen, Eigentum bewerten

Ethnologische Blicke auf Nutzungs- und Eigentumsrechte im Mittelmeerraum in der Nachkriegszeit

Die politischen, wirtschaftlichen und ökologischen Debatten der letzten Jahre haben die Fragen nach den Verfügungsrechten an landwirtschaftlichen Ressourcen auch und gerade in globaler Perspektive wiederaufleben lassen. Das Schlagwort des Landgrabbing fand in diesem Zusammenhang ein mediales Echo.[1] Wer welchen Boden besitzt und wie internationale Großinvestoren versuchen, diese Ressource zu monopolisieren, das sind Fragen, denen gerade im Hinblick auf die politisch vermeintlich schwachen Entwicklungsländer große Aufmerksamkeit geschenkt wird. Entsprechende Debatten werden unter anderem durch die ökologischen Krisen der vergangenen Jahre neu befeuert. In globaler Perspektive plausibilisieren Bücher wie Fred Pearces „Land Grabbers“[2], dass eine radikale Umverteilung des Bodens Voraussetzung für globale Verteilungsgerechtigkeit, darüber hinaus aber auch für neue ökologische Zukunftsszenarien ist, die mit einer Abkehr vom Ideal des Großgrundbesitzes einhergehen und auf kleinen Produktionseinheiten beruhen muss. Erst ein solcher Schritt mache eine ökologische Bewirtschaftung der begrenzten landwirtschaftlichen Ressourcen unseres Planeten jenseits des Wachstumswahns landwirtschaftlicher Massenproduktion der Nachkriegsjahrzehnte möglich.

Die Argumentation, die hinter solchen Feststellungen steht, geht davon aus, dass die Ungleichverteilung der Besitzverhältnisse am Boden Ergebnis kolonialer

1 Zur Bedrohung landwirtschaftlicher Produktion durch Großinvestoren vgl. hier nur Annette Jensen: Boden darf keine Ware werden. Kommentar zu Landgrabbing in Deutschland. Deutschlandfunk, 29.6.2022, online zugänglich unter: https://www.deutschlandfunkkultur.de/stoppt-bodenspekulationen-in-deutschland-100.html (letzter Zugriff am 27.7.2022); Ackerland in Bauernhand. Der Kampf gegen Großinvestoren. ZDF, 4.6.2022, online zugänglich unter: https://www.zdf.de/nachrichten/wirtschaft/bauern-ackerland-grossinvestoren-landwirtschaft-100.html (letzter Zugriff am 27.7.2022); Jost Maurin: Den Ausverkauf stoppen. Kommentar. In: taz, 9.9.2019; bereits 2013: „Landgrabbing“ in Deutschland. Der Wettlauf ums Land. In: FAZ, 28.12.2013.

2 Fred Pearce: Land Grabbing. Der globale Kampf um Grund und Boden. München 2012.

https://doi.org/10.1515/9783111134826-007

Politiken und postkolonialer Machtverhältnisse ist.[3] Die Landnahme wird dabei als *der* zentrale koloniale Akt verstanden – eine anzustrebende Land- und Bodenreform im globalen Rahmen dagegen als Rücknahme dieses Akts. Die Extensivierung der Landwirtschaft durch Reform der Eigentumsverhältnisse wird zudem in verschiedener Hinsicht als die Conditio sine qua non einer zukünftigen nachhaltigen Landwirtschaft angesehen.

Eine solche Argumentation bleibt allerdings weit hinter der Komplexität zurück, die sich im sozialwissenschaftlichen Diskurs nach 1945 zu Fragen von Landbesitz und dessen Reformbedürftigkeit entwickelt hatte. Sie negiert die Frage nach der Definition des kaum eindeutig zu fassenden Begriffs des „Bodeneigentums". Um dieser Komplexität und seiner Entwicklung gerecht zu werden – und zwar jenseits eines rein normativen Musters von „Recht" und „Unrecht" – scheint es wichtig, sich wissensgeschichtlich mit einer solchen sozialwissenschaftlichen Problemstellung zu beschäftigen. Erst hierdurch können epistemische Grundkonstellationen entziffert werden, die dem Begriff und der Festschreibung des Bodenbesitzes inhärent sind.

Die historiografische Diskussion um die postkolonialen Projekte einer Landreform als Umverteilung der Verfügungsrechte über landwirtschaftlichen Boden fokussiert im Wesentlichen auf die politische Rolle dieser Projekte im Kampf gegen den Kommunismus und untersucht sie mithin in erster Linie aus diplomatiegeschichtlicher Perspektive.[4] Nur selten wird danach gefragt, welche politischen Bedingungen und welche mikro- und makroökonomischen Auswirkungen von Reformen im Bereich agrarischer Besitzverhältnisse erkennbar sind. Die Entstehung von Katastern und die Festschreibung von Besitzrechten haben starke staatliche und administrative Strukturen zur Voraussetzung. Dort wo in der Nachkriegszeit keine Kataster vorhanden waren, entstanden häufig erst die statistischen Dispositive, die es überhaupt erlaubten, verschiedene Besitzregime und darüber hinaus landwirtschaftliche Performanz sichtbar zu machen.[5] Sie gehörten mithin in den Bereich

[3] Jo Guldi: The Long Land War. The Global Struggle for Occupancy Rights. New Haven 2021, S. 10–17.

[4] Ethan K. Kapstein: Seeds of Stability. Land Reform and US Foreign Policy. Cambridge 2017; Nicole Sackley: The Village as Cold War Site. Experts, Development, and the History of Rural Reconstruction. In: JGH 6 (2011), S. 481–504.

[5] Roger J. P. Kain/Elizabeth Baigent: The Cadastral Map in the Service of the State. A History of Property Making. Chicago/London 1992; Dietmer Müller/Iva Lucic: Registrering Land and Forests. European Institutions and Practices of Landownership. In: Liesbeth van de Grift/Dietmer Müller/Corinna R. Unger: Living with the Land. Rural and Agricultural Actors in Twentieth-Century Europe. A Handbook. Boston/Berlin 2023, S. 179–204. Zur Frage der langsamen Herausbildung eines statistischen Diskurses in den Agrarwissenschaften vgl. das ERC-Projekt von Federico D'Onofrio an der Universität Wien „Leading the First Data Revolution in European Agriculture: Farm Account-

einer neuen Staatlichkeit, die in vielen Ländern nach dem Ende des Kolonialismus im Entstehen war. Von einer solchen Frage nach den Grundlagen einer Diskussion um die Landreform sind nicht nur die Geschichtswissenschaften weit entfernt. Maßnahmen für eine solche Reform werden sowohl historisch als auch aktuell im Wesentlichen als politisches Instrument verstanden. Die wirtschaftswissenschaftliche Forschung sieht den ökonomischen Aspekt der Landreform meist lediglich als Strategie der Konfliktvermeidung gegenüber den im 20. Jahrhundert zunehmend als Bedrohung wahrgenommenen Teilen der Landbevölkerung ohne eigenen Landbesitz.[6] Die Frage, ob eine Reform der Bodenbesitzverhältnisse eventuell auch positive Auswirkungen auf die Produktionsregime (im Zweifel also eine Verbesserung der landwirtschaftlichen Erträge) habe, spielt dagegen kaum eine Rolle.

Aus den geschilderten Wahrnehmungsmodi resultiert ein dunkel gefärbtes Bild eines Reformvorhabens, das in der Durchführung und im konkreten Versuch, Gerechtigkeit durch Umverteilung agrarischer Ressourcen zu schaffen, meist scheiterte. Häufig kam hinzu, dass es autokratische Regime waren, die sich das Projekt der Reform ländlicher Besitzverhältnisse auf die Fahnen geschrieben hatten und die nicht selten nach kurzer Zeit selbst Geschichte waren.[7] Wie ambivalent sich Fragen von globaler Gerechtigkeit und vermeintlicher Effizienz- und Produktivitätssteigerung gegenüberstehen, zeigt bereits die Diskussion des zimbabweschen Weges. Infolge des Verfassungsreferendums von 2000 wurde hier ein „Fast Track Land Reform Programme" verabschiedet und eine lange beschlossene Umverteilung der landwirtschaftlichen Güter unter Staatspräsident Robert Mugabe in Rekordzeit umgesetzt. Das Ergebnis der Bodenreform allerdings, in der sukzessive rund elf Millionen Hektar Land von den ehemaligen kolonialen Siedlerfamilien an Kleinstbauern übertragen wurden, hatte bei der westlichen öffentlichen Meinung lange Zeit ein äußerst negatives Echo: Durch die Abschaffung vieler Großbetriebe und die Umverteilung des Landes, so die einhellige Meinung, habe die Produktivität der gesamten nationalen Landwirtschaft gelitten.[8] Widerspruch gegen diese Kri-

ancy Data and their Impact 1870–1945" (2021–2026), https://datarev.univie.ac.at/ (letzter Zugriff am 27.7.2022).

6 Michael Albertus: Autocracy and Redistribution. The Politics of Land Reform. New York 2015; Michael Kremer/Jack Willis: Guns, Latrines, and Land Reform. Private Expectations and Public Policy, National Bureau of Economic Research. Working Paper, Januar 2016, online zugänglich unter: www.nber.org/papers/w21915 (letzter Zugriff am 11.10.2022); Andrew W. Horowitz: Time Paths of Land Reform. A Theoretical Model of Reform Dynamics. In: AER 83 (1993), S. 1003–1010.

7 Ben White u. a.: Land Reform. In: Bruce Currie-Alder u. a. (Hg.): International Development. Ideas, Experience and Prospects. New York 2014; Albertus: Autocracy (wie Anm. 6).

8 Ian Scoones u. a.: Zimbabwe's Land Reform. Challenging the Myths. In: JPS 38 (2011), S. 967–993; ders. u. a.: Zimbabwe's Land Reform. Myths and Realities. Oxford 2010.

tik an der postkolonialen Reformagenda konnte sich kaum Gehör verschaffen.[9] Die Vorbereitung anderer postkolonialer Reformvorhaben, etwa im benachbarten Südafrika, führte entsprechend schon im Vorfeld bei internationalen Beobachtern zu größtem Misstrauen, obgleich die globale Ungerechtigkeit in den Verfügungsrechten über das Land zu den zentralen Themen globalisierungskritischer Diskurse gehört und deren Notwendigkeit im Prinzip auch unstrittig ist.[10] Eine Grundkonstellation in der öffentlichen Meinung ist damit schon an diesem Punkt klar: Fast alle wollen die Landreform, aber mit deren realer Durchführung ist niemand zufrieden.

Diese retrospektive Bewertung steht damit in deutlichem Gegensatz zur sozialwissenschaftlichen Diskussion des frühen Kalten Kriegs: In der Nachkriegszeit ging es vielen Akteuren sehr wohl darum, den Eingriff in Eigentumsverhältnisse gerade im Hinblick auf die Frage nach deren Auswirkungen auf den landwirtschaftlichen Output zu diskutieren.[11] W. Arthur Lewis hatte die Boden- und Landwirtschaftsreform zum festen Bestandteil einer alternativen spätkolonialen Reformökonomie gemacht. Sie sollte Werkzeuge zur Erweiterung der Existenzgrundlage der nationalen Bevölkerung liefern.[12]

Die bestehende Lücke einer echten sozialhistorischen Auseinandersetzung mit den Fragen der Landreform, der Formalisierung von Bodenbesitz- und -nutzungsrechten sowie der Auswirkungen solcher Reformen auf die Produktion und Produktivität der Landwirtschaft kann dieser Beitrag zwar nicht schließen. Die hier vorgenommene wissenshistorische Auseinandersetzung soll allerdings mehr sein als ein Substitut einer unerfüllbaren sozialhistorischen Aufarbeitung der Landreformbewegung in ihrer globalhistorischen Dimension; Sozialwissenschaftlerinnen

9 Franklin Simtowe u. a.: The Economic Effects of Land Redistribution. The Case of a Community-Based Rural Land Development Project in Malawi. In: Stein T. Holden u. a. (Hg.): Land Tenure Reform in Asia and Africa. London 2013, S. 105–133; Klaus Deininger u. a.: Redistribution, Investment and Human Capital Accumulation. The Case of Agrarian Reform in the Philippines. Working Paper. World Bank 1999.

10 Albertus: Autocracy (wie Anm. 6); ders.: Property without Rights. Origins and Consequences of the Property Rights Gap. Cambridge/New York 2021.

11 Theodore W. Schultz: Transforming Traditional Agriculture. New Haven/London 1964, bes. Kap. 8: Farm Size, Control and Incentives. Schultz argumentierte hier für eine Ablösung der „Economies of scale“ im landwirtschaftlichen Bereich durch eine Schwerpunktsetzung auf der Faktorproduktivität als relationalem Maßstab; vgl. auch Edmondo Flores: The Economics of Land Reform. In: ILR 92 (1965) 1, S. 21–34.

12 Corinna R. Unger: International Development. A Postwar History. London 2018, S. 109; Harro Maat: Agriculture and Food Production. In: Corinna R. Unger u. a. (Hg.): The Routledge Handbook on the History of Development. New York 2022, S. 190–203; Federico D’Onofrio/Gerardo Serra: Arthur Lewis and the Classical Foundations of „Development“. Economic History and Institutional Change. In: RHETM 37A (2019), S. 157–164.

und -wissenschaftler sowie Ethnologinnen und Ethnologen, die zu solchen Themenfeldern arbeiteten, waren im 20. Jahrhundert oft selbst auf vielfältige Weise Agenten von Modernisierungsbestrebungen. Teils war das (wie später zu sehen sein wird) ganz offen Teil des jeweiligen disziplinären Selbstverständnisses wie im Fall der französischen *ingénierie sociale*; teils vollzog es sich weit versteckter durch die epistemologischen Grundlagen der Forschung, durch die Finanzierung von Untersuchungen oder durch die Konsultation von entsprechenden Thinktanks und internationalen Organisationen.[13]

Im Mittelpunkt des vorliegenden Beitrags steht vor allem die Frage nach der Umschreibung von Besitzverhältnissen in Abwesenheit eines Katasters, nach alternativen Wegen der Definition von Bodenrechten und nach der Politisierung der Forderung eines Katasters im Kontext ländlicher Entwicklungspolitiken. Im Rahmen dieses Bandes geht es darum, die Spezifizität des europäischen Katasters zu nutzen, um das Konzept mit Situationen in der europäischen Peripherie, hier dem südlichen und nördlichen Teil des Mittelmeerraumes, in Dialog zu bringen. Der Aufsatz folgt in seiner These James Scott, der das Ordnen der bäuerlichen „Natur" in einen Zusammenhang mit den Planungslogiken und Euphorien der Nachkriegszeit gestellt hat.[14]

Um den Hintergrund der politischen und wissenschaftlichen Diskussion um den Bodenbesitz in der Mittelmeerregion klarer zu fassen, wird zunächst die Situation der mediterranen Landwirtschaft und die Notwendigkeit zu deren Reform aus der zeitgenössischen Perspektive heraus skizziert. Auch der spezifische ethnologische Blick auf den Mittelmeerraum bedarf im Anschluss einiger Erläuterung, denn dieser bildete die epistemische Grundlage, auf der die Diskussionen um diese Reformagenda ausgetragen wurden. Ein weiterer Abschnitt des vorliegenden Aufsatzes wird sich sodann der ethnologischen Forschung zum Konzept des „Bodenbesitzes" widmen. Die Verständigung über die Kriterien, nach denen der Besitz von landwirtschaftlicher Fläche definiert werden sollte, war dabei nicht unumstritten, sondern hatte viel mit der Rolle von Besitz in den liberalen Entwicklungskonzeptionen der Nachkriegszeit zu tun. Sozialwissenschaftliche Diskurse spielten in Hinblick auf die Definition geeigneter Kriterien schnell auch eine funktionale Rolle. Ethnologinnen und Ethnologen hatten in dieser Hinsicht besondere Mühe, die mediterranen Landnutzungsregime von Transhumanz, Latifundien sowie partieller und temporärer Bodennutzung mit der Agenda internationaler Reformbemühun-

[13] James Ferguson: Anthropology and its Evil Twin. Development in the Constitution of a Discipline. In: Frederick Cooper/Randall Packard (Hg.): International Development and the Social Sciences. Essays on the History and Politics of Knowledge. Berkeley 1997, S. 150–175.

[14] James C. Scott: Seeing Like a State. How Certain Schemes to Improve the Human Condition Have Failed. New Haven 1998, S. 270–306.

gen zur Landreform zusammenzudenken. In einem letzten Abschnitt wird die kritische Diskussion dieser Diskurse und in gewisser Weise ihre Geschichtsvergessenheit hinsichtlich der gewaltvollen Umverteilung von Landbesitz im Mittelmeerraum im 20. Jahrhundert im Vordergrund stehen – die dahinter liegende These des orientalisierenden Blicks der Ethnologie ist nicht ganz neu, doch hatte dieser Blick in den Fragen des Bodenbesitzes einen besonders eigentümlich affirmativen Charakter entwickelt.

Die mediterrane Landreform als Topos europäischer Sozialwissenschaft und Reformpolitik

Den Mittelmeerraum für die vormoderne Zeit als kohärenten historischen Raum zu lesen, bedarf bis heute kaum einer Erklärung. Eine solche Zuschreibung ist seit Braudels Arbeiten zum Mittelmeerraum in den 1940er-Jahren gängige Praxis. Doch endet diese braudelsche Interpretation mit dem Beginn der Neuzeit. Je weiter man sich von hier aus chronologisch in Richtung Gegenwart fortbewegt, desto brüchiger scheinen die Bemühungen, einen durch sozio-ökonomische Praktiken zusammengehaltenen Mittelmeerraum zu konstruieren.[15] Ein Deutungsangebot allerdings hat bis heute überdauert: das des Mediterraneums als Raum ländlicher Rückständigkeit und struktureller Entwicklungsdefizite.[16] Zweifelsohne ist dieses Bild in seiner Pauschalität Produkt der Vorstellung eines zeitlosen Zivilisationsursprungs, der sich dem westeuropäischen Modernisierungsnarrativ widersetze.[17]

Offensichtlich ist, dass diese Diskurse mediterraner Rückständigkeit im 20. Jahrhundert durch ganz reale, großangelegte Entwicklungsprojekte und Reformbemühungen affimiert wurden. Im Herzen der Reformbemühungen stand dabei die Frage des Übergangs zu agrarkapitalistischen Produktionsmethoden und zu großgrundherrschaftlichen Betrieben. Der Konzentration von großen landwirt-

[15] Manuel Borutta: Mediterraneum, Europäische Geschichte Online, 2.4.2020, online zugänglich unter: http://www.ieg-ego.eu/boruttam-2020-de (letzter Zugriff am 11.10.2022); als jüngste Versuche historischer Gesamtschauen des Mittelmeerraumes als historischem Raum vgl. Peregrine Horden/ Nicholas Purcell: The Corrupting Sea. A Study of Mediterranean History. London 2000; David Abulafia: The Great Sea. A Human History of the Mediterranean. New York 2011.

[16] Etwa Edmund Burke: Toward a Comparative History of the Modern Mediterranean, 1750–1919. In: JWH 23 (2012), S. 907–939.

[17] Naor Ben-Yehoyada: Mediterraneanist Anthropology, The Cambridge Encyclopedia of Anthropology, 2016, online zugänglich unter: http://doi.org/10.29164/16mediterranean (letzter Zugriff am 11.10.2022); ders.: Mediterranean Modernity? In: Peregrine Horden u. a. (Hg.): A Companion to Mediterranean History. Chichester 2014, S. 108–121; Dionigi Albera: Anthropology of the Mediterranean. Between Crisis and Renewal. In: History and Anthropology 17 (2006) 2, S. 109–133.

schaftlichen Flächen in den Händen weniger wurde seit der Wende zum 20. Jahrhundert allerdings nicht nur mit Versuchen von Landerschließung und Produktivitätssteigerung, sondern vor allen Dingen auch aus verschiedenen politischen Lagern mit der Forderung nach einer Reform landwirtschaftlicher Besitzverhältnisse begegnet. Zunehmend wurde die Erhaltung des sozialen Friedens in diesen ländlichen Regionen dabei zum Argument.[18] Mit den Kommunismus-Ängsten der Nachkriegszeit gewann dieser Aspekt zusätzliche Brisanz.[19] Eine entsprechende Reformagenda existierte in nahezu allen Anrainerstaaten des Mittelmeeres und war dabei bei Weitem nicht auf die im engeren Sinne sozialistischen Regime beschränkt. Vielmehr entwickelten sich solche Ansätze gerade auch im Gefolge der und im Dialog mit den westeuropäischen wirtschaftlichen Planungspolitiken der Nachkriegszeit, die durch teils rigide Reformagenden versuchten, makroökonomische Verbesserungen zu erreichen.[20]

Die Struktur der Landwirtschaft im Mittelmeerraum war dabei bereits im 19. Jahrhundert ein Klassiker sozialwissenschaftlicher Studien. Nicht zuletzt Max Weber trug mit seiner Habilitationsschrift dazu bei, dass von der Forschung die Ursachen für die mediterranen Besitzverhältnisse und insbesondere für die Konzentration des Landes in der römischen Latifundienwirtschaft gesucht wurden.[21] Grundlage des in der Antike weitverbreiteten Latifundiensystems war wiederum das bürokratisch entwickelte römische Katasterwesen: Die Kodifikation von privatem Besitz war nur zum Vorteil einiger weniger, insbesondere informelle Besitzverhältnisse blieben unberücksichtigt (vgl. Abb. 1).[22]

[18] Auch wenn bis heute keine Globalgeschichte der Landreform existiert, so gibt es durchaus einige Ansätze einer transnationalen Geschichtsschreibung dieses Phänomens, die sowohl aus den diplomatiegeschichtlichen Forschungen zur Nachkriegsgeschichte, als auch aus der Auseinandersetzung mit dem osteuropäischen Kollektivismus kommen; Guldi: Long Land War (wie Anm. 3); Kapstein: Seeds (wie Anm. 4); Dietmar Müller: Transforming Rural Societies. Agrarian Property and Agrarianism in East Central Europe in the Nineteenth and Twentieth Centuries. Innsbruck 2011, S. 14–23.

[19] Stephen Kotkin: Stalin. Paradoxes of Power. Bd. 1. London 2014.

[20] Hugo Canihac: Programming the Common Market. The Making and Failure of a „Dirigiste" Europe, 1957–1967. In: CEH 30 (2021), S. 383–397.

[21] Max Weber: Agrarrecht, Agrargeschichte, Agrarpolitik. Vorlesungen 1894–1899 (Max-Weber-Gesamtausgabe, Bd. 3,5. Hg. von Rita Aldenhoff-Hübinger). Tübingen 2008.

[22] André Chastagnol: Les cadastres de la colonie romaine d'Orange. In: Annales ESC 20 (1965) 1, S. 152–159; Lionel Decramer: Les cadastres d'Orange. Une pièce maîtresse du savoir-faire des arpenteurs romains. In: BSNAF 201 (2004–2005), S. 142–144; Focke Tannen Hinrichs: Die Geschichte der gromatischen Institutionen. Untersuchungen zu Landverteilung, Landvermessung, Bodenverwaltung und Bodenrecht im römischen Reich. Wiesbaden 1974, S. 136–146.

Abb. 1: Die Kataster von Orange, circa 77 nach Christus.[23]

Seit den ersten grundlegenden Studien zur antiken Agrarverfassung arbeitet sich die Forschung daran ab, die Universalität dieses protokapitalistischen Idealtyps des mediterranen Großgrundbetriebs, des Latifundiums, zu hinterfragen: Archäologinnen und Archäologen haben darauf hingewiesen, wie unterschiedlich die Formen des antiken mediterranen Großgrundbesitzes aussahen, und wie viele verschiedene Realitäten sich unter diesem Oberbegriff verbargen.[24] Dabei zeigten sich

[23] Die Abbildung findet sich unter: https://upload.wikimedia.org/wikipedia/de/1/18/Fragment_Orange_B.jpg.

[24] Am umfassendsten geschah dies im Rahmen einer Tagung, die Archäologinnen und Archäologen aus allen Mittelmeerstaaten 1992 in Bordeaux zusammenbrachte. Robert Étienne u. a. (Hg.): Du Latifundium au Latifondo. Un Héritage de Rome, une Création Médiévale ou Moderne? Actes de la Table Ronde Internationale du CNRS organisée à l'Université Michel de Montaigne – Bordeaux III, 17.–19.12.1992. Paris 1995.

fast überall Formen von Kleinbauerntum als persistent, die häufig nur nominell unter der Decke eines gemeinsamen Großbetriebes zusammengefasst waren.[25] Zudem wurde darauf hingewiesen, dass die Strukturen des gegenwärtigen mediterranen Großgrundbesitzes keineswegs bis in die Antike zurückreichen würden, sondern sich vielmehr ab der Frühen Neuzeit infolge der zunehmenden Kapitalintensität und der Exportorientierung einiger *cash crop*-Produktionen entwickelt hätten. Diese Faktoren führten zu einem relativ geschlossenen mediterranen Produktionsregime, das in den Zeiten eines globalen Agrarkapitalismus im 19. Jahrhundert seinen Höhepunkt erreichte.[26]

Doch auch das moderne *latifondo* als arbeitsteilige Betriebsform, charakterisiert durch die Herausbildung professioneller Management- und Verwaltungssysteme, überdeckte eine große Vielfalt unterschiedlicher im Mittelmeerraum existenter kollektiver und großbetrieblicher Produktionsformen. Anhand der Landgemeinde Pisticci in der italienischen Basilikata hat der Sozialanthropologe John Davis festgestellt, dass es innerhalb der Latifundien Süditaliens verschiedene Regime von Bodeneigentum gab: So waren innerhalb eines großen Latifundiums häufig eine ganze Anzahl unterschiedlicher Besitzverhältnisse vorhanden, da etwa den Landarbeitern oftmals ein eigenes Stück Land für ihre Versorgungsbedürfnisse zur Verfügung stand.[27]

Dieses sich seit der Frühen Neuzeit entwickelnde mediterrane Latifundiensystem überdauerte gerade aufgrund der Abwesenheit starker staatlicher Strukturen: Die aristokratische Besitzstruktur machte die ökonomische und politische Schlüsselrolle staatlicher Akteure unnötig, was dazu führte, dass es keine staatlichen Gegenspieler gab, die den Konzentrationsbemühungen ländlicher Latifundien nennenswerten Widerstand hätten entgegensetzen können.[28]

Das Gegenmodell zum mediterranen Großgrundbesitz bildete die weitgehend subsistenzorientierte Halbnomadenwirtschaft, basierend auf Clan-Strukturen, die über größere geografische Distanzen in der Lage waren, ökonomische Stabilität zu gewährleisten. Immer wieder wird in der Forschung darauf hingewiesen, dass dieses System durch zwei Charakteristika geprägt gewesen sei: Zum einen war eine labile Mensch-Umwelt-Beziehung von entscheidender Bedeutung, in der die Viehzucht zwar potenziell aufgrund der raschen Vermehrungsfähigkeit der Tiere hohe Gewinne versprach, in der gleichzeitig aber Naturkatastrophen oder auch Übergra-

[25] Pierre Lévêque: Le Latifundium. Mythe ou réalité. In: ebd., S. 453–457.

[26] Vgl. hierzu Marta Petrusewicz: Latifundium. Moral Economy and Material Life in a European Periphery. Ann Arbor 1996, bes. S. 117–248.

[27] John Davis: An Account of Changes in the Rules for Transmission of Property in Pisticci 1814–1961. In: John G. Peristiany (Hg.): Mediterranean Family Structures. Cambridge 1976, S. 287–304.

[28] Burke: History (wie Anm. 16), S. 924–925; Petrusewicz: Latifundium (wie Anm. 26), S. 241–248.

sung, Desertifikation und Erosion solche wirtschaftlichen Perspektiven innerhalb kürzester Zeit zunichtemachen konnten.[29] Zum anderen war die Halbnomandenwirtschaft durch eine starke Relationalität gekennzeichnet: Eine solche Wirtschaftsweise war nicht nur auf eine ganze Kette von Zwischenlieferanten angewiesen, die die tierischen Produkte auf regionalen und zunehmend auch überregionalen Märkten anboten, sondern auch auf eine extensive Landnutzung und einen hohen Anteil an Brachflächen (den *wastelands*, ein Begriff der insbesondere in der Kolonialzeit in Gebrauch kam), die das erforderliche Weideland boten. Die mit der Nomadenwirtschaft verbundene Wirtschaftsweise der Transhumanz bedingte zudem eine gemeinschaftliche, temporäre und oft nur partielle Nutzung von Land.[30]

Wie sehr diese Typen von *latifondo* und Transhumanz auch differenziert werden mussten und müssen, beide bildeten ein Gegenbild zum Typus bäuerlicher Mittel- und Kleinbetriebe, wie er für Westeuropa und die USA bis in die frühe Nachkriegszeit hinein charakteristisch war. Sie erweckten damit das Interesse vieler Beobachtender – insbesondere aus der anthropologischen Forschung. Der verfremdende Blick der Ethnologie trug deutlich dazu bei, dass die mediterrane Landwirtschaft als latent labil und krisenanfällig verstanden wurde.[31] Dabei wurde der Gegensatz von europäischer Moderne und mediterraner Rückständigkeit insbesondere anhand von Gegenüberstellungen bestimmter Konzepte konstruiert, etwa denen von „Stadt“ und „Land“ oder von „Gemeinschaft“ und „Gesellschaft“. Solche diskursiven Dichotomisierungen prägten wesentlich die Wahrnehmung eines vermeintlich strukturell homogenen mediterranen Raumes.[32]

So wichtig diese Richtung ethnologischer und soziologischer Forschung zur mediterranen Agrarverfassung auch gewesen sein mag: Das neue Interesse an den Bedingungen mediterraner Landwirtschaft war nicht das Ergebnis einer intrinsischen disziplinären Dynamik, sondern hatte konkrete Auslöser im Zweiten Weltkrieg und in den frühen Nachkriegsjahren. Die Landwirtschaft im Mittelmeerraum war dabei nicht mehr nur ein idiosynkratisches Objekt der Betrachtung, vielmehr

[29] John McNeill: The Mountains of the Mediterranean World. An Environmental History. Cambridge 1992, S. 286–324.

[30] Edmund Burke: Pastoralism and the Mediterranean Environment. In: JMES 42 (2010), S. 663–666; in den 1950er-Jahren war dies schon ein Element, das dem Humangeografen Xavier de Planhol Anlass zur Sorge gab. Xavier de Planhol: De la plaine Pamphylienne aux lacs Pisidiens. Nomadisme et vie paysanne. Paris 1958.

[31] Burke: History (wie Anm. 16); Çağlar Keyder u. a.: Southern Europe in the World Economy in the Twentieth Century. In: Michael T. Martin/Terry R. Kandal (Hg.): Studies of Development and Change in the Modern World. New York 1989.

[32] Dies änderte sich, als eine solche Perspektive von Michael Herzfeld nachhaltig infrage gestellt wurde; vgl. Michael Herzfeld: The Horns of the Mediterraneanist Dilemma. In: AE 11 (1984), S. 439–454; ders.: Of Horns and History. The Mediterraneanist Dilemma Again. In: AE 12 (1985), S. 778–780.

wurde sie (wenn auch nur vorübergehend) zu einem wichtigen Baustein in der ökonomischen Nachkriegsordnung Europas. Mit der Versorgungskrise der ersten Nachkriegsjahre in weiten Teilen Westeuropas, deren Ursachen neben den direkten Kriegsfolgen vor allen Dingen auch im Wegfall der Importmöglichkeiten aus den osteuropäischen Ländern zu suchen sind, kam der Mittelmeerraum in den Fokus des ökonomischen Interesses.[33] Die meisten der Wiederaufbauprogramme beschäftigten sich zunächst mit der Mechanisierung der Landwirtschaft als Mittel zur Produktionssteigerung und kümmerten sich dabei wenig um die diversen lokalen Praktiken und Traditionen. Die Idee, durch eine Neuerschließung von Land die Produktion zu steigern, stellte hier eine Art Gegenentwurf zur rein technischen Intensivierung dar. Solche Überlegungen schlossen sich an die großen Machbarkeitsfantasien der Zwischenkriegszeit an, die im Mittelmeerraum eine Art europäischer *frontier* erblickten oder in ihm einen zu erschließenden leeren Raum sahen, von dem die wirtschaftliche Entwicklung Mitteleuropas profitieren sollte.[34] Entsprechende Vorstellungen nahmen gleichzeitig Bezug auf den unstillbaren Hunger nach den *wastelands*, also dem ungenutzten Land – eine Vision, die seit dem Anfang des 20. Jahrhunderts in Bezug auf die Kolonien, aber auch auf den ariden und unvollständig erschlossenen mediterranen Raum eine immer stärkere Bedeutung erlangt hatte.[35]

Wo mit der Realisierung entsprechender Ideen überhaupt begonnen wurde, zeigten sich allerdings schnell die Grenzen solcher Ansätze, denn die erschlossenen Flächen wiesen einen deutlich abnehmenden Grenzertrag auf, die Steigerung der

[33] World Cereals Position for 1947/48. Prepared by the IEFC Secretariat, 5.7.1947, NARA, Truman Library, International Emergency Food Council File, C. P. Anderson Papers; Amalia Ribi-Forclaz: The Latest Developments in Agricultural Knowledge and Practice from the Outside World. UNRRA's Agricultural Rehabilitation Work in Italy in the Aftermaths of the Second World War. In: Heinrich Hartmann/Julia Tischler (Hg.): Planting Seeds of Knowledge in an Agrarian World. Agriculture and Education in Rural Societies in the Twentieth Century. New York 2023, S. 72–91; Kalliopi Geronymaki: Facets of Agricultural Training and Restoration in the Villages of Northern Greek Macedonia from the Civil War to the AMAG Programs (1944–1953). In: ebd., S. 245–266.

[34] Zur Definition der *frontier* schreibt Osterhammel: Es „trat der Staat immer dort auf den Plan, wo er das Eigentum an Land garantieren musste. Der allgemeinste Beitrag von Regierungen zur Frontier-Kolonisation lag schon in der frühen Neuzeit darin, dass sie die faktische Okkupation von Land pauschal legalisierten und dabei gleichzeitig die Eigentumsansprüche der Einheimischen rundweg bestritten."; Jürgen Osterhammel: Die Verwandlung der Welt. Eine Geschichte des 19. Jahrhunderts. München [2]2009, S. 476 f. Peo Hansen/Stefan Jonsson: Eurafrica. The Untold History of European Integration and Colonialism. London 2015.

[35] Zum imperialen Hunger nach Landerschließung vgl. Alison Bashford: Global Population. History, Geopolitics, and Life on Earth. New York 2014, S. 135; in umwelthistorischer Perspektive: Corey Ross: Ecology and Power in the Age of Empire. Europe and the Transformation of the Tropical World. Oxford 2017.

Produktion pro Flächeneinheit dazugewonnenen Landes wurde also immer marginaler.[36] Bodenerosion und Versalzung stellten in zunehmendem Maße schwerwiegende Problemen dar, die die Ausschöpfung des landwirtschaftlichen Potenzials des Mittelmeerraumes grundsätzlich infrage stellten.[37] Dennoch wurde, insbesondere in den krypto- und postkolonialen Diskursen der frühen Nachkriegszeit, Landreform geradezu zu einer Ideologie einer „comprehensive land usage".

Diese Überlegungen zur Landreform, die praktisch in allen Ländern rund um das Mittelmeer vehement diskutiert wurden, konnten nahtlos an internationale Diskussionen anschließen. Das Programm der Landreform war dabei keineswegs auf eine sozialistische Vision beschränkt. Vielmehr fanden Ansätze einer solchen Politik, die sich aktiv mit den Bedürfnissen der bäuerlichen Landbevölkerung auseinandersetzte, auch ihren Weg in die Programmatik des *New Deal* und der damit verbundenen Reformvorhaben der US-Regierung unter Präsident Roosevelt.[38] Im von Siedlungs- und Erschließungsprojekten geprägten US-amerikanischen Kontext hielten sich die realen Forderungen nach Bodenumverteilung – abgesehen von der indianischen Bevölkerung des Mittleren Westens – allerdings zunächst in Grenzen. Doch spätestens mit der Ausweitung der Prinzipen des *New Deals* auf den Rest der Welt im Rahmen der entwicklungspolitischen Ansätze der Truman-Regierung wurde die Forderung nach einer Reform landwirtschaftlicher Besitzverhältnisse zu einem häufig zitierten politischen Konzept, das gerade auch von den „Ingenieuren der Dekolonisierung" als Schlüsselthema aufgegriffen wurde. Ökonomen wie W. Arthur Lewis stellten die Bodenreform in den Mittelpunkt ihrer Überlegungen zur Produktivitätssteigerung einer international vernetzten Landwirtschaft.[39] Dabei wurde „Planung" zum Scharnier, das landwirtschaftliche und industrielle Entwicklungen miteinander verband. Aus der Planungslogik heraus entstand zudem die Notwendigkeit einer stärkeren statistischen Erfassung und Visualisierung landwirt-

[36] Für die Türkei vgl. etwa Reşat Aktan: Problems of Land Reform in Turkey. Paper Held at the Third Conference on Agricultural Aspects of Economic Development. Istanbul 1964; NARA College Park, Record Group 286, Entry No. 966 „USAID Turkey/Agricultural Divison 1965–1975", Box 3.

[37] Joachim Radkau: Natur und Macht. Eine Weltgeschichte der Umwelt. München 2002, S. 160–164; Manuel Gonzalez de Molina: The Limits of Agricultural Growth in the Nineteenth Century. A Case Study from the Mediterranean World. In: EH 7 (2001), S. 473–499; Alfred T. Grove/Oliver Rackham: The Nature of Mediterranean Europe. An Ecological History. New Haven/London 2001.

[38] Daniel Immerwahr: Thinking Small. The United States and the Lure of Community Development. Cambridge, MA 2015, S. 45 f.

[39] Unger: Development (wie Anm. 12), S. 109; D'Onofrio/Serra: Arthur Lewis (wie Anm. 12), S. 157–164.

schaftlicher Produktivität und der entsprechenden Bodenverhältnisse.[40] Bodenerträge berechnen und zuordnen zu können, setzte deren Fixierung an und Zuordnung zu einem bestimmten Besitzer voraus. Neue statistische Dispositive zwangen damit auch dazu, in festen Besitzformen zu denken.[41]

Zu den strukturellen Argumenten für die Notwendigkeit landwirtschaftlicher Reform im Moment der Dekolonisierung kam hinzu, dass auch die Frage der Produktivität zunehmend unterschiedlich diskutiert wurde: Während in der frühen Nachkriegszeit zunächst der Trend hin zu hochmechanisierten agrarischen Großbetrieben ging, die als Wundermittel im Hinblick auf die agrarische Produktionssteigerung galten, wurde diese Annahme in den weiteren Nachkriegsjahrzehnten in Zweifel gezogen. Insbesondere galt dies für die Produktion von vornehmlich für den Export bestimmten *cash crops*, wie der Baumwolle, deren Herstellung trotz des Einsatzes von Landmaschinen aufwendig blieb, was mittelgroße Produktionsstrukturen begünstigte.[42]

In Bezug auf den Mittelmeerraum kritisierten etwa Institutionen wie die *Food and Agriculture Organization* (FAO) das dort etablierte Großgrundbesitzertum, das durch die Betonung von Investment und Mechanisierung in der Nachkriegszeit noch weiter an Bedeutung zugelegt hatte. So schrieb 1960 Egon Glesinger für die FAO: „It is little wonder that production patterns are inflexible or that improved techniques are slow to spread. [...] Such reforms must include provisions for the redistribution of large holdings to peasants who are landless or whose holdings are extremely small, and for strengthening the position of the tenants. Redistribution will probably have to affect no less than 50 million acres, that is, a fifth of the cropland throughout the region.“[43] Eine nachhaltige und schnelle Modernisierung ließ sich seiner Ansicht nach also vor allen Dingen durch kleine Betriebe erreichen, denn diese seien in der Lage, Innovation schneller und effizienter umzusetzen. Die Lösung des Problems der Landkonzentration und der Entkopplung kommerzieller großlandwirtschaftlicher Betriebe von der kleinteiligen Subsistenzlandwirtschaft könne nur durch eine Reform der Bodenbesitzrechte erreicht werden.

[40] Gespiegelt etwa in den internationalen Ambitionen zur Darstellung des globalen landwirtschaftlichen Potenzials: Perrin Selcer: Fabricating Unity. The FAO-UNESCO Soil Map of the World. In: HSR 40 (2015) 2, S. 174–201.

[41] Für den französischen Fall etwa greifbar bei Nadine Vivier (Hg.): The Golden Age of State Enquiries. Rural Enquiries in the Nineteenth Century. From Fact Gathering to Political Instrument. Turnhout 2014.

[42] Koray Çalışkan: Market Threats. How Cotton Farmers and Traders Create a Common Market. Princeton 2010.

[43] Egon Glesinger: The Mediterranean Project. In: Scientific American 203 (1960) 1, S. 86–105, hier: S. 98.

Voraussetzung für eine Reflexion der Reformmöglichkeiten der Bodenbesitzverhältnisse war wiederum ein vertieftes Verständnis davon, was Bodenbesitz in nicht-westlichen Gesellschaften, in denen andere Begriffe und Praktiken der Nutzung und Verfügung über Boden vorherrschten, überhaupt bedeutete.[44]

Das ländliche Mittelmeer verstehen – Traditionen einer ethnologischen Raumkonstruktion

Der ländliche Mittelmeerraum ist in mehrfacher Hinsicht durch die kolonial-ethnologischen Diskurse des 20. Jahrhunderts nicht nur beschrieben, sondern auch in seinen Strukturen geprägt und verändert worden. Das gilt insbesondere für die französischen sozialwissenschaftlichen Traditionen: In der positivistischen Schule spielte die ethnografische Unterscheidung Mittel- und Westeuropas von einem als das „kulturell andere" interpretierten Mittelmeerraum eine wichtige Rolle. Für einige der Begründer sozialwissenschaftlicher Theorien in Frankreich wie Auguste Comte, Fustel de Coulanges oder Emile Durkheim war dieser Gegensatz konstitutiv und sie machten ihn zum Gegenstand ihrer Analyse.[45] Ebenso wichtig, von der historischen Forschung aber bislang weitgehend vernachlässigt, war der Einfluss seitens der kolonial geprägten französischen *ingénierie sociale*, der in fast allen Mittelmeeranrainerstaaten, vor allem aber im nordafrikanischen Maghreb große Wirkmacht auf die Genese der dortigen Sozialwissenschaften hatte.[46] In den Hochtagen der französischen kolonialen Besatzung begannen Angehörige des Militärs sich aktiv mit der lokalen Kultur auseinanderzusetzen und versuchten auch neue Wege für koloniale Modernisierungspolitiken zu beschreiben.[47]

Gleichzeitig rezipierten zunehmend Akademiker aus dem gesamten Mittelmeerraum die französische Schule der *Réforme Sociale*, eine Bewegung, die ihren Ausgang in der katholisch-konservativen Soziallehre von Frédéric Le Play hatte. Im

[44] Frank Uekötter hat jüngst in seiner globalen Umweltgeschichte bereits auf die postkolonialen Dimensionen des Problems und die divergierenden Rechts- und Eigentumsvorstellungen hingewiesen, die damit einhergehen; Frank Uekötter: Im Strudel. Eine Umweltgeschichte der modernen Welt. Frankfurt a. M. 2020, S. 96–107.

[45] Emile Durkheim: The Elementary Forms of Religious Life. New York 1997 [EA: 1912]; Ben-Yehoyada: Mediterraneanist Anthropology (wie Anm. 17); Enes Kabakçı: Entre l'universel et le national. Les usages du positivisme dans l'Empire ottoman. In: Güneş Işıksel/Emmanuel Szurek (Hg.): Turcs et Français. Une histoire culturelle, 1860–1960. Rennes 2014, S. 99–114.

[46] Emmanuelle Saada: Nation and Empire in the French Context. In: George Steinmetz (Hg.): Sociology and Empire. The Imperial Entanglements of a Discipline. Durham 2013, S. 321–339.

[47] George Steinmetz: The Colonial Origins of Modern Social Thought. French Sociology and the Overseas Empire. Princeton 2023, S. 63–74.

Zentrum dieser Schule stand das nach Le Plays Tod gegründete *Musée Social* in Paris, das mehr als Forschungsinstitution einer höchst idiosynkratisch-technokratischen Community von sozialwissenschaftlich interessierten Ingenieuren, Unternehmern und Technikern, denn als Museum angesehen werden kann.[48] Im Mittelpunkt der Arbeit an dieser Schule stand die „monografische Methode" – eine Art verstehender Sozialwissenschaft, mittels derer einzelne soziale Gebilde (etwa Dörfer) geschlossen und „dicht" beschrieben werden sollten, um so deren Eigenheiten als ein Ineinandergreifen von sozialen Strukturen und kultureller Normen zu verstehen.[49] Gewisse Ähnlichkeiten mit der etwa gleichzeitig im kolonialen Kontext entstehenden malinkrodtschen holistischen Perspektive auf indigene Kulturen sind dabei nicht von der Hand zu weisen. Was die *Réforme Sociale* allerdings von jener deutlich unterschied, war die immanente Praxisbezogenheit: Es ging ihren Vertretern keineswegs darum, wissenschaftliche Erkenntnis um ihrer selbst willen zu erlangen, vielmehr sollte das Verständnis für kulturelle Eigenheiten lokaler Bevölkerungen den Ausgangspunkt zur Reform der Lebensverhältnisse darstellen.

Als Institution begann das *Musée Social* nach 1900 zunehmend auch Sozialwissenschaftlerinnen und Sozialwissenschaftler aus den Kolonien sowie aus dem gesamten Mittelmeerraum anzuziehen, für die Paris zu einer der wohl wichtigsten akademischen Reiseziele wurde.[50] Spanische, türkische, italienische, tunesische, ägyptische und marokkanische Forscherinnen und Forscher griffen die Ansätze der *Ecole de réforme sociale* auf, entwickelten diese fort und beeinflussten damit wesentlich die sozialwissenschaftliche Institutionalisierung in vielen Mittelmeeranrainerstaaten.[51] Als das Interesse an der Anthropologie des Mittelmeerraumes in

[48] Ebd., S. 148–152; Janet Horne: A Social Laboratory for Modern France. The Musée Social and the Rise of the Welfare State. Durham 2004; Themenhefte „L'influence de Le Play en Espagne" (= Les études sociales 129 [1999] 1) und „Voyage d'expertise" (= Les études sociales 129 [1999] 2); Bernard Kalaora/Antoine Savoye: Les inventeurs oubliés. Le Play et ses continuateurs aux origines des sciences sociales. Seyssel 1989; Colette Chambelland (Hg.): Le Musée social en son temps. Paris 1998; Antoine Savoye/Frédéric Audren (Hg.): Naissance de l'ingénieur social. Les ingénieurs des mines et la science sociale au XIXe siècle. Paris 2008, S. 9–22; Hamit Bozarslan: Importer et nationaliser. Circulation des savoirs et des sciences sociales en Turquie (XIXe-XXe siècles). In: Eberhard Kienle (Hg.): Les sciences sociales en voyage. L'Afrique du Nord et le Moyen-Orient vus d'Europe, d'Amérique et de l'intérieur. Aix-en-Provence 2010, S. 79–92.

[49] Antoine Savoye: Une observatoire de l'économie rurale. La section agricole du musée social (1900–1914). In: Vie sociale 7 (2014), S. 31–42.

[50] Kalaora/Savoye: Inventeurs (wie Anm. 48).

[51] Eine ähnliche Verbindung hat Timothy Mitchell für die Entdeckung der Figur des ägyptischen Bauern in der spätkolonialen Zeit und dessen Wiederentdeckung im Rahmen eines besonderen Interesses für die ägyptischen Dörfer als geschlossener und ahistorischer Sozialstruktur analysiert; Timothy Mitchell: The Invention and Reinvention of the Egyptian Peasant. In: IJMES 22 (1990) 2, S. 129–150.

den frühen Nachkriegsjahren schließlich auch auf Seiten britischer und amerikanischer Forscherinnen und Forscher deutlich wuchs, waren viele der wissenschaftlichen Netzwerke vor Ort bereits von dem in Paris gelehrten technokratischen und positivistischen Verständnis der Sozialwissenschaften geprägt. Die Bedeutung der französischen Tradition einer sozialwissenschaftlich reflektierten und ethnografisch inspirierten Version der Modernisierungstheorie hat bislang bei der Erforschung der Genese der entwicklungspolitischen Ansätze der Nachkriegszeit nur wenig Beachtung gefunden. Sie trug aber zweifelsohne dazu bei, dass Ethnologie und Sozialwissenschaft nach 1945 im Mittelmeerraum schnell eine wichtige Rolle spielten.

Nachdem die ethnologische Forschung zum Mittelmeerraum noch im frühen 20. Jahrhundert im Schatten der Untersuchung der Kolonien stand,[52] trat sie in den Jahrzehnten nach dem Zweiten Weltkrieg quasi das Erbe der Kolonialanthropologie an.[53] Nicht nur persönlich fanden einige Ethnologinnen und Ethnologen in der Erforschung mediterraner Gesellschaften eine Fortsetzung ihrer professionellen Aktivitäten, die durch die Dekolonisierung einen Knick erlitten hatten,[54] auch die Methoden und Paradigmen der Forschungen, die nun von Ethnologinnen und Ethnologen im Mittelmeerraum betrieben wurden, spiegelten den starken kolonialen Einfluss in der Epistemologie wider. Insbesondere galt dies für den Strukturfunktionalismus, der letztlich eine materialistische Lesart kultureller Werte und Normen darstellte und der in der frühen Nachkriegszeit zum beherrschenden ethnologischen Paradigma avancierte.[55] Allerdings erschöpfte sich diese Übersetzung kolonialer und postkolonialer Paradigmen auf den mediterranen Raum nicht in einem bloßen Transfer. So hat Ute Schneider am Beispiel des Geografen Heinrich Schiffers eingehend dargelegt, wie sich die *mental map* des afrikanischen Kontinents dieses Forschers im Zuge der Dekolonisierung von der Frage kolonialer Zentren hin zur Lebenswelt des ruralen Hinterlandes verschob.[56] Eine solche „epistemologische De-

[52] Ben-Yehoyada: Mediterraneanist Anthropology (wie Anm. 17).

[53] Yamina Dir: Bilder des Mittelmeerraumes. Phasen und Themen der ethnologischen Forschung seit 1945. Münster 2005; Albera: Anthropology (wie Anm. 17).

[54] Diesen Transfer könnte man anhand einer Reihe von Personen beschreiben. Zu den frühen Beispielen zählt etwa Edvard Westermarck, später dann die wichtigen Mittelmeeranthropologen John Peristiany und Julian Pitt-Rivers. Eine solche Entwicklung wäre aber auch später etwa für Clifford Geertz' Weg von den Forschungen in Indonesien nach Marokko zu belegen.

[55] Peter Mandler: Deconstructing „Cold War Anthropology". In: Joel Isaac/Duncan Bell (Hg.): Uncertain Empire. American History and the Idea of Cold War. Oxford 2012, S. 245–266; Thilo Neidhöfer: Arbeit an der Kultur. Margaret Mead, Gregory Bateson und die amerikanische Anthropologie. Bielefeld 2021, S. 107–113.

[56] Ute Schneider: Dimensions of Remapping. Heinrich Schiffers and his Mental Map of Africa. In: JCG 35 (2018) 26, S. 1–27.

kolonisierung" des anthropologischen Blicks auf den ländlichen Mittelmeerraum verband sich etwa mit einem immer stärkeren Interesse an dessen statistischer Erfassung.

Bei den beiden Hauptvertretern der Mittelmeeranthropologie, Julian Pitt-Rivers und John Peristiany, ist der modernisierungstheoretische Hintergrund ihrer strukturfunktionalistischen Studien zunächst nur sehr vermittelt zu erkennen. In der Untersuchung von „Ehre" und „Schande" als zentrale Themen mediterraner Kulturanthropologie beschäftigten sich beide etwa mit der Entschlüsselung von sozialen Normen. Hierbei bildeten diese Normen für sie keineswegs nur Platzhalter, hinter denen sich materielle Konflikte verbargen, wie Pitt-Rivers in seiner Analyse andalusischer Dörfer deutlich machte: „In all these instances we can see that honour is exalted or desecrated through the physical person and through actions related to it which are not merely symbolic representations of a moral state of affairs, but are what we might otherwise infer they represent, that is to say, they are transactions of honour – not the bill of goods, but the goods themselves."[57]

Für Pitt-Rivers standen in der ländlichen Gesellschaft Anatoliens Auseinandersetzungen über die „Ehre" also nicht anstelle von anderen sozialen Konflikten, sondern diese selbst stellte ein ökonomisches Gut dar, das tausch- und handelbar war. Peristiany kam in seiner Beschäftigung mit griechisch-zypriotischen Dörfern zu ganz ähnlichen Ergebnissen.[58] Für beide war die *moral economy*, die sie als Denkkategorie auf die betrachteten Gesellschaften anwendeten, mehr als nur eine „versteckte" Form, wirtschaftliche Konflikte auszutragen. Sie war vielmehr eine parallele und alternative Form von Wirtschaftlichkeit, die das Verhältnis von Mitgliedern einer spezifischen Gesellschaft bestimmte, ohne die Frage des „Status" am Besitz an wirtschaftlichen Gütern allein festzumachen.

Diese ethnologische Schule arbeitete deutlich den Unterschied zwischen Besitz- und Nutzungsrechten heraus, in denen nun auch die Besonderheiten einer moralischen Ökonomie neu zum Tragen kamen: So war etwa die Frage der Nutzung von Weideland für die Schafe von bestimmten Familien, eine, in der Ehrregime eine zentrale Rolle spielten. Beispielsweise führt Pitt-Rivers den Fall eines kognitiv beeinträchtigten Sohnes einer Bauernfamilie an, der als Kuhhirte das Land des Nachbarn mitnutzte, aber niemals für diese Besitzverletzung belangt wurde. Pitt-Rivers schließt daraus: „Encroachment upon pasture is one of the causes of quarrels in which the honour of both parties becomes involved, but in this case it is not so."[59]

[57] Julian Pitt-Rivers: The Fate of Shechem of the Politics of Sex. Essays in the Anthropology of the Mediterranean. Cambridge 1977, S. 5.
[58] John G. Peristiany: Honour and Shame in a Cypriot Highland Village. In: ders. (Hg.): Honour and Shame. The Values of Mediterranean Society. Chicago 1965, S. 171–190.
[59] Pitt-Rivers: Fate (wie Anm. 57), S. 33.

Die dörfliche Gemeinschaft bildete damit ein Gegenmodell in der Überwachung einer moralischen Nutzung knapper Ressourcen zur staatlichen Verwaltung. Die Regime von Ehre und Schande waren essenzielle Währungen in dieser Ökonomie, durch die sie wiederum für Außenstehende schwer zu entschlüsseln waren.[60] Aus dieser Perspektive erklärte sich auch Pitt-Rivers Interpretation der kolonialen Landnahme im Mittelmeerraum: Auch wenn ein solcher Akt der gewaltvollen Besitznahme von Land fast überall in der Region eine Rolle gespielt habe, habe er nur wenig Bedeutung für die konkrete Nutzung des Bodens gehabt. Lokale Gesellschaften hätten sich als weitgehend resilient gegen die koloniale Vereinnahmung gezeigt und das lokale Regelwerk zur gemeinschaftlichen Verwaltung und Nutzung des Bodens sei von der territorialen Kolonialpolitik nur wenig berührt worden.

Von der kulturellen Idiosynkrasie zu einer neuen Entwicklungslogik als Grundlage des Handelns

Im Kontext der Beschäftigung mit mediterraner Entwicklung gerieten gerade auch die Übergangspunkte in den informellen Ökonomien ländlicher Gesellschaften in den Blick, insbesondere die juristische Umschreibung von Vererbung und Mitgift, durch die etwa temporäre Bodennutzungsrechte neu verhandelt und stark mit der moralischen „Währung" von Ehre und Schande in Kontakt gebracht wurden. Anhand des postkolonialen Ägyptens zeigte Alaa M. Abou-Zeid, dass in den Trockengebieten Nordafrikas häufig nicht Bodennutzung oder -besitz umstritten war, sondern vielmehr der Zugang zu Wasserressourcen, der wiederum durch ein Geflecht von familiären Nutzungsrechten gesteuert wurde.[61] Ernestine Friedl gelang es, anhand des von ihr untersuchten Falles des griechischen Dorfs Vasilika das Begriffspaar von Ehre und Schande mit den Fragen von Agrarreformen zu verbinden, indem sie auf den Zusammenhang von Vererbungsregimen und der Bereitschaft zu technologischer Innovation hinwies.[62] Die beiden genannten Studien gingen deutlich über eine reine Beschreibung kultureller Eigenheiten hinaus. Sie verdeutlichten die Einbettung ethnologischer Diskurse in die neuen modernisierungstheoretisch regierten Episteme der Sozialwissenschaften in der Nachkriegszeit.[63] Dies galt

[60] Ebd., S. 30.

[61] Alaa M. Abou-Zeid: Migrant Labour and Social Strucutre in Kharga Oasis. In: Julian Pitt-Rivers (Hg.): Mediterranean Countrymen. Essays in the Social Anthropology of the Mediterranean. Paris 1963, S. 41–54.

[62] Ernestine Friedl: Some Aspects of Dowry and Inheritance in Boeotia. In: Pitt-Rivers (Hg.): Countrymen (wie Anm. 61), S. 113–135.

[63] Steinmetz: Colonial Origins (wie Anm. 47), S. 70–73; Mark Solovey: Cold War Social Science. Specter, Reality, or Useful Concept? In: ders./Hamilton Cravens: Cold War Social Science. Basing-

umso mehr, je stärker virulente ökonomische Krisen Bestandteile der ethnologischen Analyse wurden. Im Kontext der Nachkriegsjahrzehnte bedeutete dies, dass die kulturanthropologische Semantik, etwa die Begriffe von Ehre und Schande, schnell in der Forschung in handfeste Konflikte übersetzt wurde. Dies galt vor allem in Zeiten politischer und ökonomischer Krisen im östlichen und südlichen Mittelmeerraum, insbesondere aber im sich dekolonisierenden Maghreb.

In den 1960er- bis 1980er-Jahren gehörte Pierre Bourdieu mit zu den Forschenden, die sich am intensivsten mit den Perspektiven einer Mittelmeerethnologie beschäftigten. In den einschlägigen ethnologischen Sammelbänden der Mittelmeerforschung war er stets vertreten. Bourdieu wird zwar selten zu den Modernisierungstheoretikern der Nachkriegszeit gezählt, doch beschäftigte er sich seit seiner Studie zu den algerischen Berberstämmen auch mit entsprechenden Fragestellungen. Was er später als transkulturelle und diachron vergleichende Analyse des menschlichen Habitus zu einer hochverallgemeinerten Untersuchung menschlicher Handlungspraxis zusammenfassen sollte, war zunächst das Ergebnis einer ethnografischen Beobachtung des „anderen", die relativ klar von den Unterentwicklungsparadigmen der frühen Nachkriegszeit geprägt war.[64]

Bourdieus Grundnarrativ, das sich aus der Einbettung in die historischen Kontexte der gewaltvollen Dekolonisierung Nordafrikas sowie der ökologischen Ressourcenverknappung durch die Verwüstung der peripheren Landstriche der europäischen Landwirtschaft ableitete, war pessimistisch. Die Dispositionen nomadischer Verwaltung gemeinsamer Bodennutzungsrechte, wie sie durch die Normen der kabylischen Gesellschaft definiert wurden, scheiterten seiner Ansicht nach an den Herausforderungen der Moderne: an der Ökologie, der Gewalt sowie der Modernisierung der Landwirtschaft.[65] Die Übernutzung des Bodens sah er als das Ergebnis der Konfrontation mit neuen staatlichen Verwaltungsregimen und der Einführung von Zäunen und Grenzen an.

Mit seiner Analyse der kabylischen Dorfgemeinschaft ging Bourdieu in der materiellen Lesart kultureller Codes besonders weit: Er analysierte die Bauerndörfer des kabylischen Maghreb in gewisser Weise mithilfe des foucaultschen Konzepts

stoke 2012, S. 1–22; Mark Solovey/Christian Dayé: Introduction. Cold War Social Science, Transnational Entanglements. In: dies. (Hg.): Cold War Social Science. London 2021. Für eine Diskussion der komplexen Rolle von Sozialwissenschaftlerinnen und Sozialwissenschaftlern in der frühen Phase des Kalten Kriegs, gerade im Hinblick auf den Mittleren Osten vgl. Matteo Bortolini: The Grudging Modernizer. A Trip to the Middle East and Cold War Social Science. In: Minerva 59 (2021), S. 261–284.

[64] Loïc Wacquant: Following Pierre Bourdieu into the Field. In: Ethnography 5 (2004), S. 387–414; Steinmetz: Colonial Origins (wie Anm. 47), S. 315–346.

[65] Pierre Bourdieu/Abdelmalek Sayad: Uprooting. The Crisis of Traditional Agriculture in Algeria. Cambridge 2020 [EA 1964].

des Heterotops *avant la lettre*. So sprach er von einem „Microcosme organisé selon les mêmes oppositions et les mêmes homologies qui ordonnent tout l'univers", durch den Haus und Dorf in einem homologen Verhältnis zum Rest der Welt stünden.[66]

Das dem Individuum Übergeordnete war bei Bourdieu somit das Dorf. Wer außerhalb der Dorfgrenzen Land nahm, verstieß demnach gegen die Regeln der Gemeinschaft. Kulturelle Werte und Normen, und damit auch das vermutete Regime von Ehre und Schande, definierten das Verhältnis zwischen dem Eigenen und dem „anderen". Es war also nicht die Opposition von Privatem versus Öffentlichem, die Bourdieu in seiner Analyse ländlicher Gesellschaften des Mediterraneums beschäftigte, sondern der Gegensatz zwischen dem kollektiv bewirtschafteten Land und der „Leere", in der der Mensch nichts zu suchen habe. Das Verhältnis des Menschen zur Umwelt wird bei ihm regiert von einer durch Riten symbolisierten Positionierung und Grenzziehung, durch die der Übergang von einer legitimen Welt der Bodennutzung zur illegitimen Beanspruchung der Leere verhandelt wird. Die Gegensätze zwischen einer solchen Auffassung und der Bodenerschließungsideologie der Nachkriegszeit, die ja gerade in den *wastelands* das zu nutzende Potenzial sah, liegen auf der Hand. Daraus resultierte ein tragisches Narrativ, nach dem die traditionelle Gesellschaft an den Verwaltungsdispositiven der Nachkriegszeit eigentlich nur scheitern konnte – und dies auch tat. Die Festlegung von Bodennutzungsrechten und die spätkolonialen Gewaltregime standen in engem Zusammenhang und die vulnerablen nomadischen Bevölkerungen konnten ihrerseits dieser Dominanz nur auf eine Weise begegnen: durch stärkere Nutzung der sie umgebenden Natur. Diese wurde somit zur eigentlichen Leidtragenden der kolonialen Verwaltungspraktiken von Bodenbesitzrechten – einer Politik, die auch von den postkolonialen Staaten Nordafrikas weitergeführt wurde.[67]

Pierre Bourdieu sah in seinen Arbeiten zu den algerischen Bauern aus den 1960er-Jahren einerseits einen autobiografischen Akt, in dem er sich mit seiner Kindheit in der südfranzösischen ländlichen Gesellschaft auseinandergesetzt habe, anderseits stellte er die Studien in den Zusammenhang mit seiner politischen Positionierung in Zeiten des eskalierenden Algerienkriegs und den strukturellen Verschiebungen im Kontext der Unabhängigkeit.[68] Bourdieus Positionen waren allerdings auch Teil einer entwicklungspolitischen Konjunktur mit deutlichem modernisierungstheoretischen Einschlag, in der er etwa mit Jean-Claude Passeron auch

[66] Pierre Bourdieu: Esquisse d'une théorie de la pratique, précédée de trois études d'ethnologie kabyle. Paris 1972, S. 71.

[67] Bourdieu/Sayad: Uprooting (wie Anm. 65), S. 126–128; dies.: Colonial Rule and Cultural Sabir. In: Ethnography 5 (2004), S. 445–486.

[68] Pierre Bourdieu: The Peasant and his Body. In: Ethnography 5 (2004), S. 579–599.

Studien für internationale Organisationen erstellte.[69] Es wäre zwar unzutreffend, Bourdieus Untersuchungen nur als Teil eines solchen modernisierungstheoretischen Diskurses aufzufassen, zu sehr versuchte er immer wieder selbst, sich allzu simplen Operationalisierungen seiner Thesen zu entziehen. Dennoch blieben auch seine Forschungen in Algerien epistemologisch eng in die Projekte des *social engineering* von unterentwickelten Gesellschaften im Kontext der spät- und postkolonialen Entwicklungspolitiken verwoben.

Von der Analyse realer Besitzverhältnisse – Übersetzungen ethnologischer Forschungsparadigmen

Die erwähnten Traditionen der Wahrnehmung prägten die Ethnologie der Nachkriegsjahrzehnte. Diana K. Davis hat den *environmental orientalism* analysiert, der in Bezug auf die vulnerable Umwelt des Mittelmeerraumes und von Regionen mediterranen Klimas eine besondere Wirkmächtigkeit erzielte: Die ökologischen Bedingungen zwangen Bevölkerungsteile in neue Abhängigkeiten und Produktionsregime, als Alternative drohte der Wegfall der Existenzgrundlage.[70]

Bei Weitem nicht alle Ethnologinnen und Enthnologen, die zum Mittelmeerraum forschten, arbeiteten auch mit einem spezifisch „mediterranen" Blick, der den Raum als Ganzes sah. Doch griffen auch sie kennzeichnende Elemente wie die strukturelle Rückständigkeit, die Ahistorizität und die informelle Dimension von Besitzverhältnissen in nomadischen und halbnomadischen Gesellschaften immer wieder auf und stellten damit eine Verbindung zur Frage nach einer mediterranen kulturellen Besonderheit her. Dies galt insbesondere für das Genre der „Dorfmonografien", das sich etwa ab den 1930er-Jahren in der Türkei etabliert hatte und als eine Art populärer Wissenschaftspraxis die Methoden und Zielrichtungen soziologischer Untersuchungen einem breiten Publikum von Lehrerinnen und Lehrern oder anderen interessierten Laien zugänglich machte.[71] Diese nahezu enzyklopädi-

69 Bourdieu und Passeron entziehen sich der Aufgabe, eine vergleichende Bewertung der Erziehungssysteme im Mittelmeerraum zu schreiben, indem sie eher auf die jeweilige Bedingtheit intellektueller Tätigkeit in den einzelnen Ländern selbst abheben; vgl. hierzu auch Craig Calhoun: Pierre Bourdieu and Social Transformation. Lessons from Algeria. In: Development and Change 37 (2006), S. 1403–1415, hier: S. 1406.

70 Diana K. Davis: Resurrecting the Granary of Rome: Environmental History and French Colonial Expansion in North Africa. Athens, OH 2007; Radkau: Natur (wie Anm. 37), S. 160–164.

71 Die erste Studie dieser Art wurde 1938 zum Dorf Evedik geschrieben: Sadri Aran: Evedik Köyü. Bir Köy Monografisi. Ankara 1938; hierauf folgte eine Vielzahl weiterer Studien, von denen manche zu Klassikern der türkischen Soziologie geworden sind, etwa Niyazi Berkes: Bazı Ankara Köyleri üzerinde bir araştırma. Ankara 1942; Behice Sadık Boran: Toplumsal Yapı Araştırmaları. İki

schen Erfassungsversuche des dörflichen Lebens in der Türkei waren inspiriert von einem positivistischen Wissenschaftsverständnis, in dem die Frage des Grundeigentums durchgehend als zentrales Element in der sozioökonomischen Typologisierung des Dorfes beschrieben wurde. Die Beschreibung der Besitzverhältnisse, der Betriebsgrößen und der kollektiven Bewirtschaftungsformen nahmen breiten Raum ein, unter anderem, da viele der Dorfsoziologinnen und -soziologen der Zwischen- und frühen Nachkriegszeit mit sozialistischen und kollektivistischen Ideologien sympathisierten. Auch die Frage einer Bodenreform bildete damit jeweils einen wichtigen Subtext in den türkischen sozialwissenschaftlichen Arbeiten dieser Zeit. Zugleich waren die Forscherinnen und Forscher durch ihre meist quantitative Methode stark an formal-ökonomischen Prozessen interessiert, auch wenn sie die Datengrundlage für deren Untersuchung durch teilweise höchst aufwendige eigene Interviewprojekte erst selbst schaffen mussten.[72]

Von der internationalen Forschung wurde diese besondere Herangehensweise der türkischen sozialwissenschaftlichen Forschung stark rezipiert. Es bildete sich in den 1950er- bis 1970er-Jahren eine internationale Soziologie der türkischen Dörfer, die sich in ihren Methoden und Fragestellungen eng an den sozialwissenschaftlichen Eklektizismus der türkischen Dorfsoziologie anlehnte. Einer der prominentesten Vertreter dieser internationalen Perspektiven auf das türkische Dorf war der britische Sozialanthropologe Paul Stirling, dessen Forschungen zu den beiden Dörfern Elbaşı und Sakaltutan von dem Bemühen um ein Verständnis der komplexen Grundbesitzbeziehungen gekennzeichnet war. Stirling gehörte gleichzeitig zur ersten Generation von Forschenden um Pitt-Rivers und Peristiany, die sich explizit mit dem mediterranen Paradigma der ethnologischen Forschung auseinandersetzte. Immer wieder stellte Stirling in seiner Analyse des türkischen Dorfes die wenig trennscharfen Abgrenzungen von kollektivem und Privateigentum fest, die Fall für Fall von den Dorfeliten überwacht wurden. Zeitgleich mit Bourdieus Forschungen zu Algerien, wenn auch mit einem ganz anderen Hintergrund, strich Stirling heraus, dass nicht der Gegensatz von Privateigentum und lokalem Gemeinschaftsbesitz die entscheidende Trennlinie sei, sondern die zwischen dem Dorf und der Außenwelt. Anders gesagt: Wem im Dorf welcher Boden gehörte war nachrangig, viel wichtiger war, dass der Grund nicht an außerhalb des Dorfes Lebende veräußert

Köy Çeşidinin Mukayeseli Tetikiki. Ankara 1945; İbrahim Yasa: Hasanoğlan Köyü'nün İçtimaî -İktisadî Yapısı. Ankara 1955. Hierzu vgl. Heinrich Hartmann: Eigensinnige Musterschüler. Ländliche Entwicklung und internationales Expertenwissen in der Türkei (1947–1980). Frankfurt a. M. 2020; Sinan Yıldırmaz: Politics and the Peasantry in Turkey. Social History, Culture and Modernization. London 2017.

[72] Yasa: Hasanoğlan Köyü'nün (wie Anm. 71).

wurde.[73] Das ganze Konzept von Privatbesitz war in den von ihm untersuchten Dörfern abhängig von kollektiven Absprachen, etwa in Bezug auf die Bewirtschaftungsform oder die regelmäßige Brache, die von der Gemeinschaft zu regeln waren.

Entsprechend wenig Aussagekraft besaßen Eigentumsurkunden. Sie waren häufig völlig veraltet. Sie im Erbfall zu erneuern, stellte zwar eine gesetzliche Pflicht dar, dieser wurde aber aufgrund der hohen Kosten, wie auch aufgrund der mangelnden Kontrolle praktisch nicht nachgekommen. Unter den Dorfbewohnern galt folglich eine offizielle Besitzurkunde wenig und hatte nur geringen Aussagewert in Bezug auf die realen Besitzverhältnisse. Dies machte deren Bestimmung zu einer höchst komplexen Angelegenheit. Hohe Aussagekraft wurde unter anderem den Steuerbelegen beigemessen, denn wer Steuern für ein Stück Land zahlte, war sehr wahrscheinlich auch dessen Besitzer. Die Übernahme dieser Steuerlast kam im Umkehrschluss einem Erwerbsakt gleich. Daneben galt aber auch der Nachweis, dass eine Person den Boden über eine Zeitspanne von 20 Jahren regelmäßig bearbeitet hatte, als Beleg für deren berechtigten Besitzanspruch.

Eine formalrechtliche Regulierung in Form eines regulären Katasterwesens, wie es der türkische Staat etwa mit einer Befragung zu den Besitzverhältnissen im Jahr 1938 intendiert hatte, war dagegen zum Scheitern verurteilt. Dies war unter anderem deswegen der Fall, weil kaum ein Dorfbewohner über die nötige Bildung verfügte, sein Land wirklich vermessen und beziffern zu können, stattdessen wurde es zumeist eher narrativ beschrieben. Stirling stellte darüber hinaus fest, dass nicht mal die Flächenmaßeinheiten wirklich fest waren und je nach Bodenverhältnissen und Landesteilen voneinander abwichen. Hierdurch wurde es fast unmöglich, reale Besitzverhältnisse zu beziffern. Die Flächenmaßeinheit *dönüm* (häufig in englischsprachigen Übersetzungen vorschnell mit etwa einem Ar gleichgesetzt) konnte je nach Region und genauer Lage um den Faktor drei variieren.

Doch auch jenseits der Beobachtung informeller Besitzverhältnisse setzte Stirling Fragezeichen hinter die vermeintliche Eindeutigkeit ländlicher Armut und der Möglichkeit ihrer Beseitigung durch Landreform. Er führte an, dass es in den von ihm analysierten Dörfern keineswegs die *topraksız*, die Landlosen, waren, die von Armut bedroht seien. Vielmehr würden viele Landeigentümer ihr Land verpachten, da sie es aufgrund von Alter, Krankheit oder auch Mangel an Tieren und Maschinen nicht mehr selbst bearbeiten konnten. Häufig waren es, so Stirlings Schlussfolgerung, eher die Verpächter als die Pächter oder die *share cropers*, die von Armut bedroht waren.

[73] Paul Stirling: Turkish Village. London 1965, S. 48–56.

Ähnlich ambivalent beschrieb auch John Davis das Verhältnis von Prekarität und Formalisierung des Besitzes. In seiner Analyse der mediterranen Gutsherrschaft unterschied Davis grundsätzlich zwischen Grundrechten und Anbaurechten – zwei Rechte, die gerade angesichts von verbreiteter Migration weit auseinanderdriften konnten.[74] Der Kataster nahm dabei eine zentrale Stellung ein – weniger indem er materielle Fakten direkt abbildete, sondern vielmehr weil er etwa die Grundlage für die Besteuerung darstellte. Kataster waren Gegenstand von vielfältigen Manipulationen und als solche zwar sehr real, aber eben nur Zerrspiegel der Realität. In vielen Gesellschaften des Mittelmeerraumes konnte die Eintragung als Landbesitzer in früheren Jahrhunderten bestimmte Rechte mit sich bringen (etwa das Wahlrecht). Die Nichteintragung von Gütern ermöglichte hingegen gerade im 20. Jahrhundert den Bezug von Subventionszahlungen seitens der entstehenden Sozialstaaten. Die Eintragung wie auch die Nichteintragung ins Kataster war somit immer interessengeleitet und machte das Verzeichnis anfällig für Manipulationen in verschiedene Richtungen.

Untersuchungen wie die von Stirling und Davis zeigen, dass die Dorfstudien nicht allein deskriptiven Charakter hatten und dass sie nicht ohne Implikationen für die Reform agrarischer Besitz- und Nutzungsverhältnisse waren. Die Studien deuteten darauf hin, dass Reformansätze, die nur auf die formalen Besitzverhältnisse fokussierten, kaum erfolgsversprechend waren, da sie die Nutzungspraktiken und die realen Nutzungs- und Eigentumsrechte außer Acht ließen.

Eigentum im Spannungsfeld von ethnografischen und historischen Methoden

Bourdieu hatte zum Sammelband von Pitt-Rivers über die „Mediterranean Countrymen" einen Beitrag verfasst, der sich explizit mit dem Verständnis von Zeitlichkeit bei algerischen Bauern im Vergleich zu dem bei europäischen Akademikern beschäftigte. Darin hieß es: „If the scientific and technical mind, in order to take possession of the future, has recourse to rational induction founded on the knowledge of natural laws and on the postulate of determinism, the traditionalist mind assures itself of the ‚forthcoming' by attempting to fashion it, by the means at its disposal, in the image of the past, to reduce the innumerable possibilities, fraught with all the dangers of the unknown, into the experiences of the past which reassures because it is over and done with."[75]

[74] John Davis: Town and Country. In: AQ 42 (1969) 3, S. 171–185.

[75] Pierre Bourdieu: The Attitude of the Algerian Peasant toward Time. In: Pitt-Rivers (Hg.): Countrymen (wie Anm. 61), S. 55–72, hier: S. 69.

Die Grundaussage von Bourdieus Beitrag lässt sich einfach zusammenfassen: Das westliche Fortschrittsdenken sei für den Bauern in Algerien in höchstem Maße unverständlich, da sein zyklisches Zeitverständnis ihn in die Logik traditioneller Riten zwinge, in denen der Übergang von verschiedenen Jahreszeiten, aber auch der Übergang von Generation zu Generation als ständige Wiederkehr der gleichen Muster vorgestellt werde. Die eigentliche Dysfunktionalität dieses Denkens wurde für Bourdieu im Umgang mit den limitierten Ressourcen sichtbar, die dem kabylischen Bauern zur Verfügung standen: Der Erwerb neuer Tiere entsprang nach seinem Verständnis niemals einem rein ökonomischen Kalkül, sondern war gleichzeitig geleitet von dem Bestreben des Bauern, hierdurch soziales Prestige in der lokalen Gemeinschaft zu erlangen – die „Währung", die in einer nicht auf Fortschritt ausgerichteten Gesellschaft die entscheidende war. Doch genau dieser immaterielle Charakter der „Investitionsentscheidungen" der Bauern führte nach Ansicht Bourdieus zu einem rücksichtslosen Umgang mit den Ressourcen und einer Übernutzung der Flächen. Diesen Problemen könne auch die Festlegung von Eigentumsrechten nicht gerecht werden: „It is also a point of honour, *nif*, which drives the Kabyle peasant to accumulate or add to his patrimony in order to leave a heritage at least as large as that which he himself received. It is thus, for example, that land is bought at any price, even to the point of ruin, when sold by a relative so that the land will not fall into the hands of another family. In a general way, the peasant undertakes investments, when he comes to make them, not as a capitalistic entrepreneur with an eye to calculated profit, but with the income from the preceding season in mind. The surplus is chiefly devoted to the purchase of cattle. Thus the newly sedentary population of the Tell, when the harvest has been good and there is a sum of money available, buy cattle which serve for production but also afford prestige. After a good harvest the herds increase inordinately. But cultivation and stock-keeping being complementary, there follows a permanent state of war between the animal and the plant. Abundant rain extends the area ploughed at the expense and to the peril of the part reserved for the herd; a good harvest of cereals or a fruitful lambing increases the size of the herd beyond the possibilities of water and pasturage."[76]

Paul Silverstein hat in seiner Kritik von Bourdieus Analyse der *maison kabyle* die dahinterliegenden Reminiszenzen an eine Ursprungsgesellschaft als Teil einer strukturellen Nostalgie entlarvt. Insbesondere die Trope der „Entwurzelung" oder des *déracinements* stehe in einer Kontinuitätslinie der französischen Ideengeschichte, die in die Phase des Nationalismus am Ende des 19. und in der ersten Hälfte des 20. Jahrhunderts verweise, also etwa auf Maurice Barrès' Roman „Les Déra-

[76] Ebd., S. 65.

cinés“, der in der Zwischenkriegszeit zu einem der grundlegenden Texte der nationalistischen *Action française* wurde. Ideologisch gibt es wohl kaum einen weiteren Sprung als den von Barrès zu Bourdieu, doch über die von beiden gebrauchten Denkfiguren standen sie durchaus in Kontakt zueinander. Silverstein hat die von Bourdieu verwendete Methode zur Analyse des „kabylischen Hauses“ mit folgenden Worten beschrieben: „In this essay, a single, concrete social institution stands in as a synecdoche for a rooted cultural unity whose existence the ethnologist cannot (or can no longer) observe directly. Not only had the land expropriations and resulting rural-urban migration entailed by over a century of French colonization brought about sweeping changes to the Kabyle social and physical land scape, but the particular wartime conditions of forced displacement in which Bourdieu conducted his field research further guaranteed the receding of any notion of a bounded, ‚pure‘ Kabyle culture to an object of ‚structural nostalgia‘ – a modern form of social memory to a great extent shared by both Bourdieu and his informants.“[77]

Demzufolge nähme Bourdieu in seiner Untersuchung des „kabylischen Hauses“ dieses nur als Spiegel einer vergangenen und nicht mehr zugänglichen ländlichen Realität. Die Nostalgie nach vermeintlich alter „Stabilität“ sozialer Verhältnisse, so argumentiert Silverstein weiter, sei ein fester Teil des französischen Nationsbildungsprozesses gewesen, tauge aber für die Analyse mediterraner Räume wenig. Der Mittelmeerraum mit seinen kulturellen Besonderheiten bildete somit die Bühne für die Rückprojektion eines französischen Nationsbildungsprozesses. Die kabylischen Lebensgemeinschaften wurden als Gegenwelt der französischen modernen Gesellschaft inszeniert, unter anderem verkörpert durch den formalisierten Begriff von Bodenbesitz.

Doch hinter der Vorstellung der vermeintlichen Stabilität traditioneller Gesellschaftsformen verbarg sich ein nicht unwesentlicher Trugschluss, der sich aus der Entzeitlichung und Dekontextualisierung solcher kultureller Analyse ergab. Insbesondere der Faktor der Migration war ein langfristiges Charakteristikum mediterraner Gesellschaften. Im Modus des ständigen Kommens und Gehens allerdings funktioniert das Bild der Entwurzelung, wie es Bourdieu gebrauchte, genauso wenig wie das Konzept von eindeutigem, festgeschriebenem Bodenbesitz. Und auch die Präsenz struktureller Gewalt und ethnischer Konflikte setzten Fragezeichen hinter die Betonung des anthropologischen Narrativs eines kulturell vermittelten strukturellen Gleichgewichts traditioneller Gesellschaften. Insbesondere zeigten sich entsprechende Brüche durch die den Prozessen der Landkonzentration und der Bildung von agrarkapitalistischen Großunternehmen vorangegangene Phase kolonialer Gewalt sowie die im 20. Jahrhundert massenhaft durchgeführten Projek-

[77] Paul A. Silverstein: Of Rooting and Uprooting. Kabyle Habitus, Domesticity, and Structural Nostalgia. In: Ethnography 5 (2004), S. 553–578.

te von Umsiedlung und Enteignung – insbesondere dem Völkermord im Osmanischen Reich. Der in der Nachkriegszeit verbreitete ethnologische Blick bediente letztlich wohl in vielerlei Hinsicht ein affirmatives Narrativ, in dem das Dorf zum idyllischen Ort der System- und Modernisierungskritik wurde.[78] Werden die Versuche einer Bürokratisierung und Formalisierung der Bodenbesitzverhältnisse im Licht dieser Verwerfungen gelesen (und man könnte dies auch für den Mittelmeerraum als Ganzes in den Verwerfungen der ersten Hälfte des 20. Jahrhunderts zeigen), dann ergibt sich hieraus ein dramatisches Gegennarrativ zu der modernisierungstheoretisch inspirierten sozialwissenschaftlich-ethnologischen Erzählung der Nachkriegsjahrzehnte. Die Tatsache, dass die Türkei 1938 Versuche unternahm, durch eine Bodenbesitzerfassung die Eigentumsverhältnisse auf dem Lande offiziell festzuschreiben, war – wenn dieser Schritt auch nur sehr begrenzt Erfolg hatte – nicht ein beliebiger Akt kemalistischer Modernisierungspolitik. Vielmehr folgte er fast präzise zwanzig Jahre nach den dramatischen Ereignissen des Völkermordes an den Armeniern, der wiederum nur den Höhepunkt einer ganzen Reihe von gewaltvollen Pogromen und brutalen Vertreibungen darstellte, durch die die vormals offene Minderheitenpolitik des Osmanischen Reichs durch die junge Republik und deren Führer beendet wurde.[79] Zwanzig Jahre durchgehender Nutzung eines Bodens wurden 1938 als die Zeitspanne festgelegt, nach der ein zuvor informell bewirtschafteter Boden auch formell in den Besitz des Nutzers wechselte. Die Katasterreform von 1938 ließ sich also auch als Versuch der Zwangsübertragung von Eigentum oder zumindest doch der Festschreibung effektiver Realitäten lesen.

Einen solchen Zusammenhang sahen Autoren wie Stirling nicht. Das ahistorische Zeitregime, das die Analysen vieler Ethnologinnen und Ethnologen in der Nachkriegszeit kennzeichnete und in dem der Mittelmeerraum zum rückständigen

[78] Jenny White brachte dies für die türkische Dorfsoziologie und ihr eher unkritisches Verhältnis zur Regierung wie folgt auf den Punkt: „The Republican nationalist project embraced the idea that Turkey was a nation of essentially ‚Turkish‘ villages that were modernizing under the tutelage of the state.“; Jenny B. White: The Anthropology of Turkey. A Retrospective. In: Donald Quataert/Sabri Sayarı (Hg.): Turkish Studies in the United States. Bloomington 2003, S. 75–98, hier: S. 76.

[79] Für eine ökonomische Perspektive auf die Folgen des armenischen Völkermords vgl. Hamit Bozarslan: Soykirim ve Ekonomi. Ermeni ve Yahudi Soykirimlari Üzerine Bir Degerlendirme. In: Hrant Dink Vakfi (Hg.): Yok Edilen Medeniyet. Geç Osmanli ve Erken Cumhuriyet Dönemlerinde Gayrimüslimlerin Varligi. Istanbul 2017, S. 246–267; ders.: Logiques idéologiques, démographiques et économiques du génocide. In: Conseil scientifique international pour l'étude du génocide des Arméniens (Hg.): Le génocide des Arméniens. Paris 2015, S. 106–115; als eindrucksvolle Darstellung des lokalen Chaos, in dem sich diese genozidalen Ereignisse abspielten, welche zunächst gerade auf dem Lande vollkommen unklare Besitzverhältnisse mit verheerenden ökonomischen Folgen hinterließen, vgl. Hilmar Kaiser: The Extermination of Armenians in the Diarbekir Region. Istanbul 2014, S. 291–295.

zeitlosen „anderen“ Westeuropas orientalisiert und essenzialisiert wurde,[80] stand den dynamischen und gewaltvollen Erschütterungen des 20. Jahrhunderts und der Zeit davor entgegen.

Fazit

Das Scheitern des ethnologischen Blicks auf das Regime mediterraner Bodennutzungsrechte und -praktiken und damit gleichzeitig die fehlende Teilhabe eines solchen Diskurses an einem reflektierten Modernisierungsprozess ist weniger dem Scheitern am Verständnis konkreter sozialer Strukturen, als der Epistemologie einer Methode geschuldet. Die ethnologische Forschung, allen voran Pierre Bourdieu, hatte bei der Beobachtung der mediterranen Landwirtschaft zyklische Zeitregime als Kern des mediterranen Bauerntums ausgemacht. Diese schienen den Begriff des Eigentums in gewisser Weise irrelevant werden zu lassen, denn es war nicht der individuelle Besitz, der die landwirtschaftlichen Strukturen der mediterranen Gesellschaften prägte, sondern der kollektive, vom Dorf als Kerneinheit verwaltete Besitz, der in Opposition zum Niemandsland, zu den *wastelands* oder den *terres incultes* stand.

Der Mittelmeerraum war somit ein kulturell überdeterminierter Raum, der den Ethnologinnen und Ethnologen das Leben schwer machte (und dies bis heute tut): Die vermeintliche Bedeutung historischer Paradigmen, wie der römischen Tradition des Großgrundgrundbesitzes oder die vermeintliche Zeitlosigkeit der Transhumanz verstellte den Blick auf die Wandlungen in der Definition des Bodeneigentums. Die Anthropologie des Mittelmeerraums stand in einem höchst ambivalenten Verhältnis zur Frage nach der Modernisierung und damit einhergehend zu der nach den Bodeneigentumsrechten.

Die ethnologische Forschung war zwar in der Lage, Gegebenheiten zu erfassen, die die modernisierungstheoretisch inspirierten Makroentwicklungsprogramme der Nachkriegszeit verkannt hatten: Die offizielle Festschreibung des Grundbesitzes in Form eines Katasters wurde von der staatlichen Politik und zwischenstaatlichen Makroentwicklungsprogrammen zum Ideal gemacht, das zudem mit der Sesshaftwerdung der halbnomadischen und nomadischen Gesellschaftsteile verbunden wurde. Dabei wurde verkannt, dass die Forderungen nach einer solchen Katastrierung nicht nur den Projekten und Versuchen einer allgemeinen Landreform in der

[80] Hierzu die „klassische“ Kritik von Herzfeld: Horns (wie Anm. 32), S. 439–454; für eine neuere Kritik der epistemischen Grundlagen vgl. etwa Marc Aymes: De l'invention à l'inventaire. In: Claudia Moatti (Hg.): La méditerranée introuvable. Relectures et propositions. Paris 2020, S. 35–59; Mitchell: Invention (wie Anm. 51).

spät- und postkolonialen Phase zugutekamen, sondern dass ein solcher Schritt mit einer Veränderung des Verhältnisses von Staat und ländlichen Eliten einhergehen musste. Das Dorf und dessen Führungseliten als Verwalter eines kollektiven Gemeinschaftseigentums blieben bis weit in das 20. Jahrhundert hinein in vielen mediterranen Gesellschaften wichtig. Diejenigen, die in der Nachkriegszeit Erschließungsideologien verfolgten und dabei begierig auf die *wastelands* der europäischen *frontier*-Region am Mittelmeer schauten, scheiterten genau an diesem Punkt.

Dieses Scheitern einer *engineering*-Logik im Zugriff auf Bodenbesitz brachte viele Ethnologinnen und Ethnologen allerdings fast zwangsläufig zu einer Perspektive, aus der ihnen der Mittelmeerraum als scheinbar ahistorischer, ländlich-mediterraner Kulturkreis erschien. Die dynamische Veränderung, die gerade durch den Zusammenbruch der großen Imperien im Mittelmeerraum, durch die Projekte eines *demographic engineering* und durch die genozidalen Ereignisse des 20. Jahrhunderts ausgelöst wurden, schienen die Welt der Bauern, wie sie von der ethnologischen Forschung dargestellt wurde, kaum zu tangieren. Doch genau in dieser Diskrepanz unterschiedlicher Blicke zeigte sich die Spannung, die dem Begriff des Bodenbesitzes innewohnte, letztlich am greifbarsten und am dramatischsten: Der Begriff legte den Deckmantel des Traditionellen auf die dramatischen Umwälzungen infolge der freiwilligen und erzwungenen Migrationsereignisse, der Enteignungen und des Völkermordes. Die epistemologische Ausrichtung der Mittelmeerethnologie an modernisierungstheoretisch aufgeladenen Fragen der Entwicklungspolitik trug letztlich zur Akzeptanz der gewaltvoll geschaffenen Fakten in vielen mediterranen Gesellschaften und Staaten bei.

Abstract

Over the 20th century, the Mediterranean inherited discourses and networks of colonial anthropology. Anthropologists took up Braudelian traditions and applied structuralist methods to the analysis of Mediterranean societies. In the context of Post World War II development policies, anthropologists and their insights into rural societies actively or subconsciously contributed to formulating a reform agenda for Mediterranean agriculture and its productivity. At the heart of this was the issue of land tenure, which, however, was an epistemic pitfall for many anthropologists. Traditional regimes such as the large estate latifundia or the regime of transhumance were impossible to grasp using European concepts of land tenure, a fact, which charged claims for registering land ownership in forms of a cadaster politically. Anthropologists tried to be sensitive to these issues and tried to describe the complexity of local land ownership. However, they lacked historicity in such descriptions: they rarely took into account events of late colonial and postcolonial violence, a changing agricultural regime in times of authoritarian governments or traumatic genocidal experiences in some parts of the Mediterranean. By describing this tragic failure of a discipline to describe complexity without superimposing the terms of a European administrative culture, this chapter tries to shed some light on the epistemology of cadasters and landownership.

Ernst Langthaler

Der geordnete „Hoforganismus“

Agrarstatistik als Machtdispositiv im Nationalsozialismus

Einleitung

„Der Bauernhof ist ein lebender Organismus,“ so schrieb Herbert Backe, Staatssekretär im Reichsministerium für Ernährung und Landwirtschaft des Deutschen Reichs, im Vorwort eines 1939 erschienenen Ratgebers zum „Wirtschaftsaufbau bäuerlicher Betriebe“: „Jede Veränderung eines Betriebszweiges, jede Verbesserung der Fruchtfolge oder der Viehfütterung, jede Beschleunigung der Ackerarbeit und jede Erleichterung der Hofarbeit hat die weitreichendsten Wirkungen auf den Gesamtbetrieb.“ Daher komme es darauf an, „alle Verbesserungsmaßnahmen von ihrer Wirkung auf den ganzen Hof aus“ zu betrachten, „alle Anstrengungen nur dem Zwecke der Leistungssteigerung des *ganzen* Betriebes“ zu widmen.[1] Um das für die Leistungssteigerung der deutschen Landwirtschaft im Rahmen des auf Kriegsvorbereitung getrimmten Vierjahresplans von 1936 nötige Wissen zu generieren, bediente sich der Reichsnährstand, die 1933 errichtete Zwangsorganisation aller in der Erzeugung, Verarbeitung und Verteilung von Agrargütern Tätigen, eines statistischen Apparats, der eine nie zuvor erreichte Erfassungsbreite und -tiefe erreichte.[2] Dabei ging es nicht bloß um die Erhebung einzelner, voneinander isolierter Merkmale des Agrarsektors, sondern um die informationstechnische Erfassung des als „lebender Organismus“ gedachten „ganzen Hofes“ möglichst im Echtzeitmodus – ein Anspruch, der die zu Beginn des 21. Jahrhunderts eintretende digitale Transformation des Agrarbereichs bereits mehr als 50 Jahre zuvor unter Verwendung analoger Mittel imaginierte.

Das Zusammenspiel von Definitionen, Metaphern, Vorschriften, Personen, Organisationen, Tätigkeiten, Formularen, Tabellen und Karten – kurz: von symboli-

[1] Herbert Backe: Vorwort. In: Reichskuratorium für Technik in der Landwirtschaft (Hg.): Wirtschaftsaufbau bäuerlicher Betriebe. Berlin 1939, S. 5 (Hervorhebung im Original).

[2] Gustavo Corni/Horst Gies: Brot, Butter, Kanonen. Die Ernährungswirtschaft in Deutschland unter der Diktatur Hitlers. Berlin 1997, S. 319–335.

https://doi.org/10.1515/9783111134826-008

schen, sozialen und materiellen Elementen der Agrarstatistik im Nationalsozialismus – lässt sich mit Michel Foucault als Dispositiv fassen. Foucault definiert dieses Konzept in dreierlei Hinsicht: Erstens umfasse das Dispositiv Gesagtes ebenso wie Ungesagtes, ein Netz von diskursiven und nicht-diskursiven Elementen. Zweitens etabliere es zwischen seinen Elementen ein „Spiel", das heißt einen dauerhaften, mitunter aber auch sich verändernden Wirkungszusammenhang. Und drittens errichte das Dispositiv in Reaktion auf gesellschaftliche Herausforderungen Machtbeziehungen, die einem „strategischen Imperativ" folgten. Der Unterschied zwischen dem Dispositiv und dem (Spezial-)Diskurs liegt demnach in seinem inter- und transdiskursiven Charakter: Zum einen verknüpft es einzelne Elemente verschiedener Spezialdiskurse, etwa des Rechts, der Medizin oder Philosophie, und alltäglicher Elementardiskurse zu einem Interdiskurs. Zum anderen umfasst es darüber hinaus auch nicht-diskursive Elemente in Form von Akteurspraktiken (beispielsweise Wirtschaftsweisen), Subjektivationen (beispielsweise Identitäten) und Objektivationen (beispielsweise Bauwerken).[3] Das wohl bekannteste Beispiel eines Dispositivs skizziert Foucault – ohne es bereits als solches zu benennen – in seiner Beschreibung des „Panopticons". Bei diesem handelt es sich um ein ringförmig gebautes Gefängnis, dessen Zellen durch breite Gitterwände hindurch von einem uneinsehbaren Zentralturm mit schmalen Luken aus einsehbar sind. Folglich fühlen sich die Gefangenen jederzeit – auch während der Abwesenheit des Aufsehers – beobachtet, was sie gleichsam automatisch zur (Selbst-)Disziplin zwingt. Das „Panopticon" sei, so Foucault, eine „wundersame Maschine", die die Räume des Sehens und des Gesehen-Werdens voneinander scheidet: „Im Außenring wird man vollständig gesehen, ohne jemals zu sehen; im Zentralturm sieht man alles, ohne je gesehen zu werden." Die panoptische Machtbeziehung besteht mithin ohne das Zutun der Herrschenden lediglich durch das der Beherrschten.[4]

Im agrarstatistischen Machtdispositiv verbanden sich drei Spezialdiskurse, die bereits vor der nationalsozialistischen Machtübernahme im Deutschen Reich 1933 entscheidende Wendungen eingeschlagen hatten: der ökonomische Diskurs vom „Hoforganismus", der statistische Diskurs von der staatlichen Wirtschaftsplanung sowie der geografische Diskurs vom „natürlichen" Agrarraum. Wichtigster Träger des daraus gespeisten, mit elementardiskursiven Elementen angereicherten Interdiskurses war der Reichsnährstand mit seinen zu Mitte der 1930er-Jahre rund 80.000 Hilfsorganen in den Landes-, Kreis- und Ortsbauernschaften, die die Erhe-

[3] Jürgen Link: Dispositiv. In: Clemens Kammler u. a. (Hg.): Foucault-Handbuch. Leben – Werk – Wirkung. Stuttgart 2014, S. 237–242; Andrea D. Bührmann/Werner Schneider: Vom Diskurs zum Dispositiv. Eine Einführung in die Dispositivanalyse. Bielefeld 2008, S. 42–56.

[4] Michel Foucault: Überwachen und Strafen. Die Geburt des Gefängnisses. Frankfurt a. M. [2]1977, S. 256–263.

bung und Auswertung der landwirtschaftlichen Betriebsstatistik – allen voran der 1937 eingeführten Hofkarte – organisierten. Der vorliegende Beitrag behandelt das agrarstatistische Machtdispositiv im Nationalsozialismus nicht nur ingesamt, sondern fokussiert gelegentlich auch auf den Reichsgau Niederdonau, der zusammen mit den Reichsgauen Wien und Oberdonau die Landesbauernschaft Donauland auf dem 1938 vom Deutschen Reich annektierten Gebiet Österreichs und der Tschechoslowakei („Sudetenland") bildete. Mittels der regionalen Fokussierung soll neben der Struktur- auch die Praxisdimension des agrarstatistischen Machtdispositivs in den Blick genommen werden.[5]

Von der „rationellen" zur „organischen" Agronomie

Der Hof als ganzheitlicher Organismus war keine genuin nationalsozialistische Denkfigur; vielmehr entsprach diese biologistische Metapher dem agronomischen Mainstream in den deutschsprachigen Ländern der Zwischenkriegszeit.[6] In der Globalisierungskrise des mit vor- und nachgelagerten Binnenmärkten verflochtenen und internationaler Konkurrenz ausgesetzten Agrarsektors in den Industriestaaten Europas ab den 1880er-Jahren hatte sich die bäuerliche Familienwirtschaft gegenüber dem agrarkapitalistischen Großbetrieb als krisenfester erwiesen.[7] Damit offenbarten sich auch die Grenzen der von Albrecht Daniel Thaer und Johann Heinrich von Thünen maßgeblich geprägten Lehre vom „rationellen", auf Reinertragsmaximierung ausgerichteten Landwirtschaftsbetrieb. Von statischen Vergleichen von Bodennutzungs- und Viehhaltungssystemen verlagerte sich die agronomische Aufmerksamkeit hin zur inneren und äußeren Dynamik landwirtschaftlicher Betriebssysteme. Neben dem Landwirtschaftsbetrieb geriet auch die damit eng verbundene Familie und ihre von der Reinertragsmaximierung abweichende Logik in den agronomischen Blick. Kurzum: Landwirtschaft erschien zunehmend

[5] Als Grundlage des vorliegenden Beitrags vgl. Ernst Langthaler: Schlachtfelder. Alltägliches Wirtschaften in der nationalsozialistischen Agrargesellschaft 1938–1945. Wien/Köln/Weimar 2016.

[6] Heinz Haushofer: Ideengeschichte der Agrarwirtschaft und Agrarpolitik im deutschen Sprachgebiet. Bd. 2: Vom Ersten Weltkrieg bis zur Gegenwart. München u. a. 1958, S. 89–103.

[7] Niek Koning: The Failure of Agrarian Capitalism. Agrarian Politics in the United Kingdom, Germany, the Netherlands and the USA, 1846–1919. London/New York 1994, S. 167–176; Juri Auderset/Peter Moser: Die Agrarfrage in der Industriegesellschaft. Wissenskulturen, Machtverhältnisse und natürliche Ressourcen in der agrarisch-industriellen Wissensgesellschaft (1850–1950). Wien u. a. 2018, S. 31–46.

als komplexes System, das sich in seiner Eigenart mit den von der Industrie abgeleiteten betriebswirtschaftlichen Kategorien nicht erfassen ließ.[8]

Der agronomische Diskurs steigerte seine Komplexität mithilfe einer vereinfachenden, aus der Biologie entlehnten Metapher: der des Organismus. Damit akzentuierte er das Lebendige – die Menschen, aber auch die Tiere und Pflanzen –, das die Landwirtschaft von der Industrie mit ihren „toten" Werkstoffen unterschied. Friedrich Aeroboe und Theodor Brinkmann begründeten Ende der 1910er- und Anfang der 1920er-Jahre, in Anknüpfung an entsprechende Vorarbeiten anderer Agrarökonomen, die Organismustheorie des landwirtschaftlichen Betriebs – ein Modell, das die deutschsprachige Agrarökonomie bis in die Mitte des 20. Jahrhunderts bestimmte. Der Landwirtschaftsbetrieb wurde darin als „untrennbares, organisches Ganzes" beschrieben, das sich – wie ein menschlicher, tierischer oder pflanzlicher Organismus – unter dem Einfluss „äußerer und innerer Lebensbedingungen" entwickle.[9] Als Triebkraft des „Hoforganismus" wirke die synergetische Koppelung von Ackerbau und Viehzucht – genauer: diejenige von Futterbau und Wirtschaftsdüngereinsatz –, deren harmonisches Zusammenspiel einen Zugewinn an Produktivität verspreche. Von außen her bestimme die „volkswirtschaftliche Entwicklung" das zeitliche Nacheinander der Betriebssysteme; im Inneren sei deren räumliches Nebeneinander von zwei gegensätzlichen Momenten geprägt: von den „Kräften der Differenzierung", die – etwa zum Ausgleich von Arbeitsspitzen – die Vielseitigkeit der Betriebszweige erforderten, und von den „Kräften der Integrierung", die – etwa entsprechend der Verkehrslage – zur Einseitigkeit der Betriebszweige drängten.[10] In diesem Kräftedreieck, so die Annahme, entwickle sich das Betriebssystem wie ein Organismus in Zeit und Raum. Im Zentrum des Modells stand das Leitbild des – männlichen – „rationellen Landwirts", der die genannten Schub- und Zugkräfte zu einem harmonischen, das standortabhängige Produktivitätspotenzial optimal ausschöpfenden Gleichgewichtszustand zu verbinden vermochte.[11]

Während die Organismustheorie des landwirtschaftlichen Betriebs zunächst auf Größenunterschiede kaum Rücksicht nahm und allein die betriebliche Seite betrachtete, arbeiteten Ernst Laur in der Schweiz und Alexander Tschajanow in Russland an Theorien der (klein-)bäuerlichen Familienwirtschaft. „Der bäuerliche Be-

8 Hartmut Brandt: Von Thaer bis Tschajanow. Wirtschaftslehren arbeitsintensiven Landbaus. Kiel 1990.

9 Friedrich Aereboe: Allgemeine landwirtschaftliche Betriebslehre. Berlin [6]1923, S. VIII.

10 Theodor Brinkmann: Die Oekonomik des landwirtschaftlichen Betriebes. In: Grundriss der Sozialökonomik. VII. Abteilung. Tübingen 1922, S. 27–124, hier: S. 64 f.

11 Frank Uekötter: Die Wahrheit ist auf dem Feld. Eine Wissensgeschichte der deutschen Landwirtschaft. Göttingen 2010, S. 170–181.

trieb ist eng verbunden mit der ganzen Lebensführung der Bauernfamilie“[12] – diese Annahme erforderte anstelle eines einfachen Betriebs- ein gekoppeltes Haushalts-Betriebs-System, in dem Produktions- und Konsumentscheidungen einander wechselseitig beeinflussen. Somit verband sich die Logik des Landwirts, der nach größtmöglichem Reinertrag strebt, mit der Logik der bäuerlichen Familie im Sinn des „Gleichgewicht[s] zwischen Arbeitsbeschwerlichkeit und Bedürfnisbefriedigung“[13]. Als Vermittler der Lehren Laurs und Tschajanows in Österreich in den 1920er- und 1930er-Jahren wirkte Ernst Conrad Sedlmayr, der den Absolventen der Wiener Hochschule für Bodenkultur die „bäuerliche Landgutswirtschaft als lebenden Organismus“ vermittelte. Er bestimmte das „Wesen“ des Landwirtschaftsbetriebs nicht, wie noch Aeroboe und Brinkmann, allein als „Ertragsquelle“, sondern zudem als „Arbeitsquelle“, „Quelle der Selbstversorgung“ und „Familienwirtschaft“[14] – eine Sicht, die sein Schüler Anton Steden, Promotor der Buchführungsstatistik in der Niederösterreichischen Landwirtschaftskammer in den 1920er- und 1930er-Jahren, übernahm.[15] Damit war die allgemeine Organismustheorie des landwirtschaftlichen Betriebs an die Besonderheiten der bäuerlichen Familienwirtschaft angenähert worden.

Der ehemalige Assistent und Nachfolger des 1938 abgesetzten Steden auf dem Lehrstuhl für landwirtschaftliche Betriebslehre an der Wiener Hochschule für Bodenkultur, Ludwig Löhr,[16] machte das Haushalts-Betriebs-System zur Grundlage einer dezidiert bäuerlichen, gegen die Vorstellung des „rationellen Landwirts“ gerichteten Betriebslehre. Die Verwobenheit von Bauernfamilie und Betrieb äußere sich in einer „Schicksalskurve“ aus vier Zeitabschnitten:

> Der *erste Zeitabschnitt* ist dadurch gekennzeichnet, daß der Jungbauer und seine Frau, unterstützt von den noch arbeitsfähigen, am Auszug stehenden Eltern, der Wirtschaft alle Kräfte widmen können. Das Arbeitsvermögen übersteigt wertmäßig den bäuerlichen Verbrauch. Die Schicksalskurve tendiert darum nach aufwärts. In diesem Abschnitt werden sowohl grundlegende Verbesserungen in Haus und Hof vorgenommen als auch Teile von Schulden abgezahlt, die auf die Uebernahme des Betriebs zurückgehen.
> Eine Wendung bringt der *zweite Zeitabschnitt* der Bauerngeneration. Er erhält sein Gepräge durch einen steigenden Besitzerverbrauch, der aus der zunehmenden Kinderzahl erklärlich

[12] Ernst Laur: Landwirtschaftliche Betriebslehre für bäuerliche Verhältnisse. Aarau ^{2}1909, S. 37.

[13] Alexander Tschajanow: Die Lehre von der bäuerlichen Wirtschaft. Versuch einer Theorie der Familienwirtschaft im Landbau. Berlin 1923, S. 54.

[14] Ernst Conrad Sedlmayr: Die bäuerliche Landgutswirtschaft. Ein Beitrag zur Wirtschaftslehre bäuerlicher Betriebe. Berlin 1930.

[15] Anton Steden: Die betriebswirtschaftlichen Grundlagen der Landwirtschaftsförderung. Wien 1935, S. 39–54.

[16] Heinz Haushofer: Mein Leben als Agrarier. Eine Autobiographie 1924–1978. München u. a. 1982, S. 95.

> wird. Zur Behinderung der Bäuerin, die der Betreuung der Kleinkinder immer mehr Zeit opfern muß, tritt die abnehmende Arbeitsfähigkeit der alten Bauersleute. Bei angestiegenem Verbrauch ist das Arbeitsvermögen im Dienste der Wirtschaft abgesunken. Das Einkommen deckt nicht mehr den Verbrauch und die Schicksalskurve verläuft nach abwärts. Bei vielen Kleinkindern und bei Krankheit erwachsener Personen kann sie die Bedrängnislinie nicht nur erreichen, sondern selbst unterschreiten. Unter schweren Substanzeinbußen umschließt dieser Abschnitt nicht selten den Keim für wirtschaftlichen Verfall.
> Der *dritte Zeitabschnitt* wird eingeleitet, wenn ein Teil der Kinder ins arbeitsfähige Alter tritt. Damit werden aus Verbrauchern auch Arbeiter. Die Harmonie zwischen Arbeitsvermögen und Verbrauch gibt der Wirtschaft neuen Auftrieb, der umso größer ist, je früher die Belastung des Hofes durch die Auszugsbauern aufhört. Mit der Höhe der Opfer in der abgelaufenen Periode steigt in dieser der Lohn, der in der Arbeitskraft einer kinderreichen Familie zum Ausdruck kommt. Unter günstigen Verhältnissen übersteigt der Arbeitsertrag weitgehend den Verbrauch und kann zur Bildung von Reserven führen, die der späteren Abfindung der Miterben dienen.
> Im *vierten und letzten Zeitabschnitt* erfährt die Schicksalskurve wieder eine Senkung, weil einmal die Kräfte der Bauersleute schwinden, zum anderen ein Teil der Kinder den Hof verlässt, um sich zu verselbständigen. Diese Periode ist allerdings weniger gefahrvoll, weil ihr mit der Hofübergabe an den Anerben ein Ende gesetzt werden kann. Mit dem Eintritt des Jungbauern in seine Rechte findet die Schicksalskurve ihren Abschluß und leitet auf eine neue Bauerngeneration über.[17]

Für dieses Allgemeingültigkeit beanspruchende Kreislaufmodell stand eine besondere, besitzklassenmäßig und regional begrenzte Ausprägung bäuerlicher Betriebs- und Haushaltsführung Pate: der mittelbäuerliche Hof im Anerbengebiet, der in der Zwischenkriegszeit in großen Teilen Österreichs, mit Ausnahme des westlichen Tirols und Vorarlbergs sowie des östlichen Niederösterreichs und des Burgenlandes, vorherrschte.[18] Damit entpuppt sich der agrarökonomische Entwurf Löhrs als Konstrukt, das sich am „Erbhof" als dem Leitbild der nationalsozialistischen Bauerntumsideologie orientierte.[19] Gleichwohl erfasste er, in Anlehnung an die Ansätze Laurs und Tschajanows, einige Facetten bäuerlichen Wirtschaftens wie die enge Verflechtung betrieblicher und familiärer Momente, die der klassischen Betriebs-

[17] Ludwig Löhr: Die bäuerliche Arbeit unter betriebswirtschaftlicher und agrarpolitischer Beurteilung. In: Wiener Landwirtschaftliche Zeitung 9–17/1942, S. 50 (Hervorhebungen im Original).

[18] Karl Schmidt: Die Vererbung des ländlichen Grundbesitzes in der Nachkriegszeit in Österreich. In: Max Sering/Constantin von Dietze (Hg.): Die Vererbung des ländlichen Grundbesitzes in der Nachkriegszeit. Bd. 2. München 1930, S. 1–107; Harald Schöhl: Österreichs Landwirtschaft. Gestalt und Wandlung 1918–1938. Berlin 1938, S. 31–36; Norbert Ortmayr: Sozialhistorische Skizzen zur Geschichte des ländlichen Gesindes in Österreich. In: ders. (Hg.): Knechte. Autobiographische Dokumente und sozialhistorische Skizzen. Wien u. a. 1992, S. 297–376.

[19] Friedrich Grundmann: Agrarpolitik im „Dritten Reich". Anspruch und Wirklichkeit des Reichserbhofgesetzes. Hamburg 1979; Uwe Mai: „Rasse und Raum". Agrarpolitik, Sozial- und Raumplanung im NS-Staat. Paderborn u. a. 2002.

lehre entgingen. Demzufolge seien die bäuerlichen Familien wie die Agrarpolitik insgesamt bestrebt, die zyklisch wiederkehrenden Täler der „Schicksalskurve" abzuflachen und die Spitzen auszunutzen: durch „Forcierung der Familienarbeit" (eine Steigerung der Arbeitsanstrengung, die aber vor allem bei Frauen und Kindern zu dauernden Schäden führen könne); durch frühe Hofübernahme (welche dem Jungbauern die Arbeitskraft der Übergebenden sichere); durch Anpassung des Verhältnisses der Kulturarten, der Ackerfrüchte und der Generationen von Rindern (etwa indem der Anteil der Ackerfläche, der Hackfruchtfläche oder der Kühe modifiziert werde); durch Veränderung der Flächenausstattung mittels Pachtung oder Verpachtung; durch außerbetriebliche Erwerbsarbeit in der Landwirtschaft (etwa durch Taglohn-, Saisonarbeit oder Gelegenheitsfuhrwerktätigkeit) oder in anderen Wirtschaftszweigen (beispielsweise im Hausgewerbe, in der Industrie oder im Fremdenverkehr); durch Aufnahme familienfremder Arbeitskräfte (ein Schritt, der jedoch erfahrungsgemäß so lange wie möglich hinausgeschoben werde); schließlich durch den Einsatz arbeitskraftsparender Maschinen (vor allem solcher, mit denen die Einstellung der ersten familienfremden Arbeitskraft abgewendet werden könne). Der agraristische Zug dieses Entwurfs war mit einem rassistischen verwoben: All diese Strategien zeigten, so Löhr, „daß Hof und Familie eine untrennbare Einheit bilden und daß dementsprechend die agrarwirtschaftlichen Probleme innig verflochten sind mit den Leistungen, die das Bauerntum in blutsmäßiger Richtung entwickelt".[20]

Die metaphorische Konstruktion des Bauernhofes als „lebenden Organismus" richtete die Aufmerksamkeit folgerichtig auf dessen Gesundheitszustand. In dieser Logik dient der Ratgeber zum „Wirtschaftsaufbau bäuerlicher Betriebe" als Rezeptur gegen eine für die Gegenwart konstatierte Krankheit des „Landvolkes": die massenhafte „Landflucht", welche die Steigerung der landwirtschaftlichen Erzeugung gemäß des Vierjahresplans 1936 gefährde. Neben den politischen Maßnahmen zur Steuerung des „Arbeitseinsatzes" propagierte das Reichskuratorium für Technik in der Landwirtschaft „als eines der wirksamsten Mittel die Rationalisierung des bäuerlichen Betriebes mit dem Ziel, das Einkommen und damit die gesamte Lebenshaltung des Bauern und seiner Hilfskräfte dem der Stadtbevölkerung anzunähern". Diese Rationalisierung dürfe jedoch „keinesfalls einseitig einzelne Betriebszweige fördern, ohne den Zusammenhang mit dem übrigen Betrieb zu berücksichtigen", vielmehr sei der „planmäßige Aufbau des Betriebes, der alle Einzelfaktoren berücksichtigt" notwendig. Die Lösung dieses komplexen Problems setzte genaue Informationen voraus; oder, um im Bild zu bleiben, zur Therapie des „Landflucht"-

[20] Löhr: Arbeit (wie Anm. 17), S. 50.

Syndroms war eine präzise Diagnose erforderlich: die „genaue Kenntnis des gesamten Betriebes und der persönlichen Fähigkeiten des Bauern und seiner Familie“.[21]

Von der liberalen zur „totalen“ Agrarstatistik

Die amtliche Agrarstatistik entstand, wie die Wirtschaftsstatistik insgesamt, im 19. Jahrhundert als Vermittlerin zwischen dem bürokratischen Nationalstaat und einer Zivilgesellschaft, in der die Bürger ihre Wirtschaftsinteressen verfolgten. Entsprechend ihrem zunächst liberalen Leitbild versuchte die amtliche Wirtschaftsstatistik, etwa über das Statistikgeheimnis, das Gleichgewicht zwischen öffentlichem Verwaltungsinteresse und bürgerlicher Privatsphäre zu halten. Dieses Verhältnis geriet seit Beginn des 20. Jahrhunderts in eine Schieflage, als sich der Staat nicht mehr einzelnen Bürgern, sondern organisierten Verbänden von Unternehmern und Arbeiterschaft auf derselben Augenhöhe gegenübersah. Die Wirtschaftsstatistik wurde von einer Wissenschaft mit Autonomieanspruch mehr und mehr zu einem Instrument staatlicher Wirtschaftssteuerung – eine Entwicklung, die in der „totalen“ Planung der Volkswirtschaft im „Dritten Reich“ ins Extrem getrieben wurde.[22] Auch die Agrarstatistik, so ein Vertreter des Statistischen Reichsamtes, sei „von der mehr akademischen Stellung von einst in den Vordergrund der verwaltungsmäßigen und wirtschaftlichen Erwägungen“ getreten.[23] Vor diesem Hintergrund wurde die amtliche Agrarstatistik – die Erhebungen von Bodennutzung und Viehwirtschaft sowie die landwirtschaftlichen Betriebszählungen – seit 1933 hinsichtlich Erhebungszeiten, -räumen und -themen ausgeweitet. Zudem erfuhr die landwirtschaftliche Buchführungsstatistik einen Ausbau; 1939 waren im Deutschen Reich etwa 50.000 Betriebe, rund 1,4 Prozent aller Betriebe, durch die landwirtschaftlichen Buchstellen erfasst.[24]

Dennoch genügten die Mittel der liberalen Agrarstatistik nicht den neuen Zielen und Zwecken. Die „totale“ Wirtschaftsplanung des NS-Staates erforderte, den

[21] Alfred Köstlin: Bewirtschaftungspläne? In: Reichskuratorium für Technik in der Landwirtschaft (Hg.): Wirtschaftsaufbau bäuerlicher Betriebe. Berlin 1939, S. 7–27, hier: S. 7.

[22] Adam Tooze: Die Vermessung der Welt. Ansätze zu einer Kulturgeschichte der Wirtschaftsstatistik. In: Hartmut Berghoff/Jakob Vogel (Hg.): Wirtschaftsgeschichte als Kulturgeschichte. Dimensionen eines Perspektivenwandels. Frankfurt a. M./New York 2004, S. 325–352, hier: S. 327–331; Adam Tooze: Statistics and the German State. The Making of Modern Economic Knowledge. Cambridge 2001, S. 215–245; Alain Desrosières: Die Politik der großen Zahlen. Eine Geschichte der statistischen Denkweise. Berlin u. a. 2005, S. 165–233.

[23] Peter Quante: Die amtliche Landwirtschaftsstatistik. In: Konrad Meyer (Hg.): Gefüge und Ordnung der deutschen Landwirtschaft. Berlin 1939, S. 579–589, hier: S. 579.

[24] Ebd.

Agrarsektor als Planungsgegenstand anders als bisher zu denken: Nicht bloß die Summe der einzelnen Teile, sondern das *Ganze* galt es zu erfassen.[25] Um diese betriebliche Ganzheit zu konstruieren, bediente sich die Agrarstatistik einer Metapher, die sich bereits für die Konstruktion des Einzelbetriebs bewährt hatte: der des Hofes als Organismus. „Man muß die gesamte Landwirtschaft des ganzen Reiches als einen einzigen Hof betrachten“,[26] erläuterte etwa ein Hauptabteilungsleiter der Landesbauernschaft Donauland. Die „totale“ Agrarstatistik musste die Lücke, die zwischen dem Ganzen und dessen Teilen klaffte, schließen; sie sollte sowohl das gesamte Gefüge der deutschen Landwirtschaft abbilden, als auch gewährleisten, „den Wirtschaftsablauf der landwirtschaftlichen Betriebe bis ins einzelne zu überblicken“.[27] Die herkömmlichen Methoden der Agrarstatistik konnten die Kluft zwischen Gesamt- und Teilsicht nicht überbrücken: Einerseits erfasste die amtliche Agrarstatistik, vor allem die landwirtschaftliche Betriebszählung, zwar die Gesamtheit der Betriebe ab einer gewissen Mindestgröße; sie wurde aber wegen des Erhebungsaufwands nur in mehrjährigen Abständen durchgeführt. Andererseits lieferte die Buchführungsstatistik zwar monats- oder jahresaktuelle Ergebnisse; sie entwarf jedoch aufgrund des überaus kleinen, zugunsten größerer Betriebe verzerrten Samples kein repräsentatives Abbild des Ganzen.[28] Kurzum: Die konventionelle Agrarstatistik befand sich wegen der nationalsozialistischen Ansprüche in einem Dilemma, das nach unkonventionellen Auswegen verlangte.

Wie in anderen Wirtschaftszweigen[29] versuchten die Statistiker auch in der Landwirtschaft dieses Problem durch dezentrale, laufend berichtigte Datensammlungen – durch die Einführung der Hofkarten und Kreiswirtschaftsmappen der Kreisbauernschaften des Reichsnährstands – zu lösen. Erstmals 1937 im „Altreich“ und 1939 in der „Ostmark“ und im „Sudetenland“ angelegt, erfasste die teils jährlich, teils halbjährlich aktualisierte Hofkarte alle Landwirtschaftsbetriebe ab einer Größe von fünf Hektar in Nord- und Ostdeutschland und ab zwei Hektar in Süd- und Westdeutschland nach denselben Kriterien. Da das Statistische Reichsamt die Betriebsdaten der amtlichen Agrarstatistik unter Hinweis auf das Statistikgeheimnis nicht zur Verfügung stellte, ging der Reichsnährstand mit etwa 80.000 Erhebungsorganen selbst ans Werk. Die abgefragten Merkmale, etwa 150 pro Betrieb

[25] Tooze: Vermessung (wie Anm. 22), S. 338–340.

[26] Ernst Feichtinger: Programm und Wirklichkeit der deutschen Agrarpolitik. In: Landesbauernschaft Donauland (Hg.): Vorträge gehalten auf dem Beratungslehrgang der Wirtschaftsberater in Bad Aussee 1940. Wien 1941, S. 5–19, hier: S. 8.

[27] H. L. Fensch: Die bäuerliche Betriebsforschung des Reichsnährstandes. In: Meyer (Hg.): Gefüge (wie Anm. 23), S. 590–594, hier: S. 590.

[28] Peter Quante: Die agrarpolitische Aufgabenstellung der Statistik. In: Deutsche Agrarpolitik 1 (1942/43) 3, S. 89–91.

[29] Tooze: Vermessung (wie Anm. 22), S. 339 f.

und Jahr, erfassten die Binnen- und Außenbeziehungen des Hofes als „organisches Ganzes“: die Familien- und Betriebsangehörigen nach Zahl, Alter und Beschäftigung; die Kulturarten mit Angaben über Pachtland, Einheitswert und Parzellenzahl; die Anbauflächen und die bei den einzelnen Fruchtarten erzielten Ernteerträge; sonstige Bodennutzungen wie Zwischenfruchtbau, Fischereiflächen oder Allmendeberechtigungen; den Viehstand nach Tierarten und Altersstufen einschließlich Viehumsatz, Milch- und Wollerzeugung; die technischen Nebenbetriebe; die Zahl der wichtigsten Maschinen und Geräte sowie der Anlagen zur Futtererhaltung und Düngerbereitung; Sonderleistungen des Betriebs wie Saatzucht-, Herdbuch- oder Lehrwirtschaft. Ergänzende Einlageblätter dokumentierten Handelsdüngerverbrauch, Getreideablieferung und Viehwirtschaft.

Die Hofkarte diente dem Leistungsvergleich von Betrieb zu Betrieb sowie für den einzelnen Betrieb von Jahr zu Jahr. Sie gewährte dem Reichsnährstand weitreichende und tiefgehende Einblicke in die bäuerliche Betriebs- und Haushaltsführung und erschuf gewissermaßen einen „gläsernen Bauernhof“.[30] In diesem Sinn charakterisierte der Agrarökonom Friedrich Waldhäusl die Hofkartenstatistik: „Für die Erfassung der verschiedenen Erzeugungsgebiete Deutschlands stehen der Agrarpolitik die statistischen Nachweisungen der Bodennutzungserhebung, der Viehzählungen, der Berufs- und Betriebszählungen zur Verfügung. Ihre Ergebnisse vermitteln jeweils einen Einblick in das Gefüge der Landwirtschaft, das großräumig oder kleinräumig nach Regionaldurchschnitten dargestellt werden kann. Für die Beurteilung der Tragweiten agrarpolitischer Maßnahmen kommt es aber nicht nur darauf an, das Gefüge landwirtschaftlicher Erzeugungsgebiete zu kennen, sondern auch darauf, in die innerbetriebliche Dynamik Einblick zu gewinnen. Dazu bedarf es betriebsbezogener Unterlagen. Es war bisher als ein Mangel zu empfinden gewesen, dass man zur Gewinnung solcher betriebsbezogener Unterlagen in der Hauptsache auf die verhältnismäßig gut geführten Betriebe der verschiedenen Buchstellen angewiesen war, die aber kein geschlossenes Bild über die Betriebsverhältnisse einer *Landschaft* vermitteln konnten. Diesem Mangel ist mit der Einführung der sogenannten Hofkarte durch den Reichsnährstand abgeholfen worden.“[31]

[30] Ulrich Schwarz-Gräber: „Gläserne Bauern“. Prinzipal-Agent-Probleme nationalsozialistischer Agrarpolitik am Beispiel der Regulierung der landwirtschaftlichen Pacht. In: Zeitgeschichte 45 (2018), S. 319–342.

[31] Friedrich W. Waldhäusl: Die Aufgliederung landwirtschaftlicher Betriebstypen in der Industrielandschaft. Ein Beitrag zur betriebswirtschaftlichen Standortforschung. In: Forschungsdienst (Hg.): Forschung für Volk und Nahrungsfreiheit. Arbeitsbericht 1938 bis 1941 des Forschungsdienstes und Überblick über die im Reichsforschungsrat auf dem Gebiet der Landwirtschaft geleistete Arbeit. Neudamm/Berlin 1942, S. 43–48, hier: S. 43 (Hervorhebung im Original).

An die Stelle einer „bloß strukturellen“ sei eine „dynamische“ Agrarstatistik getreten. Während Erstere „verhältnismäßig starre regionale Querschnitte“ liefere, beleuchte Letztere die „innerbetriebliche Dynamik“, die „gegenseitige Kombination von Bodennutzungsformen und Viehhaltungsrichtungen“, so Waldhäusl.[32] In dieselbe Kerbe schlug der Leiter der Forschungsstelle für landwirtschaftliche Raumforschung in Breslau, Friedrich Walter, der den „organischen“ beziehungsweise „biologischen“ Charakter der Hofkartenstatistik herausstrich: „Bisher galt die ‚Massenbeobachtung‘ als eine wesentliche Aufgabe der Statistik. Das Aufgliedern der Einzelfälle in wirklich zusammengehörige Gruppen und das gleichzeitige Aussondern ungewöhnlich gelagerter Fälle gestattet im Gegensatz dazu einen besseren Einblick. Aber erst das eingehende Durchprüfen der Einzelfälle schafft volle Klarheit und lässt gleichzeitig die Zusammenhänge erkennen. Das aber ist die Forderung, die an die Statistik der Zukunft gestellt werden muß, die organischen Zusammenhänge zu wahren und sichtbar zu machen. Es wird Zeit, daß die biologische Betrachtungsweise einsetzt.“[33]

Im Dispositiv der Hofkartenstatistik verbanden sich die Fremddisziplinierung durch den Reichsnährstand mit der Selbstdisziplinierung durch die Betriebsleiterinnen und Betriebsleiter. Eine Urschrift der Hofkarte sollte vom Ortsbauernführer zusammen mit dem Betriebsinhaber ausgefüllt, in einer Sammelmappe der Kreisbauernschaft übermittelt und dort, nach genauer Prüfung, in eine Kartei übertragen werden. Daneben konnten Betriebsinhaber den Vordruck der Hofkarte in Form eines handlichen Hefts („Meine Hofkarte“) beziehen, um sich durch regelmäßige Eintragungen die Leistung des eigenen Hofes, im Wortsinn, vor Augen zu führen. Die Koppelung von Fremd- und Selbsterfassung sollte, so die Statistiker des Reichsnährstands, die Richtigkeit der Angaben gewährleisten; denn die Eintragungen in der Hofkarte dienten nicht nur zur Bemessung der Forderungen des NS-Agrarapparats, sondern auch der Förderung der Betriebe.[34] Der agrarstatistische Doppelblick von außen wie von innen hielt eine panoptische Machtbeziehung aufrecht: Der „gläserne Bauer“ musste sich vom Reichsnährstand ständig beobachtet fühlen, auch wenn dessen Kontrollorgane nur sporadisch auf dem Hof erschie-

32 Ebd., S. 46–48.

33 Friedrich Walter: Agrarstatistik im Umbruch. In: Deutsche Agrarpolitik 2 (1943/44) 8, S. 229–237, hier: S. 232 f.

34 Fensch: Betriebsforschung (wie Anm. 27), S. 590 f.; ders.: Arbeiten und Ziele des Reichsnährstandes auf dem Gebiete der bäuerlichen Betriebsforschung. In: Reichsarbeitsgemeinschaft Agrarpolitik und Betriebslehre (Hg.): Agrarpolitik – eine völkische Grundwissenschaft. Neudamm/Berlin 1938, S. 64–78; Landesbauernschaft Donauland (Hg.): Erläuterungen zur Hofkarte. Linz [undat.]; Friedrich von Manger: Richtlinien für die Führung der Hofkarte des Reichsnährstandes und die Erhebungen des Statistischen Reichsamtes. Graz 1941.

nen.[35] Der panoptische Machteffekt der Hofkarte hemmte abweichendes Verhalten in der „Schattenwirtschaft" und forderte und förderte eine disziplinierte Wirtschaftsführung. Dazu zählten folgende Tugenden: die Erhebungsformulare wahrheitsgemäß ausfüllen; sich über die betrieblichen Kennzahlen Gewissheit verschaffen; die Produktionsleistung im Vergleich zu den Vorjahren und den Nachbarbetrieben steigern. Institutionenökonomisch gewendet, lässt sich sagen: Die bäuerliche Selbstdisziplinierung senkte die – wegen des Informationsdefizits überbordenden – Transaktionskosten der zentralen Stellen des Reichsnährstands („Prinzipals") zur Fremddisziplinierung der dezentral über die Territorien der Landes-, Kreis- und Ortsbauernschaften verstreuten Bauernfamilien („Agenten").[36] In welchem Maß die Hofkarte die bäuerliche Wirtschaftsdisziplin durchsetzte, zeigt der Fall eines Jungbauern aus Schwarzenbach an der Pielach, der seine jährlichen Eintragungen in das Hofkarten-Heft bis in die 1950er-Jahre fortsetzte (Abb. 1) und später eine freiwillige Buchführung für die amtliche Agrarstatistik betrieb.[37] Kontinuitäten bestanden nicht nur auf personeller, sondern auch auf organisatorischer Ebene: Die Landwirtschaftskammern in den österreichischen Bundesländern als Nachfolgeorganisationen des Reichsnährstands übernahmen ab 1945 die Grundzüge der Hofkartenstatistik unter der Bezeichnung „Landwirtschaftliche Betriebskarte".[38]

Wie die Hofkarte auf betrieblicher Ebene war auch die Kreiswirtschaftsmappe auf regionaler Ebene als dezentrale, laufend berichtigte Datensammlung angelegt. Für die ständige Fortschreibung wurde ein eigener Nachrichtendienst eingerichtet. Die Kreiswirtschaftsmappe lag in drei Ausfertigungen – eine in der Kreisbauernschaft, eine in der Landesbauernschaft und eine im Verwaltungsamt des Reichsbauernführers – vor. Sie beinhaltete zum einen die Kreisergebnisse der amtlichen Agrarstatistik, vor allem der letzten landwirtschaftlichen Betriebszählung, der Bodennutzungserhebungen und der Viehzählungen; zum anderen enthielt sie die Kreiszahlen statistischer Erhebungen des Reichsnährstands. Mithilfe der Kreiswirtschaftsmappe sollte es gelingen, die regionale Vielgestaltigkeit des „Wirtschaftshofs Deutschland" zahlenmäßig zu erfassen.[39] Zusammen mit der Hofkarte ermöglichte die Kreiswirtschaftsmappe die statistische Durchleuchtung des „nationalen Hofes"

[35] Foucault: Überwachen (wie Anm. 4), S. 256–263.

[36] Schwarz-Gräber: Bauern (wie Anm. 30).

[37] Ernst Langthaler: Eigensinnige Kolonien. NS-Agrarsystem und bäuerliche Lebenswelten 1938–1945. In: Emmerich Tálos u. a. (Hg.): NS-Herrschaft in Österreich 1938–1945. Ein Handbuch. Wien 2000, S. 348–375, hier: S. 353.

[38] Schwarz-Gräber: Bauern (wie Anm. 30).

[39] Fensch: Betriebsforschung (wie Anm. 27), S. 591; ders.: Arbeiten (wie Anm. 34); Wolfgang Wilmanns: Betriebswirtschaftliche Grundzüge. In: Meyer (Hg.): Gefüge (wie Anm. 23), S. 137–189.

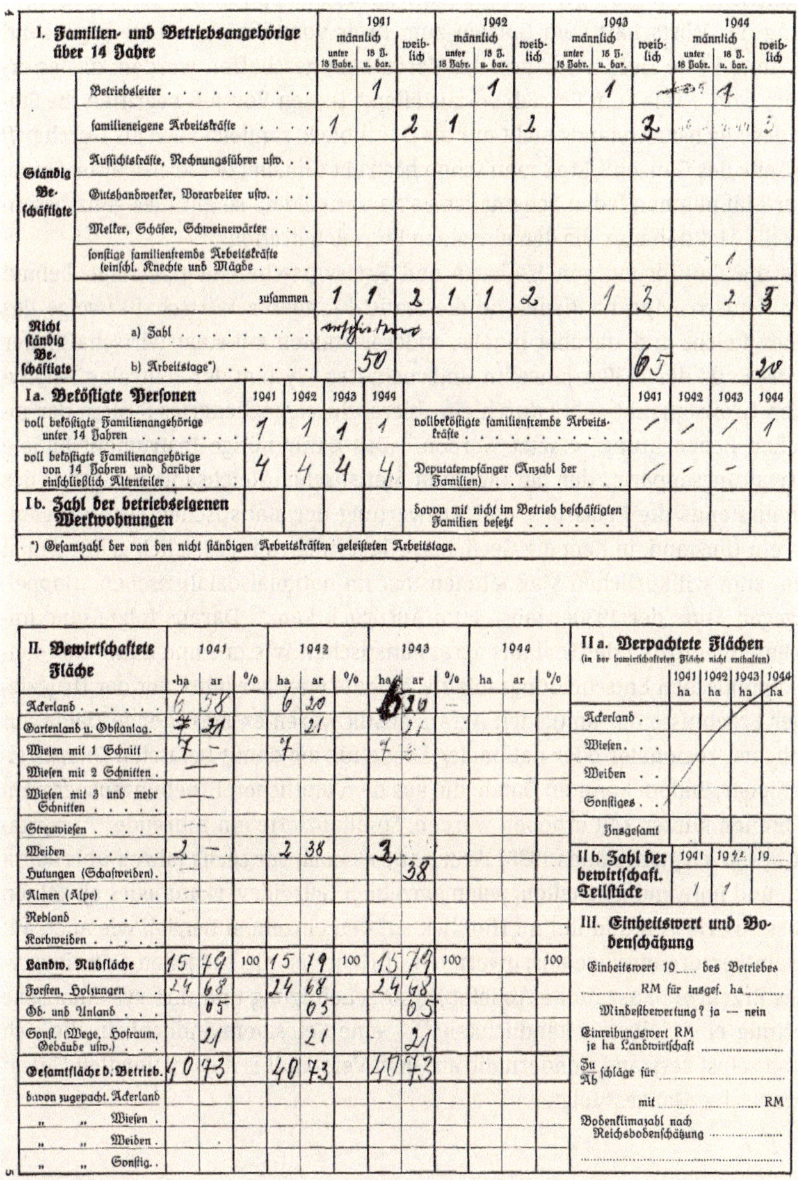

I. Familien- und Betriebsangehörige über 14 Jahre		1941 männlich unter 18 Jahr.	1941 männlich 18 J. u. dar.	1941 weiblich	1942 männlich unter 18 Jahr.	1942 männlich 18 J. u. dar.	1942 weiblich	1943 männlich unter 18 Jahr.	1943 männlich 18 J. u. dar.	1943 weiblich	1944 männlich unter 18 Jahr.	1944 männlich 18 J. u. dar.	1944 weiblich
Ständig Beschäftigte	Betriebsleiter		1			1			1		[illegible]	1	
	familieneigene Arbeitskräfte	1		2	1		2			3	[illegible]	[illegible]	[illegible]
	Aufsichtskräfte, Rechnungsführer usw.												
	Gutshandwerker, Vorarbeiter usw.												
	Melker, Schäfer, Schweinewärter												
	sonstige familienfremde Arbeitskräfte (einschl. Knechte und Mägde											1	
	zusammen	1	1	2	1	1	2		1	3		2	3
Nicht ständig Beschäftigte	a) Zahl	[illegible]											
	b) Arbeitstage*)		50							65			20

Ia. Beköstigte Personen	1941	1942	1943	1944		1941	1942	1943	1944
voll beköstigte Familienangehörige unter 14 Jahren	1	1	1	1	vollbeköstigte familienfremde Arbeitskräfte	1	1	1	1
voll beköstigte Familienangehörige von 14 Jahren und darüber einschließlich Altenteiler	4	4	4	4	Deputatempfänger (Anzahl der Familien)	1	–	–	
Ib. Zahl der betriebseigenen Werkwohnungen					davon mit nicht im Betrieb beschäftigten Familien besetzt				

*) Gesamtzahl der von den nicht ständigen Arbeitskräften geleisteten Arbeitstage.

II. Bewirtschaftete Fläche	1941 ha	1941 ar	1941 %	1942 ha	1942 ar	1942 %	1943 ha	1943 ar	1943 %	1944 ha	1944 ar	1944 %
Ackerland	6	58		6	20		6	20	–			
Gartenland u. Obstanlag.	7	21			21			21				
Wiesen mit 1 Schnitt	7	–		7			7	[illegible]				
Wiesen mit 2 Schnitten	—	—										
Wiesen mit 3 und mehr Schnitten	—	—										
Streuwiesen												
Weiden	2	–		2	38		2					
Hutungen (Schafweiden)								38				
Almen (Alpe)												
Rebland												
Korbweiden												
Landw. Nutzfläche	15	79	100	15	19	100	15	79	100			100
Forsten, Holzungen	24	68		24	68		24	68				
Öd- und Unland		05			05			05				
Sonst. (Wege, Hofraum, Gebäude usw.)		21			21			21				
Gesamtfläche d. Betrieb.	40	73		40	73		40	73				
davon zugepacht. Ackerland												
" " Wiesen												
" " Weiden												
" " Sonstig.												

IIa. Verpachtete Flächen (in der bewirtschafteten Fläche nicht enthalten)	1941 ha	1942 ha	1943 ha	1944 ha
Ackerland				
Wiesen				
Weiden				
Sonstiges				
Insgesamt				

IIb. Zahl der bewirtschaft. Teilstücke	1941	1942	19.....
	1	1	

III. Einheitswert und Bodenschätzung

Einheitswert 19..... des Betriebes .... RM für insges. ha ....

Mindestbewertung? ja — nein

Einreihungswert RM je ha Landwirtschaft ....

Zu/Ab schläge für ....

mit .... RM

Bodenklimazahl nach Reichsbodenschätzung ....

Abb. 1: Eintragungen in „Meine Hofkarte“ durch einen Jungbauern aus Schwarzenbach an der Pielach.[40]

[40] Privatsammlung Gonaus, Schwarzenbach an der Pielach.

als „organisches Ganzes“: „Wie die Kreiswirtschaftsmappe in der zahlenmäßigen Erfassung der Wirtschaft vom Ganzen zum Kreis vorstößt, so musste ergänzend ein Hilfsmittel [die Hofkarte; Anm. des Verfassers] geschaffen werden, das es ermöglichte, vom Kreis zum Betrieb vorzustoßen.“ Diesen Vorstoß begriffen die Statistiker des Reichsnährstands nicht nur als Durchblick, sondern auch als Durch*griff* auf die Teile des Ganzen: „Muß man schon bestrebt sein, bei der kreisweisen Steuerung der Maßnahmen jeden Schematismus zu vermeiden, so gilt dies ganz besonders für die Maßnahmen, die den einzelnen Betrieb betreffen.“[41]

Wie die Einführung von Hofkarte und Kreiswirtschaftsmappe zeigt, befand sich die deutsche Agrarstatistik wie die Statistik anderer Wirtschaftszweige des Deutschen Reichs und, darüber hinaus, anderer Staaten mit staatswirtschaftlicher Steuerung Ende der 1930er-Jahre im Umbruch: Das „System der zentralen, anonymisierten Großstatistik“ sollte durch ein „hierarchisch gegliedertes System der individuellen Beobachtung“ ersetzt werden.[42] Das dafür nötige Instrument bildete ein Verwaltungsapparat, der parallel zum Statistischen Reichsamt in Gestalt des Reichsnährstands die Erfassung und Auswertung der statistischen Daten organisierte – ein Umstand, in dem die Gewichtsverlagerung vom gesetzlich gebundenen Normen- zum willkürlichen Maßnahmenstaat im nationalsozialistischen „Doppelstaat“ gegen Ende der 1930er-Jahre zum Ausdruck kam.[43] Daraus folgte eine immense Beschleunigung des Umlaufs agrarstatistischen Wissens und damit der politisch-ökonomischen Entscheidungsabläufe. Monate oder gar Jahre vor der Drucklegung der Ergebnisse der amtlichen Agrarstatistik waren entsprechende Daten auf betrieblicher, regionaler oder nationaler Ebene für die damit befassten Dienststellen verfügbar; zudem konnten Daten, die aus dem amtlichen Erhebungsprogramm fielen, binnen kurzer Zeit erhoben werden. So bilanzierte ein führender Agrarstatistiker des Reichsnährstands 1938: „Wer hätte es noch vor sechs Jahren überhaupt möglich und notwendig gehalten, jeden einzelnen Getreideverkauf jedes einzelnen Betriebes zu erfassen und ihn im Hinblick auf den einzelnen Betrieb wie auch auf die Gesamtversorgungslage auszuwerten. [...] Heute ist die für jeden Getreideverkauf des Erzeugers ausgefüllte Ablieferungsbescheinigung und ihre systematische Auswertung eine Selbstverständlichkeit“[44] – eine Selbstverständlichkeit, die sich nicht von selbst verstand, sondern die aus dem Verständnis des „nationalen Hofes“ als „organisches Ganzes“ folgte.

[41] Fensch: Arbeiten (wie Anm. 34), S. 68.

[42] Tooze: Vermessung (wie Anm. 22), S. 340.

[43] Ernst Fraenkel: Der Doppelstaat. Recht und Justiz im „Dritten Reich“. Frankfurt a. M. 1984, S. 21.

[44] Fensch: Arbeiten (wie Anm. 34), S. 64.

Vom administrativen zum „natürlichen“ Agrarraum

Die Verwurzelung des „Hoforganismus“ im Boden wurde nicht nur theoretisch erörtert, sondern mittels der seit dem späten 19. Jahrhundert etablierten Agrarstatistik auch empirisch erfasst. Gemäß dem vorherrschenden Interesse der zeitgenössischen Agrarökonomie und -geografie an der Nutzung des Bodens im Allgemeinen und des Ackerlandes im Besonderen[45] wurden für einzelne Regionen, Staaten oder die gesamte Welt „Landbauzonen“ abgegrenzt und meist kartografisch dargestellt.[46] Hinsichtlich der organismustheoretischen Bezüge und der empirischen Basis ragen zwei agrargeografische Beiträge aus den 1930er-Jahren heraus: die Karte der „Grundlagen der deutschen Landwirtschaft nach Gebieten ähnlicher Betriebsformen“ aus dem Jahr 1934 von Heinrich Niehaus, einem Mitarbeiter Max Serings, und die 1936 entstandene Karte der „Landbauzonen Deutschlands“ von Wilhelm Busch, einem Mitarbeiter Theodor Brinkmanns. Niehaus unterschied auf dem Gebiet des Deutschen Reichs sieben Zonen ähnlicher Betriebsformen: das nordwestdeutsche Grünlandgebiet, das süddeutsche Grünlandgebiet und die feuchten Höhen des Mittelgebirges, das Futterbaugebiet an der Ostsee, das ostdeutsche Roggen-Kartoffelgebiet, die Weizen-Gerste-Zuckerrübenzone mit den besten Ackerböden Deutschlands, die südwestdeutschen Tal- und Beckenlandschaften im Weinbauklima und die Übergangszone des Mittelgebirges.[47] Eine darauf aufbauende Karte für den „Atlas des deutschen Lebensraumes in Mitteleuropa“ wurde 1939 unter dem Titel „Bodennutzungszonen“ präsentiert.[48] Niehaus maß dem „*Bauernhof* als betriebstechnische[r] Einheit“ sowie der „Arbeits- und Lebensgemeinschaft der *Bauernfamilie*“ neben den übrigen Bedingungen der Bodennutzung „entscheidende Bedeutung“ bei: „Die enge Verbindung von Bauernfamilie, Haustieren und Acker bildet eine in langer Tradition festgeprägte Form der Bodennutzung, die sich auch weithin gegen ungünstige Bedingungen der Natur und der ökonomischen Umwelt durchzusetzen vermag.“[49] Hier wurde die Fähigkeit zur Selbstorganisation des als

[45] Christoph Borcherdt: Agrargeographie. Stuttgart 1996, S. 147.

[46] Für Österreich vgl. Hans Bernhard: Die Landbauzonen und ländlichen Ansiedlungsbedingungen in Österreich. Bern 1930. Als globale Perspektive vgl. Ernst Laur: Einführung in die Wirtschaftslehre des Landbaus unter besonderer Berücksichtigung der Landarbeitslehre. Berlin 1930.

[47] Max Sering u. a.: Deutsche Agrarpolitik auf geschichtlicher und landeskundlicher Grundlage. Leipzig 1934, S. 11–23, Karte im Anhang. Als umfassende Grundlagenstudie für diese Zoneneinteilung vgl. Emil Lang u. a.: Grundlagen und Formen der Deutschen Landwirtschaft. Berlin 1933.

[48] Heinrich Niehaus: Bodennutzungszonen im mitteleuropäischen Raum. In: Meyer (Hg.): Gefüge (wie Anm. 23), S. 110–114, Karte im Anhang; Heinrich Niehaus: Der landwirtschaftliche Anbau. In: Norbert Krebs (Hg.): Atlas des deutschen Lebensraumes in Mitteleuropa. Leipzig 1937–1941 [unvollständig], Bl. 18.

[49] Sering u. a.: Agrarpolitik (wie Anm. 47), S. 11.

Organismus konstruierten Haushalts-Betriebs-Systems gegenüber der naturalen und sozialen Umwelt behauptet.

In ähnlicher Weise, wenn auch mehr auf die Bodennutzung konzentriert, argumentierte Busch gegen frühere Versuche, „Landbauzonen“ allein aufgrund der Verbreitung einzelner Kulturpflanzen abzugrenzen:[50] „Die Anbauzonen werden aber dem organischen Anbaugefüge nicht ganz gerecht, sie entsprechen noch nicht der vollen Wirklichkeit, da eine Kulturpflanze in einem Gebiet niemals allein, sondern stets in Gemeinschaft mit anderen angebaut wird.“ Daher gelte es, das Augenmerk „nicht so sehr auf das Anbaugefüge der Landschaft, sondern auf das *Wirtschaftssystem des landesüblichen Betriebes* [zu] richten“.[51] Dabei folgte Busch zwar Brinkmanns Modell des landwirtschaftlichen Betriebssystems, passte es aber terminologisch in die nationalsozialistische Diktion ein: „Der Mensch als Standortursache und die Natur als Standortbedingung, kurz Blut und Boden, formen die Wirtschaft.“[52] Um das „betriebswirtschaftliche Gewicht“ der einzelnen Kulturarten zu bemessen, rechnete er nicht, wie Niehaus, mit reinen, sondern mit gewichteten Werten; dabei multiplizierte er die Flächenangaben mit Intensitätszahlen. Mithilfe dieses Kniffs verortete er fünf „Betriebsformen oder -systeme“, die er nach der jeweiligen Leit- und wichtigsten Begleitkultur benannte: Futterbauwirtschaften, Futter-Getreidebauwirtschaften, Getreide-Futterbauwirtschaften, Getreide-Hackfruchtbauwirtschaften und Hackfrucht-Getreidebauwirtschaften. Da der „deutsche Lebensraum“, einer „völkischen“ Raumvorstellung folgend, über die damals gültigen Staatsgrenzen hinausreichte, erfasste die Karte der „Landbauzonen“ auch das Gebiet Österreichs.[53]

Wie „organische“ Agronomie und „totale“ Agrarstatistik im Nationalsozialismus in der kartografischen Konstruktion des Agrarraumes zusammenwirkten, lässt sich anhand des Reichsgaues Niederdonau als Teil der Landesbauernschaft Donauland zeigen. Was die Hofkartenstatistik von den Betriebszählungs- und Buchführungsergebnissen unterschied, waren vor allem der Erfassungsgrad der Gesamtheit der Betriebe und die Art der Aggregation der einzelnen Betriebsdaten. Erstens erfasste die Hofkarte – wie die Betriebszählung – alle Landwirtschaftsbetriebe ab einer bestimmten Mindestgröße. In der Regel lag diese bei fünf Hektar landwirtschaftlicher Nutzfläche; eine Ausnahme bestand für Weinbaubetriebe mit mindestens 0,28 Hektar Rebfläche, die bereits ab zwei Hektar landwirtschaftlicher

[50] Theodor Heinrich Engelbrecht: Die Landbauzonen der aussertropischen Länder. 3 Bde. Berlin 1898–1899.

[51] Wilhelm Busch: Die Landbauzonen im deutschen Lebensraum. Stuttgart 1936, S. 8 (Hervorhebung im Original).

[52] Ebd., S. 12.

[53] Ebd., S. 178–182, Karte im Anhang.

Nutzfläche erfasst wurden. Folglich wurde die Masse der Zwerg- und Kleinbauernbetriebe unter fünf Hektar Betriebsfläche, die in Niederdonau 1939 mehr als die Hälfte aller Betriebe ausmachte,[54] im Großteil des Reichsgaues nicht oder, in den Weinbaugebieten, nur zum Teil erfasst. Insgesamt erfasste die Hofkarte 1939 47 Prozent aller Betriebe, 67 Prozent der Betriebsfläche, 47 Prozent der Waldfläche und 80 Prozent der landwirtschaftlichen Nutzfläche Niederdonaus.[55] Neben der pragmatischen Überlegung, den Verwaltungsaufwand in Grenzen zu halten, folgte diese Entscheidung einer grundsätzlichen Sichtweise: Laut Wilfried Kahler, dem zuständigen Abteilungsleiter in der Landesbauernschaft Donauland, sollten allein die „bäuerlichen Betriebsformen als der tragende Teil der Landwirtschaft"[56] berücksichtigt werden; in diesem Sinn galten die nicht vollbäuerlichen Betriebe, die zahlenmäßig überwogen, als zu vernachlässigendes Beiwerk. Diese Einschränkung folgte dem Leitbild des sowohl in produktiver als auch in völkischer Hinsicht leistungsfähigen Familienbetriebs als Rückgrat der nationalsozialistischen „Volksgemeinschaft", wie es dem Reichserbhofgesetz von 1933 zugrunde lag.[57] Zweitens wurden die Betriebsdaten nicht nach Verwaltungseinheiten, sondern – wie die Buchführungsergebnisse – nach Produktionsgebieten aggregiert. Damit hob sich die Hofkartenstatistik des Reichsnährstands von der amtlichen Betriebszählungsstatistik ab, denn „ihre Aufgliederung nach politischen Kreisen verwischt oft scharf unterschiedene Eigenarten landwirtschaftlicher Gebiete".[58] Die Entscheidung, landwirtschaftliche Produktionsgebiete zu konstruieren, folgte aus der agrarpolitischen Steuerungsfunktion der Hofkartenstatistik, die als „wesentliches Hilfsmittel der Wirtschaftslenkung" galt; sie sollte weniger wissenschaftlichen Anforderungen als vielmehr dem „Bedürfnis der landwirtschaftlichen Praxis" dienen.[59]

Die vordergründige Pragmatik der Hofkartenstatistik stand in engem Zusammenhang mit einer grundsätzlichen Hintergrundannahme, so Kahler: „Jede einzelne Massnahme muss jedoch immer auf die organische Einheit des landwirtschaftlichen Betriebes ausgerichtet sein, der in der heutigen Wirtschaftsordnung jenes Grundelement ist, durch den sich allein eine Leistungssteigerung auf die Dauer ver-

[54] Statistisches Amt für die Reichsgaue der Ostmark (Hg.): Die land- und forstwirtschaftlichen Betriebe im Reichsgau Niederdonau nach den Ergebnissen der im Deutschen Reich am 17. Mai 1939 durchgeführten landwirtschaftlichen Betriebszählung. Wien 1941, S. 12.

[55] Landesbauernschaft Donauland (Hg.): Das Gefüge der landwirtschaftlichen Produktionsgebiete im Donauland. Wien 1941, S. V. Der geringe Erfassungsgrad der Waldfläche erklärt sich aus der Entscheidung, für große Forstbetriebe keine Hofkarte anzulegen.

[56] Dies. (Hg.): Die landwirtschaftlichen Produktionsgebiete in der Landesbauernschaft Donauland. Wien 1940, S. III.

[57] Grundmann: Agrarpolitik (wie Anm. 19); Mai: Rasse (wie Anm. 19).

[58] Landesbauernschaft Donauland (Hg.): Produktionsgebiete (wie Anm. 56), S. III.

[59] Ebd., S. III.

wirklichen lässt."[60] Dabei verwarf der Abteilungsleiter in der Landesbauernschaft Donauland bisherige Kategorisierungsversuche, wie etwa die nach „Landbauzonen",[61] und konstruierte aus Versatzstücken der agronomischen Organismustheorie des landwirtschaftlichen Betriebs der 1920er- und 1930er-Jahre eine für die „Wirtschaftslenkung" praxistaugliche Lesart: „Die jeweilige Art und Weise der Landbewirtschaftung, die Betriebsform oder das Wirtschaftssystem ist das Ergebnis einerseits der naturgesetzlichen Gegebenheiten von Boden und Klima, der Lebensbedingungen der Pflanzen und Tiere, andererseits des Bedarfes und Wollens des wirtschaftenden Menschen, seiner Wirtschafts-, Rechts- und Eigentumsverhältnisse, seiner Volks- und Stammeseigentümlichkeiten, seines geschichtlich bedingten Kulturzustandes, des Entwicklungszustandes seiner technischen Kenntnisse und Fähigkeiten. Die Betriebsform ist so das Resultat des Zusammenwirkens ausserordentlich mannigfaltiger, sie gestaltender Einflüsse, die in gegenseitiger Abhängigkeit und Auswirkung teils selbst bedingt, teils bedingend wirksam sind. Alle diese die Betriebsform bestimmenden Einflüsse wirken immer gebietsweise, räumlich gebunden, von individuellen Besonderheiten abgesehen, die für einen allgemeinen Überblick und die Aufgaben der landwirtschaftlichen Verwaltung belanglos sind. Daher gestalten Betriebsformen bestimmte Wirtschaftsgebiete, die auch kartographisch darstellbar sind."[62]

Diese Lehrbuchdefinition lässt das Kräfteverhältnis zwischen den „naturgesetzlichen Gegebenheiten" und dem menschlichen „Bedarf und Wollen", von Ökologie und Ökonomie, zwar anfangs noch unbestimmt; letztlich wird jedoch dem Ökologismus Vorrang vor dem Ökonomismus eingeräumt: „Die Untersuchung der Betriebsformen und der sie bestimmenden Faktoren im Gebiete der Landesbauernschaft Donauland hat gezeigt, dass es innerhalb dieses Rahmens vor allem die natürlichen Produktionsbedingungen, von diesen in erster Linie die Klimastufen, in weiterer Hinsicht der Boden, jedenfalls aber das aus beiden resultierende Pflanzenwachstum ist, das die Betriebsformen und Wirtschaftsgebiete am ausschlaggebendsten bestimmt haben und dass demgegenüber die von Seite des Menschen wirkenden Einflüsse zurücktreten und nur gewisse Untergebiete geschaffen haben."[63]

Während Kahler den Vorrang der „naturgesetzlichen Gegebenheiten" vor dem menschlichen „Bedarf und Wollen" als Ergebnis der Untersuchung darstellte, wertete sein Mitarbeiter Josef Bergmann, dem die Durchführung der Erhebung oblag, das durch Klima und Boden bestimmte Pflanzenwachstum als „wichtigste[n] Aus-

60 Ebd., S. I.

61 Engelbrecht: Landbauzonen (wie Anm. 50); Sering u. a.: Agrarpolitik (wie Anm. 47); Busch: Landbauzonen (wie Anm. 51).

62 Landesbauernschaft Donauland (Hg.): Produktionsgebiete (wie Anm. 56), S. I.

63 Ebd., S. II.

gangspunkt für die Gliederung nach landwirtschaftlichen Produktionsgebieten".[64] Dieser Widerspruch folgte aus dem theoretischen Postulat der „räumlichen Gebundenheit" der Agrarsysteme, das auf Basis der betrieblich, lokal und kleinregional stark streuenden Betriebsdaten offenbar empirisch kaum einzulösen war. Als Ausweg aus diesem Dilemma bot sich die Orientierung an der pflanzenkundlichen Gliederung Nieder- und Oberösterreichs in eine „pannonische", eine „untere" und eine „obere baltische", eine „subalpine" und eine „alpine" Vegetationsstufe an; sie bildete die Folie für die weiteren Projektionen: „In sie wurden alle übrigen Beobachtungselemente (orographische, geologische, klimatologische, Viehhaltung, Siedlungs- und Rechtsverhältnisse) hineinprojiziert, so dass aus dieser Gesamtschau die vorliegenden landwirtschaftlichen Produktionsgebiete mit ihren Unterbezirken erwuchsen."[65] Die biologistische Metapher vom „Erwachsen" der agrarräumlichen Gliederung aus den Klima- und Bodenbedingungen stellte die Dinge auf den Kopf; von Grund auf besehen, erscheint die im Nachhinein hergeleitete Naturabhängigkeit der Agrarsysteme der Landesbauernschaft Donauland als kulturelle Konstruktion.

Einer Logik der „fast zwingende[n] Einheit" [66] von Natur- und Wirtschaftsraum entsprechend, bildeten die Gemeinden der Landesbauernschaft Donauland auf Basis der Bodennutzungserhebung und Viehzählung 1939 sieben Produktionsgebiete, die aus 23 Unterbezirken mit insgesamt 109 Sprengeln bestanden. Zwar wurden die Betriebsformen „überall da, wo Abweichungen von den Gebieten einheitlicher natürlicher Produktionsbedingungen festgestellt werden konnten und soweit solche bekannt waren, bei der Bildung der Wirtschaftsgebiete voll berücksichtigt", wie etwa bei den Weinbaugebieten; doch blieben „alle Sonderheiten kleiner Gebietsteile, der besonderen Verkehrslage oder sporadischer Betriebsweise" ausgeklammert.[67] Diese Vorgangsweise diente vor allem der kartografischen Darstellung und der administrativen Umsetzung, die möglichst geschlossene Produktionsgebiete erforderten (Abb. 2).

Im Folgenden werden die Gemeinsamkeiten und Unterschiede der Produktionsgebiete anhand des Reichsgaues Niederdonau beispielhaft betrachtet. In den Produktionsgebieten im Osten Niederdonaus einschließlich Wiens, vor allem im Pannonischen Hügelland und in den Weinbaugebieten, herrschten zahlenmäßig die Kleinbetriebe vor; dazwischen erstreckten sich, insbesondere im Pannonischen Flachland, Groß- und Gutsbetriebe in Privat- und Kirchenbesitz. Im nördlichen

[64] Ebd., S. V.
[65] Ebd., S. VI.
[66] Ebd., S. V.
[67] Ebd., S. II, S. V.

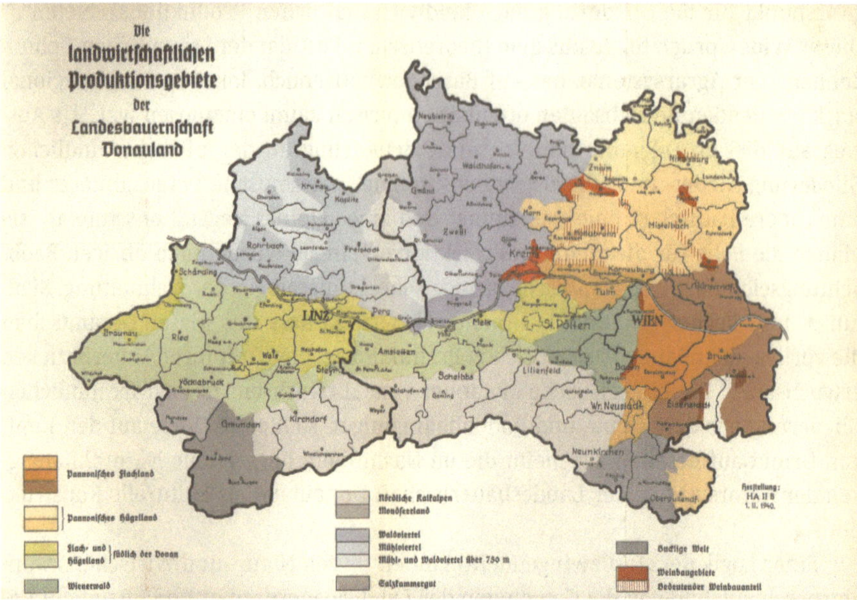

Abb. 2: Karte der Landwirtschaftlichen Produktionsgebiete der Landesbauernschaft Donauland 1940.[68]

Burgenland waren gegen Ende des 19. Jahrhunderts riesige Meierhofkomplexe entstanden, die intensive Acker- und Viehwirtschaft betrieben.[69] Aufgrund der geringen Waldbestände betrug die landwirtschaftliche Nutzfläche im Pannonischen Flach- und Hügelland rund neun Zehntel der Kulturfläche. Davon wurde der Großteil als Ackerland genutzt; nur in den Weinbaugebieten war der Anteil des Ackerlandes etwas geringer. Die durch Boden, Klima und Relief begünstigten Produktionsbedingungen hoben die Nutzungsintensität der Böden, vor allem in den Weinbaugebieten, an die Spitze aller Produktionsgebiete. Hingegen bildete das Flach- und Hügelland hinsichtlich der Intensität der Viehhaltung, bedingt durch das Vorherrschen des Ackerbaus, das Schlusslicht; damit korrespondierte die geringe Grünland- und Feldfutterfläche, die zur Versorgung der Pferde als wichtigste Zugkraftlieferanten diente. Das Vorherrschen von Kleinbetrieben kommt auch in der vergleichsweise geringen Arbeitskräftezahl pro Hof im Hügelland und in den Weinbaugebieten zum Ausdruck. Der verhältnismäßig geringe Anteil familienfremder

[68] Ebd., Anhang.

[69] Ortmayr: Skizzen (wie Anm. 18), S. 322–324; Fritz Bodo (Hg.): Burgenland. Ein deutsches Grenzland im Südosten. Wien 1941, S. 33 f., S. 73 f.

Arbeitskräfte, vor allem im Pannonischen Hügelland, verweist auf die familienwirtschaftliche Ausrichtung der Betriebe. Der relativ hohe Anteil an nichtständigen Arbeitskräften, vor allem an Tagelöhnerinnen und Tagelöhnern sowie an Saisonarbeiterinnen und -arbeitern, scheint durch die extremen Arbeitsspitzen im Wein- und Ackerbau bedingt. Die hohe Dichte ausländischer Wanderarbeiterinnen und -arbeiter, vor allem im Pannonischen Flachland, verdeutlicht die Abhängigkeit der Getreide- und Hackfruchtbetriebe von saisonalen, nicht ortsansässigen Arbeitskräften.[70] In der auf eine Arbeitskraft entfallenden Nutzfläche kommt die hohe Arbeitsintensität im Pannonischen Hügelland und in den Weinbaugebieten zum Ausdruck; dagegen war vor allem im Pannonischen Flachland der Einsatz arbeitskraftsparender Maschinen bereits verbreitet.[71]

Die Hofgrößen im Waldviertel lagen im Durchschnitt der Reichsgaue Niederdonau und Wien. Wegen des überdurchschnittlichen Waldanteils umfasste die Nutzfläche dort aber nur sieben Zehntel der Kulturfläche. Davon wurden etwas mehr als die Hälfte als Ackerland und etwas weniger als die Hälfte als Grünland genutzt. Die Bodennutzungsintensität lag, auch wegen der regional wechselnden Boden-, Klima- und Reliefbedingungen, deutlich unter dem Durchschnitt. Dagegen fiel die Intensität der Viehhaltung, die Hand in Hand mit einer überdurchschnittlichen Futterfläche für die hervortretenden Rinderbestände ging, höher als im Reichsgau insgesamt aus. Die Arbeitskräftezahlen dieses Produktionsgebiets lagen, auch bedingt durch die geringe Bodennutzungsintensität, unter dem Durchschnitt. Auffällig ist der geringe Anteil ständiger und nichtständiger Fremdarbeitskräfte, der auf den familienwirtschaftlichen Charakter der Betriebe hinweist. Die Arbeitsintensität rangierte im Waldviertel, bedingt durch die höheren Wald- und Grünlandanteile und den geringen Mechanisierungsgrad, unter dem Gesamtdurchschnitt.[72]

Im Flach- und Hügelland südlich der Donau lagen die Hofgrößen etwas unter dem Durchschnitt. Acht Zehntel der Kulturfläche dienten als landwirtschaftliche Nutzfläche. Davon wurden sechs Zehntel unter den Pflug genommen; die übrige Nutzfläche umfasste, neben dem zahlenmäßig unbedeutenden Weinbau, Wiesen, Weiden und Obstgärten. Die Intensität der Bodennutzung fiel wegen des hohen Grünlandanteils unterdurchschnittlich aus. Hingegen verfügten die Höfe über den höchsten Viehbesatz aller Produktionsgebiete. Die überdurchschnittlichen Betriebsgrößen und der Vorrang der Viehhaltung schlugen sich in Spitzenwerten hinsichtlich der Arbeitskräfte pro Hof nieder. Die Viehhaltung, vor allem die Betreu-

[70] Anton Wutz: Landwirtschaftsatlas der Ostmark. Berlin 1939, S. 32.

[71] Landesbauernschaft Donauland (Hg.): Produktionsgebiete (wie Anm. 56), S. VII–X; dies. (Hg.): Gefüge (wie Anm. 55), S. 66–70.

[72] Dies. (Hg.): Produktionsgebiete (wie Anm. 56), S. XVIIf.; dies. (Hg.): Gefüge (wie Anm. 55), S. 66–70.

ung des Milch- und Mastviehs, verursachte das ganze Jahr hindurch einen gleichbleibenden Arbeitsaufwand. Daher waren hier, wie der hohe Prozentsatz an ständigen Fremdarbeitskräften zeigt, die Dienstboten die wichtigste Arbeitskraftquelle. Die durchschnittliche Arbeitsintensität ging mit einem überdurchschnittlichen Mechanisierungsgrad einher. Die Betriebe des Wienerwalds, die in der Buchführungsstatistik 1937 noch zum Produktionsgebiet Alpenvorland gezählt wurden, ähnelten in vielerlei Hinsicht jenen im Gebiet der Voralpen.[73]

Stand das Pannonische Flach- und Hügelland an dem einen Ende des Spektrums der Produktionsgebiete in Niederdonau und Wien, so befand sich das Alpengebiet am anderen. Die Durchschnittsgröße der Betriebe lag hier an der Spitze aller Produktionsgebiete. Die Anteile der Nutz- an der Kulturfläche und der Acker- an der Nutzfläche fielen hingegen am niedrigsten aus. Auch die Bodennutzungsintensität bewegte sich, bedingt durch die ungünstigen Boden-, Klima- und Reliefbedingungen des Alpengebiets, am unteren Ende des Spektrums. Die über dem Durchschnitt liegende Intensität der Viehhaltung war, wegen der bescheidenen Grünlanderträge, nur durch eine überdurchschnittliche Futterfläche zur Versorgung der anteilsmäßig herausragenden Rinderbestände zu halten. Die Betriebsgrößen fanden in höheren Durchschnittszahlen der Arbeitskräfte pro Hof ihren Ausdruck. Wie im Alpenvorland und im Wienerwald waren auch hier, bedingt durch die stark verbreitete Rinderhaltung, ständige Dienstboten häufig anzutreffen. Die Arbeitsintensität auf der landwirtschaftlichen Nutzfläche lag, angesichts der höheren Wiesen- und Weidenanteile, unter dem Durchschnitt. Damit ging, abgesehen von den verbreiteten Dreschmaschinen, ein äußerst geringer Mechanisierungsgrad einher. Arbeit auf dem Bergbauernhof war, diesen Zahlen zufolge, noch weitgehend Handarbeit.[74]

Die Agrarraumkonstrukteure der Landesbauernschaft Donauland widmeten ihre Aufmerksamkeit vorrangig den durch Relief, Boden und Klima bedingten „wildwachsenden Pflanzengesellschaften“, die als „Fingerzeig für die Lebensbedingungen der landwirtschaftlichen Kulturpflanzen“[75] galten. In den Beckenlandschaften des Pannonischen Flachlandes herrschten aufgrund des großteils höchst fruchtbaren Bodens und des warm-trockenen, durch eine sommerliche Hitzewelle gekennzeichneten Klimas Pflanzen der pannonischen Vegetationsstufe wie Schwarzföhre, Fingergras und Goldhafer als „Vorposten der pontischen Steppe“ vor. Auffällig ist dabei, dass diese Pflanzen über Einrichtungen zur Regelung des Wasserhaushalts verfügten: oberirdisch eine Reihe von Schutzvorrichtungen gegen

[73] Dies. (Hg.): Produktionsgebiete (wie Anm. 56), S. X–XIV; dies. (Hg.): Gefüge (wie Anm. 55), S. 66–70.

[74] Dies. (Hg.): Produktionsgebiete (wie Anm. 56), S. XVf.; dies. (Hg.): Gefüge (wie Anm. 55), S. 66–70.

[75] Dies. (Hg.): Produktionsgebiete (wie Anm. 56), S. VIII.

einen übermäßigen Wasserverlust, unterirdisch tief in das feuchtere Erdreich vordringende Wurzeln. Durch einen raschen Wachstumsschub im Frühjahr schloss die Fruchtbildung meist schon vor der sommerlichen Trockenheit ab. Dementsprechend schien das Produktionsgebiet vor allem für Getreide-, Wein- und Gemüsebau sowie Sonderkulturen geeignet. Im bodenmäßig und klimatisch ähnlich gestalteten, jedoch durch verstärkte Taubildung gekennzeichneten Pannonischen Hügelland, einschließlich der Weinbaugebiete, herrschte ebenfalls die pannonische Vegetationsstufe vor; an den Berglehnen sowie nach feuchteren und kühleren Jahren wuchsen bereits Pflanzen der baltischen Vegetationsstufe, was eine pannonisch-baltische „Kampfzone“ entstehen ließ. Neben dem noch möglichen Getreide-, Wein- und Gemüsebau sowie der Pflege von Sonderkulturen war in diesem Gebiet das Dauergrünland „im Vorschreiten begriffen“.[76]

Beim Übergang zu den übrigen Produktionsgebieten stieß der Bearbeiter vermehrt auf durch Relief, Boden und Klima bedingte Abgrenzungsprobleme: „Meereshöhen, Bodengestaltung und Neigungsverhältnisse, Sonn- oder Schattenseite, Ost- oder Westlage am Berg gewinnen für den landwirtschaftlichen Betrieb an Bedeutung. Die oft mehrere 100 m tief eingekerbten Flussläufe haben eine fast fjordartige Zersägung der Ränder des Berglandes nach sich gezogen und in diese Täler greift die jeweils untere Klima- und Vegetationsstufe tief in das geschlossene Bergland ein.“ Folglich war wiederholt von „Übergänge[n] von einem Gebiet zum anderen“ und „Inseln“ die Rede.[77] Das Flach- und Hügelland südlich der Donau mit ergiebigen Böden und einem günstigen Ausgleich von Wärme und Feuchtigkeit wurde zur unteren (St. Pöltner Becken) oder oberen baltischen Vegetationsstufe (Gebiet von Melk und Amstetten), durchsetzt von pannonischen Inseln, wie etwa der „Ybbser Scheibe“, gerechnet. Die hier vorkommenden Wildpflanzen wie Fichte, Rotbuche und Heidekraut waren durch eine weniger verdickte Oberhaut und flachgründigere Wurzeln gekennzeichnet. Folglich schien die untere baltische Vegetationsstufe eher für Getreide-, Zuckerrüben-, Gemüse- und Obstbau, die obere baltische Vegetationsstufe eher für Feldfutter- und Obstbau sowie Dauergrünland geeignet. Der klimatisch kühlere und feuchtere Wienerwald wurde im Übergangsgebiet zwischen oberer baltischer und subalpiner Vegetationsstufe verortet. In diesem durch Wald und Dauergrünland geprägten Gebiet, so der Bearbeiter, würden Boden und Klima einen – jedoch für das Wiener Kleinklima nachteiligen – „erweiterten Getreidebau“ zulassen. Das feucht-kühle Alpengebiet Niederdonaus zerfiel in das Uralpengebiet der Buckligen Welt, wo die Landwirtschaft bis in höchste Lagen vordrang, und in das Kalkalpengebiet, wo die schrofferen, steileren Abhänge die landwirtschaftliche Nutzung auf tiefere Lagen beschränkten. Während die Tal-

[76] Ebd., S. VII–X.
[77] Ebd., S. XI.

lagen noch zur oberen baltischen Vegetationsstufe gerechnet wurden, zählten die Hänge und höheren Lagen bereits zur subalpinen Zone. Die Eigenschaften der dort zu findenden subalpinen Wildpflanzen wie Lärche, Elfengras und Borstengras ähnelten jenen der pannonischen Vegetationsstufe – freilich aus anderen Gründen: Die Verdickung der Oberhaut schützte vor Wärmeverlust; kräftige und verzweigte Wurzeln dienten zur Speicherung von Nährstoffen; ein rasches Wachstum war an den späten Vegetationsbeginn im Frühjahr und die herbstlichen Frühfröste angepasst. Daher erforderte der Ackerbau, dessen Schwerpunkt auf Feldfutter- und Hackfruchtbau lag, die Züchtung kälteunempfindlicher, rasch reifender Sorten; daneben nahmen Wald und Dauergrünland den Großteil der Kulturfläche ein. Wie das Alpengebiet zählte auch das hinsichtlich Reliefs und Klima ähnliche, jedoch durch Urgesteinsböden geprägte Waldviertel zur oberen baltischen und subalpinen Vegetationsstufe; auch hier schien aus vegetationskundlichen Überlegungen die „Züchtung besonderer Sorten, die den Anforderungen des harten Klimas gewachsen sein müssen", unumgänglich.[78]

Das Augenmerk der Reichsnährstandsstatistiker auf die Bedingungen des Pflanzenwachstums zur Herleitung landwirtschaftlicher Produktionsgebiete entsprach einer praktikablen Lesart der Organismustheorie des landwirtschaftlichen Betriebs, die den Hof wie einen „lebenden Organismus" konstruierte. Auffallend dabei ist die in den Ausführungen verwendete militaristische Metaphorik – „Vorposten", „Vorschreiten", „Kampfzone" –, die den ideologisierten „Kampf um Lebensraum" in die Natur projizierte, ihn gleichsam „naturalisierte", und damit dessen Ideologiecharakter verschleiert.

Zusammenfassung

Ziel des vorliegenden Beitrags war es, Grundzüge der Agrarstatistik im Nationalsozialismus mittels des foucaultschen Konzepts des Dispositivs zu beleuchten. Sein Raumbezug pendelt zwischen dem Gesamtblick auf das Reichsgebiet und dem regionalen Fokus auf den Reichsgau Niederdonau als Teil der Landesbauernschaft Donauland. Die Erkenntnisse lassen sich in drei Punkten zusammenfassen:

Erstens: Das agrarstatistische Dispositiv war kein genuines Machtinstrument des Nationalsozialismus, sondern speiste sich aus agrarökonomischen, agrarstatistischen und agrargeografischen Spezialdiskursen, die bereits vor der NS-Herrschaft entscheidende Wendungen eingeschlagen hatten und nach deren Ende in veränderter Weise fortwirkten. Gleichwohl erfuhr die Agrarstatistik durch die rassistische und imperialistische Stoßrichtung des NS-Regimes ab dem auf Kriegsvorberei-

[78] Ebd., S. X–XIV.

tung ausgerichteten Vierjahresplan von 1936 eine extreme Ausprägung. Der Landwirtschaftsbetrieb als „Hoforganismus“, verwurzelt im „natürlichen“ Agrarraum im Sinn von „Blut und Boden“, bildete den Planungsgegenstand einer „totalen“ Agrarstatistik, die die liberale Abgrenzung von Staat, Markt und Zivilgesellschaft zunehmend beseitigte.

Zweitens: Das agrarstatistische Dispositiv entsprang dem Anspruch des modernen Industriestaates, den aus vielen Einzelbetrieben aggregierten Agrarsektor direkt – über zentrale Behörden – oder indirekt – über landwirtschaftliche Organisationen – wie einen einzigen Hof zu regulieren. Der Agrarsektor gibt Lebensmittel, Industrierohstoffe und Arbeitskräfte an nachgelagerte Märkte ab und übernimmt produktivitätssteigernde Technologien von vorgelagerten Märkten. In der nationalsozialistischen Kriegswirtschaft gewannen die vor- und nachgelagerten Marktverflechtungen der Landwirtschaft ein entscheidendes Gewicht. Die Agrarstatistik war kein Abbild der realen Agrarverhältnisse, sondern konstruierte den nationalen Agrarsektor entsprechend des Leitbilds vom vollbäuerlichen, in produktiver und völkischer Hinsicht leistungsfähigen Familienbetrieb als Rückgrat der nationalsozialistischen „Volksgemeinschaft“.

Drittens: Die Hofkartenstatistik war ein Versuch zur Lösung des Problems der Informationsasymmetrie der „totalen“ Agrarregulation im Nationalsozialismus. Sie versorgte die Zentralstellen des Reichsnährstands mit aktuellen Informationen über das Produktionspotenzial eines Großteils der Betriebe. Zudem implementiert sie eine panoptische Machtbeziehung, die Betriebsleiterinnen und Betriebsleiter zu disziplinierten Wirtschaftsweisen anhielt und den Motivations- und Kontrollaufwand der Landes-, Kreis- und Ortsbauernschaften verminderte. Auf diese Weise verknüpfte die Hofkartenstatistik staatliche Fremd- und bäuerliche Selbstdisziplinierung miteinander.

Abstract

This chapter aims to shed light on the main features of agricultural statistics in National Socialism by employing Foucault's concept of the dispositif. In spatial terms, the article's focus oscillates between a high-level view of the Reich territory and a regional focus on the Reichsgau Niederdonau as part of the Landesbauernschaft Donauland. The findings can be summarised in three key findings: First, the dispositif of agricultural statistics was not a genuine instrument of power in National Socialism, but was fed by special discourses in agricultural economics, agricultural statistics and agricultural geography, which had already taken decisive turns before the Nazi regime and continued to have an effect in a modified way after its end. Second, it arose from the modern industrial state's claim to regulate the agricultural sector like a single farm directly – via central authorities – or indirectly – via agricultural organisations. Third, farm file statistics were an attempt to solve the problem of the information asymmetry produced by 'total' agricultural regulation under National Socialism through linking external state discipline and peasant self-discipline.

Besitz und Destinktion

Gabriele B. Clemens

Bodenwert und Spekulationsgewinne

Die Nationalgüterversteigerungen in den rheinischen Departements und ihre Auswirkungen auf den Immobilienbesitz (1800–1850)

Das Rheinland wurde infolge der Revolutionskriege wirtschaftlich in die Moderne katapultiert. Die französischen Truppen eroberten 1792 bis 1794 die linksrheinischen Gebiete. Es folgten Jahre mit häufig rivalisierenden militärischen und zivilen Verwaltungsorganisationen. Die Bevölkerung litt unter dem Chaos und den hohen Kontributionen. Die vormals regierenden Fürsten und Adligen flohen in das Rechtsrheinische – und kehrten von dort nie oder erst Jahre später zurück. In die alten Herrschaftsrechte wurden sie nie mehr eingesetzt, auch nicht auf dem Wiener Kongress. Als die revolutionäre Herrschaft sich in den linksrheinischen Gebieten zunehmend konsolidierte und rechtsstaatlichen Charakter annahm, gehörten vor allem die Notabeln zu denjenigen, die in der Politik, in der Wirtschaft und im gesellschaftlichen Leben zu den führenden Männern der Region aufstiegen und von den neuen Zuständen profitierten.[1] Vor der Eroberung war das linksrheinische Gebiet ein territorialer Flickenteppich mit nur schwer überschaubaren Herr-

[1] Hier und im Folgenden wird der Begriff „Notabeln" in dem Sinne verwendet, wie er in der französischen Forschung seit den grundlegenden Studien von Tudesq und Bergeron definiert wurde; vgl. André-Jean Tudesq: Les grands notables en France (1840–1849). Étude historique d'une psychologie sociale. Paris 1964; Louis Bergeron/Guy Chaussinand-Nogaret (Hg.): Grands Notables du Premier Empire. 28 Bde. Paris 1978–2001. Mit diesem Begriff fassten Tudesq und Bergeron adlige und bürgerliche Gruppen zusammen, die aufgrund ihres Besitzes, ihrer Ausbildung, ihrer Karrieren und ihrer Familie die politischen, gesellschaftlichen und wirtschaftlichen Führungspositionen besetzten. Sie lebten mehrheitlich in den Städten, besaßen aber alle beträchtlichen Grundbesitz im städtischen Umland. Heinz Reif, der Nestor der deutschen Adelsforschung, regt seit Langem an, europaweit Felder der Begegnung, Arenen, Praktiken, Deutungshoheiten und adlig-bürgerliche Elitenkompromisse auszuleuchten; vgl. Heinz Reif: Adel, Aristokratie, Elite. Sozialgeschichte von oben. Berlin 2016. In der deutschen Forschung wird der Begriff „Notabeln", der die bürgerliche und adlige Elite umfasst, kaum benutzt. Hier wird immer scharf zwischen Bürgern und Adligen getrennt, um so den Siegeszug des Bürgertums im 19. Jahrhundert zu unterstreichen.

https://doi.org/10.1515/9783111134826-009

schaftsverhältnissen gewesen. Zu den größten Herrschaften gehörten die Kurfürstentümer Köln, Trier und Mainz, gefolgt von der Grafschaft Nassau-Zweibrücken, der Kurpfalz und dem Herzogtum Pfalz-Zweibrücken.

1798 entstanden auf Anweisungen aus Paris das Rur-Departement im Norden mit der Hauptstadt Aachen, das Rhein-Mosel-Departement entlang der Rheingrenze mit der Hauptstadt Koblenz, das Saar-Departement im Südwesten mit Trier als Regierungssitz sowie das südlich angrenzende Donnersberg-Departement mit Mainz als Verwaltungszentrum. Diese vier Departements unterschieden sich erheblich in ihrer wirtschaftlichen Struktur voneinander. Mit Abstand das reichste war das Rur-Departement. Nur hier gab es im nennenswerten Ausmaß Tuch- und Eisenindustrie und die Böden, vor allem die am Niederrhein, waren bestens geeignet für den Getreideanbau. Die Menschen in den anderen drei Departements lebten vor allem vom Agrarsektor, wobei Kaufleute es hier mit Holz-, Wein- und Getreidehandel ebenfalls zu beträchtlichem Wohlstand brachten.[2]

Nachdem Österreich im Frieden von Campo Formio im Oktober 1797 alle linksrheinischen Gebiete in Geheimartikeln an Frankreich abtrat, begann der Neuaufbau der Verwaltung nach französischem Muster. Von grundlegender Bedeutung für die neuen linksrheinischen Departements war die ab 1798 erfolgte Neuorganisation des Justiz- und Verwaltungswesens. Sie umfasste die Übernahme der französischen Gerichtsordnung, ferner die Gewerbefreiheit, die Abschaffung der Feudalrechte und – damit einhergehend – die Aufhebung der Zehnten. Man kann mit Jürgen Müller das Jahr 1798 als Epochenjahr für das Rheinland bezeichnen, da umwälzende Reformen Veränderungen in nahezu allen Lebensbereichen bedingten und Neues an die Stelle überkommener Traditionen gesetzt wurde.[3] Die radikale Beseitigung veralteter Privilegien, verbunden mit der rechtlichen Gleichstellung aller Bürger und der Einführung eines den Ansprüchen einer modernen Gesellschaft gewachsenen Rechtssystems, bildeten gemeinsam mit der Gewerbefreiheit wesentliche Voraussetzungen für die weitere Entwicklung des Rheinlands.

Ebenso wie im revolutionären Frankreich wurden die zuvor beschlagnahmten und schließlich enteigneten Güter der geistlichen Institutionen und des Adels in den Jahren 1803 bis 1813 öffentlich auf den Präfekturen versteigert. In nur zehn Jahren wurden fast 14.000 Objekte verkauft, die je nach Departement etwa zwölf Prozent der gesamten Nutzfläche ausmachten.[4] Dabei erzielte der Staat auf den

[2] Roger Dufraisse: Flottes et flotteurs de bois du Rhin à l'époque napoléonienne. In: ders.: L'Allemagne à l'époque napoléonienne. Questions d'histoire politique, économique et sociale. Bonn 1992, S. 217–245.

[3] Jürgen Müller: 1798 – Das Jahr des Umbruchs im Rheinland. In: RhVjBll 62 (1998), S. 205–237.

[4] Wolfgang Schieder (Hg.): Säkularisation und Mediatisierung in den rheinischen Departements: 1803–1813. Edition des Datenmaterials der zu veräußernden Nationalgüter. 5 Teile in 7 Bänden.

Auktionen über 66 Millionen Francs. „Seit die Welt besteht, ist Kauf und Verkauf nicht so oft vorgekommen wie seit den letzten 20 Jahren".[5] Mit diesen Worten beschrieb der preußische Regierungsrat Johann Nepomuk von Schwerz 1816 die durch die französischen Nationalgüterverkäufe erfolgte Besitzumschichtung im Rheinland. In ihrem Standardwerk „L'événement le plus important de la Révolution. La vente des biens nationaux" behaupten die Autoren Bernard Bodinier und Éric Teyssier sogar, dass die aufgrund der Nationalgüterverkäufe erfolgten Besitzveränderungen das wichtigste Ereignis der großen Französischen Revolution gewesen seien.[6]

Hinzu kamen gleichzeitig die privaten Veräußerungen jener Nationalgüter, die an Napoleons Armeelieferanten gingen. Der Kaiser hatte 1805 mit einer Abtretung von Nationalgütern im Wert von 20 Millionen Francs die Forderungen seiner Heereslieferanten beglichen. Alle von dieser Maßnahme betroffenen Immobilien befanden sich in den vier linksrheinischen Departements sowie dem benachbarten luxemburgischen Wälder- und dem niederländischen Niedermaas-Departement. Es handelte sich dabei meist um sehr wertvolle Hofgüter. Da die Armeelieferanten keinerlei Interesse daran hatten, große Summen langfristig an Grund und Boden in der Provinz zu binden, verkauften sie die Güter in Paris oder vor Ort im Linksrheinischen rasch weiter.[7]

Die französische Verkaufspolitik hatte rein fiskalischen Charakter. Oberstes Ziel war es, möglichst schnell viele Güter umzusetzen. Sozialreformerische Absichten im Sinn einer Umverteilung von Grund und Boden – wie zu Beginn der Verkäufe im revolutionären Frankreich – wurden in der napoleonischen Zeit nicht mehr verfolgt. Diese Versteigerungspolitik hatte große Auswirkungen auf die Käuferschichten. Die angebotenen Objekte wurden nicht in preiswertere Einheiten parzelliert und waren daher sehr teuer. Zudem fanden die Auktionen ausschließlich auf

Boppard am Rhein 1991. In standardisierter Form sind hier in sieben Bänden alle in den rheinischen Departements öffentlich angebotenen Nationalgüter aufgeführt. Als Quellengrundlage dienten die fast vollständig überlieferten Verkaufsplakate (*affiches*), die Verkaufsanzeigen in den amtlichen Zeitungen sowie die Originale der Versteigerungsprotokolle (*procès-verbaux*). Jedem Fall wurde eine laufende Nummer (LNR) zugewiesen, Orts- und Käuferregister erleichtern die Benutzung.

5 Johann Nepomuk von Schwerz: Beschreibung der Landwirtschaft in Westfalen und Rheinpreußen, 2. Teil: Beschreibung der Landwirtschaft in Rheinpreußen. Stuttgart 1836, S. 172.

6 Bernard Bodinier/Éric Teyssier: L'événement le plus important de la Révolution. La vente des biens nationaux (1789–1867) en France et dans les territoires annexés. Paris 2000.

7 Gabriele B. Clemens: Napoleonische Armeelieferanten und die Entstehung des Rheinischen Wirtschaftsbürgertums. In: Francia 24 (1997) 2, S. 159–180.

den Präfekturen in den Departements-Hauptorten statt und waren für potenzielle lokale Käufer nur mit einem großen Aufwand von Zeit und Geld zu erreichen.[8]

Bei dieser Säkularisation handelte es sich jedoch nicht um von den Revolutionären erstmals durchgeführte Maßnahmen, im Verlaufe der Geschichte war Kirchengut immer wieder enteignet worden. So hatten etwa die protestantisch gewordenen Stände in der Zeit der Reformation eine umfassende Säkularisation vorgenommen. Und im ausgehenden 18. Jahrhundert war der Jesuitenorden aufgehoben worden und der reformfreudige österreichische Kaiser Joseph II. hatte 1792 die Enteignung von über 700 Klöstern verfügt.[9] Frankreich konfiszierte und veräußerte jedoch nicht nur die Güter der geistlichen Institutionen auf der linken Seite des Rheins, sondern auch die des reichsständischen Adels. Im Unterschied zum rechtsrheinischen Adel, der ebenfalls seine Hoheitsrechte mit dem Reichsdeputationshauptschluss verlor, musste der linksrheinische reichsständische Adel darüber hinaus eine mit der Vermögenssäkularisation vergleichbare Vermögensmediatisierung hinnehmen. Sowohl die enteigneten Güter der geistlichen als auch die der zahlreichen weltlichen Eigentümer wurden von den Franzosen unterschiedslos als Nationalgüter (*biens nationaux*) bezeichnet und ab dem Jahr 1803 in den vier rheinischen Departements gemeinsam veräußert.[10] Die größten Verluste mussten zweifelsohne die Kurfürsten von Trier, Mainz und Köln hinnehmen, die Grafen von Nassau-Saarbrücken sowie die zahlreichen Klöster und Abteien, allen voran die reichen Benediktinerorden. Eine sehr detaillierte Arbeit zum Kölner Stift St. Aposteln verweist auf die großen Vermögenswerte der geistlichen Institutionen. Das Stift verfügte über Grundbesitz von der holländischen Grenze bis an die Mosel. Als es 1802 aufgelöst wurde, besaß es Land im Wert von 420.000 Francs und – nach Abzug der Schulden – Kapital in Höhe von 500.000 Francs. Die Studie belegt eindrücklich, dass kirchliche Institutionen sehr gut wirtschaftlich agieren konnten.[11]

[8] Dies.: Immobilienhändler und Spekulanten. Die sozial- und wirtschaftsgeschichtliche Bedeutung der Großkäufer in den rheinischen Departements. Boppard am Rhein 1995, S. 37.

[9] Georg Mölich u. a. (Hg.): Klosterkultur und Säkularisation im Rheinland. Essen 2002; Harm Klueting (Hg.): 200 Jahre Reichsdeputationshauptschluß. Säkularisation, Mediatisierung und Modernisierung zwischen Altem Reich und neuer Staatlichkeit. Münster 2005; Rolf Decot (Hg.): Kontinuität und Innovation um 1803. Säkularisation als Transformationsprozeß. Kirche, Theologie, Kultur. Mainz 2005; Peter Blickle/Rudolf Schlögel (Hg.): Die Säkularisation im Prozess der Säkularisierung Europas. Epfendorf 2005.

[10] Christof Dipper: Probleme einer Wirtschafts- und Sozialgeschichte der Säkularisation in Deutschland (1803–1813). In: Armgard von Reden-Dohna (Hg.): Deutschland und Italien im Zeitalter Napoleons. Wiesbaden 1979, S. 123–170.

[11] Wolfgang Rosen: Die Ökonomie des Kölner Stiftes St. Aposteln. Strukturen und Entwicklungen vom Mittelalter bis 1802. Köln 2016.

Bevor mit den Verkäufen der Nationalgüter begonnen wurde, war es erforderlich, die Güter auf ihren Verkaufswert hin zu taxieren. Vermessungsunterlagen fehlten und der französische Kataster war erst seit 1802 im Entstehen begriffen.[12] Die für die Verwaltung der Güter zuständige Domänenverwaltung ernannte deshalb besoldete Schätzexperten. Die Grundlage für die Taxierung bildeten die sogenannten Suppressionsetats sowie die zuletzt im Jahr 1790 gezahlten Pachtsummen, welche – im Normalfall bei landwirtschaftlichen Gütern mit dem Faktor zehn und bei Gebäuden mit sechs multipliziert – den Schätzpreis ergaben. Die Suppressionsetats waren seit 1802 von Regierungskommissaren bei den einzelnen Vorbesitzern erstellt worden. Sie sollten dazu dienen, den Wert des jeweiligen Besitzes möglichst exakt aufzunehmen. Nach dem ersten Verkaufsjahr wurden die Multiplikationsfaktoren für den Schätzpreis jedoch verdoppelt, da die erzielten Preise der ersten Phase die Schätzpreise um ein Vielfaches übertroffen hatten.[13]

Die Versteigerungen wurden auf zweisprachigen Plakaten und im Amtsblatt angekündigt. Die Informationen auf den Affiches umfassten neben der Angabe des Ortes, in dem das angebotene Nationalgut lag, das Versteigerungsdatum, den Schätzpreis, der als Mindestgebot galt, den ehemaligen Eigentümer, den Pächter, die derzeitige Pachtsumme und eine relativ genaue Beschreibung des Objekts mit Hof-, Flur- oder Straßennamen, sodass das jeweilige Gut eindeutig identifizierbar war. Auf den Affiches war die Größe des Grundbesitzes zunächst in den neuen Maßeinheiten Hektar, Ar und Zentiar angegeben. Dieses Verfahren bewährte sich offensichtlich nicht, denn ab März 1804 fügte man etwa im Rhein-Mosel-Departement die alten deutschen Maßeinheiten (Morgen, Ruthe, Schuh) hinzu. Die abgedruckten Flächenangaben vermittelten allerdings eine Genauigkeit, die keinesfalls der Realität entsprach. Da die französischen Gutachter keine eigenen Abmessungen vornahmen, waren sie auf alte Unterlagen oder auf die Mithilfe der Betroffenen angewiesen. Die Umrechnung von Morgen in Hektar barg eine weitere Fehlerquelle.[14]

Alles in allem hatte die französische Verwaltung überhaupt keine Schwierigkeiten, die Immobilien abzusetzen. Die oft geäußerte Vermutung, dass die Güter zu einem Spottpreis verschleudert worden seien, konnte von der Forschung nachdrücklich widerlegt werden. Das Kaufpreisniveau lag erheblich über den angesetzten Schätzwerten. Die ältere These, wonach Juden und Protestanten die Nationalgüter „verschachert“ hätten, weil rechtgläubige Katholiken davon Abstand genom-

[12] Peter Effertz: Die Kartenaufnahme der Rheinlande durch Tranchot im Spannungsfeld zwischen wissenschaftlichen und politischen Interessen. In: RhVjBll 54 (1990), S. 211–239.

[13] Wolfgang Schieder/Alfred Kube: Säkularisation und Mediatisierung. Die Veräußerung der Nationalgüter im Rhein-Mosel-Departement 1803–1813. Boppard am Rhein 1987, S. 19.

[14] Ebd., S. 20.

men hätten, säkularisiertes Kirchengut zu erwerben, ist ebenfalls schon lange nicht mehr haltbar. In den rheinischen Departements ergriffen Tausende Katholiken die Chance, Immobilien zu kaufen und auch die Mehrzahl der Immobilienhändler war katholisch.[15]

Angesichts des insgesamt großen Verkaufserfolgs der napoleonischen Verwaltung stellt sich die Frage, wer die über 14.000 Nationalgüter erwarb. Insgesamt lassen sich mehr als 8.000 Käufer nachweisen, die aus allen Schichten der Bevölkerung stammten. Ihre Wohnorte waren weit über die Departements verstreut und doch ist hervorzuheben, dass die städtischen Notabeln deutlich überrepräsentiert waren, vor allem wenn man bedenkt, dass es sich bei dem Großteil der angebotenen Güter nicht um städtische Immobilien, sondern um landwirtschaftliche Nutzflächen und Gutshöfe handelte. Für mehrere linksrheinische Regionen liegen detailliertere Käuferanalysen vor. So gaben beispielsweise in Koblenz von insgesamt 2.412 Käufern im Rhein-Mosel-Departement 786 Personen als Beruf „Bauer" an, hinzu kamen 222 Winzer. Diese beiden Berufsgruppen stellten damit etwa 40 Prozent aller Käufer. Ihr Anteil am gesamten Kapitaleinsatz betrug hingegen nur 20 Prozent (1,8 Millionen Francs).[16] Dabei gilt es aber auch zu bedenken, dass sich innerhalb dieser Gruppe Großkäufer wie Franz Georg Weckbecker befanden, der ebenfalls „cultivateur" als Berufsbezeichnung angab, aber allein 46 Objekte im Wert von über 230.000 Francs erwarb und somit wohl eher als Großgrundbesitzer bezeichnet werden muss.[17]

Umgekehrt verhielt es sich bei denjenigen Personen, die als Beruf Kaufmann, Händler, Beamter, Rentier oder etwa Notar angaben. Diese eher städtisch geprägten Berufsgruppen stellten zwar ebenfalls annähernd 1.000 Käufer, auf sie entfiel aber ein ungleich größerer Anteil am Gesamtumsatz. So setzten sie etwa bei den öffentlichen Auktionen in Koblenz über 6,6 Millionen Francs um, also mehr als dreimal so viel wie die Bauern. Daraus ergibt sich, dass in Koblenz finanzstarke Stadtbürger den größten Teil der Nationalgüter erwarben. In Aachen, Köln, Bonn

[15] Clemens: Immobilienhändler (wie Anm. 8), S. 76–78.

[16] Schieder/Kube: Säkularisation (wie Anm. 13), S. 83–106.

[17] Von Franz Georg Weckbecker aus Münstermaifeld ist bekannt, dass er mit einem Startkapital, welches er mit Lebensmittellieferungen an die französische Armee seit 1792 erwirtschaftet hatte, in den spekulativen Immobilienmarkt einstieg. Vom nachgeborenen Bauernsohn, der aufgrund der rechtlichen Bestimmungen des Ancien Régimes als Knecht auf dem Hof seines Bruders hätte arbeiten müssen, stieg Weckbecker, indem er die neuen wirtschaftlichen Spielräume geschickt ausnutzte, zu einem der reichsten Grundbesitzer des Raumes Mayen auf. Er kaufte auf den öffentlichen Auktionen in französischer und preußischer Zeit und von den Armeelieferanten insgesamt Güter für über 420.000 Francs. In zweiter Ehe gelang es ihm sogar, in den regionalen Adel einzuheiraten; Clemens: Immobilienhändler (wie Anm. 8), S. 388.

und Trier verhielt es sich analog.[18] Auch für kleinere Provinzstädte kommt man zu demselben Ergebnis. Angeführt sei die niederrheinische Kleinstadt Neuss. Für die versteigerten 148 dortigen Liegenschaften konnten insgesamt 325.000 Francs erzielt werden, von denen allein über 114.000 Francs von Neusser Kaufleuten und Fabrikanten gezahlt wurden. Weiterhin ging ein beträchtlicher Teil an Kaufleute aus Aachen und Köln, welche die Güter oftmals zum spekulativen Weiterverkauf erwarben. Unter den zwölf wichtigsten Neusser Käufern von Nationalgütern befanden sich fünf Kaufleute, drei Fabrikanten, der Postdirektor, ein Notar, ein Apotheker sowie ein Großgrundbesitzer – allesamt Vertreter der traditionellen Eliten.[19]

Diese Befunde belegen, dass die Notabeln im Rheinland systematisch die Chance ergriffen, in den neuen Immobilienmarkt zu investieren. Innerhalb der städtischen Käuferschicht bildeten sich nochmals kleine Gruppen oder Zirkel von überdurchschnittlich kapitalkräftigen und risikofreudigen Käufern heraus, welche die Objekte nicht nur erwarben, um sie langfristig zu nutzen, sondern sie gleich zum spekulativen Weiterverkauf ersteigerten. So kauften in Aachen die bedeutendsten Makler allein annähernd 3.000 Nationalgüter im Wert von 16 Millionen Francs. Hier vermittelten die zehn umsatzstärksten Immobilienhändler ein Sechstel der im Rur-Departement insgesamt versteigerten Nationalgüter. Schon dieser hohe Kapitaleinsatz belegt, wie wenige Männer diesen völlig neuen Markt steuerten. Darüber hinaus bestimmten die Makler das Geschehen, indem sie gezielt miteinander kooperierten und dabei konsequent die Gesetzgebung ausnutzten. Der Domänenverwaltung waren derartige Gemeinschaftskäufe und Gruppenbildungen auf den Auktionen nämlich völlig gleichgültig, so lange nicht eine Clique die Versteigerungen dominierte, die Konkurrenz gewahrt blieb und die Nationalgüter zu annehmbaren Preisen veräußert werden konnten. Dabei wussten die Domänendirektoren und Präfekten genau, dass sie auf diese finanzstarken Käuferkreise angewiesen waren, um möglichst rasch viele der 17.000 angebotenen Objekte zu veräußern.[20]

Die Makler fanden trotz guter Geschäftskontakte nicht immer sofort für jedes Objekt einen Interessenten. Artikel 17 der Versteigerungsgesetze öffnete jedoch dem Stellvertreter- oder Vermittlersystem Tür und Tor. Innerhalb von drei Tagen konnte der Makler den eigentlichen Käufer benennen, ohne dass dann besondere

[18] Schieder/Kube: Säkularisation (wie Anm. 13), S. 94–98; Richard Büttner: Die Säkularisation der Kölner geistlichen Institutionen. Wirtschaftliche und soziale Bedeutung und Auswirkungen. Köln 1971; Michael Müller: Säkularisation und Grundbesitz. Zur Sozialgeschichte des Saar-Mosel-Raumes 1794–1813. Boppard am Rhein 1980; Klaus Müller: Aachen im Zeitalter der Französischen Revolution und Napoleons. Umbruch und Kontinuität. In: ZAGV 97 (1991), S. 293–335.

[19] Gabriele B. Clemens: Die Säkularisation in Neuss. In: Jahrbuch für den Kreis Neuss (2001), S. 72–82.

[20] Clemens: Immobilienhändler (wie Anm. 8), S. 253.

Kosten anfielen oder Komplikationen entstanden. Diese gesetzlich geregelte Frist wurde von den Maklern jedoch häufig geschickt umgangen, indem sie bei den Auktionen angaben, sie würden ein Objekt „pour lui ou son command ou ami à élire“ steigern. Diese Formel trug der Schreiber anschließend anstelle eines konkreten Auftraggebers in das Versteigerungsprotokoll ein. Bei dieser Art von „Blankoerklärungen“ blieb noch einige Monate Zeit, einen Kaufinteressenten zu finden, den die Domänendirektion dann anstandslos als den eigentlichen Käufer akzeptierte. Eine derart spät erfolgte Abtretung brachte für die Makler den Nachteil mit sich, dass sie die Gebühren der Kaufregistrierung für den Käufer vorlegen mussten, da diese bereits nach 20 Tagen zu entrichten waren. Jedoch brachte das Verfahren auch einen entscheidenden, deutlich zu betonenden Vorteil: Bei jedem Immobilienkauf auf privater Ebene musste noch beim Notar proportional zur Kaufsumme eine Abgabe an den Staat entrichtet werden. So waren etwa bei einem Immobilienkauf in Höhe von 3.300 Francs Gebühren von 145 Francs zu zahlen. Genau diese wären also zusätzlich zur Kaufregistrierungsgebühr, die weiteren zwei Prozent des Objektwerts entsprach, angefallen, wenn ein Nationalgüterkäufer eine Immobilie bei einem Notar an einen Kunden weiterveräußert hätte. Die aus dieser großzügigen Gewährung von längeren Fristen resultierenden Vorteile für die Verwaltung liegen ebenfalls auf der Hand. Der Staat ging in derartigen Fällen überhaupt kein Risiko ein, da ja der Makler für die Kaufabwicklung mit seiner Unterschrift haftete. Dieser übernahm zudem die teilweise zeitraubende Suche nach einem geeigneten Interessenten. In dem Moment, in dem die verspätete Erklärung akzeptiert wurde, verfügte der Immobilienhändler wieder über ausreichend Mittel, um sich erneut bei den Auktionen zu engagieren und so wieder die Konkurrenz bei den Versteigerungen zu beleben. Der ganze Aktionskreislauf konnte von Neuem beginnen.[21]

Doch nicht für alle Immobilien konnte ein Kunde innerhalb der von der Verwaltung großzügig gewährten Fristen gefunden werden. In solchen Fällen bestand immer noch die Möglichkeit, die Liegenschaften parzelliert oder als Ganzes weiterzuveräußern. Neben Weiterverkauf und Verpachtung konnte ein Nationalgut aber auch an den Staat zurückgegeben werden. Fanden die Makler keinen geeigneten Interessenten und sahen sie zudem keine Chance, eine Immobilie auf dem privaten Markt gewinnbringend zu verkaufen, konnten sie das Risiko auf diese Weise begrenzen. Dabei mussten sie zwar eine fünf- bis zehnprozentige Konventionalstrafe bezahlen, blieben jedoch vor weitaus höheren Verlusten geschützt. Dieses Rückgaberecht wurde von den Immobilienhändlern spekulativ und kalkulierend genutzt. So entfielen auf die untersuchten Makler des Rur-Departements 55 Prozent aller

[21] Ebd., S. 94–119.

ausgesprochenen „Déchéancen", wie die Aufhebung des Kaufvertrags seitens des Staates bezeichnet wurde.[22]

Häufig assoziierten sich Immobilienhändler zum Kauf von Nationalgütern. Bemerkenswert ist, dass die Makler teilweise Gruppen von bis zu zehn Personen bildeten, um gemeinsam besonders teure Objekte zu erwerben. Der Zweck dieser Vorgehensweise ist klar: Einerseits ließ sich so die zur Verfügung stehende Investitionssumme erhöhen und andererseits das Risiko für den Einzelnen minimieren. Doch ging die Kooperation innerhalb der Maklergruppen noch weiter. Sie stellten füreinander Kautionen, wenn dies vonseiten der Domänenverwaltung gefordert wurde. Zudem traten sie immer wieder bei Streitfällen mit der Domänendirektion und Auseinandersetzungen mit den Pächtern als Fürsprecher und Rechtsbeistand füreinander ein. Bei diesen Konflikten handelte es sich meist um Differenzen über den Umfang einzelner Liegenschaften oder um Rechtsstreitigkeiten mit den Pächtern, welche die Immobilienhändler nach der gesetzlich festgelegten Frist von sechs Monaten von ihrem Gut zu vertreiben suchten oder die sich gegen Steigerungen ihres Mietzinses von bis zu 300 bis 400 Prozent wehrten, die andere aber für die Liegenschaften zu zahlen bereit waren.[23]

Stellt heute ein Anlageberater Gewinnraten von 20 Prozent und mehr in maximal einem Jahr in Aussicht, so wäre man wohl gut beraten, von derartigen Angeboten Abstand zu nehmen. Bei den Weiterverkäufen der Nationalgüter hingegen waren solche Gewinnspannen zwar nicht garantiert, aber durchaus möglich. Wie die Immobilienmakler dabei vorgingen, sei im Folgenden ausgeführt. Wendet man sich den Weiterverkäufen zu, gilt es ein grundsätzliches Problem zu beachten: Sie lassen sich nur mithilfe der notariellen Kaufverträge erfassen. Im Untersuchungszeitraum hat es in der Zeit zwischen 1803 und 1825, also vom Beginn der Versteigerungen bis zwölf Jahre nach den letzten französischen Auktionen in den rheinischen Departements etwa 146 Notarskanzleien gegeben.[24] Geht man ferner von einer durchschnittlichen Zahl von 200 Urkunden aus, die jeder einzelne Notar jährlich ausstellte, so wären, im günstigsten Überlieferungsfall, etwa 640.000 Verträge durchzusehen. Deshalb bleibt allein der methodische Weg, eine aussagekräftige Auswahl zu treffen und anschließend zu versuchen, aus den Einzelergebnissen allgemeinere Tendenzen zu eruieren. Da die Mehrzahl der Makler in den Departements-Hauptorten lebte, bietet es sich an, die Notarsverträge dieser Orte zu untersuchen.

[22] Ebd.

[23] Ebd., S. 161–186.

[24] Wilhelm Weisweiler: Geschichte des rheinpreußischen Notariates. 2 Bde. Essen 1916/1925; ders.: Die rheinpreußischen Notariatsarchive. Köln 1921.

Als Beispiele für erfolgreiche Transaktionen seien zunächst zwei Weiterverkäufe, die in den im Aachener Stadtarchiv lagernden Notariatsurkunden überliefert sind, angeführt. So hatte etwa Daniel Brammerz am 9. Juli 1805 ein Haus aus Kerpen, das ehemals dem Reichsgrafen von Schaesberg gehört hatte, für 8.650 Francs ersteigert. Angeboten wurde das Objekt übrigens für einen Schätzpreis von 3.600 Francs. Knapp zwei Jahre später verkaufte sein Kompagnon, Franz Dautzenberg, das Anwesen für 11.000 Francs weiter. Der Gewinn belief sich also auf 2.350 Francs, zuzüglich der Pachteinnahmen in Höhe von etwa 600 Francs. Einen vergleichbaren Profit erzielte die Lütticher Gesellschaft „Minette" im darauffolgenden Jahr. Sie hatte am 14. Februar 1807 auf der Präfektur den Herckenburscher Hof für 37.100 Francs ersteigert. Der derzeitige Pächter kaufte der Gesellschaft den Hof im Oktober 1808 dann für 40.825 Francs ab.[25]

Der finanzielle Erfolg bei derartigen Transaktionen hing entscheidend davon ab, ob ein Objekt als geschlossene Einheit verkauft wurde, oder ob man es in Lose parzelliert versteigern ließ. Die höchsten Gewinnspannen wurden bei der zweiten Art der Veräußerung erzielt. Beim Zweitverkauf wertvollerer Hofgüter kam es häufig zu dem bereits angesprochenen Transmissionsprozess. Da es der Domänenverwaltung zu aufwendig war, Güter in preiswertere Einheiten zu zerteilen, übernahmen dies risikofreudige Vermittler. Sie kauften die Immobilien auf der Präfektur, begaben sich mit einem Notar aufs Land und versteigerten das Gut vor Ort – oft in mehr als hundert Lose unterteilt – an die dörfliche Bevölkerung. Wurden bei Veräußerungen von ganzen Objekten Gewinne von 13 Prozent erreicht, so stieg die Profitrate bei Versteigerungen von Parzellen auf durchschnittliche 51 Prozent. Die Immobilienhändler profitierten dabei von der Immobilität sowie der mangelnden Kapitalkraft und Geschäftskenntnis ihrer Kunden. Fälle, in denen sich ein Teil der Dorfbevölkerung zusammenschloss und einen Makler mit dem Erwerb großer Liegenschaften in ihrer Gemarkung beauftragte, blieben hingegen die Ausnahme.

Ein am 17. April 1805 durch eine Gruppe von Kaufleuten auf der Trierer Präfektur gesteigerter Hof in Oberkirch bildet ein geradezu klassisches Beispiel für den damals im Rheinland stattfindenden Güterhandel. Anhand dieses Falles lässt sich aufzeigen, dass die Käufer auf den offiziellen Auktionen nicht immer Hinweise auf die neuen, dauerhaften Besitzer boten, sondern teilweise nur Zwischenhändler waren. Zahlreiche Objekte wurden auf den Versteigerungen von vermögenden Bürgern gleich mit der spekulativen Absicht erworben, diese gewinnbringend weiter zu veräußern. Einer der in Trier tätigen Makler, Johann Kleutgen, ersteigerte das Objekt an diesem Tag, trat es aber schnell an fünf weitere Kaufleute, einen Metzger und einen Chirurgen ab. Diese gehörten alle – wie der Vermittler – der Trierer

[25] Clemens: Immobilienhändler (wie Anm. 8), S. 161–169.

Oberschicht an. Sie lassen sich mehrheitlich unter den Höchstbesteuerten nachweisen, saßen im Stadtrat und in den verschiedenen geselligen und kulturellen Sozietäten der Stadt. Das Kaufrisiko minderten sie durch ihr gemeinsames finanzielles Engagement. Dabei war in diesem Fall kein Anlass zu besonderer Vorsicht geboten, ihre Investition sollte sich nämlich vorzüglich rentieren. Bereits zwölf Tage nach der staatlichen Versteigerung (am 9. Floréal XIII gemäß dem Revolutionskalender, was dem 29. April 1805 entspricht) begab sich der Trierer Notar Horn im Auftrag der Gruppe in das unweit von Trier am gegenüberliegenden Moselufer befindliche Oberkirch und erzielte für das in 106 Lots zerteilte Gut 20.754 Francs. Angesichts einer Investition von 6.525 Francs entfiel auf jeden Teilhaber ein Gewinn von 2.032 Francs – eine Summe, die dem Jahresgehalt eines Richters entsprach.

Bei den neuen Käufern handelte es sich um insgesamt 62 Personen, die entweder aus Oberkirch selbst oder den umliegenden Dörfern Zewen, Igel und Euren stammten. 39 von ihnen kauften nur eine Parzelle, 13 zwei, 5 erwarben drei Grundstücke, 2 weitere insgesamt vier und 3 Einwohner immerhin sechs Lots. Zu den Mehrfachkäufern zählte übrigens der Sohn des damaligen Pächters, Johann Grunthöver, der den zum Objekt gehörenden Gutshof für rund 1.800 Francs sowie andere Ländereien erwarb. Von ihm und einem weiteren Käufer namens Johann Koch junior, der den Zuschlag für sechs Parzellen im Wert von über 2.000 Francs erhielt, abgesehen, fielen die Investitionen der übrigen Auktionsteilnehmer wesentlich bescheidener aus. Einige von ihnen ersteigerten lediglich Gartengrundstücke und kleinere Äcker für rund 100 Francs. Etwa ein Drittel der Käufer unterzeichnete im Verkaufsprotokoll lediglich mit einem Zeichen, da sie ihren Namen nicht schreiben konnten. Darunter befanden sich auch zwei Witwen, die kleinere Parzellen erwarben. Die Unterschriften der anderen wirken ebenfalls eher ungelenk, sodass man aus der Tatsache, dass sie ihren Namen schreiben konnten, nicht in jedem Fall auf eine größere Schreib- und Lesefähigkeit schließen darf. Versteigert wurden die 106 Lots an drei aufeinanderfolgenden Tagen. Es drängt sich der Eindruck auf, als hätte die gesamte betroffene Landbevölkerung an den Auktionen teilgenommen.[26]

Als weiteres Beispiel für eine äußerst erfolgreiche Weiterveräußerung im Trierer Raum sei der Verkauf eines umfangreichen Weinbergareals angeführt. Im Januar 1808 ersteigerten vier Kaufleute einen 1,84 Hektar großen Weinberg, bepflanzt mit 20.400 Rebstöcken, gelegen in Dusemond, dem heutigen Brauneberg. Ehemals hatte das Gut dem Franziskanerinnenkloster in Filzen gehört. Angeboten wurde das Objekt für 11.000 Francs, den Zuschlag erhielt die Käufergruppe bei 16.400 Francs. Vier Jahre später verkauften sie das Weinbergareal in annähernd 70 Parzellen zerteilt weiter. Der mit der Versteigerung beauftragte Notar Zell erziel-

[26] Ebd., S. 185.

te bei der mehrtägigen Auktion über 51.000 Francs, sodass jeder der vier Teilhaber einen Gewinn von 8.700 Francs machte, zuzüglich der bis dahin angefallenen Pachteinnahmen.[27]

Von den hier angeführten außergewöhnlich erfolgreichen Weiterverkäufen abgesehen – andere Beispiele lassen sich jedoch mühelos in den Notariatsurkunden finden – kommt die Forschung für die rheinischen Departements zu folgenden allgemeineren Befunden:

1. Erfolgreiche Immobilienhändler erzielten im Geschäft mit Gütern Gewinne, die zwischen 20 und 40 Prozent lagen, wobei derartige Profite mit in Innerfrankreich erreichten Ergebnissen übereinstimmen.
2. Verkauft wurde nicht um jeden Preis. Scheiterten Auktionen, dann gaben die Makler die Objekte wieder an die Verwaltung zurück oder verschoben die Versteigerung auf einen günstigeren Zeitpunkt.
3. Zugleich wurden unerwartet viele Immobilien nicht wieder auf dem privaten Markt angeboten, sondern vielmehr als langfristige Renditeobjekte erworben. So lässt sich etwa anhand der Aufzeichnungen eines elsässischen Nationalgütergroßkäufers namens Alpfel nachweisen, dass dieser die Immobilien gleich mit unterschiedlichen Absichten ersteigerte: a) die, „so er stückweis verkauft“, in der nächsten Rubrik seiner Aufstellung befinden sich dann b) diejenigen, die als ganzes Gut weiterverkauft werden sollten, sowie c) die Objekte, „so er seiner Familie zu konservieren gedenkt“.[28]

Stellt man sich die Frage, wie groß der Anteil der Landbevölkerung war, der auf diesem Weg, sozusagen in der zweiten Runde, Nationalgüter erwarb, so kann man nach dem derzeitigen Stand der Forschung nur in Bezug auf das Arrondissement Trier Aussagen tätigen. Hier liegt mit der Arbeit von Michael Müller eine grundlegende Studie zu dieser Thematik vor. Die umfassende Analyse der überlieferten Notariatsurkunden führte zu folgendem Ergebnis: Insgesamt haben allein im Arrondissement Trier 7.000 Personen Grund und Boden erworben, von denen der kleinere Teil Immobilien auf der Präfektur ersteigerte und der größere bei den Weiterverkäufen zugriff. Verschiedene Berufsgruppen waren an diesem Prozess in höchst unterschiedlichem Ausmaß beteiligt. Die breite Masse der Käufer gehörte mit beachtlichen 90,1 Prozent der Landbevölkerung an, während nur knapp 10 Prozent dem städtischen Bürgertum zuzurechnen sind. Die Gesamtzahl von über 7.000 Käufern widerlegt abermals die Behauptung, die katholische Bevölkerung hätte sich aus Gründen der Pietät vom Kauf säkularisierten Kirchenguts abhalten

[27] Notar Zell, Verkäufe vom 1., 2. und 3.1.1812, LHAKo, 587-40/45/415.

[28] Jean Vogt: Aspects de la vente des biens nationaux dans la région de Wissembourg. In: Revue d’Alsace (1960), S. 90–103.

lassen. Das Gegenteil war der Fall. Die bemerkenswerte Beteiligung der ländlichen Bevölkerung sagt aber nichts über die dabei investierten Mittel oder die erworbenen Flächen aus. Es verhielt sich nämlich so, dass die überwiegende Mehrheit der Käufer relativ wenig Grund und Boden erhielt und dass die städtische Minderheit relativ große Käufe tätigte. Bauern, Winzer, Handwerker und Tagelöhner erwarben trotz ihres hohen Anteils an der Gesamtkäuferzahl nur ein Drittel der insgesamt umgeschlagenen Fläche. Aber diese zweite Verkaufsrunde ermöglichte es ärmeren Bevölkerungsschichten überhaupt erstmals, sich den lang gehegten Wunsch nach eigenem Grund und Boden zu erfüllen.[29]

Nur ansatzweise bietet die Forschung derzeit jedoch Antworten auf die wichtige Frage, wie sich die Nationalgüterverkäufe denn nun langfristig auf gesellschaftliche und wirtschaftliche Strukturen oder die Mentalitäten im Rheinland ausgewirkt haben. Die große Umverteilung von Grund und Boden und die Abschaffung der feudalen Lasten hatten neben weiteren Faktoren wohl vor allem wichtige psychologische Konsequenzen für die neuen Grundbesitzer. Leider gibt es bislang keine Studie darüber, ob und wie sich die neuen Besitzverhältnisse auf die Bewirtschaftung und die Erträge im agrarischen Bereich ausgewirkt haben. Auch ist unklar, ob die Landbevölkerung in den darauffolgenden Jahrzehnten in der Lage war, die neuen Erwerbungen zu halten oder ob sie gar noch mehr Grundbesitz zu erwerben vermochte. Weiterhin ist bislang nicht bekannt, in welchem Ausmaß die Kirche aufgrund von Schenkungen und frommen Stiftungen im Verlauf des 19. Jahrhunderts wieder zu umfangreicherem Grundbesitz gelangte.[30]

Auch das Schicksal des rheinischen Adels ist für diesen Zeitraum leider noch weitgehend eine Terra incognita. Die Geschichte des europäischen Adels ist seit seiner Existenz eine des Auf- und Abstiegs. Während einerseits um 1800 altadlige Familien aufgrund wegbrechender Pfründe und abgeschaffter Feudalrechte in existenzbedrohende Krisen gerieten, bot die napoleonische Zeit andererseits aufstrebenden Familien zahlreiche Möglichkeiten für wirtschaftliches Engagement und politische Partizipation. Und auch der alte rheinische Adel investierte erhebliche Summen in den Kauf von Nationalgütern.[31] Womit die These von Roger Dufraisse, dass in der napoleonischen Zeit kaum neuer Reichtum entstand, sondern die be-

29 Müller: Säkularisation (wie Anm. 18).

30 Gabriele B. Clemens: Vielles familles et propriété neuve – Spéculations sur les biens nationaux dans les départements rhénans. In: La Révolution française 15 (2018), S. 1–18.

31 Dies.: Wie Phönix aus der Asche? Der rheinische Adel zur Zeit Napoleons. In: Jacques-Olivier Boudon u. a. (Hg.): Erbfeinde im Empire. Franzosen und Deutsche im Zeitalter Napoleons. Ostfildern 2016, S. 65–78.

reits existierenden Eliten profitierten, abermals Bestätigung findet.[32] Innerhalb dieser Eliten kam es allenfalls zu Verschiebungen zugunsten des Wirtschaftsbürgertums, das dann sein Vermögen wiederum dazu benutzte, in den Adel aufzusteigen. Auch für dieses Phänomen seien nur einzelne Beispiele von frisch nobilitierten Familien angeführt. So investierte etwa der Trierer Christoph Philipp von Nell, Sohn einer reichen Floßhändlerfamilie, auf der Präfektur über 200.000 Francs in Nationalgüter und erwarb darüber hinaus in Paris Armeelieferantengüter für weitere 128.200 Francs. War er schon während der französischen Zeit als Deputierter des Saar-Departements im Corps Législatif ausgezeichnet worden, so erfuhr die große Wertschätzung seiner Person unter der preußischen Regierung ihre Fortsetzung. Für sein wirtschaftliches Handeln wurde er zunächst mit dem Titel des Kommerzienrats geehrt. Dieser bei preußischen Unternehmern sehr begehrte Titel brachte hohe Anerkennung, da mit ihm eine kleine Unternehmergruppe aus der Menge der Geschäftsleute hervorgehoben wurde. Obwohl Nell durchaus dem Typ des modernen Kaufmanns zuzuordnen ist, lässt sich seine Affinität zum Adel nicht übersehen. Schon in französischer Zeit hatte er Anträge mit dem Ziel gestellt, dass seiner Familie ein Adelstitel verliehen werden sollte. Aber erst in preußischer Zeit war ihm diesbezüglich Erfolg beschieden. 1824 erwarb die Familie den preußischen Adel und wurde fünf Jahre später in die Adelsmatrikel des Königreichs Preußen aufgenommen.[33]

Eines der größten Stahlimperien im 19. Jahrhundert an der Saar verdankte die Gründung seiner Hütte ebenfalls dem Verkauf von Domänengut. 1806 begaben sich die Saarbrücker Brüder Stumm nach Paris zu Verhandlungen mit Armeelieferanten. Am 21. März kauften sie von dem Bankier Marc Antoine Michel le Jeune zwei Hüttenwerke und zwei Schmelzöfen im Wert von 305.500 Francs, die in Neunkirchen gelegen waren und ehemals dem Fürsten von Nassau-Saarbrücken gehört hatten.[34] Einer ihrer Nachfahren ließ auf dem Halberg unweit von Saarbrücken ein Schloss im neohistoristischen Stil errichten und wurde vom preußischen König zum Freiherr Carl Ferdinand von Stumm-Halberg erhoben.[35] Die Unternehmerfamilien Villeroy & Boch gründete ihre heute noch bestehende Porzellanfabrik wiederum in enteignetem Klosterbesitz in den Gebäuden der ehemaligen Benedikti-

32 Roger Dufraisse: „Élites“ anciennes et „élites“ nouvelles dans les pays de la rive gauche du Rhin à l'époque napoléonienne. In: ders. (Hg.): Allemagne (wie Anm. 2). S. 409–449.

33 Gabriele B. Clemens: Christoph Philipp Nell (1753–1825). Vom rheinischen Holzhändler zum Notabeln des Grand Empire. In: Franz Irsigler/Gisela Minn (Hg.): Portrait einer europäischen Kernregion – der Rhein-Maas-Raum in historischen Lebensbildern. Trier 2005, S. 214–226.

34 Notar Postelle, Verkauf vom 21.3.1806, AN, ET VII 576.

35 Günter Brakelmann: Carl Ferdinand Stumm (1836–1901), christlicher Unternehmer, Sozialpolitiker, Antisozialist. Bochum 1993; Heinz Gillenberg: Karl Ferdinand Stumm-Halberg. Ein Industriellenleben (1836–1901). Neunkirchen 2003.

nerabtei Mettlach. Der Fayenceproduzent Johann Franz Boch aus dem luxemburgischen Septfontaines hatte diese Immobilien für 35.000 Francs gekauft.[36] Er gründete in der Abtei eine Steingutmanufaktur, aus der später die Keramikfabrik Villeroy & Boch hervorging. Auch der Familie Boch gelang aufgrund ihrer Verdienste und ihres Vermögens der Aufstieg in den preußischen Adelsstand.[37]

Doch nicht nur vermögende Industrielle und Unternehmer erreichten die Aufnahme in die Adelsmatrikel, umgekehrt engagierten sich auch Adlige als Unternehmer, wobei dieses Phänomen bislang in der Historiografie weitgehend unbeachtet geblieben ist. Lange folgte die Forschung dem Urteil Friedrich Zunkels, der Adlige als allein von Ämtern, Pachteinkünften und Feudalabgaben lebend charakterisierte.[38] Neuere Arbeiten zeigen aber, dass auch der rheinische Adel nach 1800 sehr aktiv in Produktionsprozesse eingriff, indem er unter anderem Bodenschätze förderte, Holz handelte, Sägewerke betrieb und in frühindustrielle Betriebe investierte.[39] Beachtlich war ferner das Unternehmertum einer ganzen Reihe adliger Grubenbesitzer im Kreis Bergheim, genannt seien hier lediglich die Familien von Rolshausen, von Gymnich oder Raitz von Frentz und zu Schlenderhahn.[40] Sicherlich hatte der Adel in den linksrheinischen Gebieten – ähnlich wie der in Frankreich, Belgien oder Italien – aufgrund der revolutionären Gesetzgebung teilweise erhebliche Einbußen hinnehmen müssen, aber er war keineswegs in toto ruiniert, sondern durchaus in der Lage, neue wirtschaftliche, gesellschaftliche und politische Wege zu beschreiten, um seine machtgewohnten Positionen wiederzugewinnen und zu festigen.[41] Und dazu bot ihm das napoleonische System zunehmend mehr Möglichkeiten. Denn im Laufe der Zeit aristokratisierte sich dieses immer mehr.

Über das städtische Bürgertum liegen aufgrund neuerer Untersuchungen insgesamt mehr Informationen als über den Adel vor. Neben dem Staat gehörten vor allem diejenigen Teile des rheinischen Bürgertums zu den Gewinnern, die rasch

[36] Gabriele B. Clemens: Die Notabeln der Franzosenzeit. In: Elisabeth Dühr/Christel Lehnert-Leven (Hg.): Unter der Trikolore. Sous le drapeau tricolore. Trier in Frankreich – Napoleon in Trier. Trèves en France – Napoléon à Trèves. Trier 2004, S. 105–181, hier: S. 149.

[37] Thérèse Thomas: Die Rolle der beiden Familien Boch und Villeroy im 18. und 19. Jahrhundert. Die Entstehung des Unternehmens Villeroy und Boch. Saarbrücken 1974.

[38] Friedrich Zunkel: Der Rheinisch-Westfälische Unternehmer 1834–1879. Ein Beitrag zur Geschichte des deutschen Bürgertums im 19. Jahrhundert. Köln 1962, S. 28.

[39] Manfred Rasch (Hg.): Adel als Unternehmer im bürgerlichen Zeitalter. Münster 2006.

[40] Hans-Werner Langbrandtner: Adeliges Unternehmertum im Braunkohletagebau der Ville am Beispiel des preußischen Landkreises Bergheim. In: Geschichte in Bergheim 19 (2010), S. 47–78.

[41] Auch in Frankreich konnte sich der Adel trotz erheblicher Verluste als Großgrundbesitzer behaupten, aber auch hier stehen noch exaktere Untersuchungen anhand von Katasterunterlagen aus; Bernard Bodinier: Une noblesse ruinée par la Révolution. In: Philippe Bourin (Hg.): Les noblesses françaises dans l'Europe de la Révolution. Rennes 2010, S. 69–87.

begriffen, welche Profitmöglichkeiten der neue Markt barg. Die Nationalgüterverkäufe boten den vermögenden traditionellen Führungsschichten des Ancien Régimes die Chance, ihre wirtschaftliche und soziale Stellung zu festigen und teilweise ganz erheblich zu steigern. Die revolutionäre Gesetzgebung befreite Grund und Boden von allen Feudallasten, womit sich dessen Rechtscharakter grundlegend wandelte. Grund und Boden waren zu einer frei veräußerlichen Ware geworden. In dem Moment, wo er zur Ware avancierte, spielte er also keineswegs jene einseitig unproduktive Rolle, die ihm lange Zeit zugeschrieben wurde. Die verstärkte Mobilität von Grund und Boden machte ihn vielmehr zu einem anpassungsfähigen Instrument des wirtschaftlichen Aufschwungs. Auf diesen Sachverhalt hat Louis Bergeron in seinen Forschungen zu Frankreich nachdrücklich hingewiesen.[42] Investitionen in Grundbesitz bildeten ohnehin die sicherste und profitabelste Form der Kapitalanlage zu Beginn dieses Säkulums. Die Preise für Agrarprodukte waren seit dem letzten Drittel des 18. Jahrhunderts kontinuierlich angestiegen. Zudem garantierte das Bevölkerungswachstum sichere Absätze. Deshalb nutzten auch Geschäftsleute aus krisenanfälligen Branchen die Möglichkeit, durch Grunderwerb ihre Gewinne zu konsolidieren. Zudem lassen sich umfangreiche Modernisierungstendenzen für die Nutzung der landwirtschaftlichen Flächen ausmachen.[43]

Ein weiterer Punkt, der den Wert von Immobilienbesitz ausmachte, bestand in der Möglichkeit, Grundstücke als hypothekarische Sicherheiten einzusetzen. So bekamen Handelsfirmen und Gewerbetreibende zu Beginn des 19. Jahrhunderts einen Kredit allein mithilfe von Grundbesitz.[44] Deshalb waren auch die Nationalgüterkäufe früher Industrieller in Aachen, Köln, Krefeld oder Neuss keineswegs von rein konservativer Gesinnung oder mangelndem Innovationswillen bestimmt. Im Gegenteil: Der Besitz von Grund und Boden bildete ein konstitutives Element, um einer Firma das nötige finanzielle Rückgrat zu verleihen. Er stellte zudem eine mögliche Versicherung bei abflauenden Konjunkturen dar und konnte dabei in Einzelfällen sogar einen drohenden Konkurs abwenden. Doch nicht nur in den Jahren nach 1800 investierten rheinische Unternehmer hohe Summen in Grundbesitz, dieser Trend hielt während des gesamten Jahrhunderts ungebrochen an.[45]

[42] Louis Bergeron: Die französische Wirtschaft und die Revolution. In: Helmut Berding u. a. (Hg.): Deutschland und Frankreich im Zeitalter der Französischen Revolution. Frankfurt a. M. 1989, S. 121–139.

[43] Gabriele B. Clemens: Riesling adelt. Spitzenweingüter an der Mosel im langen 19. Jahrhundert. In: Justus Nipperdey/Katharina Reinholdt (Hg.): Essen und Trinken in der Europäischen Kulturgeschichte. Berlin 2016, S. 249–262.

[44] Christof Dipper: Vente de biens nationaux et développement du capitalisme en Allemagne. In: RdN (1987), S. 321–333.

[45] Clemens: Immobilienhändler (wie Anm. 8), S. 244–253.

Des Weiteren kam dem Grundeigentum ein nicht hoch genug zu veranschlagender Prestigewert zu. Erst der Besitz von Grund und Boden schaffte wirkliches gesellschaftliches Ansehen. In diesem Umstand spiegelt sich nicht zuletzt auch die Übernahme aristokratischer Lebensformen seitens des Bürgertums wider. Deshalb kaufte sich ein Immobilienhändler wie Valentin Leonardy mit seinen im Nationalgüterhandel erwirtschafteten Gewinnen für stolze 96.000 Francs das klassizistische Schlösschen Monaise unweit von Trier. Ein weiteres Beispiel verkörpert der Bernkasteler Notar Hubert Merrem, der gleich jedem seiner Kinder ein repräsentatives Weingut vererbte. Wieder andere Immobilienhändler errichteten prächtige Stadthäuser und unterhielten wertvolle Landgüter als Sommerresidenzen. Während der Nationalgüterauktionen nahmen viele Geschäftsleute die Gelegenheit wahr, sich den lang gehegten Wunsch nach Grundbesitz zu erfüllen.[46]

Landbesitz war jedoch neben Sozialprestige, Hypothekensicherung und inflationsbeständiger Kapitalanlage noch ein weiteres Element zu eigen: Er entschied über die Teilhabe an politischer Mitbestimmung und Macht. Allein aus den 600 Höchstbesteuerten eines jeden Departements rekrutierte Napoleon seine politische Elite in Gremien wie dem Generalrat oder den Arrondissements- und Departementsräten, wobei der überwiegende Teil des Steueraufkommens auf die Grundsteuer entfiel. Als Großgrundbesitzer war der rheinische Adel in diesen Gremien sehr stark präsent. Die Stadträte wurden wiederum aus den 100 Höchstbesteuerten ihrer Gemeinden ausgewählt. Auch die Bürgermeister auf dem Land waren nicht unvermögend, da sie ihre Aufgaben ehrenamtlich versahen. Darüber hinaus hielt auch die preußische Regierung 1815 in ihren Bestimmungen für die Ständevertretung im Provinziallandtag an dem Prinzip fest, dass Grundbesitz über politische Partizipation entschied. Das Zulassungskriterium bezog sich – neben der Angehörigkeit zum vormals unmittelbar reichsständischen oder ritterschaftlichen Adel – allein auf die entrichtete Grundsteuer. Zusammenfassend ist festzuhalten, dass der Immobilienbesitz sowohl im napoleonischen Frankreich als auch im preußischen Rheinland die Grundlage der sozialen, ökonomischen und politischen Ordnung bildete. Der Verkauf der Nationalgüter bot für die ansässigen Oberschichten eine hervorragende Möglichkeit, Grundbesitz in größerem Umfang zu erwerben oder die bereits vorhandene Gütermenge beträchtlich zu vermehren. Auch die Immobilienmakler investierten ihre Gewinne auf traditionelle Art und Weise vornehmlich in Grundbesitz, was neben den Grundsteuerlisten die durchgesehenen Testamente eindrucksvoll belegen.[47]

[46] Ebd., S. 199.

[47] Dies.: Pouvoirs de transition et transition des pouvoirs sur la rive gauche de Rhin de Mayence à Cologne (1813–1830). In: Jean-Claude Caron/Jean-Philippe Luis (Hg.): Rien appris, rien oublié? Les Restaurations dans l'Europe postnapoléonienne (1814–1830). Rennes 2015, S. 415–426; Gabriele

Eine wichtige Taktik, den Grundbesitz zu vermehren oder zumindest nicht deutlich zu vermindern, bildete die Heiratspolitik der Bourgeoisie. Da das vermögende Bürgertum aufgrund der gesetzlich vorgeschriebenen Erbteilung verpflichtet war, alle Kinder im selben Maße zu bedenken, und ihm nicht – wie dem Adel – das Mittel des Fidei Commis zur Verfügung stand, kam der Wahl der Heiratspartner für die Kinder eine große Bedeutung zu. Für die Provinzstadt Trier konnte nachgewiesen werden, dass Nationalgüterkäufer ihre Kinder ganz gezielt mit denjenigen anderer, ebenfalls im Immobilienhandel engagierter Kaufleute und Beamten verheirateten. Diese Endogamie verhalf dazu, das Kapital innerhalb einer Familie oder einer bestimmten Notabelngruppe zu konzentrieren und gleichzeitig die soziale Position zu behaupten.

Mithilfe der Nationalgüterverkäufe konnten die vermögenden traditionellen Notabeln des Ancien Régimes folglich ihre wirtschaftliche und gesellschaftliche Stellung und damit letztendlich auch ihre politische Position in den jeweiligen Städten festigen und ihr Prestige partiell sogar noch erheblich steigern. Aufgrund der Abschaffung des Feudalwesens änderte sich der rechtliche Status von Grundbesitz fundamental. Auch im Rheinland brachte die Französische Revolution eine „great demarcation“ für den Charakter von Grundbesitz.[48] Ein beachtlicher Teil der rheinischen Notabeln verdankte seinen Reichtum, seine Macht, seinen Einfluss und sein Sozialprestige also nicht zuletzt dem Nationalgütergeschäft. Demzufolge haben die Nationalgüterverkäufe die gesellschaftlichen und ökonomischen Strukturen in den rheinischen Städten langfristig und in einem entscheidenden Maße beeinflusst. Verfolgten die revolutionären Gesetzgeber zu Beginn der 1790er-Jahre in Paris mit diesen Maßnahmen noch eine gerechtere Verteilung von Grund und Boden an bislang besitzlose Bauern, so führten die Versteigerungen ab den ausgehenden 1790er-Jahren und zu Beginn des 19. Jahrhunderts nicht zu einer gesellschaftlichen Umverteilung von Landbesitz, sondern zementierten vielmehr die Besitzverhältnisse zugunsten der Notabeln.

Insgesamt leitete die 20 Jahre währende französische Herrschaft in den linksrheinischen Gebieten grundlegende Wandlungsprozesse ein. In den deutschen Staaten rechts des Rheins wurde vieles hiervon erst im Laufe des 19. Jahrhunderts erreicht: etwa die Bauernbefreiung, die Aufhebung der Zünfte, die Abschaffung der Privilegien oder der Aufbau eines bürgerlichen Rechtssystems. Zwar ist es nicht einfach, den Einfluss des französischen Regimes auf die Wirtschaft einer Region zu

B. Clemens/Katharina Thielen: Frühliberale Strömungen an der Saar – Möglichkeiten der politischen Partizipation. In: Gabriele B. Clemens/Eva Kell (Hg.): Preußen an der Saar. Eine konfliktreiche Beziehung (1815–1914). Saarbrücken 2018, S. 15–43.

48 Vgl. hierzu grundlegend Rafe Blaufarb: The Great Demarcation. The French Revolution and the Invention of Modern Property. Oxford 2016.

messen, vor allem dann nicht, wenn die Herrschaft von eher kurzer Dauer war (1797–1813), trotzdem brachte diese Zeit beträchtliche und bleibende Veränderungen für die Rahmenbedingungen des wirtschaftlichen Lebens. 2019 wurde der Wirtschaftshistoriker Davide Cantoni von der Münchner Ludwig-Maximilians-Universität mit dem Gossen-Preis ausgezeichnet, dem wichtigsten Ökonomenpreis Deutschlands für Nachwuchswissenschaftler, verliehen vom „Verein für Socialpolitik".[49] Begründet wurde die Preisverleihung unter anderem mit einem sehr gut rezipierten Aufsatz zu den wirtschaftlichen Folgen der Französischen Revolution. Gemeinsam mit den Harvard-Ökonomen Daron Acemoglu und James A. Robinson analysierte Cantoni darin, wie sich die Besatzung von deutschen Ländern nach der Französischen Revolution wirtschaftlich auswirkte. Die Untersuchung kommt zu dem Ergebnis, dass die radikalen institutionellen Reformen, die Entfeudalisierung, das Aufbrechen von Barrieren und der liberalisierte Markt langfristig wirkende positive Konsequenzen gehabt hätten: Sie führten zu schnellerem wirtschaftlichen Wachstum.[50]

Es verwundert nicht, dass die preußischen und russischen Truppen im Januar 1814 bei ihrem Einmarsch im Rheinland keineswegs als Befreier bejubelt wurden.[51] Erst die preußische Geschichtsschreibung stilisierte den Kabinettskrieg gegen Napoleon erfolgreich und nachhaltig zum Befreiungskrieg.[52] Über das weitere Schicksal der Region entschied 1815 der Wiener Kongress, auf dem diese aus geostrategischen Gründen Preußen zugeteilt wurde. Die Mehrzahl der Menschen im Linksrheinischen, allen voran die Katholiken, hegten jedoch Ressentiments gegenüber den protestantischen Preußen. Bauern fürchteten eine Refeudalisierung und unter den Nationalgüterkäufern entstand große Unruhe, da diese befürchteten, dass die Verkäufe nun als rechtswidrig gelten und für ungültig erklärt werden könnten. Die Notabeln kämpften während der nun folgenden Restauration dafür, dass sie „ihr" rheinisches Recht (gemeint waren die napoleonischen Codes) behalten durften.[53]

49 FAZ, 24.9.2019 (Nr. 222), S. 20.

50 Daron Acemoglu u. a.: The Consquences of Radical Reform. The French Revolution. In: AER 101 (2011), S. 3286–3307. Sehr kritisch sehen diesen Beitrag Michael Kopsidis/Daniel W. Bromley: The French Revolution and German Industrialization. Dubious Models and Doubtful Causality. In: JOIE 12 (2016) 1, S. 161–190; dies.: Explaining German Economic Modernization. The French Revolution, Prussian Reforms, and the Inevitable Continuity of Change. In: Annales HSS 72 (2021), S. 729–766. Dabei lassen sie aber die Nationalgüterversteigerungen und deren Folgen völlig außer Acht.

51 Pierre Horn: Le défi de l'enracinement napoléonien entre Rhin et Meuse (1810–1814). L'opinion publique dans les départements de la Roër, de l'Ourthe, des Forêts, et de la Moselle. Paris 2017.

52 Vgl. hierzu das Standardwerk von Ute Planert: Der Mythos vom Befreiungskrieg. Frankreichs Kriege und der deutsche Süden. Alltag – Wahrnehmung – Deutung 1792–1841. Paderborn 2007.

53 Hierzu grundlegend Katharina Thielen: Politische Partizipation in der preußischen Rheinprovinz 1815–1845. Eine Verflechtungsgeschichte. Wien/Köln 2023.

Preußen war so klug, nicht an den revolutionären Errungenschaften zu rühren und auch andere grundlegende Veränderungen, wie etwa die Abschaffung der alten Privilegien, nicht wieder rückgängig zu machen. So blieb die preußische Rheinprovinz nach 1815 eine der modernsten und zukunftsweisendsten Regionen des Deutschen Bundes.

Abstract

Between 1803 and 1813, 14,000 properties on the left bank of the Rhine that had been owned by the clergy and feudal nobility and later conquered by French Revolutionary troops were publicly auctioned off as 'national goods' for almost 67 million francs. Alongside the French state, the urban notables were the real beneficiaries of these auctions, systematically seizing the opportunity to invest in the new real estate market in the Rhineland. The old Rhinish nobility likewise invested considerable sums in the purchase of national goods. As a result, hardly any new wealth was created during the Napoleonic period, as it was primarily the existing elites who benefited. At best there were shifts within this elite in favour of the bourgeoisie, who in turn used their wealth to ascend to the ranks of the nobility. Revolutionary legislation freed landed property from all feudal burdens, fundamentally changing its legal character and transforming it into a commodity that could be freely sold. Once this had occurred, land no longer played the one-sidedly unproductive role that had long been attributed to it. Rather, the increased mobility of land as property made it an adaptable instrument of economic growth, especially since it was now possible to use land as collateral to secure mortgages. Furthermore, land ownership had a prestige value that is difficult to overestimate. However, in addition to its functions as a source of social prestige, mortgage security and inflation-proof capital investment, land ownership was crucial for another reason: it determined who could participate in political decision-making and power.

Kerstin Brückweh

Wohnen zwischen abstraktem Grundbuch und alltäglichen Pflegepraktiken

Eigentumsansprüche auf Haus und Grund in der Zeitgeschichte und davor

Ob als Landschafts-, Garten-, Wohnraum- oder Denkmalpflege – der Begriff „Pflege“ findet sich vielfach im Zusammenhang mit Boden und Gebäuden. Die Frage, wem ein Haus oder ein Grundstück gehört, wird jedoch in Deutschland meist mit dem Verweis auf den Eintrag im Grundbuch beantwortet. Der rechtliche, im Grundbuch für alle sichtbare und damit als sicher erachtete Anspruch auf ein Eigentum galt in der Geschichte des 20. Jahrhunderts als besonders erstrebenswert, und zwar nicht nur in juristischer Perspektive, sondern auch im Alltag.[1] Zugleich waren vor allem die Zeit des Nationalsozialismus und die Zeit der DDR durch politisch motivierte Enteignungen geprägt.[2] Im Staatssozialismus der DDR wurde zudem das Grundbuch als zu überwindende bürgerliche Institution vernachlässigt. Daraus gingen zum einen Praktiken des Besitzens im Alltag hervor, die Quasi-Eigentumsverhältnisse schufen, zum anderen entstanden zum Ende der DDR und durch den Beitritt zur Bundesrepublik vielfältige Probleme daraus, dass gerade das in der DDR nicht verlässlich geführte Grundbuch als maßgebliche Wissens- und Entscheidungsressource für die Neuordnung der Eigentumsverhältnisse ab 1990 er-

[1] Dieser Beitrag beruht auf den Forschungen der Autorin zum Wohneigentum in der langen Geschichte der „Wende“, siehe zum Beispiel Kerstin Brückweh: Der Alltag des Systemwechsels vor, während und nach 1989. In: Judith C. Enders/Raj Kollmorgen/Ilko-Sascha Kowalczuk (Hg.): Deutschland ist eins: vieles. Bilanz und Perspektiven von Transformation und Vereinigung. Frankfurt a. M./New York 2021, S. 439–548; Kerstin Brückweh: Unter ostdeutschen Dächern. Wohneigentum zwischen Enteignung, Aneignung und Neukonstituierung der Lebenswelt in der langen Geschichte der „Wende“. In: Thomas Großbölting/Christoph Lorke (Hg.): Deutschland seit 1990. Wege in die Vereinigungsgesellschaft. Stuttgart 2017, S. 187–212; für eine weiterführende Einordnung siehe Kerstin Brückweh: My Home is my Castle. Immobilien und die Kulturgeschichte des Vermögens im 19. und 20. Jahrhundert. In: GWU 70 (2019), S. 624–641.

[2] Als Überblick, wenn auch weniger auf das Wohneigentum bezogen, siehe Werner Plumpe: Eine kurze Geschichte der Enteignungen. In: APUZ 70 (2020), S. 19–24.

https://doi.org/10.1515/9783111134826-010

achtet wurde.[3] Im folgenden Abschnitt soll nicht noch einmal diese Geschichte der Ungleichbehandlung erzählt werden.[4] Stattdessen wird der Blick erweitert und die Frage in den Mittelpunkt gestellt, inwiefern die Pflege von Eigentum stärker in die Geschichte des Eigentums eingeschrieben werden sollte, um so einem Verständnis von Eigentum in der jüngsten Zeitgeschichte näher zu kommen. Wie und zu welchem Zweck wurden über Pflege/*care* von Wohnraum und -umfeld soziale Bindungen und dadurch Zugehörigkeiten aufgebaut? Wird daraus unter bestimmten Bedingungen sogar ein Anspruch auf Eigentum abgeleitet? Mit diesem Ansatz wird das Ziel verfolgt, das insbesondere beim Haus- und Grundeigentum besonders starke Argument der rechtlichen Bindung – das heißt: wer im Grundbuch steht, ist Eigentümer – durch die im Alltag gelebten Praktiken der Pflege und Instandhaltung zu ergänzen. So kann zur Diskussion gestellt werden, was aus Sicht der Bürgerinnen und Bürger Eigentum legitimiert: nur die rechtliche Fixierung und Visualisierung im Grundbuch oder auch die sichtbare Pflege von Haus und Grund?

Der vorliegende Aufsatz widmet sich vor diesem Hintergrund zuerst dem für andere gesellschaftliche Bereiche bereits diskutierten und erprobten Konzept von Pflege/*care*,[5] verbindet es mit Forschungsdiskussionen zum Reparieren und Selbermachen[6] und überträgt dann beide auf die Geschichte des Wohneigentums und damit auf einen Bereich, in dem die beiden Forschungsstränge bisher kaum verbunden wurden. Im zweiten Teil werden die aus den sozialwissenschaftlichen Diskussionen kommenden Überlegungen auf historische Beispiele angewandt; dafür wird ein Blick auf die Entstehung des Bürgerlichen Gesetzbuches im 19. Jahrhundert geworfen. Er zeigt, dass es in Form der Ersitzung eine Art des Eigentumserwerbs in der Geschichte gab, die sich aus den alltäglichen Praktiken der Pflege entwickelte

[3] Kerstin Brückweh: Wissen über die Transformation. Wohnraum und Eigentum in der langen Geschichte der „Wende“. In: ZF 16 (2019), S. 19–45.

[4] Anke Kaprol-Gebhardt: Geben oder Nehmen. Zwei Jahrzehnte Rückübertragungsverfahren von Immobilien im Prozess der deutschen Wiedervereinigung am Beispiel der Region Berlin-Brandenburg. Berlin 2018; Thomas S. Carhart: „Absentee Landlords“ – oder – Gehören die Städte im Osten ihren Bewohnern? Städtische Eigentumsverhältnisse 1½ Dekaden nach dem Beitritt. In: Thomas Großbölting/Rüdiger Schmidt (Hg.): Gedachte Stadt – Gebaute Stadt. Urbanität in der deutsch-deutschen Systemkonkurrenz 1945–1990. Köln 2015, S. 301–337; Kerstin Brückweh: Eigentum. Ein Indikator für innerdeutsche Unterschiede und Gemeinsamkeiten. In: Bundeszentrale für politische Bildung (Hg.): Dossier. Lange Wege der Deutschen Einheit (15.3.2022), online zugänglich unter: https://www.bpb.de/themen/deutsche-einheit/lange-wege-der-deutschen-einheit/505989/eigentum/ (letzter Zugriff am 4.1.2024).

[5] Zur Transformationsgeschichte von 1989/90, aber das Wohnen beziehungsweise das Wohneigentum nicht beachtend, siehe: Tatjana Thelen: Care/Sorge. Konstruktion, Reproduktion und Auflösung bedeutsamer Bindungen. Bielefeld 2014.

[6] Vgl. Melanie Jaeger-Erben/Sabine Hielscher: Verhältnisse reparieren. Wie Reparieren und Selbermachen die Beziehungen zur Welt verändern. Bielefeld 2022.

und jenseits der akzeptierten Erwerbsformen von Kaufen, Erben, Schenken lag. Im dritten Abschnitt wird dann am Beispiel der DDR dargestellt, welche Bedeutung einerseits das Grundbuch und andererseits die Pflege für die Bewertung eines im Alltagsverständnis für berechtigt gehaltenen Eigentums im Gegensatz zu einem rechtlich verzeichneten Eigentum haben konnten. Denn die Wohnraumpflege in der DDR hätte als Ersitzung gewertet werden können. Im darauffolgenden Teil wird am Beispiel Ostdeutschlands vor, während und nach 1989/90 danach gefragt, wie über die Pflege von Wohnraum Bindungen und Zugehörigkeiten zum sozialen Umfeld, aber auch zum politischen System erreicht wurden. Eine Einordnung in die Ergebnisse der Tagung „Eigentum, Bodenwert und Visualisierung: Kataster im 19. und 20. Jahrhundert" schließt den Beitrag ab.

Pflege/*care* rund um den Wohnraum

In dem weiten Begriffs- und Praktikenfeld von Pflege, Fürsorge und Sich-Kümmern hat sich der aus den englischsprachigen Diskursen stammende *care*-Begriff durchgesetzt.[7] Mit Blick auf Haus und Wohnen lässt sich im Deutschen kein so treffendes Wort finden wie im Englischen der *caretaker*, gleichsam als „Hausmeister", „Pflegerin", „Verwalterin" oder „Tierpfleger" übersetzbar und damit viele Aspekte vereinend, die rund um das Haus anfallen. Während die deutschsprachigen Diskussionen lange stark um die vordergründig als Krankenpflege verstandene Pflege und die auf diesem weiten Feld existierenden Berufe kreisten,[8] hat sich im Englischen ein umfassendes Konzept durchgesetzt. Demnach wird unter *care* alles definiert, „was wir tun, um unsere ‚Welt' zu erhalten, fortzuführen und zu reparieren, damit wir so gut wie möglich in ihr leben können. Diese Welt umfasst unseren Körper, uns selbst und unsere Umwelt, alles, was wir in einem komplexen, lebenserhaltenden Netz zu verweben suchen."[9]

Diese Definition vereint zwei zentrale Forschungsstränge: zum einen die sozialwissenschaftliche und dort in erster Linie die feministische Forschung seit den 1980er-Jahren, die von der häufig von Frauen ausgeübten *care*-Arbeit für Bedürftige ausging, die meist un- oder schlecht bezahlt war (und ist) und somit tendenziell als Familienaufgabe, Ehrenamt oder als prekäre Beschäftigung eingestuft wurde (und wird); zum anderen die Wissenschafts- und Technikforschung, die sich vor

[7] Er findet sich auch als Care-Arbeit beziehungsweise Carearbeit im aktuellen Duden; online zugänglich unter: https:/www.duden.de/rechtschreibung/Care_Arbeit (letzter Zugriff am 4.1.2024).
[8] Vgl. Annemone Christians/Nicole Kramer: Who Cares? Eine Zwischenbilanz der Pflegegeschichte in zeithistorischer Perspektive. In: AfS 54 (2014), S. 395–415.
[9] Joan C. Tronto: Moral Boundaries. London 2020, S. 103, zitiert nach Jaeger-Erben/Hielscher: Verhältnisse (wie Anm. 6), S. 101.

allem mit den soziomateriellen Aspekten von *care* im Sinne eines *taking care of* beschäftigt.[10] Melanie Jaeger-Erben und Sabine Hielscher schlugen jüngst vor, diese beiden Forschungsstränge über das Reparieren miteinander zu verbinden, indem sie argumentierten, dass sowohl das Sich-Kümmern um Menschen als auch das Sich-Kümmern um Dinge „vielfach sozial eingebettet sind und eine Hinwendung zu Gefügen aus Dingen, Menschen und ihrer materiellen und natürlichen Umwelt bedeuten".[11] Beides – so die Autorinnen bezugnehmend auf Annemarie Mol – widme sich der „Zerbrechlichkeit des Lebens". Nicht die heile, vermeintlich „gesunde" Welt sei der Normalzustand, sondern die (vorübergehende) Abweichung, das Kaputte, um das sich gekümmert werden müsse; also die Arbeit mit und an der Fragilität der Dinge und Menschen und damit auch an den sozialen und soziomateriellen Verhältnissen.[12] So lenke der Versuch, Reparieren als *care*-Arbeit zu betrachten, die Aufmerksamkeit auf die moralischen, sozialen und politischen Aspekte der Reparatur im täglichen Leben.[13] Ein Sich-Kümmern muss allerdings nicht immer zu positiven Resultaten führen, es geht also nicht um normative Setzungen für die Analyse. Zum Beispiel hat die Arbeit von Maria Puig de la Bellacasa gezeigt, dass die Pflege des Bodens gerade in der Landwirtschaft, wenn sie auf größtmöglichen Ertrag ausgerichtet ist, nicht unbedingt vorteilhaft für die Böden und ihre tierischen Bewohner sein muss.[14] „Was richtig oder angemessen ist, wird vielmehr zwischen den Beteiligten ausgehandelt und kann sich dynamisch im Prozess verändern. Fürsorge etabliert eine ‚ethische Beziehung' [...], in der mit verschiedenen Handlungen und Herangehensweisen, aber auch Wahrnehmungen der Angemessenheit praktisch experimentiert wird", so Melanie Jaeger-Erben und Sabine Hielscher.[15]

Aus diesen Überlegungen lassen sich zwei Gedanken für die Pflege von Wohnraum übernehmen und erweitern: Der erste Gedanke bezieht sich darauf, dass die Bewertung des Reparierens historisch spezifisch ist. So wird heute von einigen eine

10 Vgl. ebd., S. 100; mit Bezug auf Annemarie Mol: The Logic of Care. Health and the Problem of Patient Choice. London 2008.

11 Vgl. Jaeger-Erben/Hielscher: Verhältnisse (wie Anm. 6), S. 100.

12 Vgl. ebd.; Jaeger-Erben und Hielscher beziehen sich hier auf Mol: Logic (wie Anm. 10), S. 11.

13 Vgl. Jaeger-Erben/Hielscher: Verhältnisse (wie Anm. 6), S. 100.

14 Vgl. ebd., S. 102. Die Autorinnen verweisen auf Maria Puig de la Bellacasa: Making Time for Soil. Technoscientific Futurity Pace of Care. In: SSS 45 (2015), S. 691–716.

15 Vgl. Jaeger-Erben/Hielscher: Verhältnisse (wie Anm. 6), S. 102. Bei der Formulierung „ethische Beziehung" beziehen sich die Autorinnen auf Annemarie Mol/Ingunn Moser/Jeannette Pols: Care: Putting Practice into Theory. In: dies: (Hg.): Care in Practice. On Tinkering in Clinics, Homes and Farms. Bielefeld 2010, S. 7–26, hier: S. 13.

„Kultur der Reparatur“ angestrebt,[16] in der das Reparieren einen neuen, meist positiven Wert erhält, während etwa die bundesdeutschen Heimwerker der 1950er- und 1960er-Jahre noch als Klein- oder Spießbürger angesehen wurden.[17] Damit einher geht auch eine „Ethik der Reparatur“, verstanden als eine ethische Betrachtung – vielleicht auch moralische Bewertung – der *care*-Praktiken, die die Debatten um den Klimawandel und ein nachhaltiges Leben und Wirtschaften charakterisiert.[18] So wird aus dem früher als kleinbürgerlich geltenden Heimwerken heute ein emanzipatorisches, gleichsam gegenwarts- und zukunftsorientiertes Projekt, in dem nicht der private Hobbykeller im Eigenheim, sondern das gemeinsame Basteln im für alle zugänglichen öffentlichen Repaircafé (das der Idee des – später noch behandelten – DDR-Reparaturstützpunktes nicht ganz fern ist) im Mittelpunkt steht. Dabei gehen einige Vertreter der heutigen Repair-Initiative so weit zu sagen, dass nur das Eigentum genannt werden darf, was der Eigentümer oder der Besitzer auch selbst reparieren kann: „If you can't fix it, you don't own it.“[19] Ob dem heutigen Reden über das Reparieren wirklich auch Praktiken des Reparierens folgen oder ob das Wegwerfen nicht doch die gewöhnlichere Praktik darstellt, ist eine andere Frage. Ebenso ist zu hinterfragen, von welchen gesellschaftlichen Schichten die positiven oder negativen Bewertungen des Reparierens getragen werden und welche Differenzen mit Blick auf unterschiedliche Dinge zu beobachten sind. Während sich Eigentümer und Eigentümerinnen von Villen vermutlich weniger an der Reparatur des Gebäudes oder des Wohnraums – zum Beispiel dem Streichen der Innenräume – beteiligen, ist das beim Einfamilienhaus häufig anders gelagert. Ähnliches lässt sich anekdotisch auch für die Pflege des Gartens beobachten: Wäh-

16 Vgl. Jaeger-Erben/Hielscher: Verhältnisse (wie Anm. 6), S. 12. Die Autorinnen beziehen sich hier u. a. auf Ignaz Strebel/Alain Bovet/Philippe Sormani (Hg.): Repair Work Ethnographies. Revisiting Breakdown, Relocating Materiality. Singapore 2019.

17 Jonathan Voges: „Mit Geschmack und wenig Geld“. Heimwerken als Aneignungspraxis des Einfamilienhauses von den 1950ern bis in die 1980er Jahre. In: ZfK 11 (2017), S. 97–115; ders./Simone Derix/Margareth Lanzinger: Maintaining, Repairing, Refurbishing. The Western German Do-it-Yourselfers and their Homes. In: Simone Derix/Margareth Lanzinger (Hg.): Housing Capital. Resource and Representation. Berlin 2017, S. 109–126; Jonathan Voges/Nikola Langreiter/Klara Löffler: Die Axt im Haus. Heimwerken – die „Verbürgerlichung“ des Selbermachens in den 1960er Jahren. In: Nikola Langreiter/Klara Löffler (Hg.): Selber machen. Diskurse und Praktiken des „Do it yourself“. Bielefeld 2017, S. 35–56; Reinhild Kreis: Selbermachen. Eine andere Geschichte des Konsumzeitalters. Frankfurt a. M./New York 2020.

18 Jaeger-Erben/Hielscher: Verhältnisse (wie Anm. 6), S. 12, unter Bezug auf: Duncan McLaren/Johan Niskanen/Jonas Anshelm: Reconfiguring Repair. Contested Politics and Values of Repair Challenge Instrumental Discourses Found in Circular Economies Literature. In: Resources, Conservation & Recycling: X 8 (2020) 100–046, S. 1–11, hier: S. 8.

19 Ifixit: Reparaturmanifest. Diese Fakten sind für uns selbstverständlich, online zugänglich unter: https://de.ifixit.com/Manifesto (letzter Zugriff am 4.1.2024).

rend die einen diese heute als meditativen Ausgleich betrachten, lassen andere sie durch bezahlte Gartendienstleister erledigen. Reparaturen oder Gartenpflege nicht selbst zu erledigen, ist dann zum einen eine Frage des Könnens beziehungsweise Nicht-Könnens und zum anderen ein Herausstellen des Nicht-Müssens, weil das Geld vorhanden ist, um jemanden für die Dienstleistung des Reparierens zu bezahlen, und weil über dieses Zurschaustellen des Nicht-Könnens und des Nicht-Müssens gleichermaßen auch eine spezifische Milieu- oder Schichtenzugehörigkeit gezeigt werden soll. Sich diese Frage zu stellen, setzt aber zunächst voraus, überhaupt einen Garten zu haben, der gepflegt werden muss. Die Verbindung von Praktiken und sozialen Schichten mit all ihren feinen Unterschieden auch innerhalb einzelner Schichten und unterschiedlichen Bewertungen des Kapitalismus sind deshalb ebenfalls in die Analyse einzubeziehen. Selbermachen wird von einigen Autoren schon als „postkapitalistische Praxis" bezeichnet.[20] Es handelt sich also um eine Kritik am Kapitalismus sowie den damit einhergehenden Konsumformen und zugleich um ein Neudenken des Verhältnisses von Menschen, Dingen und auch Dienstleistungen. Denn neben die Zurschaustellung von Nicht-Können und Nicht-Müssen treten auch Bereiche, die im Verborgenen bleiben, etwa die Haushaltshilfe, ihre (offizielle oder inoffizielle) Beschäftigung, Bezahlung und Behandlung – die erwähnte „Ethik der Reparatur" ist also auch eine Ethik der Dienstleistung, die ebenfalls als Wohnraum- oder Gartenpflege rund ums Haus anfällt.

Der zweite Gedanke zur Übertragung des *care*-Konzeptes auf den Wohnraum bezieht sich auf die „westliche" Perspektive dieser Ansätze. Im Feld des Wohneigentums beziehungsweise der Wohnraumnutzung lassen sich je nach Wohnform und Standort signifikante Unterschiede beobachten. Dagegen waren Instandhalten und Reparieren von Wohnraum zum Beispiel inhärente Elemente des Staatssozialismus – der „gute" sozialistische Bürger kümmerte sich um seine Umgebung und er hatte häufig auch gar nicht die Möglichkeit, jemand anderen mit der Reparatur zu beauftragen oder aus einer Vielzahl von Baumaterialien zu wählen.[21] Tatjana Thelen hat in ihrer Analyse verschiedener *care*-Beziehungen erneut festgestellt, dass vielfach die „westlichen Selbstbetrachtungen ‚moderner' Sozialbeziehungen [...] zum Ausgangspunkt wissenschaftlicher Beobachtungen anderer Gesellschaften

[20] Andrea Baier/Tom Hansing/Christa Müller (Hg.): Die Welt reparieren. Open Source und Selbermachen als postkapitalistische Praxis. Bielefeld 2016; siehe auch Patrick Bettinger/Saskia Draheim/Paul Weinrebe: Critical Making? Praktiken in Makerspaces zwischen Widerständigkeit und Affirmation. In: Medienimpulse 58 (2020), online zugänglich unter: https://journals.univie.ac.at/index.php/mp/article/view/5260 (letzter Zugriff am 4.1.2024).

[21] Clemens Villinger: Vom ungerechten Plan zum gerechten Markt? Konsum, soziale Ungleichheit und der Systemwechsel von 1989/90. Berlin 2022; Kreis: Selbermachen (wie Anm. 17).

und somit zum Maßstab erhoben" werden.[22] Mit Blick auf die Geschichte der Neuordnung der ostdeutschen Besitzverhältnisse hat das für die Zeit ab 1989/90 vorwiegend zu einer West-gegen-Ost-Erzählung geführt – und zwar sowohl in den medialen Berichterstattungen der Zeit selbst als auch in den Erinnerungen der beteiligten Akteure.[23]

In diesem Aufsatz soll es nicht um diese Konfliktgeschichte gehen. Vielmehr wird ein Forschungsergebnis als Ausgangspunkt genommen, das sich aus qualitativen Analysen einzelner Räume ergeben hat: Sowohl in West- als auch in Ostdeutschland war vor und nach 1989/90 die Idee des privaten Haus- und Grundeigentums – entgegen der offiziellen Ideologie in der DDR und anderen staatssozialistischen Ländern – fest etabliert.[24] Zum Streit in den 1990er-Jahren führte etwas ganz anderes, nämlich die mangelhafte beziehungsweise fehlende Führung der Grundbücher in der DDR, die im Gegensatz zum Selbstverständnis der Bewohner und Bewohnerinnen stand. Sie sahen sich vielfach als Eigentümer und Eigentümerinnen gerade aufgrund der jahre- oder auch jahrzehntelangen Pflege von Wohnraum. Das lässt sich vor allem im ländlichen und suburbanen Raum mit kleineren Häusern beobachten (weniger im Massenwohnungsbau oder in Mehrfamilienhäusern). Um dieses Forschungsergebnis besser zu verstehen, soll deshalb zuerst ein Blick auf die Geschichte des Bürgerlichen Gesetzbuches (BGB) beziehungsweise genauer auf die Diskussionen zum Erwerb von Eigentum in den Kommissionen, die für die Vorbereitung des BGB maßgeblich waren, geworfen werden.

Grundbuch und Eigentumsrecht in der Entstehungsgeschichte des Bürgerlichen Gesetzbuches im 19. Jahrhundert: Ersitzung als Sonderfall des Eigentumserwerbs

Der Erwerb von Eigentum soll über Erben, Schenken oder Kaufen und am besten per Vertrag sowie gemäß den gesetzlichen Regelungen erfolgen. In der Praxis gab (und gibt) es aber auch andere Fälle, die diesem Schema nicht entsprachen und unter dem Begriff „Ersitzung" oder „Ersitzen" gefasst werden. Dabei handelt es sich um ein Phänomen, das in den Diskussionen rund um die Einführung des Bürgerlichen Gesetzbuches (BGB) in der zweiten Hälfte des 19. Jahrhunderts eine Rolle spielte und bei dem der rechtliche Eigentümer oder die Eigentümerin nicht mit dem sich als Eigentümer verhaltenden Besitzer, also dem, der sich um das Eigen-

[22] Vgl. Thelen: Care (wie Anm. 5), S. 15.

[23] East Germans Find their Homes are no Longer their Castles. In: Financial Times, 2./3.5.1992; Brutale Wessis wollen uns aus unseren Häusern jagen! In: Neue Revue, 31.5.1991, S. 10 f.

[24] Siehe hier und im Folgenden z. B. Brückweh: Wissen (wie Anm. 3); dies.: Alltag (wie Anm. 1).

tum kümmerte, es pflegte und instand hielt, übereinstimmte. Das Ersitzen kann auch andere Dinge betreffen und meint, dass nach einer bestimmten Zeit des Besitzes das Eigentum an einer Sache an den Besitzer oder die Besitzerin übergeht; dafür bedarf es bestimmter Voraussetzungen, vor allem der, dass der Erwerber sich während dieser Zeit des Besitzes für den Eigentümer gehalten und die Sache ebenso behandelt hat, also wie seine eigene. Es wird somit davon ausgegangen, dass aufgrund der tatsächlichen Nutzung einer Sache die formale Trennung zwischen rechtlichem Eigentümer und tatsächlichem Besitzer im Laufe der Zeit zunehmend unwichtig wird, sodass nach einem bestimmten Zeitablauf der tatsächliche Besitzer auch zum rechtlichen Eigentümer wird. Das Ersitzen als eine aus alltäglichen Praktiken abgeleitete Form des Eigentumerwerbs war bei den Vätern des BGBs nicht beliebt. Vielmehr stand das Ersitzen beispielhaft für Phänomene einer schwer zu kontrollierenden Praxis, die – zumindest aus der Sicht einiger – auch im BGB geregelt werden sollten. Als problematisch im Vergleich zum Schenken, Erben oder Kaufen wurde das Ersitzen als Erwerbsform deshalb angesehen, weil es unterschiedliche Vorstellungen davon gab, was Ersitzen sein sollte oder wie lange etwas besessen sein sollte. Es ging also im Kern um das Abwägen von im Grundbuch verzeichnetem Eigentum auf der einen und der Sorge um das Eigentum beziehungsweise dessen Pflege, aus der – unter bestimmten Bedingungen – selbst Eigentum erwachsen konnte, auf der anderen Seite. Wie damit umzugehen sei, wurde in den Kommissionen zur Erarbeitung des Bürgerlichen Gesetzbuches im 19. Jahrhundert durchaus unterschiedlich diskutiert.

Im Februar 1874 wurde eine Vorkommission eingesetzt, die den Weg zum BGB bereiten sollte. Sie schlug zudem die Mitglieder für die erste Kommission vor. Diese Vorkommission bestand aus fünf Juristen und hatte die Aufgabe, den Plan und die Methode für den Entwurf eines Bürgerlichen Gesetzbuches vorzugeben.[25] Die Gutachten der Vorkommission banden die folgenden Kommissionen zwar nicht, aber sie beeinflussten sie inhaltlich. Zwei Aspekte scheinen zentral für die Entwicklung, die das Bürgerliche Gesetzbuch nahm: Der erste Aspekt betrifft die Empfehlung der Vorkommission, dass zwar das bestehende Recht nicht direkt übernommen werden, das neue BGB sich aber trotzdem an den bisherigen Gesetzen orientieren sollte. Es lassen sich keine Hinweise darauf finden, dass grundsätzliche Diskussionen darüber stattfanden, nach welchen sozialen Leitbildern das BGB gestaltet werden sollte.[26] Die Abfassung des Bürgerlichen Gesetzbuches wurde damit zum technischen Problem – das heißt zur Zusammenführung verschiedener Rechtstexte. Der zweite zentrale Aspekt für die Entwicklung des BGB hing eng mit dem ersten

[25] Vgl. Werner Schubert: Die Entstehung der Vorschriften des BGB über Besitz und Eigentumsübertragung. Ein Beitrag zur Entstehungsgeschichte des BGB. Berlin 1966, S. 13.
[26] Vgl. ebd., S. 16.

zusammen: Es wurden primär Juristen mit dem Entwurf des Bürgerlichen Gesetzbuches betraut. Selbst wenn in der rechtsgeschichtlichen Literatur von „Praktikern“ in der Kommission gesprochen wird, waren dies „Rechtspraktiker“ (Richter et cetera) und nicht Vertreter anderer Berufe oder gesellschaftlicher Schichten. In der rechtshistorischen Forschung ist vor allem von Werner Schubert in Bezug auf das Sachenrecht herausgearbeitet worden, dass es keine Hinweise auf die Einbeziehung nichtjuristischer Literatur bei der Erarbeitung des entsprechenden Teils im Bürgerlichen Gesetzbuch gibt und dass die verwendeten juristischen Texte sich zudem auf das Ende des 18. und die erste Hälfte des 19. Jahrhunderts bezogen. Es war offenbar nicht versucht worden, den Entwurf für das Sachenrecht im BGB daraufhin zu prüfen, ob es den neuen, von der Industrialisierung und Urbanisierung beeinflussten sozialen und wirtschaftlichen Bedingungen gerecht werden konnte.[27] Ziel war eine möglichst widerspruchsfreie Zusammenführung der unterschiedlichen Rechte in einem einzigen Privatrechtssystem.[28] 1887 lag ein erster Entwurf vor. Letztlich wurde der dann dritte Entwurf des BGB Ende Juni 1896 im Reichstag diskutiert und gegen die Stimmen der sozialdemokratischen Abgeordneten angenommen. Der Bundesrat billigte die letzten beschlossenen Änderungen und das BGB wurde am 18. August 1896 als Gesetz vom Kaiser vollzogen und im Gesetzblatt angekündigt. Es trat am 1. Januar 1900 in Kraft.[29] Das Bürgerliche Gesetzbuch ist sowohl von Zeitgenossen als auch von Rechtshistorikern als ein Werk eingeschätzt worden, das schon bei seiner Verabschiedung 1896 „veraltet“ und wenig innovativ war[30] – trotzdem ist es bis heute ein Bestseller.[31]

Was bedeutete diese allgemeine Entwicklung und die Langlebigkeit des BGB nun konkret für das Wohneigentum? Grundsätzlich war die Einführung des Grundbuchsystems und die Eingliederung ins BGB unumstritten. Zugleich wurde die Besonderheit des Bodens im BGB und damit in dem zentralen Text des Privatrechtes berücksichtigt, das doch eigentlich die Rechtsbeziehungen zwischen Privatpersonen regeln sollte: Da Grundstücke sich nicht beliebig vermehren lassen, sollte in diesem Fall der Staat die Rechtsgeschäfte zwischen Privatpersonen festhalten. Das Grundbuch wurde als Aufzeichnung amtlichen Charakters verstanden, die über Er-

[27] Vgl. ebd., S. 29.

[28] Vgl. ebd.

[29] Vgl. Thomas Finkenauer: Eigentum und Zeitablauf – das dominium sine re im Grundstücksrecht. Zugleich ein Beitrag zur Entstehungsgeschichte des BGB. Berlin 2000, S. 27.

[30] Vgl. Thomas Bark: Entstehung des BGB im Spiegel der Bürgerlichen Rechtsgeschichte. In: KJ 6 (1973), S. 158–171, hier: S. 162.

[31] So z. B. Thomas Darnstädt: Von Bienenvölkern und Beschneidungen. Geburt des BGB. In: Der Spiegel, 21.6.2013.

werbsvorgänge und Rechtsverhältnisse an Grundstücken Auskunft gibt.[32] Damit es eine verlässliche Wissensressource darstellen konnte, war ein schon aus dem Pfand- und Hypothekenbuch bekanntes dreiteiliges Aufschreibesystem vorgesehen. Anders als in den alten Büchern sollte mit der Einführung des Grundbuches aber für jedes Grundstück ein Grundbuchblatt (ein sogenanntes Realfolium) angelegt werden. Unter einer für einen Grundbuchbezirk fortlaufenden Blattnummer wurde das Grundbuchblatt geführt und in das Titelblatt, das Bestandsverzeichnis und drei Abteilungen untergliedert. In Abteilung I wurden Eigentümer und Erwerbsgrund, in Abteilung II beschränkte dingliche Rechte, die das Grundstückseigentum belasteten (zum Beispiel Wohnrechte) und in Abteilung III Grundpfandrechte (zum Beispiel Hypotheken) eingetragen. Wichtig war zudem, dass ein Grundstück nicht einfach per Kaufvertrag erworben werden konnte, sondern dass eine Eintragungspflicht im Grundbuch bestand – das sogenannte Publizitätsprinzip. Dafür waren genau festgelegte Schritte notwendig (zum Beispiel die Auflassung). Ziel des Grundbuches – darin waren sich die BGB-Kommissionen einig – sollte die Rechtssicherheit für Grundstücke und ihre Eigentümer und Eigentümerinnen sein. Auf jeden Fall sollten stets die im Grundbuch publizierten Erwerbsvorgänge gelten und jederzeit nachvollziehbar sein. Allerdings schieden sich die Geister daran, wie ein Grundstück erworben werden konnte, um dann im Grundbuch eingetragen zu werden.

Daraus ergibt sich ein weiterer wichtiger Punkt: Aufgrund der einseitigen Zusammensetzung der Kommission kam es auch für das Grundbuch zur Loslösung der theoretischen juristischen Diskussionen von der sozialen Praxis. Im Gegensatz zu Erben und Kaufen wurde die Übertragung durch die soziale Praxis des Ersitzens als problematisch angesehen, da das Ersitzen dem Prinzip der eindeutigen Zuordnung von Grundstücken sowie deren Verzeichnung im Grundbuch zuwiderlief. Denn die Ersitzung bezog sich auf Fälle in der Praxis, in denen nach einem gewissen Zeitablauf für alle Beteiligten nicht mehr wichtig oder nicht mehr bekannt war, auf welche Weise ein Erwerb erfolgt war; deshalb sollten diese Zustände so festgehalten werden, wie sie de facto waren.[33] In der Rechtsliteratur wird in diesem Zusammenhang auch von der heilenden Macht der Zeit gesprochen, die zu berücksichtigen sei, um die Rechtsverhältnisse in Bezug auf das Eigentum nicht dauerhaft ungewiss sein zu lassen.[34] Auch die Rechtssprache des 19. Jahrhunderts ließ erken-

[32] Falk Hess: Grundbuch. In: Handwörterbuch zur deutschen Rechtsgeschichte. Bd. 2: Geistliche Gerichtsbarkeit–Konfiskation. Berlin ^{2}2012, Sp. 569–574, hier: Sp. 569.

[33] Finkenauer: Eigentum (wie Anm. 29), S. 19.

[34] Vgl. ebd.; zur Vorgeschichte vgl. Gerhard Köbler: Die Regelung des Eigentumserwerbs an Grundstücken in Preußen vom ALR zum BGB. In: Helmut Coing/Walter Wilhelm (Hg.): Wissenschaft und Kodifikation des Privatrechts im 19. Jahrhundert. Die rechtliche und wirtschaftliche Entwicklung des Grundeigentums und Grundkredits. Frankfurt a. M. 1976, S. 201–217, hier: S. 206.

nen, dass aus der sozialen Praxis Mischverhältnisse von Besitz und Eigentum bekannt waren. So finden sich in den juristischen Dokumenten Begriffe wie „Eigenbesitz“, „Eigentumsbesitz“, „Bucheigentum“ oder „wirkliche[s] Eigentum“.[35]

Die Aufgabe der BGB-Kommissionen bestand nun darin, daraus einen Konsens für das Bürgerliche Gesetzbuch zu formulieren. Während eine entsprechende Passage im ersten Entwurf nicht enthalten war, wurde sie im zweiten Entwurf aufgenommen und im dritten mit einer zeitlichen Frist von 30 Jahren angesetzt. Letztlich lautete der Gesetzestext von 1896: „§ 900. Wer als Eigenthümer eines Grundstücks im Grundbuch eingetragen ist, ohne daß er das Eigenthum erlangt hat, erwirbt das Eigenthum, wenn die Eintragung 30 Jahre bestanden und er während dieser Zeit das Grundstück im Eigenbesitz gehabt hat. Die dreißigjährige Frist wird in derselben Weise berechnet wie die Frist für die Ersitzung einer beweglichen Sache. Der Lauf der Frist ist gehemmt, solange ein Widerspruch gegen die Richtigkeit der Eintragung im Grundbuch eingetragen ist.“[36] Dieser Text ist bis heute dem Grunde nach inhaltlich unverändert geblieben. Es gibt also die Ersitzung als Form des Eigentumserwerbs, sie kommt aber aufgrund der geforderten Eintragung im Grundbuch und der 30-Jahres-Frist selten zur Anwendung.

Der Tübinger Rechtswissenschaftler Thomas Finkenauer vertrat nach 1989/90 die Meinung, dass das Ersitzen genau die Praxis war, die zur Zeit der DDR stattgefunden hatte.[37] Zwar konnte er sich damit unter seinen juristischen Kollegen und Kolleginnen nicht durchsetzen, aber der Gedankengang ist aufschlussreich für das Verstehen der Eigentumsvorstellungen in Ostdeutschland, der Bewertung des Gesetzes zur Regelung offener Vermögensfragen (kurz: Vermögensgesetz)[38] von 1990 und für das Verstehen der Empörung der Betroffenen nach 1990 und damit für Themen, um die es im folgenden Abschnitt gehen wird.

Eigentum und Wohnraum in der DDR und das Vermögensgesetz von 1990: Eigentumspolitiken und -praktiken

Zusammengefasst stellte sich 1989/90 die Situation folgendermaßen dar:[39] Die ursprünglichen Eigentümer, die häufig immer noch im Grundbuch standen, hatten

[35] Motive zu dem Entwurfe eines Bürgerlichen Gesetzbuches für das Deutsche Reich. Band III: Sachrecht. Berlin/Leipzig 1888, S. 19.

[36] Bürgerliches Gesetzbuch in der Fassung der Bekanntmachung vom 24. August 1896. In: RGBl. 1896, Nr. 21, S. 195–603, hier: § 900.

[37] Finkenauer: Eigentum (wie Anm. 29).

[38] Gesetz zur Regelung offener Vermögensfragen. Vermögensgesetz (VermG), online zugänglich unter: https://www.gesetze-im-internet.de/vermg/BJNR211590990.html (letzter Zugriff am 4.1.2024).

[39] Für eine ausführliche Herleitung siehe: Brückweh: Wissen (wie Anm. 3); dies.: Dächern (wie Anm. 1).

ihren Wohnraum in der DDR – oftmals schon in den 1950er-Jahren – zurückgelassen. Die Häuser wurden neu bezogen und manche der neuen Bewohner und Bewohnerinnen hatten den Wohnraum – zum Beispiel im Einfamilienhausbereich – auch gekauft; allerdings konnte in der DDR nur das Haus, nicht aber der Grund und Boden, auf dem es stand, erworben werden. Sie hatten sich um den Wohnraum und das Grundstück gekümmert, warum sollte also nach 1990 den sogenannten Alteigentümern, die häufig in der Bundesrepublik bereits einen Lastenausgleich für das zurückgelassene Eigentum erhalten hatten,[40] der Vorrang vor den DDR-Nutzern gegeben werden?[41]

Theoretisch wäre es 1990 möglich gewesen, nicht die Grundbücher als Wissensressource für die Entscheidung im Rahmen des Vermögensgesetzes heranzuziehen, sondern die Besitzverhältnisse, wie sie 1989/90 waren, festzuschreiben.[42] Damit wäre die Abwicklung des Eigentums im Prinzip juristisch als Ersitzen behandelt worden. Aber hier taten sich die Juristen und Juristinnen offenbar wie schon die Gründerväter des BGB schwer damit, die scheinbar rationale, abstrakte juristische Argumentation mit der Praxis zu verbinden. Und der deutsch-deutsche Grundlagenvertrag von 1972 bot die entscheidende Möglichkeit, gegen ein Ersitzen als Eigentumserwerb zu argumentieren. Der deutsch-deutsche Grundlagenvertrag ließ die Vermögensfragen ausdrücklich offen, was sich auch 1990 im offiziellen Namen „Gesetz zur Regelung offener Vermögensfragen“ niederschlug und bedeutete, dass die 30-jährige Frist noch nicht abgelaufen war. Vor dem Hintergrund, dass 1989/90 verschiedenste politische, rechtliche und gesellschaftliche Bereiche der DDR und

40 Siehe z. B. Birgit Glock/Carsten Keller: Interview-Redlicher Erwerber im Prozeß 7C. Teilverschriftlichung. 2000, S. 2. Die Interviews sind Teil eines britisch-polnisch-deutschen Projektes, das unter dem Titel „Property Restitution and the Post-1989 Transformation Process in Germany and Poland. An International and Interdisciplinary Research Project“ von 1999 bis 2001 von der Volkswagen-Stiftung gefördert wurde. Bei dem zur Sekundäranalyse überlassenen Bestand handelt es sich um das stadtsoziologische Teilprojekt zu Ostdeutschland, das von Birgit Glock, Hartmut Häußermann und Carsten Keller (Humboldt-Universität zu Berlin) durchgeführt wurde und sich auf einen Stadtteil von Berlin und auf Kleinmachnow bezieht. Vgl. auch: Birgit Glock/Hartmut Häußermann/Carsten Keller: Die sozialen Konsequenzen der Restitution von Grundeigentum in Deutschland und Polen. In: BJS 11 (2001), S. 533–550. An den Zitaten zeigt sich die Vermischung von Transkription und Auswertung der Primärforschenden, deshalb wird hier von Teilverschriftlichung gesprochen.

41 Zwar gab es auch Alteigentümer aus der DDR, die nicht mehr im eigenen Wohnraum wohnten, da sie beispielsweise enteignet worden waren oder aber aufgrund der großen Mühe, die die Instandhaltung von Wohnraum in der DDR erforderte, zum Beispiel auf das Erben von Häusern verzichtet hatten, sie werden aber im öffentlichen Diskurs selten thematisiert und scheinen auch nicht allzu zahlreich zu sein, wobei verlässliche Statistiken fehlen.

42 Zu den Verhandlungen über die Vermögensfragen siehe: Kaprol-Gebhardt: Rückübertragungsverfahren (wie Anm. 4), S. 85–133.

der BRD zusammengebracht werden mussten, hätte die 30-Jahres-Frist diskutiert werden können, zumal die entsprechende Frist im DDR-Recht nur 20 Jahre betrug.[43] Die Ersitzung und damit die Festschreibung der Besitzverhältnisse vom Ende der DDR stellte nur eine rechtliche Möglichkeit dar, eine zweite intensiv diskutierte war das Erbbaurecht.[44] Auch diese setzte sich nicht durch, stattdessen wurde das Grundprinzip „Rückgabe vor Entschädigung" festgelegt – womit der Streit vorprogrammiert war. Nun sollten Häuser möglichst an die alten Eigentümer zurückgegeben und die als finanzkräftig angenommenen, meist westdeutschen Eigentümer und Eigentümerinnen so für den „Aufbau Ost"[45] gewonnen werden; nur im Notfall sollte entschädigt werden. Zur grundlegenden Entscheidungsressource wurden die Grundbuchblätter, die aber in der DDR nicht verlässlich geführt worden waren.

Auffällig ist in den Diskussionen über die Regelung der Vermögensfragen im Zuge der deutschen Vereinigung das erhebliche Unwissen über die aktuellen Zustände in der DDR. Der Politikwissenschaftler Dieter Grosser sprach zum Beispiel von „verworrenen Verhältnissen".[46] Zugleich wurden während der Verhandlungen zu den Vermögensfragen durch das sogenannte Modrow-Gesetz (Gesetz über den Verkauf volkseigener Gebäude vom 7. März 1990) noch einmal die Eigentumsverhältnisse geändert. Dieses ermöglichte den Zukauf von Grundstücken, zu denen in der DDR nur die darauf befindlichen Häuser gekauft worden waren (sogenannte Komplettierungskäufe), denn ein Erwerb von Boden war – wie bereits erwähnt – in der DDR nicht möglich, aber der von darauf stehenden Einfamilienhäusern durchaus; damit sollte die Einheit von Haus und Grund hergestellt und für die sich abzeichnende Vereinigung der beiden deutschen Staaten – die sich an „westlichen" Eigentumsvorstellungen orientierte – sollten die DDR-Bewohner und -Bewohnerinnen in eine bessere Ausgangslage gebracht werden. Es ermöglichte in einer kurzen Übergangszeit des Jahres 1990 aber auch die Komplettkäufe, das heißt den Kauf von Haus und Grund. Ähnlich wie in den Jahrzehnten in der DDR davor kam es auch in dieser Übergangsphase nun in manchen Fällen zum Eintrag in die Grundbuchblätter, in anderen wiederum nicht. Für Ärger und Unsicherheit sorgte zudem die sogenannte Stichtagsregelung in § 4 Abs. 2 des Vermögensgesetzes, wonach Käufe nach dem 18. Oktober 1989 nicht anerkannt wurden und die Übergangsphase

43 Grundbuchverfahrensordnung (GBVerfO-DDR) vom 1.1.1971, § 11, Abs. 1.

44 Vgl. Kaprol-Gebhardt: Rückübertragungsverfahren (wie Anm. 4), S. 113.

45 Marcus Böick/Christoph Lorke: Aufschwung, Abbau, Anpassung? Eine kleine Geschichte des „Aufbau Ost". In: APUZ 46 (2019), S. 32–40.

46 Vgl. Dieter Grosser: Das Wagnis der Währungs-, Wirtschafts- und Sozialunion. Politische Zwänge im Konflikt mit ökonomischen Regeln. Stuttgart 1998, S. 227; siehe auch: Bundesamt zur Regelung offener Vermögensfragen (Hg.): Offene Vermögensfragen. Versuch einer Bilanz. Berlin 2001.

samt Modrow-Gesetz noch einmal hinterfragt wurde. Die Verwirrung wurde also nicht geringer. Das Vermögensgesetz und vor allem die Entscheidung für das Prinzip „Rückgabe vor Entschädigung" standen fortan symbolisch für das überhebliche Verhalten „der" Westdeutschen, begründeten die West-gegen-Ost-Erzählung, waren ein Grund für die unterschiedliche Entwicklung der Wohneigentumsraten nach dem Ende der DDR in Ostdeutschland im Vergleich zu den Ländern der alten Bundesrepublik[47] und verliehen somit dem Motiv der „Übernahme"[48] Nachdruck.

Was lässt sich abseits der Ungleichbehandlung aus dieser Geschichte über Eigentumsvorstellungen sowie vor allem über den Zusammenhang von rechtskräftiger Verzeichnung im Grundbuch und als berechtigt wahrgenommenem Eigentum aufgrund von jahrzehntelanger Pflege, Instandhalten und Sich-Kümmern schließen? Um zu verstehen, wie es zur Situation von 1989/90 kam, muss der Blick zunächst auf die Eigentumspolitik der DDR gerichtet werden. Wie in anderen sozialistischen Staaten in Ostmitteleuropa hatte sich auch in der DDR eine Eigentumspolitik entwickelt,[49] die als *absichtlich willkürlich* bezeichnet werden kann. Das heißt: Sie sah für die DDR-Bewohner willkürlich aus, verfolgte aber eine gezielte Strategie. Der DDR-Staat reduzierte die Bedeutung des Grundbuches zu einem einfachen Verzeichnis und zog gleichzeitig Personal ab, sodass die sich ändernden Eigentumsverhältnisse in der DDR manchmal in die Grundbuchblätter eingetragen wurden, manchmal nicht.[50] Das hatte vor allem in den 1950er-Jahren gravierende Folgen, als besonders viele Menschen die DDR ver- und damit auch Wohnraum zurückließen. Vielfach finden sich in den Archiven Beschwerden einer überforderten Verwaltung, die mehrfach umziehen musste und deren Akten und Grundbücher zum

[47] Brückweh: Eigentum (wie Anm. 4).

[48] Ilko-Sascha Kowalczuk: Die Übernahme. Wie Ostdeutschland Teil der Bundesrepublik wurde. München 2019.

[49] Hannes Siegrist/Dietmar Müller: Introduction. Property in East Central Europe. Notions, Institutions, and Practices of Landownership in the Twentieth Century. In: dies. (Hg.): Property in East Central Europe. Notions, Institutions, and Practices of Landownership in the Twentieth Century. New York 2015, S. 1–26, hier: S. 2. Die Autoren arbeiteten heraus, dass das Verteilen von Eigentum bei gleichzeitiger systematischer Zurückdrängung des Grundbuches und fehlender Rechtssicherheit eine zentrale staatssozialistische Strategie gewesen sei. Vgl. Dietmar Müller: Die Gouvernementalität des Bodeneigentums im östlichen Europa. In: Comparativ 16 (2006), S. 112–129, hier: S. 123. Vgl. auch Chris Hann: Propertization und ihre Gegentendenzen. Beispiele aus ländlichen Gebieten Europas. In: ebd., S. 84–98; Inga Markovits: Justice in Lüritz. Experiencing Socialist Law in East Germany. Princeton 2010; Katherine Verdery: Fuzzy Property. Rights, Power, and Identity in Transylvania's Decollectivization. In: Joan M. Nelson (Hg.): Transforming Post-Communist Political Economies. Washington 1997, S. 102–117.

[50] Monika Tatzkow/Hartmut Henicke (Hg.): Grundbuchdokumentation und Grundbuchmanipulation in der früheren DDR. Berlin 1993.

Teil über Monate hinweg unerreichbar eingelagert waren.[51] Zur gleichen Zeit verteilte der Staat großzügig Wohnraum und verkaufte Eigenheime. Rechtssicherheit durch einen Grundbucheintrag gab es aber oftmals nicht. Daraus entwickelten sich komplizierte Eigentums- und Besitzverhältnisse. Manchmal waren Häuser in Privatbesitz und wurden vermietet oder selbst bewohnt, manchmal gehörten sie Personen, die die DDR verlassen hatten, manchmal waren sie staatlich verwaltet, manchmal in Volkseigentum. Haus und Grund wurden, wo immer möglich, voneinander getrennt. Manchmal war auch neu gebaut worden – teilweise mit Genehmigung, teilweise ohne.[52] Die Folge war eine Abhängigkeit der DDR-Bewohner und -Bewohnerinnen vom SED-Regime, da die Rechtssicherheit fehlte, die identisches Vorgehen (etwa Überlassungsverträge oder Käufe) auch mit identischen Folgen (etwa Beurkundungen oder Verzeichnung im Grundbuch) versah – ein Umstand, der hier mit der Bezeichnung *absichtlich willkürlich* gemeint ist. Dass insbesondere der willkürliche Entzug von Eigentum durch politische Machthaber für die Bewohner und Bewohnerinnen problematisch ist, ist in verschiedenen Kontexten beobachtet worden. Entsprechend wurde der Schutz vor willkürlicher Beraubung von Eigentum bereits 1948 in die Allgemeine Erklärung der Menschenrechte aufgenommen[53] und war somit schon völkerrechtlich anerkannt, bevor in der DDR derartig operiert wurde.

Mit dem Systemwechsel von 1989/90 wurde der Privatisierung von Eigentum eine große Bedeutung für den Aufbau einer funktionierenden Wirtschaft, des Rechtsstaates und zugleich einer demokratischen Gesellschaft zugeschrieben. Dahinter stand die Idee, dass die neue rechtliche und ökonomische Ordnung die Existenz der liberalen Wirtschaft, des Rechtsstaates und der „Zivilgesellschaft" garantieren würde. So haben es Hannes Siegrist und Dietmar Müller für ostmitteleuropäische Länder zusammengefasst.[54] Damit verbunden war das länger zeitlich zurückgehende „westlich" liberal-individualistische Eigentumsverständnis, wonach es sich beim Eigentum um ein Bündel von starken und absoluten Rechten

[51] Das Ministerium des Innern diskutierte etwa in den 1950er-Jahren ausführlich Probleme und Verbesserungsmöglichkeiten zu Fragen des Katasters und des Grundbuchs (z. B. BArch DO 1/8817 und BArch DO 1/8818).

[52] Die zwölfteilige Schriftenreihe des Bundesamtes zur Regelung offener Vermögensfragen stellte zu Beginn der 1990er-Jahre für den internen Gebrauch Dokumente aus der DDR zusammen, um den Ämtern die Arbeit zu ermöglichen. So beschäftigt sich etwa das Heft 5 unter dem Titel „Behandlung von in der ehemaligen DDR abgeschlossenen Überlassungsverträgen" mit den sogenannten Westgrundstücken.

[53] Allgemeine Erklärung der Menschenrechte. Artikel 17, online zugänglich unter: https://www.menschenrechtserklaerung.de/eigentum-3639/ (letzter Zugriff am 4.1.2024).

[54] Siegrist/Müller: Property (wie Anm. 49).

handelt, das einem Individuum zugeordnet wird – also Privateigentum.[55] Mit der Wiederherstellung des Privateigentums waren somit große Ziele verbunden: Zum einen sollte die kapitalistische Wirtschaft aufgebaut und zum anderen sollten Individuen in ihrer Funktion als selbstbewusste, aktive und autonome Bürger und Bürgerinnen gestärkt werden. Kurzum: Das Ziel war eine Neuordnung von Wirtschaft und Gesellschaft gleichermaßen und die Leitlinie war der Kapitalismus in mehr oder weniger abgefederter Form.

Wird nun ein Blick auf die Ideen und Praktiken der DDR-Bewohner und -Bewohnerinnen geworfen, so zeigt sich vielfach, dass sie ihren Wohnraum instand hielten, renovierten, reparierten, an- und umbauten. Auch kauften sie in der Zeit der DDR Eigenheime und versuchten, diese Besitzverhältnisse ins Grundbuch eintragen zu lassen. Wenn sie damit nicht erfolgreich waren, schrieben sie Eingaben.[56] Der Staatssozialismus hatte mit dieser grundlegenden Idee von Privateigentum in der alltäglichen Lebenswelt nicht gebrochen. In einem Expertengespräch auf einem der Ämter zur Regelung offener Vermögensfragen – also den Entscheidungsstellen für die Fragen der Rückübertragung von privatem Eigentum (nicht zu verwechseln mit der Treuhandanstalt) – betonten die verantwortlichen Akteure im Jahr 2000 rückblickend, „daß es auch in der DDR eine Wertschätzung des privaten Eigentums gegeben habe, die dazu führte, daß die Bewohner oft versuchten, das Haus oder das Grundstück zu erwerben [...]. Die staatlich propagierte Anti-Eigentumsideologie – so die Schlußfolgerung – wurde weder von den Bewohnern, noch von den Funktionären selbst ernst genommen. Denn [...] sonst hätte die DDR auch anders enteignen können. Selbst das sei ja unter dem Deckmäntelchen der ‚Überschuldung' passiert, nicht aber offiziell."[57] Diese Erinnerung aus dem Jahr 2000 stimmt mit den Forschungen für diesen Aufsatz grundlegend überein, allerdings

[55] Hannes Siegrist/David Sugarman: Geschichte als historisch-vergleichende Eigentumswissenschaft. Rechts-, kultur- und gesellschaftsgeschichtliche Perspektiven. In: dies. (Hg.): Eigentum im internationalen Vergleich. 18.–20. Jahrhundert. Göttingen 1999, S. 9–30.

[56] Für Beschwerden und Eingaben vgl. z. B. BArch DO 1/7376 und BArch DO 1/16318 (Anfragen von Privatpersonen in Grundbuchangelegenheiten, 1970–1979). Außerdem finden sich im Bundesarchiv die Eingaben im Bestand DC 20 Ministerrat der DDR in BArch DC 20/3691, BArch DC 20/3699 (Eingaben zu Grundstücks- und Pachtangelegenheiten. Einzelnes, 1956–1959) und BArch DC 20/3690 (Eingaben zu Grundstücks- und Pachtangelegenheiten. Einzelnes, 1957–1959) sowie im Bestand DN 1 Ministerium der Finanzen u. a. in BArch DN 1/122289 (Eingaben. Vermögenseinzug aufgrund Strafurteils zugunsten des Volkseigentums 1953–1970), BArch DN 1/122273 (Beschlagnahme von Vermögenswerten Republikflüchtiger zwecks Überführung in Volkseigentum. Eingaben zur Anwendung der VO vom 17.7.1952, 1957–1971), BArch DN 1/121441 (Eingaben und Beschwerden, Nachweise, 1977–1985) und BArch DN 1/121442a (Eingaben und Beschwerden, Nachweise, 1982–1989).

[57] Vgl. Birgit Glock/Carsten Keller: Fokusrunde. Amt zur Regelung offener Vermögensfragen (ARoV). Teilverschriftlichung. 2000, S. 4.

zeigen die Quellen durchaus auch Unterschiede etwa zwischen Funktionären und einer breiten Masse und zwischen großen Miets- und Einfamilienhäusern, aber die Idee des privaten Eigentums wirkte deutlich fort. Das belegen auch die hohen Zahlen von privatem Wohneigentum in der DDR,[58] das in ländlichen Regionen noch viel verbreiteter als in der Stadt war.[59]

Wie lässt sich dieser Befund interpretieren? Eine Möglichkeit bietet die Erzählung als Erfolgsgeschichte Ostdeutscher, denn – mit der Idee des Privateigentums im Hinterkopf – lernten sie die bundesdeutschen Rechte und Möglichkeiten sehr schnell und wehrten sich in den 1990er-Jahren erfolgreich mit unterschiedlichen Strategien gegen das Vermögensgesetz – es wurde mehrfach nachgebessert beziehungsweise durch zusätzliche Gesetze erweitert.[60] Zugleich führten dieses beträchtliche Engagement und die zum Teil langen Wartezeiten, bis über die konkur-

[58] Hannsjörg Buck gibt auf der Basis des Statistischen Jahrbuches der DDR von 1990 die Eigentumsverhältnisse für den Wohnbestand der DDR im Jahr 1989 mit 41 % staatlich (1971: 28 %), 18 % genossenschaftlich (1971: 10 %) und 41 % privat (1971: 62 %) an. Hannsjörg F. Buck: Mit hohem Anspruch gescheitert. Die Wohnungspolitik der DDR. Münster 2004, S. 418. Diese Zahlen müssten wissensgeschichtlich und quellenkritisch situiert werden. Da ein hoher Anteil an Privateigentum nicht im Interesse der DDR-Eigentumspolitik war, können die Zahlen eher als nicht manipuliert eingeschätzt werden. Vgl. zur Quellenkritik z. B. Bernhard Schimpl-Neimanns/Heike Wirth: Amtliche Mikrodaten der DDR als Datenquelle für die Sozialstrukturforschung. In: Gesellschaft Sozialwissenschaftlicher Infrastruktureinrichtungen (Hg.): Materialien zur Erforschung der DDR-Gesellschaft. Quellen, Daten, Instrumente. Opladen 1998, S. 149–164.

[59] Eine Statistik zum Wohnungseigentum in Gemeinden bis 2.000 Einwohner aus dem Jahr 1987 weist folgende Verteilung auf: Privateigentum 74 %, Volkseigentum 19 %, genossenschaftliches Eigentum 6 % und sonstiges Eigentum 1 %. Abgedruckt in Thomas Topfstedt: Wohnen und Städtebau in der DDR. In: Ingeborg Flagge (Hg.): Geschichte des Wohnens. 1945 bis heute. Aufbau Neubau Umbau. Stuttgart 1999, S. 419–562, hier: S. 531. Topfstedt bezieht sich auf Bauakademie der DDR (Hg.): Grundlagen zur Planung und Gestaltung der Dörfer. Zwischenbericht G 1. Berlin 1987, S. 14.

[60] Spätere Erweiterungen des Vermögensgesetzes: Gesetz zur Änderung des Vermögensgesetzes und anderer Vorschriften (Zweites Vermögensrechtsänderungsgesetz – 2. VermRÄndG), 14.7.1992, BGBl. I, S. 1257–1286, online zugänglich unter: http://www.bgbl.de/xaver/bgbl/start.xav?startbk=Bundesanzeiger_BGBl&jumpTo=bgbl192s1257.pdf (letzter Zugriff am 4.1.2024); Gesetz zur Sachenrechtsbereinigung im Beitrittsgebiet (SachenRBerG), 21.9.1994, online zugänglich unter: https://www.gesetze-im-internet.de/sachenrberg/ (letzter Zugriff am 4.1.2024); Gesetz über die Entschädigung nach dem Gesetz zur Regelung offener Vermögensfragen und über staatliche Ausgleichsleistungen für Enteignungen auf besatzungsrechtlicher oder besatzungshoheitlicher Grundlage (Entschädigungs- und Ausgleichsleistungsgesetz – EALG), 27.9.1994, BGBl. I, S. 2624, 1995 I, S. 110, online zugänglich unter: https://www.gesetze-im-internet.de/ealg/ (letzter Zugriff am 10.4.2021); Gesetz zur Anpassung schuldrechtlicher Nutzungsverhältnisse an Grundstücken im Beitrittsgebiet (Schuldrechtsanpassungsgesetz – SchuldRAnpG), 21.9.1994, BGBl. I, S. 2538, online zugänglich unter: https://www.gesetze-im-internet.de/schuldranpg/SchuldRAnpG.pdf (letzter Zugriff am 4.1.2024); Gesetz zur Bereinigung vermögensrechtlicher und anderer Vorschriften (Vermögensrechtsbereinigungsgesetz – VermBerG), 20.10.1998, BGBl. I,

rierenden Eigentumsansprüche verbindlich entschieden wurde, zu einer gewissen Erschöpfung, die sich vielfach in den Quellen der Zeit und in den Erinnerungen niedergeschlagen hat.[61] Interessant ist im Folgenden aber vor allem, was sich aus der Anwendung des Vermögensgesetzes auf einer allgemeineren Ebene abseits von Individualinteressen über Vorstellungen von Eigentum ablesen lässt. So zeigt sich vielfach in den Quellen die Idee, dass Eigentum nicht der Kapitalanhäufung auf Kosten der Allgemeinheit dienen soll. Eine solche kritische Sicht auf Immobilieneigentum zur Gewinnmaximierung existierte schon früher und scheint typisch für die deutschen Diskussionen.[62] Für die Revolution von 1918/19 hat der Historiker Winfried Speitkamp festgestellt, dass sich damals ein neues Eigentumsverständnis durchsetzte: „Der Anspruch, Gemeinwohl und soziale Aufgaben des Staats über die individuelle Willkür der kapitalistischen Eigentümerinteressen zu setzen, und weitgehende Sozialisierungsforderungen beherrschten die Diskussion."[63] Die Berücksichtigung der Allgemeinheit findet sich dann auch in der Weimarer Verfassung vom 11. August 1919, die zwar keine Sozialisierung vollzog, aber Enteignungen „zum Wohle der Allgemeinheit" zuließ und zudem das Prinzip der Sozialpflichtigkeit einführte: „Eigentum verpflichtet. Sein Gebrauch soll zugleich Dienst sein für das Gemeine Beste."[64] Die Berücksichtigung dieser potenziellen Spannung zwischen Individuum und Gesellschaft wurde auch – sprachlich modifiziert – im Grundgesetz der Bundesrepublik Deutschland von 1949 aufgenommen[65] und in der Rechtsprechung des Bundesverfassungsgerichts etwa im Jahr 1954 bekräftigt: „Das Menschenbild des Grundgesetzes ist nicht das eines isolierten souveränen Individuums; das Grundgesetz hat vielmehr die Spannung Individuum – Gemeinschaft im Sinne der Gemeinschaftsbezogenheit und Gemeinschaftsgebundenheit der Per-

S. 3180–3187, online zugänglich unter: http://www.bgbl.de/xaver/bgbl/start.xav?startbk=Bundesanzeiger_BGBl&jumpTo=bgbl198s3180.pdf (letzter Zugriff am 4.1.2024).

61 Z. B. Glock/Keller: Interview 7C (wie Anm. 40), S. 2. Vgl: Kerstin Brückweh/Clemens Villinger/Kathrin Zöller: Die lange Geschichte der „Wende". Ein Schriftgespräch zu unseren Forschungsergebnissen. In: dies. (Hg.): Die „Wende" im Gespräch. Geschichtswissenschaft vor Ort. Berlin 2020, S. 21–66.

62 So hat der Historiker Winfried Speitkamp mit vergleichendem Blick auf Frankreich argumentiert. Dort sei ein stärkeres Gewicht auf dem Ideal der Freiheit des Einzelnen zu beobachten, wozu eben auch sehr grundsätzlich die Verfügungsgewalt über das Eigentum gehört. Winfried Speitkamp: Die Verwaltung der Geschichte. Denkmalpflege und Staat in Deutschland (1871–1933). Göttingen 1996, S. 384.

63 Ebd.

64 Weimarer Reichsverfassung. Artikel 153. Absatz 3. In: Ernst Rudolf Huber (Hg.): Dokumente zur deutschen Verfassungsgeschichte. Bd. 4: Deutsche Verfassungsdokumente 1919–1933. Stuttgart 1991, S. 151–179, hier: S. 174.

65 Grundgesetz für die Bundesrepublik Deutschland, Art. 14, online zugänglich unter: https://www.gesetze-im-internet.de/gg/BJNR000010949.html (letzter Zugriff am 4.1.2024).

son entschieden, ohne dabei deren Eigenwert anzutasten […]. Dies heißt aber: der Einzelne muß sich diejenigen Schranken seiner Handlungsfreiheit gefallen lassen, die der Gesetzgeber zur Pflege und Förderung des sozialen Zusammenlebens in den Grenzen des bei dem gegebenen Sachverhalt allgemein Zumutbaren zieht, vorausgesetzt, daß dabei die Eigenständigkeit der Person gewahrt bleibt."[66] Diese Grundspannung zwischen Individuum und Gemeinschaft wird in diesem Zitat ebenso explizit genannt, wie die „Pflege" des sozialen Zusammenlebens.

Eine weitere in den Quellen zum DDR-Alltag zu beobachtende Eigentumsvorstellung weist in eine ähnliche Richtung und kreist um die Praktiken der Eigentumsnutzung. Sie geht davon aus, dass das nur dem Interesse der Kapitalmehrung von Einzelnen auf Kosten der Allgemeinheit dienende Haus- und Grundeigentum, am geringen Grad der Pflege von Haus und Grund selbst zu beobachten ist. In dieser Sichtweise legitimierten also nicht allein der rechtliche Status und der gesetzmäßige Erwerb – sprich der Kauf, das Erben oder Schenken und der darauffolgende Eintrag im Grundbuch – das Eigentum, sondern auch die Pflege. Dass diese Idee nicht neu war, hat die oben dargelegte Auseinandersetzung mit dem Phänomen des Ersitzens gezeigt. Während beim Ersitzen vor allem die zeitliche Dauer (in Form der 30-Jahres-Frist) eine zentrale Rolle spielte, war es aus einer Alltagsperspektive nicht nur der Zeitfaktor, sondern auch die Qualität und Intensität der Pflege. Aber wie und wann lässt sich aus einer Pflege von Haus und Grund ein Eigentumsanspruch beziehungsweise aus einer Nicht-Pflege ein Eigentumsverlust folgern?

Care/Repair versus Grundbuch vor, während und nach 1989: Wie entstehen Wohnraum-Bindungen?

Wie wurden die durch den Staatssozialismus vorgegebenen Rahmenbedingungen genutzt und wie das Leben in der DDR nach 1989/90 erinnert und interpretiert? Die Statistiken für die 1970er-Jahre zeigen – wie gesagt – einen erheblichen Anteil an privatem Wohneigentum in der DDR und auch 1989 war bei Weitem nicht alles in staatlicher Hand. In seiner Analyse des thüringischen Dorfes Merxleben hat Clemens Villinger die Annahme einer hohen Zahl von in Privateigentum befindlichen Wohnhäusern auf dem Land bestätigen können.[67] Zugleich deutet er das Eigenheim

[66] Bundesverfassungsgericht, 20.7.1954, BVerfGE 4,7, online zugänglich unter: https://opinioiuris.de/entscheidung/818#:~:text=Das%20Menschenbild%20des%20Grundgesetzes%20ist,ohne%20dabei%20deren%20Eigenwert%20anzutasten (letzter Zugriff am 4.1.2024).

[67] Vgl. Villinger: Plan (wie Anm. 21), S. 142. Eine 1967 im Auftrag der Abteilung Wohnungswirtschaft durchgeführte Ermittlung des Bauzustands aller Wohngebäude unter Berücksichtigung der Besitzverhältnisse gibt eine Zahl von 128 in Privateigentum, 3 in Volkseigentum und 7 in genos-

in Anlehnung an Jonathan Voges und dessen Arbeiten zum Heimwerken in der Bundesrepublik auch für die DDR als „Ermöglichungsraum“[68] von Konsumpraktiken im Dorf, um das sich vielfältige Tausch- und Vernetzungsmöglichkeiten rankten.[69] Daraus entstand insbesondere im dörflichen und suburbanen Raum eine besondere emotionale, manchmal mehrere Generationen vereinende Verbindung zum Haus, dessen Pflege nicht nur durch finanzielle Mittel, sondern vor allem durch den Einsatz eigener handwerklicher Fertigkeiten sowie den für Reparaturen, Gartenpflege und allgemeine Instandhaltung notwendigen zeitlichen Aufwand charakterisiert war. Das galt für Eigenheime, unabhängig davon, ob es sich um Alt- oder Neubauten handelte. Das Heimwerken war eingebettet in größere soziale Beziehungsnetzwerke, die unter den mangelhaften Einkaufsmöglichkeiten in der DDR zur Beschaffung von Material notwendig waren. Über das Heimwerken entstanden wiederum neue Beziehungen, in denen sowohl Material als auch handwerkliche Fertigkeiten getauscht wurden.[70] Was in vielen historischen Quellen und Interviews als selbstbestimmtes Handeln im Staatssozialismus geschildert wird,[71] war durchaus vom DDR-Regime intendiert. In der Forschungsliteratur gilt das Selbermachen als systemkonforme Handlungsstrategie.[72] Zwar zeigte sich am Verfall der Altbausubstanz insbesondere in den Städten nach außen an den Fassaden und auch im Inneren an der Ausstattung etwa mit Toiletten und Duschen ein Mangel an Instandhaltung, nicht aber in der Gestaltung des Wohnraums selbst. Das galt im Übrigen nicht nur für Altbauten, auch im Neubau war die Initiative der sozialistischen Bürger und Bürgerinnen gefordert. So hat etwa Christian Rau in seiner Studie zur Stadtverwaltung im Sozialismus gezeigt, dass nicht selten unfertige oder mängelbehaftete Neubauwohnungen an die Bewohner übergeben wurden.[73] Die Mängel konnten durchaus signifikant sein, wie Villinger mit Bezug auf Akten des Ministeriums für Staatssicherheit herausgearbeitet hat; so fehlten beispielsweise

senschaftlichem Eigentum an; eine Übersicht von 1989 verzeichnete 173 private Eigentümer, 20 volkseigene sowie 9 genossenschaftliche Wohnungen im selben Dorf.

[68] Jonathan Voges: „Selbst ist der Mann“. Do-it-yourself und Heimwerken in der Bundesrepublik Deutschland. Göttingen 2017, S. 44.

[69] Vgl. Villinger: Plan (wie Anm. 21), S. 145.

[70] Vgl. ebd., S. 424. Siehe auch Margarete Meggle-Freund: Zwischen Altbau und Platte. Erfahrungsgeschichte(n) vom Wohnen. Alltagskonstruktionen in der Spätzeit der DDR am Beispiel der sächsischen Kleinstadt Reichenbach im Vogtland. Jena 2004, S. 195.

[71] Villinger: Plan (wie Anm. 21), S. 424.

[72] Ina Merkel: Utopie und Bedürfnis. Die Geschichte der Konsumkultur in der DDR. Köln 1999, S. 281–284; Reinhild Kreis: A „Call to Tools“. DIY between State Building and Consumption Practices in the GDR. In: HCM 6 (2018), S. 49–72, hier: S. 60; Villinger: Plan (wie Anm. 21), S. 425.

[73] Vgl. Christian Rau: Stadtverwaltung im Sozialismus. Kommunalpolitik und Wohnungswesen in der DDR am Beispiel Leipzigs (1957–1989). Stuttgart 2017, S. 332.

1987 bei der Übergabe eines Leipziger Neubaus die Türklinken; ein knappes Gut waren zudem Heizkörper, von denen im gesamten Bezirk Leipzig 1987 mehr als 30.000 fehlten und von den Bewohnenden der neu errichteten Gebäude selbst organisiert werden sollten.[74] Die Mitarbeit der Bewohner und Bewohnerinnen war als Verhalten im Staatssozialismus erwünscht. So hieß es etwa 1977 im Vorwort zur staatlichen Publikation „Sozialistische Wohnungspolitik": „Diese günstigen Bedingungen, die unsere Gesellschaft für die Wohnungsnutzung geschaffen hat, sind ihrem Charakter nach eine Sozialleistung des sozialistischen Staates; es sind Vorzugsbedingungen, die jeden Bürger zu erhöhter Aufmerksamkeit und Sorgfalt bei der Wohnungsnutzung verpflichten. Durch die tätige Mitwirkung an der Pflege und Verwaltung des gesellschaftlichen Wohnungsfonds und durch die exakte Erfüllung der Mietzahlung leisten die einzelnen ihren Beitrag zur ständigen Vervollkommnung des für die materiellen Lebensbedingungen aller Bürger wichtigen sozialen Bereiches."[75] In ähnlicher Weise wird in den zahlreichen Heimwerker-Ratgeberbüchern der DDR auf die Pflicht des sozialistischen Menschen rekurriert[76] – wenn auch vermutlich nur die wenigsten, die Geleit- oder Vorworte zu Handwerkerhilfen gelesen haben dürften. Verschiedene Initiativen des DDR-Regimes, die zur Entlastung der Reparatur- und Baustoffbetriebe dienen sollten – etwa die Einrichtung von sogenannten Reparaturstützpunkten durch den VEB Gebäudewirtschaft Leipzig – sollten die Bürger unterstützen, funktionierten aber schlechter als die persönlichen Netzwerke.[77] So entstand in der Erinnerung das positive Bild einer durch gegenseitige Hilfe geprägten Gesellschaft in der DDR.

In seiner Untersuchung hat Villinger Übereinstimmungen zwischen den Darstellungen von DDR-Bewohnern und -Bewohnerinnen in Stadt und Land konstatiert, denn über die Erzählung von der gemeinsamen erfolgreichen Überwindung der Versorgungsengpässe in der DDR stellten die Interviewten „ihre eigene Handlungsfähigkeit unter den alltäglichen Bedingungen in der DDR" heraus und „hoben ihr selbstbestimmtes Leben im Sozialismus" hervor.[78] Damit gaben sie eine Gegenerzählung zur in den Interpretationen der 1990er-Jahre dominanten Geschichte des Totalitarismus.[79] Interessant ist an dieser Stelle zum einen die Konkurrenz der

[74] Vgl. Villinger: Plan (wie Anm. 21), S. 424.

[75] Vorwort. In: Akademie für Staats- und Rechtswissenschaft der DDR (Hg.): Sozialistische Wohnungspolitik. Textausgabe mit Anmerkungen und Sachregister. Berlin 1977, S. 5.

[76] Vgl. z. B. Max Pause/Wolfgang Prüfert: Du und Deine Wohnung. Berlin 1972.

[77] Vgl. Rau: Stadtverwaltung (wie Anm. 73), S. 344. Siehe zudem Jana Breßler u. a. (Hg.): Stadtwende, Bürgerengagement und Altstadterneuerung in der DDR und Ostdeutschland. Berlin 2022.

[78] Villinger: Plan (wie Anm. 21), S. 425.

[79] Vgl. Ilko-Sascha Kowalczuk: Zur Gegenwart der DDR-Geschichte. Ein Essay. In: Zeitgeschichte Online, 18.3.2019, online zugänglich unter: https://zeitgeschichte-online.de/themen/zur-gegenwart-der-ddr-geschichte (letzter Zugriff am 4.1.2024).

Erinnerungen, das heißt das offizielle, staatliche, öffentliche Gedenken an die DDR-Diktatur und das private Gedenken an die Selbstbestimmtheit in der DDR; zum anderen ist auffällig, dass das Heimwerken im Rückblick selten als Zwang dargestellt, sondern vielmehr dessen Freiwilligkeit betont wurde. Schon 1975 hatte der Politikwissenschaftler Juan Linz in seinem Werk „Totalitarian and Authoritarian Regimes" die Frage gestellt, wie es in totalitären Regimen gelinge, kollektives Engagement und eine Art Partizipation der Bürger zu bewirken.[80] Thomas Lindenberger stellt dazu gut vierzig Jahre später fest: „Das einladende Angebot zur Partizipation begründete im Moment seiner Artikulation auch schon ein moralisches Gebot der Partizipation. Ehrenamt und freiwilliges Engagement waren fest in die Beziehungen zwischen Staat und Bürger eingelassen, die das Ritual und die soziale Logik des Gabentauschs nachbildeten."[81] Die Motive, sich zu engagieren und anderen zu helfen, sind in Demokratie und Diktatur ähnlich.[82] Es stellt sich für Diktaturen aber die Frage der „bedingte[n] Freiwilligkeit, wie sie bei Wahlpflichtentscheidungen immer gegeben ist".[83] Waren die von jedem Bürger und jeder Bürgerin erwarteten gesellschaftlichen Aktivitäten tatsächlich freiwillig oder stellten sie nicht vielmehr eine aufgenötigte Kollaboration dar, deren konsequente Vermeidung mit erheblichen individuellen Nachteilen verbunden war?[84] Mit Blick auf grundlegende Ideen von Eigentum ist diese von Thomas Lindenberger und Ana Kladnik für das Engagement in freiwilligen Feuerwehren formulierte Frage vermutlich weniger wichtig als die Tatsache, dass den ehemaligen DDR-Bürgern das Heimwerken als freiwillige Akte in Erinnerung blieb, durch die sie sich als selbstbestimmte Individuen innerhalb eines funktionierenden sozialen Netzes darstellen konnten.

Nutzer und Nutzerinnen von Wohnraum in der DDR fühlten und verhielten sich oftmals wie Eigentümer, sodass die Forschung heute auch von einem „quasi ‚eigentümerähnlichen' Verhältnis" spricht.[85] Teile der DDR-Bevölkerung reparierten, sorgten sich um Haus und Garten, pflegten den Wohnraum und hielten alles instand. Die rückblickenden Beschwerden darüber, dass in der DDR viele für Reparaturen benötigte Gegenstände nicht im Handel zu finden waren, werden oftmals

80 Vgl. Thomas Lindenberger: Einführung. In: TD 17 (2020), S. 147–156, hier: S. 147.

81 Ebd., S. 147.

82 Vgl. ebd., S. 151.

83 Ebd.

84 Vgl. Ana Kladnik/Thomas Lindenberger: Traditionen der Freiwilligkeit im Transformationsregime. Das Beispiel der Freiwilligen Feuerwehr. In: Nicole Kramer/Christine G. Krüger (Hg.): Freiwilligenarbeit und gemeinnützige Organisationen im Wandel. Neue Perspektiven auf das 19. und 20. Jahrhundert. Berlin/Boston 2019, S. 249–274, hier: S. 250.

85 Matthias Bernt/Andrej Holm: Die Ostdeutschlandforschung muss das Wohnen in den Blick nehmen. Plädoyer für eine neue politisch-institutionelle Perspektive auf ostdeutsche Städte. In: sub\urban 8 (2020), S. 97–114, hier: S. 102.

kombiniert mit Erzählungen über sorgsam aufgebaute und gepflegte Netzwerke in der Nachbarschaft, im Freundes- und Bekanntenkreis und am Arbeitsplatz. Im Nachhinein wird dieses gemeinsame Sorgen um den Wohnraum oft zur positiven Erzählung über die DDR. Selten wird dabei thematisiert, dass genau dieses Verhalten im Staatssozialismus erwünscht war. Clemens Villinger schließt daraus, dass die ideologisch gewünschte „socialist consumer identity" nicht schon in der DDR, sondern erst in den rückblickenden Erinnerungen entstand.[86] Im Kontext des vorliegenden Beitrags soll es aber weniger um die Identität des Einzelnen als um soziale Zugehörigkeiten und bedeutsame Bindungen gehen. Hierfür ist von Interesse, dass über das Heimwerken und die darüber entstehenden Netzwerke Zugehörigkeit entstanden war, die nach dem Zusammenbruch der DDR von einigen vermisst wurde.

Menschen bauen an bestimmten Orten – wie der nächsten Wohnumgebung – persönliche und emotionale Bindungen auf. Als Voraussetzungen für solche „ortsbezogenen Bindungen" werden in der Forschungsliteratur „die (freiwillige) lange Wohndauer, das Vorhandensein von Wohneigentum, die soziale Einbindung sowie lokales Engagement und die allgemeine Zufriedenheit mit dem Wohnort" ebenso genannt wie funktionale (auf Infrastruktur bezogene) und soziale (netzwerkorientierte) Bindungen sowie solche an die materielle Struktur des Ortes.[87] Das Konzept der Zugehörigkeit/*belonging* betont zudem soziale Kontexte und performative Akte beziehungsweise Praktiken, durch die „eine emotionale soziale Verortung" stattfindet, die wiederum durch gemeinsame Wissensvorräte, durch das Teilen von Erfahrungen oder durch die Verbundenheit durch Gegenseitigkeit entsteht und gekräftigt wird, ohne dass dies explizit thematisiert werden muss.[88] Zugehörigkeit geht aber auch über die ortsbezogenen Bindungen hinaus und ermöglicht die Verbindung zu verschiedenen beziehungsweise die An- und Einbindung an unterschiedliche Gemeinschaften (Familie, Haushalt, Nachbarschaft, Nation, Region et cetera oder auch Religion, Gender, soziale Schicht et cetera); diese Zugehörigkeiten können wechseln und sind nicht per se eindeutig.[89] Das Haus – so Simone Derix – ist

[86] Villinger: Plan (wie Anm. 21), S. 426. Villinger bezieht sich in der Begrifflichkeit auf Kreis: Call (wie Anm. 72), S. 65. Grundsätzlich schließt das eher an aus den USA inspirierte Forschungen zum *citizen consumer* an; vgl. z. B. Lizabeth Cohen: A Consumers' Republic. The Politics of Mass Consumption in Postwar America. New York 2003.

[87] Vgl. Karen Sievers: Ortsbezogene Bindung und Erinnerung(skultur) unter den Bedingungen des Stadtumbaus in Ostdeutschland. In: Hanna Haag/Pamela Heß/Nina Leonhard (Hg.): Volkseigenes Erinnern. Die DDR im sozialen Gedächtnis. Wiesbaden 2017, S. 141–157.

[88] Vgl. Joanna Pfaff-Czarnecka: Zugehörigkeit in der mobilen Welt. Politiken der Verortung. Göttingen 2012, S. 8.

[89] Vgl. Simone Derix: Einführung. In: Joachim Eibach/Inken Schmidt-Voges/Roman Bonderer (Hg.): Das Haus in der Geschichte Europas. Ein Handbuch. Berlin/Boston 2015, S. 529–536, hier: S. 529 f.

dabei „eine zentrale Arena, in der Zugehörigkeiten erworben, praktiziert und ausgehandelt werden. Als Gebäude, wie als Konzept, ist es zugleich Ort und Medium dieser Prozesse.“[90]

Auch in der alten Bundesrepublik gab es zum Beispiel im Bereich der Großwohnsiedlungen Versuche, über die gemeinsame Gestaltung der öffentlichen Räume eine Zugehörigkeit zum Wohnumfeld herzustellen. In einem Bericht der Bundesregierung zu den hochverdichteten, in den 1960er- und 1970er-Jahren gebauten Neubausiedlungen hieß es im Jahr 1988 zum Beispiel: „Gute Erfahrungen wurden auch mit der Beteiligung der Bewohner bei der Durchführung von Verbesserungsmaßnahmen gemacht. Beispielsweise werden Mietergärten von den Bewohnern einer Großsiedlung bewirtschaftet, die sie mit Hilfe des Wohnungsunternehmens angelegt und bepflanzt haben. Andere Beispiele zeigen, daß die Bewohner im Bereich sozialer Dienstleistungen zur Selbsthilfe bereit sind und Eigeninitiative einbringen.“[91] Die Beteiligung von Mieterinnen und Mietern wird auch an weiteren Stellen des Berichts als maßgeblich für das Funktionieren der Großsiedlungen angesehen.[92] Gerade im Vergleich zu Einfamilienhäusern und Wohnungen in Altstadtquartieren falle auf, dass diese Bewohner und Bewohnerinnen einen erheblichen Teil ihrer Freizeit für die Verschönerung ihrer Umgebung aufwendeten, dass sie kleine Reparaturen selbst vornähmen, Gärten, Höfe sowie Eingangsbereich pflegten und dass darüber ein soziales Klima gegenseitiger Nachbarschaft entstehe.[93] Dafür, dass dies in den neuen Großraumsiedlungen nicht passiere, machten die Autoren die „Prämissen des Versorgungsdenkens“ verantwortlich, die hinter den ursprünglichen Ideen der Großsiedlungen stünden und verhinderten, „daß Bewohner ihre Alltagswelt selber regeln oder zumindest die Chance dazu haben. Die aufgezeigten Beispiele der Mieterbeteiligung und des Mieterengagements belegen, daß diese Prämisse neu zu überdenken ist.“[94] Ein Blick in die DDR zeigt aber noch andere Gründe. Hier scheint der Zusammenhang von geringen Mieten und dem Wissen, dass diese für die Instandhaltung nicht ausreichen konnten, maßgebliche Motivation dafür gewesen zu sein, selbst etwas zu tun und so das eigene Wohnumfeld zu verbessern – im Vertrauen darauf, dass die niedrigen Mieten erhalten blieben. Außerdem ließ der – im Vergleich zu den Altbauquartieren – versprochene höhere Wohnkomfort in den DDR-Neubausiedlungen diese in den 1970er-Jahren zu be-

[90] Ebd., S. 529.

[91] Drucksache 11/2568. Unterrichtung durch die Bundesregierung Neubausiedlungen der 60er und 70er Jahre Probleme und Lösungswege. Städtebaulicher Bericht der Bundesregierung. Bonn 1988, S. 20.

[92] Vgl. ebd., S. 75–78.

[93] Ebd., S. 78.

[94] Ebd.

gehrten Wohnorten werden, in denen auch die Versorgungsmöglichkeiten (Kindergärten, Geschäfte et cetera) sowie die soziale Durchmischung attraktiv sein sollten. Vor diesem Hintergrund ist die Betrachtung der ostdeutschen Geschichte über die Zäsur von 1989/90 hinaus, als die Zuschreibungen der Sorgeverantwortung zwischen Staat, Markt und Familie sowie anderen sozialen Bindungen neu ausgehandelt werden mussten, wichtig. Nach Tatjana Thelen, die sich mit Sorgepraktiken abseits des Wohnens beschäftigt hat, sind gerade „Situationen beschleunigten sozialen Wandels“ besonders vielversprechende Untersuchungszeiträume, da in diesen Zeiten „Sorgeerwartungen und -praktiken“ überdacht und angepasst werden müssen: „Die ehemaligen DDR-Bürger und [-]Bürgerinnen erlebten nicht nur den Untergang des sozialistischen Staates mit seinen Institutionen sozialer Sicherung, sondern auch die Erschütterung des historisch gewachsenen und nun transferierten Systems der sozialen Sicherung aus der alten Bundesrepublik. In dieser doppelten Transformation verloren viele der Sorgeerwartungen und -praktiken ihre vormals sinnvolle Einbettung und mussten neu verhandelt werden.“[95]

Mit Blick auf die ostdeutschen Großwohnsiedlungen wurde schon häufig berichtet, dass diese in den 1990er-Jahren mit Wegzug und einer sozialen Homogenisierung zu kämpfen hatten. Aufschlussreich ist die genauere Betrachtung konkreter Räume. So scheint zum einen die Größe der Wohnsiedlungen Auswirkungen auf das Engagement der Bewohner gehabt zu haben, zum anderen half die konstant niedrige – für die Instandhaltung häufig zu niedrige – Miete als Motivation zur Selbsthilfe. Dass aus dem Umfang der Haus- und Grundpflege in der DDR je nach Raum und Engagement nach 1989 unterschiedliche Ansprüche formuliert wurden, zeigt das Beispiel von Kleinmachnow am Berliner Stadtrand, wo sich einige Bewohner von Einfamilienhäusern nach 1989/90 um ihre Lebensleistungen gebracht fühlten und mit großem Engagement gegen die Rückübertragungsansprüche der sogenannten Alteigentümer antraten.[96] Am Beispiel von Wurzen im Großraum Leipzig konnte Clemens Villinger zeigen, dass dort – ähnlich wie in Kleinmachnow – ein „Fortwirken des traditionellen, d. h. ‚westlichen‘ liberal-individualistischen Eigentumsverständnisses“[97] zu beobachten war.[98] Problematisch wurde, dass in den 1990er-Jahren häufig Mieterhöhungen stattfanden, ohne dass der Wohnkomfort verbessert wurde. Vielmehr wurde der Einsatz zur Pflege und Instandhaltung nach wie vor von den Mietern erwartet, was diese aber nicht als gerecht empfanden. Bei Mietern mit höherem Einkommen führte dies dazu, dass

[95] Thelen: Care (wie Anm. 5), S. 17 f.

[96] Brückweh: Wissen (wie Anm. 3).

[97] Ebd.

[98] Villinger: Plan (wie Anm. 21), S. 274.

sie selbst in Wohneigentum investierten und aus den Siedlungen auszogen.[99] Dafür verantwortlich war nicht zuletzt das sogenannte Altschuldenhilfegesetz, durch das allen ostdeutschen Kommunen das Eigentum an den volkseigenen Betrieben der Gebäudewirtschaft übereignet wurde, damit diese schrittweise in eine marktwirtschaftliche Wohnungswirtschaft übergeleitet werde. Neben dem Objektbestand der VEBs mussten die Kommunen auch die bis 1989 bei der Staatsbank der DDR aufgenommenen Kreditschulden für den Wohnungsbau (sogenannte Altschulden) übernehmen, was eine erhebliche Bürde bei der Neugestaltung der Wohnsituation in den 1990er-Jahren darstellte. So startete beispielsweise die Stadt Wurzen mit 26 Millionen DM Schulden in die Zukunft.[100] Parallel dazu entwickelte sich eine private Wohnungswirtschaft, denn – wie bereits an den Statistiken zum privaten Wohneigentum erkennbar – der volkseigene Bestand war nur ein Teil aller Immobilien. Um die Eigeninitiative zu fördern – so könnte aus dem zuvor Geschilderten geschlossen werden –, bedarf es also der niedrigen Mieten und der Einsicht, dass diese die Kosten für die Instandhaltung nicht decken, sondern dass dafür eigene Pflege und Sorge notwendig sind.

Das Wohnen hatte im Systemwechsel eine besondere Bedeutung und war vielfach mit Emotionen verbunden.[101] Clemens Villinger spricht deshalb auch von einer „Emotionsgeschichte der Mieterhöhung“ und erklärt dies mit einer Beobachtung von Monika Dommann, nach der „Praktiken, die im Kern das Leben und den menschlichen Körper tangieren“, häufig als besonders anstößig wahrgenommen werden, wenn sie auf Märkten auftauchen.[102] Dazu kann auch das Wohnen gerechnet werden, das dann kritisch gesehen wird, wenn es nach kapitalistischen Regeln ohne soziale Abfederung am Markt verhandelt wird. Das Wohnen als Gradmesser für die ge- oder misslungene deutsche Einheit steht somit für eine Geschichte der funktionierenden sozialen Bindungen in der DDR und für eine Geschichte der Diversifizierung nach 1990: Einige konnten sich an die neuen Bedingungen erfolgreich anpassen, während andere genau auf die schon für die Bundesrepublik als problematisch erkannten „Prämissen des Versorgungsdenkens“ etwa in Form des Wohngeldes und des Mieterschutzes zurückgreifen mussten. Da nicht immer Leistung und Wissen gradlinig zum Erfolg führten, sondern verschiedenste Faktoren positiv oder negativ in die Wege Ostdeutscher eingriffen, wurde keine Gemeinschaft mehr empfunden. Die bedeutsamen sozialen Bindungen mussten entweder

[99] Ebd.

[100] Ebd., S. 271.

[101] Ebd., S. 286.

[102] Vgl. Monika Dommann: Markttabu. In: Christof Dejung/Monika Dommann/Daniel Speich Chassé (Hg.): Auf der Suche nach der Ökonomie. Historische Annäherungen. Tübingen 2014, S. 183–205, hier: S. 186.

neu aufgebaut oder erneuert werden, gleiches gilt für Zugehörigkeiten. Zwar zeigt die Geschichte auch für die DDR ein Fortwirken der Idee des privaten Eigentums – das legen vor allem Forschungen zu Einfamilienhäusern im suburbanen und dörflichen Bereich nahe –, aber das Vermögensgesetz von 1990 und die darin fehlende beziehungsweise erst mit Verspätung durch weitere Gesetze erfolgte Anerkennung der Sorgepraktiken rund um den Wohnraum wirkten nachhaltig negativ auf die Bewertung der Bundesrepublik durch ehemalige DDR-Bewohner und -Bewohnerinnen nach 1990.

Schluss: Grundbuch und Pflege von Wohnraum als verschiedene Formen der Sichtbarkeit von Eigentum

Der vorliegende Beitrag nimmt zentrale Ergebnisse der Tagung „Eigentum, Bodenwert und Visualisierung: Kataster im 19. und 20. Jahrhundert"[103] auf: Erstens bestätigt sich auch hier das Spannungsverhältnis von statischer Fixierung – beim Wohneigentum in Form des Grundbuches – und dynamischer Veränderung, die sich in den alltäglichen Praktiken rund um den Wohnraum unter den Rahmenbedingungen des Staatssozialismus zeigten. Problematisch wurden die sich teilweise widersprechenden Besitzverhältnisse – sie hatten sich in der DDR zum einen aus Eintragungen im Grundbuch und zum anderen aus alltäglichen Praktiken entwickelt –, als am Ende des Kalten Kriegs und des Staatssozialismus' durch das Gesetz zur Regelung offener Vermögensfragen von 1990 die Eigentumsverhältnisse in Ostdeutschland abrupt neu geordnet werden sollten. Das Grundbuch zeigte 1989/90 und danach, aber auch schon unter den Bewohnerinnen und Bewohnern in der DDR eine „erstaunliche Beharrungskraft", die auf der Tagung auch in anderen Fällen für die „einmal etablierten Erfassungs- und Visualisierungstechniken" festgestellt wurde.[104] Zweitens wurde im vorliegenden Aufsatz wie auch in mehreren Beiträgen der Tagung darauf verwiesen, dass „ein fester Nexus von Raum und Identität entstand".[105] Ähnliche Feststellungen finden sich in Untersuchungen zum Zusammenhang von Besitz und *care*/Sorge: „Besitztümern wird seit jeher über ihren praktischen Nutzen hinaus auch eine Bedeutung für die Entwicklung und den Ausdruck von Identität zugeschrieben."[106] Dabei entscheiden verschiedene Fakto-

103 Jürgen Dinkel: Tagungsbericht. Eigentum, Bodenwert und Visualisierung. Kataster im 19. und 20. Jahrhundert. In: H-Soz-Kult, 29.1.2022, online zugänglich unter: https://www.hsozkult.de/conferencereport/id/fdkn-127837 (letzter Zugriff am 4.1.2024).

104 Ebd.

105 Ebd.

106 Jaeger-Erben/Hielscher: Verhältnisse (wie Anm. 6), S. 27; sie beziehen sich auf Russell W. Belk: Possessions and the Extended Self. In: JCR 15 (1988), S. 139–168; Edward L. Grubb/Harrison L. Grath-

ren darüber, welchem Besitz besondere Aufmerksamkeit zuteil wird. Der Wohnraum spielt dabei eine hervorgehobene Rolle aufgrund seiner Bedeutung sowohl für die Deckung von Grundbedürfnissen als auch für die alltägliche Lebensführung generell. Über den Wohnraum – sei es als Einfamilienhaus mit Garten oder als Wohnung in einem Mehrparteienhaus – wird eine Form der Bindung an den Raum aufgebaut, bei dem der Pflege des Objektes „Wohnraum" eine besondere Bedeutung zukommt. Daraus wurde von einigen auch ein Eigentumsanspruch abgeleitet, wie das Beispiel aus der DDR beziehungsweise Ostdeutschland nach 1989/90 zeigt. Zumeist wird dabei stillschweigend vorausgesetzt, dass Eigentümer sich per se besser um den Wohnraum kümmern als Mieter und Besitzer, immerhin sind Erstere laut Grundbuch und Gesetz für diesen verantwortlich und haben in diesen auch finanziell investiert. Was für kleinere Wohnobjekte, etwa für Eigenheime, vielleicht auch für einzelne Mietshäuser eher funktioniert, ist vor einiger Zeit zum Motor der Kritik der Berliner Initiative „Deutsche Wohnen & Co. enteignen" geworden: dass nämlich die Eigentümer großer Mietobjekte vor allem an der Gewinnmaximierung, nicht aber an der mühevollen Instandhaltung interessiert sind.[107] Eine nähere Analyse der (Nicht-)Pflege von Wohnraum scheint deshalb zeitgemäß und historisch anschlussfähig, denn Kritik am Wohneigentum und an Gewinnmaximierung findet sich vielfach in der Geschichte, etwa in Bezug auf die Bodenspekulationen um 1900.[108] Wohnraum spielt eine bedeutende Rolle im Hinblick auf die Selbstdarstellung von Individuen, auf deren Wahrnehmung durch andere und auf die Frage von Zugehörigkeiten zu Räumen, Gruppen und größeren sozialen Einheiten.[109]

Abstract

Who is the owner of a house? Answers to this question will almost always lead to the cadaster. At least in Germany, the Grundbuch (land register) is considered the most reliable source of ownership in modern history. In addition, taking care of a house, a garden, or a flat day to day was and is also considered to be an important

wohl: Consumer Self-Concept, Symbolism and Market Behavior. A Theoretical Approach. New York 1969.

107 Deutsche Wohnen & Co. enteignen, online zugänglich unter: https://dwenteignen.de/ (letzter Zugriff am 4.1.2024).

108 Alexander Nützenadel: Städtischer Immobilienmarkt und Finanzkrise im späten 19. Jahrhundert. In: JbWG 52 (2011), S. 97–114.

109 Diese Unterteilung lehnt sich an die Kritik am Identitätsbegriff und die entwickelten Alternativbegriffe von Brubaker und Cooper an; Rogers Brubaker/Frederick Cooper: Beyond „Identity". In: Theory and Society 29 (2000), S. 1–47.

part of ownership, and neglect of such duties may result in disputes over ownership. The aim of this article is to supplement the particularly strong argument of legal ties made visible in the Grundbuch with everyday practices of taking care of a flat, a house or a plot of land. The first part of the article focuses on concepts of care and repair as regards residential property. It is followed by a look at the 19th-century practice of adverse possession that deeply involved care for property and was discussed as a possible way of acquiring property by the fathers of the German Civil Code. While the legal claim to ownership was also considered particularly desirable in the 20th century, at the same time, the period of National Socialism and the period of the GDR were characterised by politically motivated expropriations. In the state socialism of the GDR the land register was neglected as a bourgeois institution to be overcome, which on the one hand gave rise to practices of ownership in everyday life that created quasi-property relations, and on the other hand led to many problems at the end of the GDR and in the accession to the Federal Republic of Germany, because the neglected land register of the GDR was taken as the decisive knowledge and decision-making resource for the reorganisation of property relations after 1989. The chapter is not intended to retell this story of unequal treatment, but rather seeks to take a broader approach to the question if taking care of property should be inscribed more strongly in the history of property in order to achieve a morc nuanced understanding of property in recent history. Doing so also includes analysing and understanding how and for what purpose social ties, and thus belonging to the neighbourhood and to the state, were built up by taking care of housing and its environs. In this way, one can pose the question of what actually legitimises ownership from the citizens' point of view: is it purely the legal record and visualisation in the land register or does visible care for house and land play a part?

Eva Maria Gajek/Nils Güttler

Der Traum vom Frankfurter Grunewald: Eine (kurze) Wissens- und Mediengeschichte des Villenviertels Lerchesberg

Am 24. Juni 1954 standen 63 Punkte auf der Tagesordnung des Haupt- und Finanzausschusses der Stadtverordnetenversammlung in Frankfurt am Main. Darunter waren Anträge für den Bau eines Obdachlosenasyls, die Erweiterung eines Pflegeheimes sowie die Mitfinanzierung eines Arbeiterwohnheimes. Der Ausschuss stimmte allen eingereichten Vorlagen ohne große Debatte zu. Allein die Magistratsvorlage über die Erschließung eines privaten Villengeländes am Lerchesberg in Sachsenhausen wurde zurückgestellt.[1] Die SPD argumentierte, es gebe dringendere Angelegenheiten als die Gründung eines Villenviertels.[2] 1955 schlossen sich aber alle städtischen Gremien der Magistratsvorlage an.[3] Die Stadtverordnetenversammlung überzeugte vor allem, dass es mit dem Projekt Lerchesberg gelingen könnte, „das obere Management und die vermögenden Schichten" in der Stadt zu halten, sie dorthin zu locken oder sie wieder aus dem Taunus in die Stadt, nach

[1] Siehe hierzu die Vorlage: Bauverwaltung Tiefbau: Erschließung eines privaten Villen- und Einfamilienhausgeländes am Lerchesberg im Stadtviertel Sachsenhausen, 22.2.1954 sowie den Neuentwurf vom 10.5.1954 und Magistrats-Beschluß. Betreff: Erschließung eines privaten Villen- und Einfamilienhausgeländes am Lerchesberg im Stadtviertel Sachsenhausen, 17.5.1954. In: Institut für Stadtgeschichte, Magistratsakten III/2-1979, Signatur 1.620, Stadtkanzlei, Aktennr. 3681/50, Anfang: 1955; N. N.: Ein neues Obdachlosenasyl? Magistratsvorlage über das Villenviertel am Lerchesberg zurückgestellt. In: FAZ, 25.6.1964, S. 6.

[2] Dies spiegelt auch die Einstellungen der SPD zum Boden- und Grundbesitz im Allgemeinen wider: Grund und Boden betrachtete sie in den 1950er-Jahren als ein Sozialgut, für das die Gesetze des Marktes dauerhaft nicht gelten dürften. Vgl. Karl Christian Führer: Die Stadt, das Geld und der Markt. Immobilienspekulation in der Bundesrepublik 1960–1985. Berlin/Boston 2016, hier: S. 40. Im Falle des Lerchesbergs findet sich das soziale Argument an verschiedener Stelle immer wieder; vgl. beispielweise. N. N.: Wohnungen für Schwerbeschädigte. In: FAZ, 11.10.1956, S. 8.

[3] Protokoll-Auszug Stadtverordneten-Versammlung der Stadt Frankfurt am Main, 15.7.1954; Protokoll Stadtverordnetenversammlung der Stadt Frankfurt am Main, 26.5.1955; Magistratsbeschluss, Frankfurt am Main, 19.7.1954; Magistratsbeschluss, 31.5.1955. Alle in: Institut für Stadtgeschichte, Magistratsakten III/2-1979, Signatur 1.620, Stadtkanzlei, Aktennr. 3681/50, Anfang: 1955. Siehe auch N. N.: Voraussichtlich ohne Debatte. In: FAZ, 20.5.1955, S. 12.

https://doi.org/10.1515/9783111134826-011

Frankfurt, zurückzuführen.[4] Zudem überzeugte die Kritiker und Kritikerinnen zur Zeit der anhaltenden Wohnungsnot ein (soziales) Tauschgeschäft: Die Stadt bot an, neben der Erschließung dieses bevorzugten Villengebiets ein Gelände zur Verfügung zu stellen, das für Wohnungen im staatlich geförderten Wohnungsbau geeignet war.[5]

Der Lerchesberg war das dritte Villenviertel, das die wiedererstarkende Finanz- und Wirtschaftsmetropole Frankfurt am Main nach dem Zweiten Weltkrieg gründete.[6] Es war von den drei Projekten jedoch das einzige, das auf einem völlig neuen Gebiet – und zwar auf 39 Hektar – erschaffen und erdacht wurde.[7] Es war eine *gute Adresse* auf dem Reißbrett und damit ein Beispiel von „social engineering“[8], also eines Anspruchs, ein Territorium nach Gutdünken planen und sozial

[4] Lerchesberg Grundstücks-Gesellschaft M. B. H. (Hg.): Villen-Grundstücke der Stadtwaldsiedlung Lerchesberg. 10 Autominuten von Frankfurt Stadtzentrum. In: Institut für Stadtgeschichte, S3: Dokumentation Ortgeschichte: Lerchesberg, S3/E 2191, S. 1. Siehe das Argument auch in: Bauverwaltung Tiefbau, Erschließung eines privaten Villen- und Einfamilienhausgeländes am Lerchesberg im Stadtviertel Sachsenhausen, 17.5.1954, 22.2.1954. In: Institut für Stadtgeschichte, Magistratsakten III/2-1979, Signatur 1.620, Stadtkanzlei, Aktennr. 3681/50, Anfang: 1955: „Um zu vermeiden, dass aus Mangel an größeren günstig gelegenen Bauplätzen für das Frankfurter Kultur- und Wirtschaftsleben wichtige Persönlichkeiten abwandern oder für Frankfurt nicht gewonnen werden, muss schnellstens für die Erschließung eines Villengebietes Sorge getragen werden.“

[5] Protokoll-Auszug Stadtverordneten-Versammlung der Stadt Frankfurt am Main, 15.7.1954, S. 3. In: Institut für Stadtgeschichte, Magistratsakten III/2-1979, Signatur 1.620, Stadtkanzlei, Aktennr. 3681/50, Anfang: 1955.

[6] Die anderen beiden Villenviertel waren am Mummschen Park und Holzhecke; siehe dazu auch Elke Tharun: Entstehung und Struktur der Frankfurter Villenviertel. [Frankfurt a. M. 1969]. In: Institut für Stadtgeschichte Frankfurt am Main, Bestand S6a/434, Signatur 407.

[7] Das Gelände war zu 90 % in Händen der Stadt, es gab aber auch einige Entziehungen des Eigentums und Entschädigungen; siehe Entziehungsbeschluss, 9.1.1956. In: Institut für Stadtgeschichte, Magistratsakten 10.117; siehe auch Einspruchsbescheid in dem Verfahren auf Entziehung des Eigentums bezüglich der Liegenschaft Gemarkung Frankfurt/M Flur 5333, Flurstück 22/3, 12.3.1956. In: Institut für Stadtgeschichte, Magistratsakten 10.117. Siehe auch Nachfrage Dr. jur. Franz Schmidt-Knatz an die Preisbehörde für Grundstücke bei der Stadtverwaltung, 21.6.1950. In: Gemarkung Sachsenhausen, unbebautes Grundstück, Garten am Lerchesberg, Kartenblatt 554, Parz 92/29 etc. In: Institut für Stadtgeschichte, Magistratsakten III/2-1979, Signatur 1.620, Stadtkanzlei, Aktennr. 3681/50, Anfang: 1955. Dabei ging es auch um Klärung von Besitzverhältnissen vorherigen jüdischen Besitzes; siehe die Akte: Gemarkung Sachsenhausen, unbebautes Grundstück, Garten am Lerchesberg, Kartenblatt 554, Parz 92/29 etc. In: Institut für Stadtgeschichte Magistratsakten III/2-1979, Signatur 1.620, Stadtkanzlei, Aktennr. 3681/50, Anfang: 1955.

[8] Siehe zu dem Begriff und dem Konzept: Thomas Etzemüller (Hg.): Die Ordnung der Moderne. Social Engineering im 20. Jahrhundert. Bielefeld 2009; ders.: Social engineering, Version: 2.0. In: Docupedia-Zeitgeschichte, 4.10.2017, DOI: http://dx.doi.org/10.14765/zzf.dok.2.1112.v2, online zugänglich unter: http://docupedia.de/zg/Etzemueller_social_engineering_v2_de_2017 (letzter Zugriff am 29.10.2024).

strukturieren zu können – in diesem Fall über die Einkommens- und Vermögensverhältnisse der zukünftigen Bewohner und Bewohnerinnen.[9] Die Mitte Juni 1955 gegründete Lerchesberg-Grundstücksgesellschaft mbH,[10] bei der die Stadt 51 Prozent der Anteile hielt (die restlichen 49 Prozent erwarb die Dresdner Bank),[11] versprach den Interessenten und Interessentinnen in einem Werbeprospekt vollmundig eine idyllische „Heimat" am Rande der Frankfurter City und inmitten des hektischen Industriegebietes Rhein-Main: „Als eine Abwandlung natürlicher Daseinsformen soll ‚die Siedlung der Prominenten' organisch in ihre Umgebung hineinwachsen, und wenn der müde Lerchesberger abends im Büro zum letzten Mal den Hörer auf die Gabel knallt. Dann soll er mit Recht ausrufen können: ‚Zurück zur Natur!'"[12] Mit dem Erwerb eines Grundstückes und einer der 276 geplanten Villen[13] sicherten sich die Käufer und Käuferinnen, so der Subtext des Prospektes, ihren Platz in der sozialen Oberschicht der Bundesrepublik.

Doch schon kurz nachdem die ersten Häuser bezogen waren, machte sich Ernüchterung am Lerchesberg breit.[14] Zunächst stellte sich die soziale Umwelt des neuen Villenviertels als weniger exklusiv heraus als von der Grundstücksgesellschaft versprochen. „Der Lerchesberg ist ein Wohngebiet der wohlhabenden mittleren und oberen Mittelschicht", konstatierte die Geografin Elke Tharun in einer Studie aus den 1960er-Jahren.[15] Von der in Aussicht gestellten „Siedlung der Prominenten" war da schon keine Rede mehr.[16] Hinzu kam, dass die natürliche Umwelt des Villengebietes den Bewohnern und Bewohnerinnen im wahrsten Sinne des Wortes Kopfschmerzen bereitete. Ein sich verdichtendes Schnellstraßen- und Autobahnnetz sorgte für Lärm und störende Abgase, gegen die sich die Lerchesberger und Lerchesbergerinnen nun durch individuelle und gemeinsame Initiativen lokal-

9 Solche Neugründungen seit dem Ersten Weltkrieg waren nach 1945 nicht ungewöhnlich und sind für einige bundesdeutsche Großstädte auszumachen, beispielsweise für Köln-Hahnwald.

10 Finanzverwaltung an den Magistrat, Betreff Gesellschafter-Versammlung der Lerchesberg Grundstücksgesellschaft m. b. H. am 4.5.1956. In: Institut für Stadtgeschichte, Magistratsakten III/2-1979, Signatur 1.620, Stadtkanzlei, Aktennr. 3681/50, Anfang: 1955. Hier wird das Datum 20.6.1955 genannt.

11 Siehe den Gesellschaftsvertrag vom 1.5.1955. In: Institut für Stadtgeschichte, Magistratsakten III/2-1979, Stadtkanzlei, Aktennr. 3681/50, Anfang: 1955; N. N.: Klein-Frankfurt. In: FAZ, 28.7.1966.

12 Lerchesberg Grundstücks-Gesellschaft M. B. H. (Hg.): Villen-Grundstücke (wie Anm. 4), S. 5.

13 Ebd., S. 4. Von den 276 geplanten Villen umfasste der Lerchesberg 1969 259 Häuser; Tharun: Entstehung (wie Anm. 6), S. 98. Siehe zum Stand des Grundstücksverkaufs auch: Gesellschaftsversammlung der Lerchesberg Grundstücks GmbH, 21.6.1961. In: Institut für Stadtgeschichte, Magistratsakten III/2-1979, Signatur 1.620, Stadtkanzlei, Aktennr. 3681/50, Anfang: 1955.

14 N. N.: Die Villen am Lerchesberg: Hochfliegende Pläne wurden begraben. In: NP, 22.8.1964. In: Institut für Stadtgeschichte, S3: Dokumentation Ortgeschichte: Lerchesberg, S3/E 2191.

15 Tharun: Entstehung (wie Anm. 6).

16 Lerchesberg Grundstücks-Gesellschaft M. B. H. (Hg.): Villen-Grundstücke (wie Anm. 4), S. 5.

politisch zur Wehr setzten. Noch schwerer wog die Nähe zum Frankfurter Flughafen, mit dem die Grundstücksgesellschaft bei Baubeginn geworben hatte. Das Villenviertel befand sich im An- und Abflugkorridor des Flughafens und spätestens mit Beginn des Düsenjetzeitalters in den frühen 1960er-Jahren war es mit der Naturidylle im Villenviertel vorbei. Statt wie einst versprochen „in die Umgebung hineinzuwachsen", wurde die infrastrukturell verdichtete Umgebung zur Bedrohung des entspannten und luxuriösen Wohnens.[17]

Führt man sich diese Entwicklung vor Augen, erscheint die Geschichte des Villenviertels wie die Geschichte eines Traums von Luxus und Wohlstand aus dem die Bewohner und Bewohnerinnen und die städtischen Planungsstellen in den 1960er-Jahren erwachten. „Die Raumbilder sind die Träume der Gesellschaft", schrieb auch Siegfried Kracauer bereits im Jahr 1929.[18] Sein Blick galt damals dem Wartezimmer eines Arbeitsamtes, das er als Lokalreporter der „Frankfurter Zeitung" unter vielen anderen Plätzen „der kleinen Leute" in der Zwischenkriegszeit aufgesucht hatte. Das was Kracauer aber gelang, und zwar eine „Erkenntnis der Städte" über die „Entzifferung ihrer traumhaft hingesagten Bilder", ist auch reizvoll für eine Untersuchung eines Ortes wie dem Lerchesberg, bei dem Traum und Albtraum so nah beieinander liegen.[19] Der vorliegende Aufsatz strebt eine „Traumdeutung" im Sinne von Kracauer an, indem die Vorstellungen über „gesellschaftliche Verhältnisse", über all das „vom Bewußtsein Verleugnete"[20] in den Raumbildern des Lerchesbergs aufgespürt werden und die Geschichte des Lerchesbergs in seinem Abhängigkeitsverhältnis von „Erwartungshorizont" und „Erfahrungsraum" exklusiven Wohnens in der Bundesrepublik beschrieben wird.[21] Ein Schwerpunkt liegt dabei auf den Wissensbeständen, die verschiedene Akteure und Akteurinnen

17 Dieser Konflikt zieht sich schließlich über Jahrzehnte hinweg; siehe beispielsweise Claudia Michels: Hoffen, dass das Viertel nicht „kaputt gedüst" wird. In: FR, 21.9.2000, S. 33; Nils Bremer: Ende der Idylle am Lerchesberg. In: FNP, 8.6.1999, k. S. a. In: Institut für Stadtgeschichte, S3: Dokumentation Ortgeschichte: Lerchesberg, S3/E 2191.

18 Siegfried Kracauer: Über Arbeitsweisen. In: ders.: Straßen in Berlin und anderswo. Berlin 2020, S. 72–82, hier: S. 73.

19 Siegfried Kracauer: Berliner Landschaft. In: Frankfurter Zeitung, 8.11.1931. In: ders.: Werke. Band 5: Essays, Feuilletons, Rezensionen. Hg. von Inka Mülder-Bach in vier Teilbänden. Frankfurt a. M. 2011, S. 702. Siehe dazu Claudia Öhlschläger: Kracauers feuilletonistische Städtebilder. In: Jörn Ahrens u. a. (Hg.): „Doch ist das Wirkliche auch vergessen, so ist es darum nicht getilgt". Beiträge zum Werk Siegfried Kracauers. Wiesbaden 2017, S. 17–35.

20 Kracauer: Arbeitsweisen (wie Anm. 18), S. 73.

21 Reinhard Koselleck: „Erfahrungsraum" und „Erwartungshorizont" – zwei historische Kategorien. In: ders.: Vergangene Zukunft. Zur Semantik geschichtlicher Zeiten. Frankfurt a. M. 2010, S. 349–375. Martina Löw fordert ebenfalls, Stadt, Raum und Zeit zu verbinden; Martina Löw: Vom Raum aus die Stadt denken. Grundlagen einer raumtheoretischen Stadtsoziologie. Bielefeld 2018, S. 7–24, hier: S. 16 f.

zu dem und über den Lerchesberg seit Mitte der 1950er- bis in die 1990er-Jahre produzierten, mit denen sie ihren Erwartungen Ausdruck gaben und ihre Erfahrungen versuchten zu dokumentieren.[22] Bei der Sichtung der historischen Überlieferung zur Geschichte des Lerchesbergs wird schnell deutlich, welch hohe Bedeutung den unterschiedlichen Medien zukam: Sie halfen, die Idee einer grünen und ruhigen Enklave inmitten des Ballungsraums Rhein-Main zu imaginieren – oder mit Kracauer: zu träumen –, zu stabilisieren und schließlich auch zu dekonstruieren, sei es durch Karten, Werbeprospekte, statistische und wissenschaftliche Erhebungen.

Der Aufsatz konzentriert sich deswegen auf die mediale Manifestation des Villenviertels Lerchesberg und schlägt drei medien- und wissensgeschichtliche Schneisen. Erstens rückt er das Planungswissen in den Blick: Wie plante die Grundstücksgesellschaft eine „Siedlung der Prominenten" aus dem Nichts? Wie visualisierten, narrativierten und kommunizierten auch andere Akteure und Akteurinnen wie Journalisten und Journalistinnen oder das städtische Vermessungsamt, das die Grundstückspreise festlegen musste, ihre Erwartungen an einen noch nicht existierenden Raum? Mit welchen Techniken und Mitteln geschah dies? Welche Zukünfte vergegenwärtigten diese Erwartungen und welche Rolle spielten dabei vergangene Erfahrungen und Vorstellungen von existierenden Villenvierteln? In diesem Abschnitt wird es uns zudem darum gehen, den Kompromissen und Aushandlungsprozessen nachzugehen, die diese Planungen und Erwartungen eingingen: Studien haben betont, dass die Idee des „social engineering" nach dem Zweiten Weltkrieg an „Überzeugungskraft rapide verlor" und städtische und kommunale Planungen zunehmend die Emanzipation von Individuen und eine Ausdifferenzierung von Lebensstilen miteinbeziehen mussten.[23] Deswegen fragen wir, wie sich die Planungsansprüche mit den individuellen Repräsentationsbedürfnissen der Besitzer und Besitzerinnen vereinbaren ließen. Schließlich ist gerade die Villa ein zentrales Status- und Repräsentationssymbol, das Individualisierungsbestrebungen seit dem 19. Jahrhundert Ausdruck gab.[24]

Zweitens wird der Aufsatz genauer das Wissen der Human- und Sozialgeografie in den Blick nehmen, die mit mehreren Studien zu den Villensiedlungen in Frankfurt am Main und im Rhein-Main-Gebiet eine Beobachtungsfunktion für das

[22] Löw spricht davon, dass diese Wissensbestände und Ausdrucksformen für jede Stadt spezifisch sind und unterscheidbare Konstellationen sowie Sinnzusammenhänge produzieren, die Menschen prägen; Martina Löw: „Jede Stadt ist ein Seelenzustand". Über städtische Vergesellschaftung und Identitätsforschung. In: Andreas Hoppe (Hg.): Raum und Zeit der Städte. Städtische Eigenlogiken und jüdische Kultur seit der Antike. Frankfurt a. M. 2011, S. 11–25, hier: S. 16.

[23] Etzemüller: Social engineering (wie Anm. 8).

[24] Dolores Augustine stellt sogar die These auf, dass die Villa mit dem Ende des 19. Jahrhunderts zum wichtigsten Statussymbol wurde; Dolores Augustine: Patricians and Parvenus. Wealth and High Society in Wilhelmine Germany. Oxford 1994, S. 160–186.

privilegierte Wohnen in der frühen Bundesrepublik einnahm. Wie glich man die einstige Utopie mit der Realität ab? Welcher Erfahrungsraum wurde hierbei konstituiert und mit welchen Erwartungen gespiegelt? Welche Techniken und Medien nutzte man dafür? Und wie lassen sich diese lokalen Studien in eine generelle Vermessung der sozialen Verhältnisse und gesellschaftlichen Stratifizierungen der Bundesrepublik eingliedern, die in den 1960er- und 1970er-Jahren in den Fokus von Politik und Öffentlichkeit rückten?[25] Interessant erscheint dabei, dass in Debatten zur sozialen Ungleichheit der Wohnort der vermögenden Schicht respektive das Villenviertel zu einem zentralen Beobachtungsobjekt wurde, an dem das Soziale im Sinne von Thomas Mergel und Christiane Reinecke „kommunizierbar" und verhandelbar wurde.[26] Auch der Lerchesberg geriet in Reportagen zum Objekt sozialer Vermessung, bei dem sich wissenschaftliche Techniken und journalistische Beschreibungsformeln sozialer Ordnungen verbanden.

Drittens werden wir abschließend ein kurzes Schlaglicht auf den Protest der Anwohner und Anwohnerinnen gegen die städtischen und kommunalen Infrastrukturmaßnahmen richten. Je mehr die alltägliche Umgebung des Villenviertels zum Problem wurde, desto mehr begannen die Bewohner und Bewohnerinnen, „Wissen" über den Lerchesberg zu produzieren, medial zu stabilisieren und es als „Gegenwissen" in eine wichtige politische Ressource zu verwandeln.[27] Das Lerchesberger Beispiel verdeutlicht, dass dieses Gegenwissen in den 1960er- und 1970er-Jahren nicht nur „von unten", sondern verstärkt auch „von oben" mobilisiert wurde, es sich also nicht in die „alternativen" Genealogien alternativer Wissenschaft einfügt, wie wir es aus der Protestkultur kennen.[28] Deswegen fragen wir, welche sozialen Handlungsdifferenzen sich im Protest gegen die Umweltbelastung zeigen. Wie objektivierten die Bewohner und Bewohnerinnen des Villenviertels die von ihnen wahrgenommenen Bedrohungen, die die Ruhe und Umwelt störten? Wie dokumentierten und visualisierten sie ihre Erfahrungen und welche Erwartungen gin-

[25] Seit Mitte der 1960er-Jahre begann die Bundesregierung beispielsweise ihre Finanz-, Steuer- und Sozialpolitik zu überdenken. Hans Günter Hockerts: Rahmenbedingungen: Das Profil der Reformära. In: ders. (Hg.): Geschichte der Sozialpolitik in Deutschland. Bd. 5. Köln 2006, S. 1–156, hier: S. 4f. Siehe auch Anne Kurr: Verteilungsfragen. Wahrnehmung und Wissen von Reichtum in der Bundesrepublik (1960–1990). Frankfurt a. M. 2022.

[26] Christiane Reinecke/Thomas Mergel: Das Soziale vorstellen, darstellen, herstellen. Sozialwissenschaften und gesellschaftliche Ungleichheit im 20. Jahrhundert. In: dies. (Hg.): Das Soziale ordnen. Sozialwissenschaften und gesellschaftliche Ungleichheit im 20. Jahrhundert. Frankfurt a. M. 2012, S. 7–33, hier: S. 8.

[27] Vgl. Max Stadler/Nils Güttler/Niki Rhyner (Hg.): Gegen|Wissen. cache 01. Zürich 2020.

[28] Als typisches Beispiel Sigrid Schmalzer/Daniel S. Chard/Alyssa Botelho (Hg.): Science for the People: Documents from America's Movement of Radical Scientists. Amherst 2018.

gen damit einher? Und wie lassen sich diese perspektivisch in eine Geschichte des Protests gegen den Frankfurter Flughafenausbau einspeisen?

Mit diesem konzentrierten Blick auf wenige Frankfurter Straßen wird auch das Ziel verfolgt, einen Ort in den Mittelpunkt zu rücken, der in der europäischen Stadtgeschichte bislang nur in Ansätzen untersucht wurde: den Typus des Villenviertels. Liegen zu der ersten Erschließung solcher Viertel im 19. Jahrhundert eine Reihe von Studien vor, stellt dieser Teil der Stadt für das 20. Jahrhundert einen auffälligen blinden Fleck dar.[29] Anknüpfen können unsere Überlegungen aber zum einen an Studien zu Arbeiterquartieren und zu sozialen städtischen Brennpunkten, die den Stadtraum in seinen sozialen Vermessungen, den Aneignungen und Wahrnehmungen untersucht und dabei die Bedeutung von Wissen und Zuschreibungen immer wieder betont haben.[30] Zum anderen schließen wir an Studien aus den Sozialwissenschaften an, die in der Beschreibung sozialer Ungleichheitsverhältnisse das Villenviertel als Untersuchungsgegenstand des Sozialphänomens „Reichtum" entdeckt haben[31] und es mitunter sogar als Territorium ethnologisch und anthropo-

[29] Hans Reif: Berliner Villenleben. Die Inszenierung bürgerlicher Wohnwelten am grünen Rand der Stadt um 1900. Berlin 2008; Barbara Wolbring: Bürgerliches Leben in der Kleinstadt: Gelnhausen im 19. Jahrhundert. In: ZHG 119 (2014), S. 177–194; Sven Beckert: The Monied Metropolis. New York City and the Consolidation of the American Bourgeoisie. 1850–1896. New York 1993. Siehe zum 20. Jahrhundert Anne Kurr: Die „gute Adresse" – reiche Stadtviertel in Paris und Hamburg in den 1950er bis 1980er Jahren. In: MSG (2017) 2 [Themenschwerpunkt: Reich und Arm – Ungleichheiten in Städten], S. 13–29; dies.: Urbaner Wandel und soziale Proteste in Hamburg. „Kommerzialisierung" und Aufwertungsprozesse im wohlhabenden Harvestehude der sechziger und siebziger Jahre. In: Forschungsstelle für Zeitgeschichte in Hamburg (Hg.): Zeitgeschichte in Hamburg 2017. Hamburg 2018, S. 36–53. Siehe auch Axel Schildt/Clemens Zimmermann: Einleitung. In: MSG (2017) 2 [Themenschwerpunkt: Reich und Arm – Ungleichheiten in Städten], S. 5–12.

[30] Adelheid von Saldern: Häuserleben. Zur Geschichte städtischen Arbeiterwohnens vom Kaiserreich bis heute. Bonn 1995; Christiane Reinecke: Die Ungleichheit der Städte. Urbane Problemzonen im postkolonialen Frankreich und der Bundesrepublik. Göttingen 2021; Christine Krüger: „Die Scylla und Charybdis der socialen Frage". Urbane Sicherheitsentwürfe in Hamburg und London (1880–1900). Bonn 2022, hier: S. 86–104; Christoph Lorke: Soziale Utopien – prekäre Viertel – problematische Menschen? Perzeption urbaner Segregation im geteilten Deutschland. In: Thomas Großbölting/Rüdiger Schmidt (Hg.): Gedachte Stadt – Gebaute Stadt. Urbanität in der deutsch-deutschen Systemkonkurrenz 1945–1990. Köln u. a. 2015, S. 266–299.

[31] Siehe hierzu vor allem die geografischen Arbeiten: Ian Hay: Establishing Geographies of the Super-Rich: Axes for Analysis of Abundance. In: ders. (Hg.): Geographies of the Super- Rich. Northhampton 2013, S. 1–25; Ray Forster/Sin Yee Koh/Bart Wissink: In Search of the Super-Rich. Who are they? Where are they? In: dies. (Hg.): Cities and the Super-Rich: Real Estate, Elite Practices and Urban Political Economies. New York 2017, S. 1–18. Siehe auch Arbeiten zur Gated community: Sonia Roitman: Gated Communities: Definitions, Causes and Consequences. In: Urban Design and Planning 163 (2010) March, S. 31–38; Georg Glasze: Gated Community. In: Nadine Marquart/Verena Schreiber (Hg.): Ortsregister. Ein Glossar zu Räumen der Gegenwart. Bielefeld 2012, S. 126–132.

logisch begehen.[32] Ähnlich wie die Orte der Armut sind auch Villenviertel Gegenorte, Orte, die von der Norm abzuweichen scheinen. Sie zogen deshalb immer wieder Soziologen und Soziologinnen, Sozialgeografen und -geografinnen, aber auch Journalistinnen und Journalisten sowie Fotografinnen und Fotografen an, die Wissen über diese Orte produzierten, zirkulierten und so die Orte sozial aufluden. Der Lerchesberg mit seinen Erwartungen, Erfahrungen und Störungen stellt für solch eine Untersuchung ein besonderes Beispiel dar, denn man kann ihn historiografisch als doppelten Gegenort begreifen: sozial- und wissensgeschichtlich.[33]

Den Raum vorstellen: Das Villenviertel Lerchesberg zwischen Imagination und Planung

Bereits die ersten drei ineinander gefalteten Seiten der dunkelgrünen Werbebroschüre, die die Grundstücksgesellschaft Mitte der 1950er-Jahre herausgab, deuten die Erwartungen an, die mit diesem Ort verbunden wurden: Der Lerchesberg sollte Stadt und Natur verbinden, ein „Heim im Grünen" offerieren, das nur „10 Autominuten vom Frankfurter Stadtzentrum" entfernt ist, so die Botschaft auf dem Umschlag.[34]

Hierin sah sich Frankfurt am Main im Vorteil zu den Taunusstädten, die seit den 1920er-Jahren Pendlerstädte für „gut Situierte" waren.[35] Um den Standortvorteil zu visualisieren, war eine Collage eingefügt, die einen aktuellen Stadtplan mit einer Kartografie des zukünftigen Villenviertels am Rand des Stadtwaldes verband. Die Karte ergänzten rote Pfeile: Der Lerchesberg wurde verbunden mit Orten des Konsums und der Arbeit in der Stadt wie der Hauptwache oder der Konstablerwache, mit Orten der Mobilität wie dem Hauptbahnhof und dem Frankfurter Flugha-

32 Caroline Knowles: Serious Money. Walking Plutocratic London. Dublin 2022; Rowland Atkinson: Alpha City. How London was Captured by the Super-Rich. London 2020.

33 Siehe zum Lerchesberg beispielsweise die Sozialreportage: N. N.: Zwischen Villen und Pudeln. Vormittäglicher Ausflug auf den Lerchesberg. In: FR, 3.9.1964, S. 9. Generell: Ben Witter: Wo die reichen Leute wohnen. Spaziergänge in vornehmen Vierteln. In: Die Zeit, Teil I–IV: I: Düsseldorf: Meeresbusch und Hösel, 25.9.1970; II: In Frankfurt, nicht in Frankfurt, sondern am Tanushang, 2.10.1970; III: Blick aufs Wasser. In Hamburg an Elbe und Alster, 16.10.1970; IV: Je höher desto besser. In Stuttgart am Hang auf Grundstücken in Handtuchform, 23.10.1970, V und Schluß: Vornehm auf kleinem Raum. Im Herzogpark in München sagt man: Im Herzogpark, 20.11.1970.

34 Lerchesberg Grundstücks-Gesellschaft M. B. H. (Hg.): Villen-Grundstücke (wie Anm. 4), Frontseite.

35 Josef Kaltenhäuser: Taunusrandstädte im Frankfurter Raum – Funktion, Struktur und Bild der Städte Bad Homburg, Oberursel, Kronberg und Königstein. Frankfurt a. M. 1955, S. 235 f. Siehe auch Johannes Martin Müller: Villen und Landhäuser im Vordertaunus. Eine Kulturlandschaft im Rhein-Main-Gebiet. Oppenheim am Rhein 2022, S. 166 f.

fen, aber auch mit der Region Rhein-Main durch die Autobahnverbindung A5 Richtung Darmstadt, die sich zudem als wichtigste Nord-Süd-Verbindung Europas zeitgleich im Ausbau befand.[36]

Mit dieser Kartenkomposition und Beschriftungstechnik erzeugte die Grundstücksgesellschaft im Sinne von Sybille Krämer „Welten“[37]. Sie visualisierte ein Wissen über einen Ort, der bislang nur in der Vorstellung und auf dem Reißbrett existierte und als Raum handelnder Akteure überhaupt erst erzeugt werden musste.[38] Die Karte imaginierte gleichzeitig die Vorstellungen über diese handelnden Akteure, also diejenigen, die sich das bislang noch unbekannte Terrain in ihrer Bewegung erschließen und aneignen sollten:[39] die potenziellen Grundstückskäuferinnen und -käufer. Zum einen zeigen dies die roten Pfeillinien, die zum Lerchesberg hin- und wegführen. Es sind keine Linien des öffentlichen Verkehrs, sondern Wege, die mit dem Auto zurückgelegt werden mussten. Bedenkt man, dass bis in die 1950er-Jahre das Autofahren „ein Privileg der begüterten Oberschicht“ [40] war, ist damit die skizzierte Zielgruppe nicht allein mobil und motorisiert, sondern eben auch vermögend.[41] Zum anderen zeigen sich die Vorstellungen über die zukünftigen Bewohner und Bewohnerinnen in dem Detailausschnitt des geplanten Villenviertels

36 Siehe hierzu die detaillierte Rekonstruktion des Ausbaus in: Archiv für Autobahn- und Straßengeschichte: Ereignisse des Jahres 1954–1960, online zugänglich unter: http://www.strassengeschichte.de/Datum/1955/Tag.htm (letzter Zugriff am 12.1.2024). Das letzte Teilstück zwischen Baden-Baden und Offenburg wurde 1960 fertiggestellt.

37 Sybille Krämer: Karten erzeugen doch Welten, oder? In: Soziale Systeme 18 (2012) 1/2, S. 153–168. Sybille Krämer spricht von der Erzeugung eines Wissensobjekts durch Karten; Sybille Krämer: „Kartographischer Impuls“ und „operative Bildlichkeit“. Eine Reflexion über Karten und die Bedeutung räumlicher Orientierung beim Erkennen. In: ZfK 12 (2018) 1, S. 19–31.

38 Siehe grundlegend zu der Differenzierung von Ort und Raum: Michel de Certeau: Die Kunst des Handelns. Berlin 1988.

39 Siehe zu dem Verhältnis von menschlicher Beziehung und Räumen in Karten: Karl Schlögel: Im Raume lesen wir die Zeit. Über Zivilisationsgeschichte und Geopolitik. München 2003, S. 88 f.

40 Ulrich Herbert: Geschichte Deutschlands im 20. Jahrhundert. München 2017, S. 33. Siehe auch Bernhard Rieger: The People's Car. A Global History of the Volkswagen Beetle. Cambridge 2013; Simon Gunn: People and the Car: the Expansion of Automobility in Urban Britain, c. 1955–70. In: Social History 38 (2013) 2, S. 220–237. Sina Fabian weist daraufhin, dass Mitte der 1950er-Jahre erst 2 % der Arbeiter und 12 % der Angestellten und Beamten in der Bundesrepublik über einen Pkw verfügten. Fabian führt zudem aus, dass sich Ende der 1960er-Jahre die „Besitzverhältnisse in den westdeutschen sozioökonomischen Gruppen angenähert hatten, jedoch bei Weitem noch nicht angeglichen“ hatten; Sina Fabian: Boom in der Krise. Konsum, Tourismus, Autofahren in Westdeutschland und Großbritannien 1970–1990. Göttingen 2016, S. 290.

41 Dem (männlichen) Autofahrer wird in den Planungen des Lerchesbergs Mitte der 1950er-Jahre besondere Bedeutung zugesprochen, was nicht zuletzt die Planung von zwei Autostellplätzen auf dem Grundstück verdeutlicht. Siehe hierzu: Lerchesberg Grundstücks-Gesellschaft M. B. H. (Hg.): Villen-Grundstücke (wie Anm. 4), S. 5.

auf dem collagierten Stadtplan. Die Straßen sind geschwungen, in Ringen und nicht in Straßennetzen angelegt, sie fließen ineinander, bilden eine ovale Form, verschließen sich damit in ihrer Struktur einem Außen und schließen eine Erweiterung von Beginn an aus.[42] In dieser exklusiven Physiognomie steht die Kartierung des Lerchesbergs der restlichen städtischen Siedlungsform auf dem Stadtplan diametral gegenüber[43] – im zeitgenössischen Jargon eine „Oase der Ruhe“ im hektischen Stadtalltag.[44] Neuere Arbeiten haben eindrücklich darauf hingewiesen, wie deutlich sich soziale Ungleichheitsverhältnisse an genau solchen „Mustern der Stadt“ ablesen lassen.[45] Satellitenbilder würden beispielsweise geteilte Lebenswelten visuell dokumentieren, wenn sich die kreisrunde Anlage von Straßen der besseren Wohnviertel von der restlichen Stadtstruktur deutlich abhebe.[46]

Solche räumlichen Strukturdifferenzen sind keine neue Erscheinung. Sie sind seit jeher ein elementarer Bestandteil von Städten. Bereits im 19. Jahrhundert spiegelten die Zonierung und Bebauung den sozialen Charakter einzelner Stadtviertel wider.[47] Villenviertel stachen nicht nur in Ausstattung und Architektur deutlich hervor, sondern auch in Lage und räumlicher Physiognomie. In der Anlage der Straßen des Lerchesbergs spiegelten sich demnach Erfahrungen und Wissen über symbolische hierarchische Ordnungen der Stadt, und damit gleichzeitig zugesprochene Erwartungen, die eine vermögende Gruppe von Anwohner/Anwohnerinnen an ihren Wohnort besitze und vor allem gewöhnt sei.[48]

42 Dies sollte Ende der 1970er-Jahre noch zu einigen Diskussionen führen, als das Viertel erweitert werden sollte; siehe beispielhaft: N. N.: Die Stadt verkauft Bauland. Neue Eigenheimbauten auf dem Lerchesberg jetzt möglich. In: FR, 8.6.1979; N. N.: Grundstück-Verkauf gegen „Stadtflucht“. Lerchsberg-Fläche soll Baugebiet werden. In: FNP, 7.6.1979; N. N.: Bauen nur noch am Lerchesberg. Sachsenhausen ist mit Grünflächen unterversorgt. In: FAZ, 9.9.1978; N. N.: Lerchesberg-Vorlage. Von der SPD-Fraktion abgelehnt. In: NP, 26.2.1971; N. N.: Stadt gibt Areal zu billig ab. In: FR, 7.7.1979. Alle in: Institut für Stadtgeschichte, S3: Dokumentation Ortgeschichte: Lerchesberg, S3/E 2191.

43 Tharun: Entstehung (wie Anm. 6), S. 2.

44 Georg Fahrbach: Warum „Oasen der Ruhe“? In: Kosmos 54 (1958) 1, S. 410–413, hier: S. 411. Siehe auch N. N.: Stille Oase am Rande der Stadt. In: FR, 12.10.1956. In: Institut für Stadtgeschichte, S3: Dokumentation Ortgeschichte: Lerchesberg, S3/E 2191.

45 Siehe Knowles: Serious Money (wie Anm. 32); Atkinson: Alpha City (wie Anm. 32).

46 Siehe hierzu: Einkommensverteilung in Großstädten. Die Muster der Ungleichheit. In: Zeit Online, 30.1.2023.

47 Friedrich Lenger: Metropolen der Moderne. Eine europäische Stadtgeschichte seit 1850. München 2013, S. 185. Siehe zudem Clemens Wischermann: Wohnen in Hamburg vor dem Ersten Weltkrieg. Münster 1983, S. 295 f., S. 310 f.

48 Siehe hierzu auch Michael Hermann/Heinrich Leuthold: Die gute Adresse: Divergierende Lebensstile und Weltanschauungen als Determinanten der innerstädtischen Segregation. In: Alois Mayr/Manfred Meurer/Joachim Vogt (Hg.): Stadt und Region. Dynamik von Lebenswelten. Tagungsbericht und wissenschaftliche Abhandlungen. 53. Deutscher Geographentag 2001 in Leipzig.

So sehr die collagierte Karte die soziale Aufladung des Viertels andeutet, so explizit wird diese auch im Text der Broschüre und in den Ausführungen zur Planung sprachlich formuliert und – das scheint ausgesprochen interessant – mit den Infrastrukturen des Viertels selbst verwoben. Die Planungen umfassten nicht nur einen Tennisplatz oder exquisite Lebensmittelgeschäfte für die Bewohner und Bewohnerinnen, sondern auch eine Privatschule und ein Clubhaus, das sich, so der Werbetext, als „Symbol für den Lebensstil seiner Umgebung – auf der höchsten Höhe erheben soll".[49] Der Lerchesberg, das wird unmittelbar deutlich, wurde zum Projekt für die Elite der Stadt, der nun „eine Heimat geschaffen werden muß, die [sie] lieben kann und die [ihr] Kraft gibt für die Bewältigung der großen Aufgaben, an denen Frankfurt so reich ist".[50]

Eine Inklusion dieser Elite und damit eine Exklusion anderer Gruppe war jedoch nicht über den Grundstückspreis möglich. Als das Gelände des Lerchesbergs freigegeben wurde, griff in der Bundesrepublik der noch unter den Nationalsozialisten eingeführte Preisstopp, der eine direkte Kontrolle über Grundstückspreise ermöglicht hatte.[51] Der Historiker Karl Christian Führer betont, dass in der jungen Bundesrepublik bei Immobilien ein Preisniveau festzustellen ist, das „noch deutlich unter dem Stand der Jahre vor 1914 lag".[52] Der sich in „völliger Lethargie" befindende Immobilienmarkt bereitete den Planern und Planerinnen Kopfzerbrechen. Der Geschäftsführer der Grundstücksgesellschaft formulierte gegenüber der Preisbehörde mit Nachdruck, dass das Gelände „nicht wie Stapelware" verkauft werden dürfe.[53] Die Preisbehörde orientierte sich bei der Preisermittlung an den bereits etablierten Villengebieten Frankfurts. Sie legte den Preis für ein erschlossenes Bauland bei 30 DM pro Quadratmeter fest, da anzunehmen sei, so die Begrün-

Leipzig 2002, S. 236–250. Siehe auch Bauverwaltung Stadterweiterungsamt, Vortrag des Magistrats an die Stadtverordnetenversammlung, Betreff: Fluchtlinienplan Nr. 1697 und Bebauungsplan für die geplante Wohnsiedlung Lerchesberg, 4.4.1955. In: Institut für Stadtgeschichte, Magistratsakten 10.117.

49 Lerchesberg Grundstücks-Gesellschaft M. B. H. (Hg.): Villen-Grundstücke (wie Anm. 4), S. 6.

50 Ebd., S. 7.

51 Alle Preise wurden auf dem Niveau vom 17.10.1936 eingefroren, bei Immobilien griff wohl sogar weitgehend der Stand der Krisenjahre vor 1933. André Steiner: Der Reichskommissar für die Preisbildung – „eine Art wirtschaftlicher Reichskanzler"? In: Rüdiger Hachtmann/Winfried Süß (Hg.): Hitlers Kommissare. Sondergewalten in der nationalsozialistischen Diktatur. Göttingen 2006, S. 93–114.

52 Nach Berechnungen des Industrie- und Handelstages, so Führer, hätten die „Bodenpreise zu Beginn der Wirtschaftswunderdekade teilweise denen des Jahres 1885" entsprochen; Karl Christian Führer: Die Stadt, das Geld und der Markt. Immobilienspekulation in der Bundesrepublik 1960–1985. Berlin 2016, S. 27 f.

53 Lerchesberggesellschaft an die Preisbehörde, o. D. In: Institut für Stadtgeschichte, Stadtvermessungsamt Signatur 54.

dung, dass das Gelände des Lerchesbergs „die vornehmste Wohnlage für einen bestimmten Interessenkreis Frankfurts" werde.[54] Erwartung und Erfahrung bestimmten zugleich die Preisfestlegung.

Obwohl dieser Grundstückspreis höher war als der in allen anderen Wohngebieten Frankfurts, war er in den Augen der Grundstücksgesellschaft und auch des Magistrats viel zu gering.[55] Ihre Sorge war vor allem, dass sich durch ihn der Käuferkreis vergrößere beziehungsweise nicht mehr mit ihren Vorstellungen einer „Siedlung der Prominenten" vereinbar wäre.[56] Es bedurfte also weiterer Mechanismen der Exklusion. Erstens entschied sich die Grundstücksgesellschaft, den Anschaffungspreis über die Größe des Grundstücks zu steigern. Die Grundstücke auf dem Lerchesberg waren dreimal so groß wie „Normalverbrauchergrundstücke" in vergleichbaren Stadtteilen, so die Sozialgeografin Elke Tharun.[57] Die Grundstücke umfassten eine Größe von bis zu 3.200 m^2, das durchschnittliche Grundstück auf dem Lerchesberg lag bei 1.500 m^2.[58] Die Bevölkerungsdichte dieser 39 Hektar war damit ausgesprochen niedrig und führte auch zu erheblichen Debatten im Stadtrat, schließlich wirkten die Erfahrungen einer Wohnungsnot nach dem Zweiten Weltkrieg in den Diskussionen immer noch nach: „Hier scheinen die sonst im Frankfurter Wiederaufbau üblichen Maßstäbe keine Gültigkeit zu haben", beklagten auch

54 Niederschrift über die Besprechung bei der Stadtgemeinde Frankfurt/Main, Preisbehörde am 10.2.1959, 14.30, 12.3.1959. Siehe auch Niederschrift über die Besichtigung von Vergleichs-Grundstücken für die Bewertung der Grundstücke „Am Lerchesberg", 15.4.1959. In: Institut für Stadtgeschichte, Stadtvermessungsamt Signatur 54.

55 Zuvor war der Plan, den Preis auf 42 DM–45 DM pro Quadratmeter angelegt: Magistrat über Rechneiamt-Finanzverwaltung, 22.5.1959. In: Institut für Stadtgeschichte, Magistratsakten 10.117. Deswegen vertrat der Obermagistrat mit Nachdruck die Position, dass „unter Würdigung aller Umstände, der Preisbehörde empfohlen werde", den Preis wenigstens auf 42 DM zu erhöhen: Magistratsbeschluß, Betr.: Grundstücksstoppreis für Gelände auf dem Lerchesberg, 25.5.1959. In: Institut für Stadtgeschichte, Magistratsakten 10.117.

56 Wie sehr sozialer Status sich auch über den Besitz von Immobilienwerten bestimmte, deutet die Preisentwicklung nach dem Preisstopp an: 1963 lag der Durchschnittspreis bereits bei 95 DM, 1968 dann sogar bei ca. 200 DM; Tharun: Entstehung (wie Anm. 6), S. 93. Die Preise führten immer wieder zu einer heftigen Debatte; siehe beispielhaft N. N.: Phantasiepreise am Lerchesberg? Gutachter anderer Meinung als Stadtverordneter Berkemeier. In: NP, 16.2.1971; N. N.: In Ballungsgebieten den Boden kommunalisieren. In: FR, 20.2.1971; N. N.: Lerchesberg-Grundstück: 2,7 oder nur 1,4 Millionen wert? In: FR, 18.2.1971; N. N.: Streit um Preis für die Lerchesberg-Gesellschaft. SPD, FDP gegen 200 Mark pro Quadratmeter. In: k. A., 7.7.1979; N. N.: Stadt gibt Areal zu billig ab. In: FR, 7.7.1979; N. N.: Die Preisliste des freien Wohnungsmarktes. In: FAZ, 7.11.1959, S. 49. Alle in: Institut für Stadtgeschichte, S3: Dokumentation Ortgeschichte: Lerchesberg, S3/E 2191.

57 Tharun: Entstehung (wie Anm. 6), S. 93.

58 Bauverwaltung-Tiefbau, Betreff: Erschließung eines privaten Villen- bzw. Einfamilienhaus-Gelände am „Lerchesberg" im Stadtteil Sachsenhausen, 22.2.1954. In: Institut für Stadtgeschichte, Magistratsakten 10.117.

Journalisten und Journalistinnen.[59] Die Fläche für Eigentum wurde damit zum Gegenstand von sozialen Gerechtigkeitsdebatten und diente auch in anderen Kontexten als Argument, um soziale Ungleichheitsverhältnisse eindrücklich zu visualisieren.

Zweitens gelang die Bewahrung der Exklusivität über die Gestaltung von Grund und Boden.[60] So fiel das Verhältnis von Garten und bebauter Fläche deutlich zugunsten der grünen Anlagen aus, die in einer festgelegten Bepflanzung angelegt und gepflegt werden mussten.[61] Dies hatte nicht nur ästhetische Gründe. Die Erhaltung des Gartens und vor allem die Anlage und Bepflanzung seien, so konnte man es auch in der Presse lesen, nur durch einen professionellen Gärtner zu bewerkstelligen, und damit lagen die monatlichen Unterhaltungskosten ausgesprochen hoch.[62]

Darüber hinaus waren auf dem Bauland nur Einfamilienhäuser zugelassen, die zwei Geschosse nicht überschreiten durften. In späteren Debatten wird deutlich, wie zentral dieser Punkt für die individuelle Statusrepräsentation war. Denn als das Stadtvermessungsamt 1959 die Grundstücke verkleinern wollte und zudem darüber nachdachte, Zweifamilienhäuser zuzulassen, kam es zu einer „Intervention einer Reihe prominenter Lerchesberger“, wenn nicht sogar zu lautstarkem Protest.[63] In zahlreichen Beschwerdebriefen äußerten die Eigentümer und Eigentümerinnen ihre Sorge darüber, dass durch solche Neuplanungen ein „anderes soziales Klientel“ in das Viertel einziehen könnte.[64] Die stärkere Bebauung verändere zudem den Charakter, es käme zu viel Lärm und zu weniger Aussicht – und in all diesen Faktoren sahen die Beschwerdeführer und Beschwerdeführerinnen eine Gefahr der Wertminderung ihrer eigenen Immobilien. So schrieb eine Gruppe von

59 N. N.: Der feudalste Bauplatz von Frankfurt. In: FAZ, 29.6.1955, S. 10. Siehe auch N. N.: Kritik und Zustimmung. In: k. A., S. 11. Alle in: Institut für Stadtgeschichte, S3: Dokumentation Ortgeschichte: Lerchesberg, S3/E 2191.

60 Siehe hierzu die ausführlichen Richtlinien zur Durchführung des Bebauungsplans für den Lerchesberg, 8.8.1955, genehmigt durch Mag. Besch. Nr. 1075 vom 8.8.1955. In: Institut für Stadtgeschichte, Magistratsakten 10.117.

61 Siehe Pflanzenlisten: Pflanzenliste des trockenen Hainbuchenwaldes (Lerchesberg); Weiterhin für den Lerchesberg geeignet; Nicht geeignet. In: Institut für Stadtgeschichte, S3: Dokumentation Ortgeschichte: Lerchesberg, S3/E 2191.

62 Siehe auch dazu die Berichterstattung N. N.: Auf dem Lerchesberg: Die ersten fünfzehn Häuser. In: FNP, 30.8.1956. In: Institut für Stadtgeschichte, S3: Dokumentation Ortgeschichte: Lerchesberg, S3/E 2191.

63 Dr. Hans K. an den Herrn Oberbürgermeister, Frankfurt am Main, 3.2.1961, Betr. Bebauungsvorschlag Sachsenhäuser Berg. In: Institut für Stadtgeschichte, Magistratsakten III/2-1979, Signatur 1.620, Stadtkanzlei, Aktennr. 3681/50, Anfang: 1955.

64 Siehe die Briefe. In: Institut für Stadtgeschichte, Magistratsakten III/2-1979, Signatur 1.620, Stadtkanzlei, Aktennr. 3681/50, Anfang: 1955.

fünf Anwohnern/Anwohnerinnen des Nansenrings: „Wir sind nicht gewillt, die Beeinträchtigung und Wertminderung unseres Eigentums hinzunehmen und kündigen hiermit erhebliche Schadensersatzforderungen an.“[65] Das Argument, dass es sich bei den neuen Plänen um Vertragsbruch handele, platzierten die Anwohner/Anwohnerinnen auch öffentlichkeitswirksam in der Presse.[66] Um den Druck auf die Stadt weiter zu erhöhen, gründeten sie zudem eine Interessensgemeinschaft und gaben umgehend ein Rechtsgutachten in Auftrag, was auf die Handlungsspielräume der Eigentümer und Eigentümerinnen von Häusern in Villenvierteln gegenüber der Stadtverwaltung verweist, auf die später noch zurückzukommen ist.[67]

Auftrieb erhielt die Debatte, als den Lerchesbergern und Lerchesbergerinnen zu Ohren kam, dass die Stadt plane, eine Hochhaussiedlung in unmittelbarer Nachbarschaft zu bauen.[68] Die Anwohner und Anwohnerinnen argumentierten in ihren Beschwerdebriefen erneut, dass sie sich – sollte es zu dieser Siedlung kommen – gegen den Taunus und für Frankfurt unter der Vorspiegelung falscher Tatsachen entschieden hätten und die Stadt damit ihr eigenes Ziel, eine „Siedlung der Prominenten“ zu schaffen, unterwandere.[69] Dieses Argument war auch ein zentraler Hebel, den die Grundstücksgesellschaft gegen die Stadtverwaltung vortrug:

> Es war damals die klare Absicht der Stadtverwaltung, mit dem Lerchesberggebiet ein Villengelände für Bürger mit gehobenen Ansprüchen und entsprechendem Einkommen oder Ver-

[65] Auch zitiert in N. N.: Wird der Vertrag gebrochen? In: FNP, 11.5.1959. In: Institut für Stadtgeschichte, S3: Dokumentation Ortgeschichte: Lerchesberg, S3/E 2191. Siehe generell zum Wertverlust durch den Flughafen auch Wolfgang Schubert: „Wo es laut wird, ist ein Flughafenabschlag fällig“. Makler verklagen Wertverlust. In: k. A.; Jürgen Dahlkamp: Für ein Paar Millionen die freie Auswahl in Wohn-Schlaraffia. In: FAZ, 14.6.1997, S. 57. In: Institut für Stadtgeschichte, S3: Dokumentation Ortgeschichte: Lerchesberg, S3/E 2191.

[66] N. N.: Wird der Vertrag gebrochen? In: FNP, 11.5.1959. In: Institut für Stadtgeschichte, S3: Dokumentation Ortgeschichte: Lerchesberg, S3/E 2191. Siehe auch N. N.: Drohung für den Lerchesberg. Gegenwärtige und zukünftige Villenbesitzer sind verärgert. In: k. A., Januar 1961; N. N.: Die Villen am Lerchesberg. In: NP, 22.8.1964. In: Institut für Stadtgeschichte, S3: Dokumentation Ortgeschichte: Lerchesberg, S3/E 2191.

[67] Sprecher waren Dr. Helmuth St., Professor Dr. G. und Dr. Hans Sch. „Sie wurden ermächtigt alle Schritte gegen die Lerchesberg Grundstücks-Gmbh und die Stadt zu ergreifen, die geeignet sind, die Rechte der Lerchesberg-Bewohner zu wahren“. Siehe hierzu auch: Aktennotiz. In: Institut für Stadtgeschichte, Magistratsakten III/2-1979, Signatur 1.620, Stadtkanzlei, Aktennr. 3681/50, Anfang: 1955; N. N.: Die Privatsiedlung auf dem Sachsenhäusener Berg. In: k. A., 16.8.1957, S. 8; N. N.: Sachsenhäuser Bürgerhaus aus Privatinitiative. In: FAZ, 29.11.1963, S. 33.

[68] Der Oberbürgermeister an Stadtrat Kampffmeyer, 26.1.1961. In: Institut für Stadtgeschichte, Magistratsakten III/2-1979, Signatur 1.620, Stadtkanzlei, Aktennr. 3681/50, Anfang: 1955.

[69] Siehe beispielhaft: Dr. W. F. an den Oberverwaltungsdirektor Kohl, 13.4.1961. In: Institut für Stadtgeschichte, Magistratsakten III/2-1979, Signatur 1.620, Stadtkanzlei, Aktennr. 3681/50, Anfang: 1955.

mögen zu schaffen, ausgelöst durch die Erkenntnis, dass solche in Frankfurt beschäftigten Personen diese Wünsche in dieser Stadt nicht befriedigen konnten und man ihre Abwanderung in die Außengebiete – also insbesondere in die Taunusgemeinden – verhindern wollte. Dabei ist auch daran gedacht worden, Inhabern solcher Betriebe, die erwünschterweise nach Frankfurt zuwanderten, die Möglichkeit zur Erfüllung ihrer eigenen Bauwünsche im Frankfurter Raum zu geben. Die bisherige Entwicklung ist genau diesem Plan gefolgt. Es gibt kaum einen Eigentümer auf dem Lerchesberggebiet, der ohne dieses in den Frankfurter Grenzen verblieben wäre und alle Anwohner gehören zu der Gruppe, deren Abwanderung der Stadtgemeinde sehr schmerzlich gewesen wäre. [...] Es ist eine Unmöglichkeit, dass die Stadt heute dieser klaren Erkenntnis zuwiderhandelt. [...] Wenn man den LERCHESBERG [Hervorhebung im Original], wollte, so muß man jetzt auch die Konsequenz bei der Bebauung der Umgebung ziehen.[70]

Die Grundstücksgesellschaft erwirkte schließlich eine Einigung zwischen Stadt und Anwohnern/Anwohnerinnen.[71] Der Kompromiss war, dass die Grundstücke zwar verkleinert wurden, aber die weitere freie Fläche als Grünfläche bewahrt und nicht weiterverkauft werden konnte. Zweifamilienhäuser durften nicht gebaut werden. Zudem führte die Stadt einen Achtungsabstand zum Lerchesberg ein, durch den eine unmittelbare Bebauung der Umgebung und damit eine Störung der Aussicht vermieden wurde.[72]

Grundsätzlich zeigte sich die Stadtverwaltung aber irritiert über den starken Protest. Gerade der Vorwurf des Vertragsbruchs führte zu Kopfschütteln, schließlich kam es aus einem Stadtviertel, „in de[m] jeder Bauherr unabhängig von den sonst im Stadtgebiet geltenden Richtlinien sein Heim nach eigenen Wünschen ge-

[70] Lerchesberg Grundstücks-Gesellschaft m. b. H. an den Oberbürgermeister Werner Bockelmann, Betrifft: Bebauungsvorschlag Sachsenhäuser Berg, Ihr Schreiben v. 18.9.1960, 25.10.1960. In: Institut für Stadtgeschichte, Magistratsakten III/2-1979, Signatur 1.620, Stadtkanzlei, Aktennr. 3681/50, Anfang: 1955. Siehe auch die vorherigen Schreiben der Lerchesberg Grundstücks-Gesellschaft m. b. H. an den Oberbürgermeister, 8.1.1960. In: ebd.

[71] Die Bauverwaltung reagierte jedoch zunächst nicht, weshalb der Oberbürgermeister mahnende Briefe schreiben musste: Oberbürgermeister an den Stadtrat Dr. Kampffmeyer, Bauverwaltung, 13.9.1960; Stadtrat Hans Kampffmeyer an Herrn Rolf K., 28.4.1958; Oberbürgermeister an die Lerchesberg Grundstücks m. b. H., 28.9.1960. Alle in: Institut für Stadtgeschichte, Magistratsakten III/2-1979, Signatur 1.620, Stadtkanzlei, Aktennr. 3681/50, Anfang: 1955.

[72] Häuserblocks wurden gedreht, „so dass der Beschauer von Westen her nur noch schmale Giebelseiten wahrnimmt“. „Die etwa 8-geschössigen Hochhäuser (im Plan schwarz kariert) weisen von der Villenkolonie einen so großen Abstand auf, daß sie auf keinen Fall als störend oder dem Wohnwert der Lerchsbergvillen irgendwie abträglich empfunden werden können.“ Der Oberbürgermeister an die Lerchesberg Grundstücksgesellschaft mbH., 28.9.1960. In: Institut für Stadtgeschichte, Magistratsakten III/2-1979, Signatur 1.620, Stadtkanzlei, Aktennr. 3681/50, Anfang: 1955.

stalten darf".[73] Wie schon das Wort „Richtlinien" zeige, so eine Aktennotiz der Stadtverwaltung, könnten die hierhin enthaltenen Vorschriften keinesfalls als unabänderlich angesehen werden – davon hätten schließlich einige Lerchesberger selbst profitiert: „Den Vorteil davon hat neben vielen anderen auch Herr Dr. S[...] gehabt, bei seiner durchgehenden Dachgaube und Prof. G[...] bei der ihm bewilligten Eingangslösung, um nur einige von den Herren zu nennen, die als Beschwerdeführer herausgestellt sind."[74] Beim Lerchesberg, so zitiert die „Neue Presse" auch Stadtrat Kampffmeyer, handele es sich um ein „Eldorado privater Willkür".[75] Dies deutet darauf hin, dass bereits zeitgenössisch intensiv diskutiert wurde, welches Recht mit dem Erwerb von Eigentum einhergehe, aber vor allem wie viel Einfluss die Besitzer und Besitzerinnen dieses Eigentums auf die Umgebung und damit auf den öffentlichen Stadtraum nehmen konnten, oder besser gesagt: dachten nehmen zu können.

Das Argument der individuellen Gestaltung ist auch insofern interessant, dass die Grundstücksgesellschaft bereits bei der Planung vor der schwierigen Aufgabe stand, individuelle Gestaltungswünsche und ein in sich homogenes Gesamtprojekt in Einklang zu bringen. Im Magistrat wurde zwar in einer Sitzung Mitte der 1950er-Jahre noch vermerkt, dass „der hohe Anschaffungspreis nur für Einkommensklassen erschwinglich ist, von denen ein nicht zu schlechter Baugeschmack oder die Möglichkeit den Baugeschmack eines guten Architekten bezahlen zu können, erwartet wird."[76] Doch was war ein guter Geschmack? Und können Einkommen und guter Geschmack überhaupt gleichgesetzt werden? Widersprochen hätte wahrscheinlich Alexander Mitscherlich – Arzt, Psychologe und Leiter des Sigmund-Freud-Instituts in Frankfurt am Main. Anlass für sein vielfach zitiertes Buch „Die Unwirtlichkeit unserer Städte" von 1965 waren seine „Gänge durch Villenvororte". So formulierte er: Diese „oft reichen Einfamilienweiden" seien eine „Anhäufung von Zufälligkeiten des Gestaltungswillens" wie, so Mitscherlich, sie beispielsweise „die Apfelwiesen des südlichen Taunus" überziehen.[77] Dem Bauherrn sei kein Kanon mehr vorgeschrieben, seinen Status zu demonstrieren. Ihm sei, so Mitscherlich weiter, vielmehr gestattet „seine Wunschträume mit seiner Identität zu verwech-

[73] N. N.: Baubeginn auf kostbarem Boden. In: FAZ, 14.3.1956, S. 11.

[74] Aktennotiz. Betrifft: Zeitungsartikel in der Frankfurter Neuen Presse vom 11.5.1959 „Wird der Vertrag gebrochen?", 13.5.1959, gez. Berninger, gez. Neumann. In: Institut für Stadtgeschichte, Magistratsakten III/2-1979, Signatur 1.620, Stadtkanzlei, Aktennr. 3681/50, Anfang: 1955.

[75] Nach dem Presseartikel kam es zu großem Protest: Stadtrat Hans Kampffmeyer an die Lerchesberg Grundstücks Gesellschaft m. b. H. 8.5.1958. In: Institut für Stadtgeschichte, Magistratsakten III/2-1979, Signatur 1.620, Stadtkanzlei, Aktennr. 3681/50, Anfang: 1955.

[76] Siehe dazu auch Tharun: Entstehung (wie Anm. 6), S. 95.

[77] Alexander Mitscherlich: Die Unwirtlichkeit unserer Städte. Anstiftung zum Unfrieden. Frankfurt a. M. 1969, S. 11.

seln".[78] Und genau dieser Gefahr – beziehungsweise der Gefährdung durch solch einen Nachbarn – versuchten die Planer und Planerinnen frühzeitig zu begegnen.[79]

Wer auf dem Lerchesberg bauen wollte, musste der Grundstücksgesellschaft vor dem Kauf seine Bauskizzen vorlegen und diese genehmigte beziehungsweise erteilte erst daraufhin den Kaufzuschlag.[80] Dies war keine unübliche Praxis und findet sich bereits bei den Terraingesellschaften aus dem 19. Jahrhundert. Der Historiker Clemens Wischermann hat für die Terraingesellschaft „Consortium" in Hamburg-Harvestehude eindrücklich beschrieben, wie diese die Grundstücke unter vorher sehr klar formulierten Bedingungen anstatt zur „beliebigen Nutzung" verkauft hatte. Die Käufer und Käuferinnen dieser Grundstücke wurden verpflichtet, alles zu vermeiden, um durch „üblen Geruch oder übermäßigen Lärm die Nachbarn" zu belästigen. Es durften auch keine „kleinen Wohnungen, Wohnsäle oder Buden" und nur zwei Gebäude aneinandergebaut werden und diese seien von allen Seiten mit „Facaden" zu versehen.[81] Die Grundstücksgesellschaft formulierte ihre Bedingungen rund 50 Jahre später ebenfalls sehr klar in der Werbebroschüre:

> Und alle, die ihr Herz an Frankfurt hängen, waren begeistert angesichts der Idee, daß man nun endlich aus der Atmosphäre des plan- und maßvollen sozialen Wohnungsbaus zur Ära der baulichen Schönheit und des individuellen Geschmacks kommen will. Denn das ist der Plan: eine Gartenstadt zu schaffen, in der kein Haus wie das andere ist; jedes für sich eine geschlossene Einheit, Zeuge des persönlichsten Schönheitssinns seines Bauherrn und dennoch ein Steinchen in dem Mosaik. [...] Halt! Es dürfen keine „Kästen" gebaut werden und keine Normhäuser, kein Haus soll mehr als ein Obergeschoß haben, kein Zaun soll die Grundstücke von der Straße trennen, keine Straße soll durch gestreckte Langeweile den Ästhetikern „in die Quere laufen", und kein Baum soll dort stehen, wo der Instinkt der „Grunewaldplaner" einen Busch oder eine Blumenrabatte für angebracht hält. Erträgliche Einschränkungen im Dienste der Schönheit, Richtungsweiser, die jeden erfreuen werden, der sich hier einmal herzlich wohlfühlen will. Vielleicht wittert der Leser hier einen Pferdefuß. Aber er sollte doch bedenken, was alles dazugehört, um aus der ungehemmten Unternehmungslust von 276 Bauherrn schließlich ein vollendetes Gesamtbild zu gewinnen, vollendet in seiner abgerundeten Klarheit und seinem ästhetischen Wert. Denn das ist eine alte Sache: Viele schöne Dinge ergeben zusammengenommen längst noch kein schönes Ganzes, und ein

[78] Ebd., S. 13.

[79] N.N.: Moderne Siedlung – aber keine Häuser „von der Stange". In: FR, 27.3.1956. In: Institut für Stadtgeschichte, S3: Dokumentation Ortgeschichte: Lerchesberg, S3/E 2191.

[80] Richtlinien zur Durchführung des Bebauungsplans für den Lerchesberg, 8.8.1955, genehmigt durch Mag. Besch. Nr. 1075 vom 8.8.1955. In: Institut für Stadtgeschichte, Magistratsakten 10.117.

[81] Allgemeine Verkaufsbedingungen für die zu verkaufenden Plätze der Ländereien des ehemaligen St. Johannis Klostergebiets. Hg. vom Bureau des Klosterland-Consortiums. [o. O. o. J.], S. 3, zitiert nach Wischermann: Wohnen (wie Anm. 47), S. 281.

> schönes Ganzes kann aus unscheinbaren Teilen bestehen. Darin liegt in unserem Fall die Schwierigkeit – und der Reiz.[82]

Um der hier sowie bei Mitscherlich beschworenen Gefahr der zu großen Individualisierung von Geschmack vorzubeugen, bekamen die potenziellen Kunden und Kundinnen bereits in der Broschüre Inspirationen, wie ihr Haus und ihr Grundeigentum aussehen könnten.[83] Den künftigen Bewohnern und Bewohnerinnen wurde damit ein gesamtästhetischer Rahmen vorgegeben, in den sich ihr Haus eingliedern sollte, um mit ihrem Eigentum das Gesamtprojekt nicht zu gefährden.[84] Die Vorstellung von dem erdachten Raum sollte demnach eine bestimmte Gruppe ansprechen, die sich mit diesen Vorgaben und mit einem bestimmten Geschmack identifizierte und zugehörig fühlte und dadurch ganz im Sinne von Bourdieu sich selbst als Klasse herausbildete.[85]

Ähnliche Identifikationsangebote, wenn auch in anderer Weise, bot die Frankfurter Presse, die das Projekt von Anfang an bewarb. Die Journalisten und Journalistinnen führten dabei einen anderen Ort als Referenz an: den Berliner Grunewald.[86] Für die Etablierung des neuen half also ein bereits etablierter Ort. Der Grunewald diente als Folie, um den Lerchesberg mit Vorstellungen zu besetzen, und er versprach gleichzeitig, dass er sich in eine Reihe bereits bekannter Orte eingliedern würde, die – nicht nur lokal – einen klaren Platz in einer sozialen Ordnung hatten. Grunewald und Lerchesberg waren imaginierte Räume, die pars pro toto für etwas stehen sollten: für die guten Adressen der sozialen Oberschicht der Bundesrepublik. Der Erwerb des Grundeigentums am Lerchesberg versprach, Teil dieser sozialen Gruppe zu werden, und deswegen ging mit der Kaufentscheidung immer auch eine soziale Selbstverortung einher.

82 Lerchesberg Grundstücks-Gesellschaft M. B. H. (Hg.): Villen-Grundstücke (wie Anm. 4), S. 4.

83 Siehe auch N. N.: Moderne Siedlung – aber keine Häuser „von der Stange“. In: FR, 27.3.1956. In: Institut für Stadtgeschichte, S3: Dokumentation Ortgeschichte: Lerchesberg, S3/E 2191.

84 Lerchesberg Grundstücks-Gesellschaft M. B. H. (Hg.): Villen-Grundstücke (wie Anm. 4), S. 10 f.

85 Siehe dazu Pierre Bourdieu: Die feinen Unterschiede. Kritik der gesellschaftlichen Urteilskraft. Frankfurt a. M. 1987.

86 N. N.: Frankfurter Grunewald entsteht. In: FNP, 6.7.1955; N. N.: Baubeginn am Lerchesberg: Frankfurter Grunewald gewinnt Gestalt. In: FNP, 7.3.1956; N. N.: Am Lerchesberg entsteht Frankfurts Grunewald. In: FR, 20.5.1955, S. 3. Alle in: Institut für Stadtgeschichte, S3: Dokumentation Ortgeschichte: Lerchesberg, S3/E 2191.

Den Raum dokumentieren: Kartierungen und Vermessungen des Villenviertels Lerchesberg

Aber wer zog schließlich auf den Lerchesberg? Bereits zeitgenössisch weckte diese Frage das Interesse von Journalistinnen, Journalisten, Wissenschaftlern und Wissenschaftlerinnen. Die Karte „Sozialstruktur 1969" versuchte, die Frage eindrücklich zu beantworten. Den Hintergrund bildete das bekannte Siedlungsmuster des Villenviertels. Hervorstachen aber die Häuser, die in sieben Farben eingefärbt sind: dunkelblau, dunkelgrün, hellblau, hellgrün, gelb, rot und schwarz. Die Farben standen für unterschiedliche Berufsgruppen, die wiederum unterschiedlichen Sozialgruppen zugeordnet wurden.[87] Dominiert wurde das Gesamtbild von dunkelblauen und dunkelgrünen Kästchen, die die wohlhabendsten Sozialgruppen anzeigten. Wobei aus Sicht der einstigen Planer und Planerinnen, die den Lerchesberg als exklusive Prominentensiedlung konzipiert hatten, interessant erscheint, dass eine andere Farbe ebenfalls erstaunlich häufig vorkam: hellblau, Gruppe 3, Obere und Mittlere Mittelschicht.

Die Karte stammt aus einer Studie der bereits erwähnten Frankfurter Geografin Elke Tharun zur „Entstehung und Struktur der Frankfurter Villenviertel" aus dem Jahr 1969.[88] Es handelte sich um die erste detaillierte wissenschaftliche Bestandsaufnahme der nach dem Zweiten Weltkrieg errichteten Frankfurter Villenviertel. Tharun beschrieb darin nicht nur die Vorgeschichte der exklusiven Wohnlagen Frankfurts seit dem 19. Jahrhundert – von den innerstädtischen Villenvierteln des Kaiserreichs und den Taunussiedlungen bis hin zu den nach 1945 entstandenen neuen Gebieten Mumm'scher Park, Holzhecke und Lerchesberg –, sie interessierte auch die Frage, ob die Planer und Planerinnen der Nachkriegsjahre ihr Versprechen halten konnten. Waren die Villenviertel rund 15 Jahre nach ihrer Errichtung tatsächlich so exklusiv wie erwartet? War es gelungen, die vermögenden Schichten aus dem Taunus zurückzuführen, nachdem sie aus der Stadt auf-

[87] Gruppe I (dunkelblau): Führungspositionen in Industrie und Bankwesen, zum Beispiel: Kfm. und techn. Direktoren, Bankdirektoren, Banksyndiken und Professoren; Gruppe II (dunkelgrün): Akademiker, sowohl freiberuflich als auch angestellt oder Beamten soweit nicht schon unter I; Gruppe III (hellblau): Kaufleute, Geschäftsleute, Makler, Vertreter; Gruppe IV (hellgrün): (Fachschul-)Ingenieure und Architekten, Graphiker; Gruppe V (gelb): Nicht erwerbstätige Personen: Privatiere, Rentner, Witwen, Frauen ohne Berufsangabe; Gruppe VI (rot): Handwerker, Arbeiter; Gruppe VII (schwarz): juristische Personen; Gruppe VIII (grau): Erbengemeinschaften. In: Tharun: Entstehung (wie Anm. 6), zwischen S. 98 und S. 99 ohne eigene Seitenzählung.

[88] Ebd.

grund der Bombardierung im Zweiten Weltkrieg und dem Verkehrsausbau nach 1945 „geflüchtet“ waren?[89]

Um diese Frage zu beantworten, musste Tharun erst einmal klären, was „reich“ überhaupt bedeutete. Neueren Ansätzen in der Sozialgeografie folgend ging sie davon aus, dass sich Reichtum nicht – wie in der marxistischen Stadtgeografie angenommen – objektiv bestimmen ließe; eine soziologische und geografische Analyse des Reichtums musste auch subjektive Faktoren, wie etwa die Eigenwahrnehmung der sozialen Schicht, und die gesellschaftlichen Manifestationen von Reichtum, wie etwa Prestige und Ansehen, mitberücksichtigen.[90] Diesen mehrdimensionalen Reichtumsbegriff setzte Tharun in Dialog mit einem sozialwissenschaftlichen Schichtaufbau der Gesellschaft. Das funktionalistische Modell hierfür lieferten Harriet Moore und Gerhard Kleining,[91] die – aufbauend auf den Arbeiten des US-amerikanischen Anthropologen, Sozialpsychologen und Vertreters der „Chicago School of Sociology“ William Lloyd Warner – im Jahr 1960 eine soziale Schichtenpyramide für die Bundesrepublik vorschlugen. Das war fünf Jahre bevor der Soziologe Ralf Dahrendorf sein berühmtes „Dahrendorfhäuschen“ veröffentlichte.[92]

Tharun interessierte sich nicht nur für die vermögende Schicht und das Villenviertel, sondern setzte diese in den Kontext von Fragen sozialer Ungleichheitsverhältnisse und Segregation.[93] Der Lerchesberg stellte für sie ein besonderes Beispiel dar, weil hier sozialräumliche Abgrenzung nicht historisch gewachsen, sondern gezielt geplant worden war. Der Pyramide von Moore und Kleining folgend kartierte Tharun den Lerchesberg, wobei sie für die Schichteneinordnung ein Hilfsmittel heranzog, das die Selbstwahrnehmung der Bewohner und Bewohnerinnen öffentlich dokumentierte: das Adressbuch.[94] Mithilfe der „Adreßbuchmethode“[95] und der dort angegebenen Berufsgruppen gelangte Tharun zu dem bereits zitierten Ergebnis, dass der Lerchesberg inzwischen ein „Wohngebiet der wohlhabenden mittle-

[89] So sei die Gruppe I in Frankfurt a. M. eigentlich nach dem Zweiten Weltkrieg „überhaupt nicht mehr vertreten“ gewesen; ebd., S. 61.

[90] Ebd., S. 7–9. Sie lehnt sich hierbei an Ossowski an.

[91] Gerhard Kleining/Harriett Moore: Das soziale Selbstbild der Gesellschaftsschichten in Deutschland. In: KZfSS 12 (1960) 1, S. 86–119.

[92] Ralf Dahrendorf: Gesellschaft und Demokratie in Deutschland. München 1965; siehe auch Hermann Strasser/Gerd Nollmann: Ralf Dahrendorf. Grenzgänger zwischen Wissenschaft und Politik. In: Soziologie heute 3 (2010) 11, S. 32–35.

[93] Hierzu griff sie auf immer wieder auf die Theorien von Burgess und Hoyt zurück, die zu dem Ergebnis kamen, dass „die Wohnviertel der gehobenen Schichten in der Innenstadt sozial absinken (Ausdehnung der Geschäfte, Verkehr, Lärm) und die Wohlhabenden an die Peripherie abwandern.“; Tharun: Entstehung (wie Anm. 6), S. 15.

[94] Für den Lerchesberg ergänzte sie diese Daten noch um Angaben aus dem Grundstücksverzeichnis des Stadtplanungsamtes, das auch Grundstücksgrößen aufführte.

[95] Tharun: Entstehung (wie Anm. 6), S. 19.

ren und oberen Mittelschicht" sei – im Frankfurter Vergleich zwar eine gehobene Adresse, „das reichste der heute bestehenden Villenviertel"[96], wie sie es beschrieb, aber in der Realität durchmischter als ursprünglich gedacht.

Sie kam damit zu einem ähnlichen Ergebnis wie ihr Kollege Peter Braun, der für Hamburg anhand einer Sozialpyramide feststellte, dass das „reiche, privilegierte Viertel" Harvestehude zwar räumlich klar zu lokalisieren sei, seine sozialen Grenzen jedoch eher fluide verliefen.[97] Die Historikerin Christiane Reinecke wies darauf hin, dass sich in uneindeutigen Befunden auch eine Unsicherheit spiegelte, soziale Hierarchien eindeutig zu bestimmen. Stattdessen hielt man lieber an dem von Helmut Schelsky 1953 entwickelten Bild einer „nivellierten Mittelstandsgesellschaft" fest.[98] Tharun schien ihr Ergebnis allerdings durchaus zu hinterfragen und zu problematisieren. So gab sie zu bedenken, dass der Zugang über Professionen und Berufsgruppen nicht zwangsläufig die tatsächlichen Vermögensverhältnisse freilege. So sei etwa der Begriff des Kaufmanns eine „vage und ungeschützte Berufsbezeichnung" und „verberge" ökonomische „Verhältnisse" anstatt sie sichtbar zu machen. Gleiches gelte für die Handwerker, bei denen es sich im Falle des Lerchesbergs ohne Frage um „erfolgreiche Leute" handeln müsse.[99]

Vor diesem Hintergrund schien es für die Geografie aufschlussreicher, die Sozialstruktur des Lerchesbergs über die Bauweise zu erschließen. Hier hob Tharun die Faktoren hervor, die auch bereits die Planer und Planerinnen im Auge hatten: die Größe der Grundstücke, den Baucharakter des Einfamilienhauses, die „gediegene und aufwändige Bauweise" sowie die „weit über dem Durchschnitt liegende Ausstattung". Die Doppelgarage des Einfamilienhauses sei am Lerchesberg „eine Selbstverständlichkeit", das „Schwimmbecken im Garten" sei „nach Aussage der Baupolizei bereits überholt, bestenfalls Accessoire. Die Sauna dagegen in der gedeckten und somit heizbaren Schwimmhalle en vogue, Gymnastikraum und Kellerbar" gehörten bereits zu Standardausstattung.[100] Die Villenbesitzer und -besitzerinnen seien, so die Quintessenz, in ihrem Konsum dem Rest der Gesellschaft immer einen Schritt voraus. Die Geografin bestimmte demnach die soziale Gruppe über ihre Konsumpraktiken und referierte auf Thorstein Veblen, der bereits zum Ende

96 Ebd., S. 99.

97 Peter Braun: Die sozialräumliche Gliederung Hamburgs. Hamburg 1968; siehe auch Kurr: Gute Adresse (wie Anm. 29), S. 23. Siehe auch Elisabeth Pfeil/Norbert Schmidt-Relenburg/Jürgen Friedrichs: Die Kommerzialisierung von Harvestehude. Zur Wandlung eines citynahen Stadtteils. In: Hamburger Jahrbuch für Wirtschafts- und Gesellschaftspolitik 12 (1967) 1, S. 259–285.

98 Christiane Reinecke: Wo das Soziale wohnt. Urbane Geographien und die Verortung sozialer Ungleichheit in den westdeutschen Sozialwissenschaften. In: dies./Mergel (Hg.): Das Soziale (wie Anm. 26), S. 219–252, hier: S. 230.

99 Tharun: Entstehung (wie Anm. 6), S. 99.

100 Ebd., S. 100.

des 19. Jahrhunderts die Bedeutung des „conspicuous consumption“ betont hatte: Es reiche nicht, Reichtum zu besitzen. Reichtum müsse gezeigt werden.[101]

Tharuns Studie war zwar „nur“ als Examensarbeit am Fachbereich für Geografie der Goethe-Universität entstanden, aber sie wurde in Fachkreisen breiter rezipiert.[102] Dazu trug bei, dass Tharun nach Abschluss der Arbeit ihre Forschungen zur Siedlungs- und Wohnungsstruktur in Frankfurt und dessen Umland weiterführte und schnell eine wissenschaftliche Karriere machte, die sie schließlich auf eine Professur an dem besagten Fachbereich für Geografie der Goethe-Universität führen sollte. Darüber hinaus entsprang die Studie einem Forschungszusammenhang, der in der Zwischenkriegszeit entstanden war und der nach dem Zweiten Weltkrieg eine neue stadt- und regionalplanerische Relevanz erhalten sollte: den am Geografischen Institut der Goethe-Universität angesiedelten „Rhein-Mainischen Forschungen“. Dieses regionalgeografische Forschungsprojekt war ein wichtiger Resonanzraum für Tharuns Lerchesberg-Studie.

Hinter den „Rhein-Mainischen Forschungen“ verbarg sich ein ambitioniertes Forschungsprojekt zur wissenschaftlichen Beratung von Politik, Verwaltung und Wirtschaft.[103] Gegründet im Jahr 1925 von Walter Behrmann und Otto Maull, zwei von der Anthropogeografie Friedrich Ratzels beeinflussten Humangeografen, bestand das ursprüngliche Programm darin, das chaotisch gewachsene Industriegebiet Rhein-Main wissenschaftlich zu durchleuchten und auf dieser Grundlage neu zu ordnen.[104] An diesem Ansinnen änderte sich auch nach dem Krieg nichts, allerdings mussten sich die „Rhein-Mainischen Forschungen“ in dieser Zeit neu erfinden, um den „völkischen“ Ballast der Humangeografie der Zwischenkriegszeit abzuwerfen, für den Behrmann und Maull sinnbildlich standen. Die Sozialgeografie – und speziell die Erforschung „sozialer Ungleichheit“ (Tharun) – war ein Versuch in diese Richtung.

Und zu dieser Sozialgeografie gehörten auch „die Reichen“. Bereits 1956 erschien in der Schriftenreihe zu den „Rhein-Mainischen Forschungen“ eine erste sozialgeografische Studie in dieser Richtung: „Taunusrandstädte im Frankfurter

[101] Thorstein Veblen: Die Theorie der feinen Leute. Köln 1958.

[102] Insbesondere nachdem sie 1976 vom Frankfurter Verein für Geschichte und Landeskunde in die Reihe „Studien zur Frankfurter Geschichte“ aufgenommen und ihr Manuskript von 1969 erneut veröffentlicht wurde.

[103] Franz Schymik: „75 Jahre Rhein-Mainische Forschungen“. In: 75 Jahre Rhein-Mainische Forschungen 1925–2000. Hg. von Franz Schymik und Klaus Wolf. Frankfurt a. M. 2001, S. 39–100.

[104] Siehe bes. Otto Maull/Walter Behrmann: Rhein-Mainischer Atlas für Wirtschaft, Verwaltung und Unterricht. Frankfurt a. M. 1929. Vgl. Wilfried Krings: Der Rhein-Mainische Atlas von 1929. Karten im Dienst der Neugliederung des Deutschen Reiches in der Weimarer Republik. In: Nassauische Annalen 125 (2014), S. 395–416.

Raum“ von Josef Kaltenhäuser.[105] Der Taunus hatte sich seit Beginn des 20. Jahrhunderts und ganz explizit seit der Initiative des Landrats von Marx „Auf zum Taunus“ von 1908, die Baufläche gezielt als Villengelände ausschrieb, als beliebter Wohnort vermögender Schichten etabliert.[106] Er sei, so schrieb der Geograf Kaltenhäuser, ein „Spiegelbild der riesigen Vermögen“ gewesen, die in Frankfurt gebildet, aber im Taunus in „standesgemäß-individualisierter Form ihren Niederschlag“ gefunden hatten.[107] Kaltenhäuser betonte bereits das enge Wechselverhältnis zwischen der Stadt Frankfurt am Main und seinen ländlichen Vororten. Und so verwundert es auch nicht, dass Königstein wenige Monate bevor die Stadt Frankfurt nach langem Zögern und Widerstand die Freifläche zur Bebauung für den Lerchesberg frei gab, bereits eine große Fläche für Villenbebauung erneut annonciert hatte.[108]

In ihrer Studie zur „Entstehung und Struktur der Frankfurter Villenviertel“ verfolgte Tharun jedoch einen stark Frankfurt-zentrierten Ansatz. Denn obwohl der Lerchesberg an der Stadtgrenze lag, spielte das Umland für sie damals noch kaum eine Rolle. Das sollte sich bald ändern. Nach Abschluss der Arbeit begann sie – ganz im Einklang mit dem Ansatz der Rhein-Mainischen Forschungen –, sich der Region und ihrer „inneren Gliederung“ intensiver zu widmen.[109] So bemerkte sie bereits 1975: „So interessant und notwendig geografische Untersuchungen auf dem ‚micro-level‘ der Individual- oder Gruppenentscheidungen der individual- oder gruppenräumlichen Prozesse und Strukturen sind, so wenig darf vergessen werden, daß diese unterste Bezugsbasis geografischer Forschung eingebettet ist in einen kommunalen und regionalen Entscheidungsprozeß, der wiederum nur aus seinen historischen und sozioökonomischen Rahmenbedingungen heraus verständlich ist.“[110]

Im Mittelpunkt ihrer folgenden Arbeiten stand bald eines der drängendsten Probleme im Frankfurter Umland – die fehlende Regionalplanung –, wodurch sich unter anderem zeigen ließ, dass an Orten wie dem Lerchesberg falsch geplant worden war. Wie die meisten ihrer späteren Arbeiten erschienen die Ergebnisse dieser

[105] Kaltenhäuser: Taunusrandstädte (wie Anm. 35).

[106] Dr. Ernst Ritter von Marx: Auf zum Taunus. Unternehmung zur Hebung des Verkehrs und Förderung der Besiedlung im südlichen Taunus. In: Stadtarchiv Kronberg. Siehe zu der Initiative und generell zu Reichtum in den Taunusrandstädten Müller: Villen (wie Anm. 35), S. 133 f.

[107] Kaltenhäuser: Taunusrandstädte (wie Anm. 35), S. 255.

[108] Ebd.

[109] Elke Tharun: Bemerkungen zur Lage gehobener Wohnviertel im städtischen Raum. In: Werner Fricke/Klaus Wolf (Hg.): Neue Wege in der geographischen Erforschung städtischer und ländlicher Siedlungen. Frankfurt a. M. 1975, S. 153–160; dies.: Die Taunusrandstädte – Eigenständigkeit oder Abhängigkeit vom Frankfurter Kernraum? In: Hans-Georg Glaeßer/Bodo Freund (Hg.): Das Rhein-Main-Gebiet. Berlin/Stuttgart 1982, S. 155–185.

[110] Tharun: Bemerkungen (wie Anm. 109), S. 153.

Forschungen in der Schriftenreihe zu den Rhein-Mainischen Forschungen, wo sie später auch Bände zum Problem der regionalen Wohnungsversorgung, zu Ansätzen der ökologischen Planung und der Integration von Siedlung und Verkehr veröffentlichte.[111]

Es mag auf den ersten Blick verwundern, dass diese Form von Regionalgeografie von einem Frankfurter Villengebiet ihren Ausgangspunkt nahm; jedoch gibt es in dem ursprünglichen Manuskript einige Hinweise, die belegen, dass Tharun im Laufe ihrer Forschung realisierte, dass sich ein soziales Phänomen wie Reichtum in einer Ballungsregion, wie es das Rhein-Maingebiet schließlich war, nicht mehr ohne „die Umwelt" denken ließ, die am Lerchesberg zu einem wichtigen Störfaktor wurde. Es seien ursprünglich alle „Voraussetzungen für ein ruhiges, ‚grünes' Wohnen gegeben" gewesen, heißt es an einer Stelle des Manuskripts. „Niemand rechnete bei der Anlage des Villenviertels mit der ständig größer werdenden Bedeutung des Frankfurter Flughafens. Heute stellt der starke Luftverkehr eine Beeinträchtigung des Viertels dar, da eine Einflugschneise des Flughafens direkt über den Lerchesberg hinweg verläuft."[112]

Der hier erwähnte Fluglärm bildet auch einen festen Bestandteil von Sozialreportagen über den Lerchesberg; seit den 1970er-Jahren entwickelte er sich sogar zum zentralen Topos.[113] Die Umwelt und die „respektlosen Flugzeuge, die sich brummend über alles hinwegsetzen" seien das, was die soziale Exklusivität und die „Sanatoriumsruhe" breche und störe.[114] Solche Deutungen finden sich bereits seit den 1960er-Jahren, als Journalisten und Journalistinnen begannen, das Viertel ähnlich wie Tharun sozial zu vermessen. Sie verstärkten sich aber und dominierten schließlich die Beschreibungen je mehr der Ausbau des Flughafens in den 1970er-Jahren voranschritt.[115]

111 Elke Tharun: Die Planungsregion Untermain – Zur Gemeindetypisierung und inneren Gliederung einer Verstädterungsregion. Frankfurt a. M. 1975; dies./Klaus Wolke/Franz Schymik: Neue Verkehrskonzepte aus regionaler Sicht. Referate einer Tagung am 26. November 1993. Institut für Kulturgeographie, Stadt und Regionalforschung der J.-W.-Goethe-Universität Frankfurt am Main. Frankfurt a. M. 1994; dies.: Verkehrsplanung und städtebauliche Entwicklung. Vorträge eines Symposiums in Frankfurt am Main im November 1997. Institut für Kulturgeographie, Stadt- und Regionalforschung der J.-W.-Goethe-Universität Frankfurt am Main. Frankfurt a. M. 1998.

112 Tharun: Entstehung (wie Anm. 6), S. 97.

113 Siehe beispielsweise Valerie Eiseler: Wo die Reichen wohnen. In: FR, 17.1.2020, online zugänglich unter: https://www.fr.de/frankfurt/lerchesberg-frankfurt-sachsenhausen-reichen-wohnen-13424772.html (letzter Zugriff am 10.11.2023).

114 N. N.: Zwischen Villen und Pudeln. Vormittäglicher Ausflug auf den Lerchesberg. In: FR, 3.9.1964. In: Institut für Stadtgeschichte, S3: Dokumentation Ortgeschichte: Lerchesberg, S3/E 2191.

115 Claudia Michels: Hoffen, dass das Viertel nicht „kaputt gedüst" wird. In: FR, 21.9.2000, S. 33; Nils Bremer: Ende der Idylle am Lerchesberg. In: FNP, 8.6.1999, k. S. a. In: Institut für Stadtgeschichte, S3: Dokumentation Ortgeschichte: Lerchesberg, S3/E 2191.

Während die Reportagen die Geräuschkulisse am Lerchesberg durch imposante Sprachbilder vorstellbar machten, fiel den Reporterinnen und Reportern bei ihren Recherchen auf, dass ein wichtiges Element fehlte: die Menschen beziehungsweise die Eigentumsbesitzer und -besitzerinnen. Die Journalistin Valerie Eiseler trifft auf den Straßen des Lerchesbergs, „wo die Reichen wohnen“, nur Angestellte von Reinigungs- und Sicherheitsfirmen, Handwerksbetrieben oder Kindermädchen.[116] Auch (ihrem Kollegen) Ben Witter von der „ZEIT“ blieben die Türen Anfang der 1970er-Jahre verschlossen, und er beobachtete die Menschen auf dem Lerchesberg nur von außen: „Ein Terrassenfenster stand offen. Als ich näherkam, drückte ein Mann, der in einem Ohrensessel saß, auf einen Knopf. Das Fenster schloß sich. Mich traf ein scheeler, ängstlich aggressiver Blick.“[117] Die einzigen Anhaltspunkte für eine Vermessung der Bewohner und Bewohnerinnen boten Witter in seinen Streifzügen durch die Reichenviertel der Bundesrepublik in Hamburg, Düsseldorf, Stuttgart und München nur die Quadratmeter-Preise der Grundstücke.[118] Der Lerchesberg sei ein „herrenloses“ Viertel, schrieb auch ein Journalist der „Frankfurter Rundschau“ bereits 1964.[119] Auf der Straße seien ihm nur zwei Bewohner/Bewohnerinnen und ein Schornsteinfeger begegnet, am Vormittag seien hier – wenn überhaupt –, allein Frauen und Pudel anzutreffen: „Männer gibt es um diese Stunde nicht, schließlich müssen sie sich den Lerchesberg verdienen.“ Die Unsichtbarkeit der zu vermessenden Gruppe der Anwohner und Anwohnerinnen wird in zahlreichen Reportagen symbolhaft durch die hohen Hecken der Villen aber auch durch die namenlosen Klingelschilder beschrieben, die man nur mit Expertenwissen entschlüsseln könne. Einige hätten es sogar zur „völligen Namenslosigkeit gebracht und dokumentieren damit, daß sie einen Namen haben“.[120]

Solche Unsichtbarkeitssemantiken korrespondierten mit einer in der Bundesrepublik immer wieder gemachten Beobachtung, dass es sich bei „den Reichen“ um eine soziale Gruppe handelte, über die man kaum etwas wisse: Die „Reichen“ tauchten bis Mitte der 1960er-Jahre weder in der Sozialstatistik[121] auf, noch gab es

[116] Eiseler: Wo die Reichen wohnen (wie Anm. 113).

[117] Ben Witter: Wo die reichen Leute wohnen. Teil II: In Frankfurt, nicht in Frankfurt, sondern am Taunushang. In: Die Zeit, 2.10.1970.

[118] Kurr: Verteilungsfragen (wie Anm. 25), S. 137.

[119] N. N.: Zwischen Villen und Pudeln (wie Anm. 114).

[120] Ebd.

[121] Erst zu Beginn der 1960er-Jahre wurden Einkommens- und Verbraucherstichproben systematischer durchgeführt. Mit dem Steuerstatistischen Gesetz vom 6.12.1966 und im Zuge der finanziellen Konsolidierung unter der Großen Koalition erfolgte schließlich sogar eine statistische Erhebung der Lohn-, Einkommens- und Körperschaftssteuer im Dreijahresturnus. Die Erbschaftssteuer führte das Amt seit 1953 wieder auf, unterbrach dies jedoch mit dem Jahreswechsel 1962/63 vorübergehend bis 1966; bis 1978 wurden die Zählungen dann erneut alle sechs Jahre durchgeführt.

grundsätzliche Informationen über die Vermögensverteilung in wissenschaftlichen Studien. Als die erste Reportage 1964 zum Lerchesberg erschien, begann sich dies allmählich zu ändern. 1964 veröffentlichte der Nationalökonom Carl Föhl eine erste Wohlstandsanalyse für die Bundesrepublik.[122] Das Ergebnis: Der weitaus größte Teil des neugeschaffenen Volksvermögens falle denen zu, die bereits Vermögen besäßen. Ein Jahr zuvor hatte das Bundesministerium für Arbeit und Sozialordnung den Bonner Ökonomieprofessor Wilhelm Krelle beauftragt, eine Studie zur Vermögensbildung zu erarbeiten. Krelle legte 1968 einen Bericht vor, der einen Teil zur Entwicklung der bundesrepublikanischen Vermögensstruktur enthielt. Darin fand sich die bald geflügelte Formel, dass eine Minderheit von 1,7 Prozent aller Haushalte über 74 Prozent des Produktivvermögens und 35 Prozent des Gesamtvermögens verfügte.[123] Hatte Schelsky das Erhard'sche Credo „Wohlstand für alle" mit dem wissenschaftlichen Postulat hoher sozialer Mobilität unterfüttert, versah Krelle dieses nun 15 Jahre später durch seine Zahlenerhebung mit einem Fragezeichen. Nicht zuletzt durch solche Veröffentlichungen rückte die soziale Gruppe der Vermögenden ab Mitte der 1960er-Jahre ins Blickfeld der Öffentlichkeit.[124] Für die Mitte der Dekade lässt sich sogar von einer Zäsur in der öffentlichen Thematisierung von Reichtum sprechen. Die unsichtbare Sozialfigur des Reichen sollte sichtbarer werden. Die Reportagen waren ein Versuch, in diese Richtung – nicht nur am Lerchesberg.[125]

Vgl. Egon Hölder/Manfred Ehling: Zur Entwicklung der amtlichen Statistik in Deutschland. In: Wolfram Fischer/Andreas Kunz (Hg.): Grundlagen der Historischen Statistik von Deutschland. Quellen, Methoden, Forschungsziele. Darmstadt 1991, S. 15–31, hier: S. 26. Auch über die Berufszählungen waren nur mit Mühe standardisierte Daten zur sozialen Schichtung zu bekommen, das betont auch Rüdiger Hohls: Quellen zur Erwerbsstatistik Deutschlands im ausgehenden 19. und im 20. Jahrhundert. In: ebd., S. 315–350, hier: S. 330.

122 Carl Föhl: Kreislaufanalytische Untersuchung der Vermögensbildung in der Bundesrepublik und der Beeinflussbarkeit ihrer Verteilung. Tübingen 1964.

123 Wilhelm Krelle/Johann Schunck/Jürgen Siebke: Überbetriebliche Ertragsbeteiligung der Arbeitnehmer. Mit einer Untersuchung über die Vermögensstruktur der Bundesrepublik Deutschland. Als Forschungsauftrag des Bundesministeriums für Arbeit und Sozialordnung. 2 Bde. Tübingen 1968; siehe auch Wilhelm Krelle/Ralf Pauly: Wirkungen staatlicher Maßnahmen auf die Einkommensverteilung, abgeschätzt mit Hilfe eines Prognosesystems für die Bundesrepublik Deutschland, Anhang. Bonn 1976.

124 Beispielsweise durch die Debatte um Rolf Hochmuth, die Bücher von Bernt Engelmann und Michael Jungblut, aber auch die Bestrebungen der evangelischen Kirche und der Gewerkschaften für eine gerechtere Vermögensverteilung; siehe hierzu ausführlich Eva Gajek: Reichtum und Reiche in der Bundesrepublik der 1960er Jahre. Eine Dialektik von Sichtbarkeit und Unsichtbarkeit. In: Werkstatt Geschichte Heft 73 (2017), S. 51–70, hier: S. 61 f.; Kurr: Verteilungsfragen (wie Anm. 25), S. 109 f., S. 81 f.

125 Siehe vor allem die Serie in der „Zeit": Witter: Wo die reichen Leute wohnen (wie Anm. 33).

Die soziale Gruppe der Lerchesberger Villenbesitzer und Villenbesitzerinnen erhielt in den Reportagen über ihren Konsum und ihren Besitz eine Kontur. So führt die „Frankfurter Allgemeine Zeitung“ Ende der 1960er-Jahre aus: Auf dem Lerchesberg würden seit den 1950er-Jahren „jene Reichen [wohnen], die ihr Geld nicht verdienen wollen, um es auf einem Schweizer Nummernkonto zu verstecken. Allenfalls hinter einer manikürten Buchsbaum-Hecke.“ Hier stünden die „Schlösser des Bürgertums, die Neuschwansteins der Neuzeit“. Aber auch die Ausstattung dieser Häuser spielte immer wieder eine zentrale Rolle. Bereits Anfang der 1960er-Jahre wurde von Swimmingpools, „tadellosen Einbauküchen nebst Telefonanschluss am Herd“[126] und „teure[n] Vorhangstoffe[n]“ berichtet. Die Journalisten und Journalistinnen waren sogar von den Briefkästen beeindruckt. Die Anwohnerschaft habe Zugang zu Ressourcen, die „Normalbürgern und Normalbürgerinnen“ nicht zur Verfügung stünden. Dies zeige sich insbesondere an der Motorisierung des Viertels. Die „Frankfurter Allgemeine Zeitung“ verwies auf „die Dreifachgaragen mit Benz und Bentley“. Die „Frankfurter Rundschau“ wiederum beobachtete, dass man die Frauen des Lerchesbergs „nur am Steuer sehe“.

Der Lerchesberg wurde so zum Gegen-Ort des öffentlichen Verkehrs: „Schnuppernd ging ich vorbei und sah den leeren Bus den Bischofsweg hinunterrollen. Daß er nicht besetzt war, wirkte hier nicht wie ein Stilbruch“, berichtete der Journalist der „Frankfurter Rundschau“ 1964. Und das änderte sich auch nicht als rund 35 Jahre später die Journalistin Eiseler einen Busfahrer zitierte, der betonte: „Die Reichen fahren nie Bus. Ich fahre immer die Putzfrauen und die Schulkinder. Ab und zu vielleicht mal jemanden, der in der Innenstadt nicht parken will.“[127] Dies war keine Übertreibung. In der Tat stellten die Stadtwerke, nachdem sie eine Haltestelle für einen Omnibus in den 1960er-Jahren am Lerchesberg eingeführt hatten, fest, dass die Busse immer leer zurückkamen und sich die Anfahrt gar nicht rentierte. Zudem häuften sich die Beschwerden wegen Lärmbelästigung der Anwohnerschaft.[128] Die roten Pfeile der imaginierten Karte der Werbebroschüre der Grundstücksgesellschaft schienen sich damit in den tatsächlichen Bewegungsmustern der Anwohnerinnen und Anwohner wiederzufinden.

Die Schilderungen von Konsum und Besitz, die Spaziergänge durch scheinbar verschlossene Villenviertel luden zum Träumen ein. Gerade die Unsichtbarkeit, so scheint es, befeuerte die Imaginationen über die dort Wohnenden. Die Villen liegen „in tiefen Vorgärten und stacheln die Phantasie an“, meinte der Journalist der „Frankfurter Rundschau“ 1964 und fragte die Leser und Leserinnen: „Möchtest du

[126] N. N.: Zwischen Villen und Pudeln (wie Anm. 114).

[127] Eiseler: Wo die Reichen wohnen (wie Anm. 113).

[128] Stadtwerke an den Oberbürgermeister, o. D. In: Institut für Stadtgeschichte, Magistratsakten 10.117.

nicht in der blauen Hollywoodschaukel wippen und einen eisgekühlten Whiskey genießen?“ Die Träume der Sozialbeobachter, die pars pro toto für die Träume des „kleinen Mannes“ stehen sollten, konstituierten sich über die Raumbilder der Oberschicht. Doch der Lerchesberg mit seinem Flugverkehr störte diese Träume. Die Erzählung über das Villenviertel war anders als im Falle von Berlin-Grunewald oder München-Bogenhausen eine gebrochene Erzählung.

Den Raum verteidigen: Wissen und Gegenwissen als politische Ressource

„Die beiden stärksten Waffen des Gutachters sind ein Thermogramm des Gebietes der Regionalen Planungsgemeinschaft Untermain und eine Karte der Flechtenzonen.“[129] In diesem Satz gipfelte ein Artikel in der „Frankfurter Allgemeinen Zeitung“ vom 9. September 1979 über den Widerstand einer Gruppe von Lerchesbergern und Lerchesbergerinnen gegen eine neue Schnellstraße – die Südumgehung. Die Straße sollte nach dem Willen der städtischen und hessischen Verkehrsplaner und -planerinnen die nahe gelegenen Stadtteile Niederrad und Sachsenhausen vom Durchgangsverkehr befreien, zulasten der Villensiedlung, an deren südlichem Ende die Schnellstraße in wenigen hundert Metern Entfernung vorbeiführen sollte.[130] Am Lerchesberg formierte sich Widerstand, eine „Arbeitsgemeinschaft Südumgehung“ wurde eingerichtet.[131] Diese wandte sich an den Garten- und Landschaftsarchitekten Aloys Bernatzky, der im Frankfurter Gartenamt angestellt und in der umweltbewegten Szene des Rhein-Main-Gebietes als Experte für Stadtklima

[129] N. N.: Mit dem Thermogramm gegen die Südumgehung. In: FAZ, 9.9.1976.

[130] Siehe beispielsweise N. N.: Verkehrsprobleme in Lerchesberg-Gegend. In: FNP, 20.9.1979; N. N.: Heftiger Streit um die Autos auf dem Lerchesberg. Drohbriefe und Telefonterror. In: k. A.; N. N.: Raser nerven die Leute am Lerchesberg. Bürgerverein faßte Beschwerden zusammen. In: FR, 12.11.1987; N. N.: Sachsenhäuser Gärtner suchen verbündete. „Lerchesberg-Bewohner wissen nicht, was auf sie zukommt“. Einspruch gegen Südring Süd. In: FR, 13.8.1970; N. N.: Einspruch gegen geplanten Südring. In: FAZ, 13.8.1970. Alle in: Institut für Stadtgeschichte, S3: Dokumentation Ortgeschichte: Lerchesberg, S3/E 2191.

[131] Vgl. zur Vorgeschichte N. N.: Der Wald soll nicht weiter asphaltiert werden. In: FAZ, 28.7.1975; Wilfried Ehrlich: Die südliche Umgehung bringt den Stadtwald in Gefahr. In: FAZ, 18.10.1975; N. N.: Protest gegen geplante Südumgehung. In: FAZ, 23.10.1975. Gleichzeitig erhitzte ein Ausbau des Frankfurter Kreuzes, in dessen Zuge eine eigene Flughafenstraße entstehen sollte, die Gemüter so sehr, dass die Straße trotz begonnener Rodungsarbeiten nicht gebaut wurde: N. N.: Ein gordischer Knoten mitten im Stadtwald. In: FAZ, 14.10.1975; N. N.: Die Bäume sind gefällt – Politiker schließen Kompromiß. In: FAZ, 27.3.1976.

und „Luftkreisläufe“ in urbanen Räumen bekannt war.[132] Um 1970 profilierte er sich deutschlandweit als öffentliche Stimme gegen die zubetonierten Städte, die in seinen Augen eine „unerträgliche Belastung der darin Wohnenden“ darstellten.[133] In seinem für die „Arbeitsgemeinschaft Südumgehung“ erstellten Gutachten griff Bernatzky zu der ungewöhnlichen „Waffe“ der Flechtenkarte, von der die FAZ berichtete.

Karten waren spätestens seit dem 19. Jahrhundert eine bevorzugte Wissenstechnologie, um den entstehenden Nationalstaaten den Zugriff auf „ihr“ Territorium zu sichern.[134] Der Garten- und Landschaftsarchitekt Bernatzky versuchte, dieses Wissen – als Gegenwissen[135] – gegen den Staat und eines der Hauptärgernisse der Lerchesberger und Lerchesbergerinnen zu richten: das sich stetig verdichtende Netz von Infrastrukturen im Waldgebiet südlich von Frankfurt, in dem auch der Lerchesberg lag.

Bei der Flechtenkarte handelt es sich tatsächlich zunächst um ein offizielles Planungsdokument. Sie war in den frühen 1970er-Jahren von einem Team von Botanikern und Botanikerinnen rund um die Gießener Pflanzenökologin Lore Steubing erstellt worden, um die Umweltbelastung im industriell stark belasteten Rhein-Main-Gebiet zu ermitteln.[136] Flechten waren seit den 1960er-Jahren als Bioindikator entdeckt worden, da die Doppelgewächse (Flechten sind das Produkt einer symbiotischen Verbindung von Pilzen und Algen) sensibel auf Luftverunreinigung reagieren. Auftraggeber war die Regionale Planungsgemeinschaft Untermain, die sich von den Flechtenstudien eine empirische Grundlage für die Umweltplanung erhoffte.[137] Das Geld kam unter anderem von der NATO, die in diesen Jahren eine

[132] Etwa Aloys Bernatzky: Klimawirkungen von Grünflächen und ihre Beziehungen zur Städteplanung. In: Anthos: Zeitschrift für Landschaftsarchitektur 5 (1966) 1, S. 29–34.

[133] Zitiert nach Michael Busse: Die Auto-Dämmerung. Sachzwänge für eine neue Verkehrspolitik. Frankfurt a. M. 1980, S. 107. Vgl. Aloys Bernatzky: Die grüne Großstadt. In: Uwe Schultz (Hg.): Umwelt aus Beton oder Unsere unmenschlichen Städte. Hamburg 1971, S. 50. Vgl. auch N. N.: Bäume wachsen langsam. In: FAZ, 6.10.1970.

[134] David Gugerli/Daniel Speich: Topografien der Nation. Politik, kartografische Ordnung und Landschaft im 19. Jahrhundert. Zürich 2002.

[135] Vgl. Stadler/Güttler/Rhyner (Hg.): Gegen|Wissen (wie Anm. 27).

[136] Ulrich Kirschbaum: Flechtenkartierungen in der Region Untermain zur Erfassung von Immissionsbelastungen. In: Lore Steubing/Christian Kunze/Jill Jäger (Hg.): Belastung und Belastbarkeit von Oekosystemen. Tagungsbericht der Gesellschaft für Oekologie Tagung Giessen 1972. Augsburg 1972, S. 133–140. Vgl. auch Ulrich Kirschbaum/Rainer Klee/Lore Steubing: Flechten als Indikatoren für die Immissionsbelastung im Stadtgebiet von Frankfurt/M. In: Staub-Reinhaltung Luft 31 (1971) 1, S. 21–24. Die Karte ist wiederabgedruckt in: Nils Güttler: Nach der Natur. Umwelt und Geschichte am Frankfurter Flughafen. Göttingen 2023, S. 313.

[137] Einen guten Überblick über das Programm gibt Alexander von Hesler: Die lufthygienisch-meteorologische Modelluntersuchung in der Region Untermain. In: NuM 101 (1971) 3, S. 118–123.

Reihe umweltwissenschaftlicher Programme initiierte.[138] Nach der Veröffentlichung im Jahr 1972 machte die Karte eine Karriere in der Umweltbewegung im Rhein-Main-Gebiet. Für Bürger- und Naturschutzinitiativen stellte sie eine geeignete Grundlage dar, um gegen den Bau neuer Verkehrsinfrastrukturen zu intervenieren. Der Landschaftsarchitekt Bernatzky ging sogar so weit zu argumentieren, dass das Waldgebiet rund um den Lerchesberg nicht nur für die Anwohner und Anwohnerinnen von Bedeutung sei. Es stelle vielmehr die Frischluftzufuhr für die gesamte Stadt Frankfurt sicher und die Südumgehung werde deswegen die Umwelt des gesamten Stadtgebietes verpesten.[139]

Die Südumgehung war aber nicht einmal das größte Umweltproblem am Lerchesberg. Noch schwerer wog der bereits erwähnte Frankfurter Flughafen, dessen Gegner Steubings Flechtenkarte ebenfalls heranzogen: Aus der Karte konnten die Bürgerinitiativen wichtige Argumente gegen den Bau der Startbahn West ableiten.[140] Aus Lerchesberger Perspektive war das Hauptproblem, das der Flughafen verursachte, aber nicht die Luftverschmutzung, sondern eindeutig der Flugzeuglärm. Bei der Planung des Villenviertels war die Nähe zum Flughafen noch ein Alleinstellungsmerkmal gewesen – in wenigen Autominuten könnten die dort wohnenden Geschäftsleute den Flughafen erreichen –, doch spätestens mit Beginn des Düsenjetzeitalters um 1960 rückte das Lärmproblem immer näher an den Lerchesberg heran.[141]

Bereits im Jahr 1964 begann die Flughafengesellschaft FAG, aufgrund massiver Proteste von Anrainergemeinden Fluglärmüberwachungsanlagen einzurichten.[142] Auf dem Lerchesberg wurde 1970 eine Messstelle installiert.[143] Denn die Lärmsitua-

[138] Vgl. insbesondere Simone Turchetti: Greening the Alliance. The Diplomacy of NATO's Science and Environmental Initiatives. Chicago/London 2019.

[139] N. N.: Mit dem Thermogramm gegen die Südumgehung. In: FAZ, 9.10.1976.

[140] Hessischer Landtag, 9. Wahlperiode. „Anhörung des Haushaltsausschusses, des Ausschusses für Wirtschaft und Technik und des Ausschusses für Umweltfragen zum Ausbau des Flughafens Frankfurt am Main, 2. bis 5. Februar, Stenographische Niederschrift", 1981, S. 250.

[141] Bereits bei der Grundsteinlegung war das ein Thema: N. N.: Kein Düsenlärm am Lerchesberg. In: FNP, 12.10.1959; N. N.: Stille Oase am Rande der Stadt. Richtfest am Lerchesberg – Durch keinen Lärm gestört. In: FR, 12.10.1956. Alle in: Institut für Stadtgeschichte, S3: Dokumentation Ortgeschichte: Lerchesberg, S3/E 2191.

[142] N. N.: Bewegliche Fluglärm-Kontrolle. In: FNP, 22.8.1972. Vgl. auch die Karte „Zur Umgebung des Frankfurter RHEIN-MAIN Flughafens" vom Februar 1972, auf der die damaligen Messstationen verzeichnet sind: Institut für Stadtgeschichte, Kommission zur Abwehr des Fluglärms, Signatur 5.

[143] Siehe Flughafen Frankfurt am Main an den Magistrat der Stadt, 22.9.1971. In: Institut für Stadtgeschichte. Kommission zur Abwehr des Fluglärms, Signatur 5. Siehe auch Magistratsbeschluss, Frankfurt am Main, 18.8.1979. In: Institut für Stadtgeschichte, Kommission zur Abwehr des Fluglärms, Signatur 2. Zuvor hatten sogar Anwohner und Anwohnerinnen sich bereit erklärt, auf ihren Grundstücken solch eine Anlage zu errichten, beispielsweise Willi H., wohnhaft am Lerchesberg-

tion im Villenviertel veränderte sich massiv, als die Deutsche Flugsicherung 1969 die An- und Abflugrouten des Frankfurter Flughafens neu festlegte. Bei einer sogenannten Ostwetterlage – die Maschinen starten und landen dann gegen den Wind von West nach Ost – lag der Lerchesberg plötzlich mitten unter einer viel frequentierten „Luftstraße". In den Mitschriften des im Frankfurter Römer eingerichteten Lärmtelefons finden sich seit diesem Zeitpunkt immer häufiger nun auch Beschwerden vom Lerchesberg.[144] So beschwerte sich ein Anrufer beispielsweise im November 1969, dass „der Fluglärm wieder unerträglich auf dem Lerchesberg geworden" sei. „Es brausen pausenlos die Flugzeuge über unser Haus. Ich bitte um Aufklärung [...]."[145]

Solche Beschwerden unterschieden sich zunächst kaum von denen aus anderen Stadtgebieten. Doch gesellten sich zu den Beschwerden vom Lerchesberg[146] – das zeigen auch die persönlichen Eingaben an die 1966 gegründete „Kommission zur Abwehr des Fluglärms", einem neuartigen Gremium aus Vertretern und Vertreterinnen des Flughafens, der Luftfahrtindustrie, der Politik, der Anrainergemeinden und der Bürgerinitiativen[147] – drei Elemente hinzu: Erstens brachten die Lerchesberger und Lerchesbergerinnen wie schon bei den Neuplanungen der Bebauung des Viertels und seiner Umgebung und auch bei den Diskussionen um die Südumgehung, die von der Stadt garantierte „gute Wohnlage" als Argument in die Diskussion mit ein – eine Verlegung der Flugrouten über das Villenviertel entwerte die Wohnlage und sei deshalb unzulässig.[148] Dieses Argument verstärkte sich insbe-

ring: Huxhorn an Willi H., 26.9.1969. In: Institut für Stadtgeschichte, Kommission zur Abwehr des Fluglärms, Signatur 2.

144 Siehe beispielsweise Römertelefon, Name: K., Nansenring (Lerchesberg), Anruf vom 28.–31.8.1969, Nr. 15/8/69. In: Institut für Stadtgeschichte, Kommission zur Abwehr des Fluglärms, Signatur 2.

145 Römertelefon. In: Institut für Stadtgeschichte, Kommission zur Abwehr des Fluglärms, Signatur 2.

146 Klaus B. an Bundesflugsicherung, 8.9.1969; Dr. Jur. Hans B. (Landesbankdirektor) an die Kommission zur Abwehr des Fluglärms, 8.9.1969; Dr. Gerd W. an den Magistrat der Stadt Frankfurt am Main, 11.9.1969; Dr. Wolfgang H. an den Oberbürgermeister Brundert, 6.9.1969; M. (Briandring) an die Kommission zur Abwehr des Fluglärms, 8.9.1969; Rudolf T. an den Magistrat Frankfurt am Main, 4.9.1969; Rudolf T. an Hans Kiskalt, 29.9.1969. Alle in: Institut für Stadtgeschichte, Kommission zur Abwehr des Fluglärms, Signatur 2.

147 Fluglärmkommission Frankfurt. 50 Jahre Kommission zur Abwehr des Fluglärms Flughafen Frankfurt Main. Frankfurt a. M. 2016, online zugänglich unter: http://www.flk-frankfurt.de/eigene_dateien/flk/50_jahre_flk/festschrift__50_jahre_fluglaermkommission_frankfurt__oktober_2016.pdf (letzter Zugriff am 10.11.2023).

148 Siehe beispielsweise Willi H. an den Magistrat Frankfurt am Main, 8.9.1969. In: Institut für Stadtgeschichte, Kommission zur Abwehr des Fluglärms, Signatur 2: „In früheren Jahren wurde das Wohngebiet am Lerchesberg als ‚bevorzugtes Wohngebiet' auch von der Stadt, die ja an der

sondere in den 1990er-Jahren, als eine Kommission von Immobilienverwaltern ein Gutachten veröffentlichte, nach dem sich der Wertverlust am Lerchesberg anschaulich aus den Statistiken seit der Steigerung des Flugverkehrs ablesen ließ.[149]

Zweitens nutzten die Lerchesberger und Lerchesbergerinnen ihre privilegierten sozialen Netzwerke, um eine Verbesserung der Situation zu bewirken. Insbesondere zeigt sich dies in persönlichen Vorsprechen bei Professor Dr. Willi Brundert, der nicht nur Oberbürgermeister der Stadt Frankfurt, sondern eben auch ein Nachbar der Lerchesberger und Lerchesbergerinnen war.[150] Kaufte die Stadt dem Oberbürgermeister ein Grundstück inklusive 350 m^2 Villa in den frühen 1960er-Jahren, um die Wohngegend als prestigeträchtig zu markieren, war nun gerade seine Abwesenheit und vor allem die Abwesenheit seiner Nachfolger ein Beweis für den vermeintlichen Niedergang des Viertels.[151] So appellierte ein Arzt, wohnhaft auf dem Nansenring:

> Möglicherweise ist für Sie die Beurteilung des Fluglärmes nicht immer in dem Masse möglich, wie es die meisten Anwohner des südlichen Sachsenhausen trifft, da Sie aus dienstlichen Gründen sehr häufig ihrem Wohnhaus fernbleiben müssen. Für die meisten Ihrer Nachbarn ist jedoch dieses Lärmproblem mittlerweile zu einem wesentlichen Lebensproblem geworden. Wenn auch bisher schon immer wieder einmal startende Flugzeuge unser Wohngebiet überflogen haben und die dadurch bedingte Belästigung erträglich war, so kann man eigent-

Lerches-Berg Grundstücksverwaltung beteiligt ist, beurteilt. Eine entsprechende Aussage kann man heute keinesfalls mehr machen. Das Verhalten des Magistrats, wenn es in der mir bekannten Fassung zutreffen sollte, ist mir unverständlich." Siehe auch die Aussage von R.: „damit [wird] der Wert unserer Wohnungen und Häuser stark gemindert"; R. an Brundert, 10.9.1969. Siehe auch die vierseitige beigefügte Unterschriftenliste mit 147 Unterschriften. Dies war eine übliche Praxis des Protests; siehe auch die dreiseitige Unterschriftenliste aus Oberrad, 24.9.1969. Alle in: Institut für Stadtgeschichte, Kommission zur Abwehr des Fluglärms, Signatur 2.

149 Jürgen Dahlkamp: Für ein Paar Millionen die freie Auswahl in Wohn-Schlaraffia. In: FAZ, 14.6.1997, S. 57; N. N.: Wohnhäuser am Lerchesberg. In: FR, 1.5.1996. Alle in: Institut für Stadtgeschichte, S3: Dokumentation Ortgeschichte: Lerchesberg, S3/E 2191.

150 Sein Haus beziehungsweise der Verkauf seines Hauses war Gegenstand einer intensiven Berichterstattung: N. N.: Die goldenen Wasserhähne und der Tresor müssen raus. Die Stadtverordneten beschließen den Verkauf der OB-Villa. In: k. A.; N. N.: Stadt duldet Zeltlager im Garten der OB-Villa. In: FAZ, 28.9.2013; N. N.: Oberbürgermeister-Villa vor dem Abriss. In: FAZ, 24.12.2010; N. N.: Oberbürgermeister-Villa auf dem Lerchesberg. In: FAZ, 17.1.1990. Alle in: Institut für Stadtgeschichte, S3: Dokumentation Ortgeschichte: Lerchesberg, S3/E 2191.

151 Brundert hatte das Grundstück zunächst in den 1950er-Jahren selbst erworben, die Stadt kaufte dann die Villa in den 1960er-Jahren, um sie als Dienstvilla für zukünftige Oberbürgermeister und Oberbürgermeisterinnen zu nutzen. Aber kein nachfolgender Oberbürgermeister zog dort ein. Walter Wallmann (von 1977 bis 1986 Frankfurter Oberbürgermeister) wohnte jedoch in einem anderen Haus auf dem Lerchesberg. N. N.: Die goldenen Wasserhähne und der Tresor müssen raus. Die Stadtverordneten beschließen den Verkauf der OB-Villa. In: k. A. In: Institut für Stadtgeschichte, S3: Dokumentation Ortgeschichte: Lerchesberg, S3/E 2191.

> lich die seit einer Woche eingetretene, katastrophale Lage auf die Dauer nicht ertragen. Ich möchte Sie daher als einer Ihrer Nachbarn bitten, sich in dieser Angelegenheit für uns einzusetzen und bei der Flughafen AG eine Änderung der Startregelung auf den bis vor einer Woche geübten Modus zu erwirken.[152]

Auch zahlreiche andere Eingaben sprachen Brundert direkt an, berichteten von vorherigen persönlichen, auch privaten Unterredungen in der Sache in den Villen auf dem Lerchesberg und verwiesen zudem häufig auf lokale Netzwerke in Wirtschaft und Politik, die sie gezwungenermaßen einsetzen müssten, um ihr Eigentum zu schützen.[153] Brundert selbst beschwichtigte solche Einwände und verwies darauf, dass technische Neuerungen das Problem schon lösen würden. Hoffnung würden vor allem die Flugzeugkonstrukteure geben, die „in absehbarer Zeit [...] die technischen Voraussetzungen [...] schaffen, um das Übel Fluglärm an seiner Wurzel anzupacken." Denke man an den neuen Flugzeugtyp Boing 747, „den sogenannten Jumbo-Jet", gehe es doch schon in die richtige Richtung.[154]

Drittens versuchten die Lerchesberger und Lerchesbergerinnen, eine politische Ressource zu mobilisieren, zu der sie mit ihrem Bildungshintergrund und den ökonomischen Ressourcen einen leichten Zugang hatten – Wissen.[155] Dass man „gut informiert" sei, gehörte zu einer Standardfloskel, die auch eine Anwohnerin bemühte, als sie sich im September 1969 an den zuständigen Stadtrat wandte.[156] Gleichzeitig veröffentlichte sie wie viele Lerchesberger und Lerchesbergerinnen Leserbriefe zu dem Thema in der „Frankfurter Allgemeinen Zeitung". Auch ein Protokoll des Römertelefons aus dem September 1969 ist für diesen Punkt paradigmatisch:

> Sehr geehrte Herren! Hiermit lege ich bei der Flughafen A. G. schärfsten Protest gegen das neue Abflugverfahren in Ostrichtung ein. [...] Um objektiv bleiben zu können, beantrage ich die Errichtung einer Phon-Meßstelle am Lerchesberg, die zur weiteren Begründung meines Protestes die notwendigen Aufnahmen durchführt. Es ist dringend erforderlich die effektiven

[152] Dr. Wolfgang H. an den Oberbürgermeister Brundert, 6.9.1969; Abteilungspräsident. In: Institut für Stadtgeschichte, Kommission zur Abwehr des Fluglärms, Signatur 2.

[153] Karl P. an die Mitglieder der Kommission zur Abwehr des Fluglärms, 30.9.1969. In: Institut für Stadtgeschichte, Kommission zur Abwehr des Fluglärms, Signatur 2.

[154] Brundert an Karl P., 23.2.1970. In: Institut für Stadtgeschichte, Kommission zur Abwehr des Fluglärms, Signatur 2.

[155] Der Unterschied der Anschreiben tritt auch schon im äußeren Erscheinungsbild hervor wie Briefkopf und Papierqualität. Zudem adressierten sie meist mehrere Stellen gleichzeitig: R. an den Hessischen Minister für Wirtschaft und Verkehr, Dr. Willi Brundert, Fluglärmbekämpfungsstelle, Flughafen Frankfurt/M AG, 10.9.1969. Alle in: Institut für Stadtgeschichte, Kommission zur Abwehr des Fluglärms, Signatur 2.

[156] Brief von Helga B. an Stadtrat Hans Kieskalt, 29.9.1969. In: Institut für Stadtgeschichte, Kommission zur Abwehr des Fluglärms, Signatur 2.

> Maximalwerte in dieser ‚bevorzugten Wohnlage' aufzunehmen. [...] Das jetzt veranlasste Abflugverfahren ist für die Bewohner des Lerchesberges unzumutbar. Es wird hiermit dringend um Abhilfe gebeten. [...] Ich bin auch bereit, auf meinem Grundstück eine Meßwarte zur Kontrolle des Flugzeuglärmes zu dulden, wenn dieses für die weitere Begründung dieser Beschwerde wichtig erscheint.[157]

Grundsätzlich folgte der Anrufer Willi H. hier einer breiteren Strategie der Anti-Lärm-Bewegung. Diese Strategie lautete: Betroffene mobilisieren, den Lärm objektivieren und „anderes" Wissen produzieren, um den Fluglärm zu begrenzen.[158] Bei den letzten beiden Punkten agierten die Lerchesberger und Lerchesbergerinnen ganz im Rahmen der Anti-Lärm-Bewegung, deren prominentestes Gesicht im Rhein-Main-Gebiet der „Umweltpfarrer" Kurt Oeser war, ein Pfarrer in der südlich des Flughafens gelegenen Gemeinde Walldorf-Mörfelden. Dennoch gab es Berührungsängste. Zwar engagierten sich Lerchesbergerinnen und Lerchesberger in Bürgerinitiativen, allerdings nicht in der von Oeser geleiteten „Interessengemeinschaft zur Bekämpfung des Fluglärms", die in vielen stark lärmbelasteten Anrainergemeinden um den Flughafen Zulauf fand.[159] Stattdessen agierten viele im Rahmen der „Gemeinschaft Frankfurter Bürger zur Abwehr des Fluglärms", die sich schon dem Namen nach stark an die *bürgerliche* Bevölkerung richtete (auch wenn sie dies in ihrer Selbstbeschreibung nicht tat).[160] Darüber schien auch Stadtrat Kiskalt verwundert, der handschriftlich vermerkte, dass es sich anders als behauptet in keinem Fall um eine Initiative für „*alle* Frankfurter" und „*alle* Bürger" „*aller* im Süden und Osten liegenden Gemeinden" handle.[161] In einer Presseerklärung vom 26. Januar 1970 formulierte schließlich der Sprecher dieser Gruppe Karl P., Ordinarius für Innere Medizin an der Goethe-Universität, Direktor der Universitätsklinik und betroffener Anwohner, auch etwas expliziter, dass es der Bürgerinitiative in besonderem Maße gelungen sei, die oberen sozialen Schichten zu mobilisieren: „In der ‚Gemeinschaft Frankfurter Bürger zur Abwehr des Fluglärms' haben sich unter anderem zahlreiche Ärzte und Wissenschaftler zusammengefunden. Wir werden alles tun und keine Wege scheuen, um die gesundheitlichen Belange derer zu ver-

[157] Römertelefon. In: Institut für Stadtgeschichte, Kommission zur Abwehr des Fluglärms, Signatur 2. Dies legte Willi H. auch noch schriftlich vor.

[158] Vgl. Nils Güttler: Gegenexpert:innen: Umwelt, Aktivismus und die regionalen Epistemologien des Widerstandes. In: NTM 30 (2022), S. 541–567.

[159] Kurt Oeser: Vorgeschichte, Aufgaben und Ziele der Bundesvereinigung gegen Fluglärm. In: Kampf dem Lärm 15 (1968), S. 35–38.

[160] Vgl. Presseerklärung der Gemeinschaft Frankfurter Bürger zur Abwehr des Fluglärms, 26.1.1970. In: Institut für Stadtgeschichte, Kommission zur Abwehr des Fluglärms, Signatur 2.

[161] Angemerkt an dem Brief von Karl P. an Kiskalt zur Presseerklärung, 3.2.1970. In: Institut für Stadtgeschichte, Kommission zur Abwehr des Fluglärms, Signatur 2; Hervorhebung im Original unterstrichen.

treten, für die wir uns verantwortlich fühlen, und wir sind davon überzeugt, dass man in offenen sachlichen Gesprächen zwischen allen Beteiligten bessere Lösungen finden wird als bisher.“[162] Was hier noch recht diplomatisch formuliert war, brachte der Mediziner in einem Brief an die Fluglärm-Kommission dann noch einmal genauer auf den Punkt: „Befürchten Sie bitte nicht, daß wir harte Aktivitäten entwickeln werden. Wir möchten nur unsere Anliegen vertreten und gehört werden. Das Gespräch werden Sie vermutlich nur mit mir zu führen haben. Und ich bin überzeugt, daß wir in ruhiger, sachbezogener Form zu tragbaren Lösungen kommen werden.“[163]

In beiden Aussagen steckte eine Prise Arroganz gegenüber den politischen Aktivitäten von Personen wie dem Umweltpfarrer Oeser, der in seiner Interessengemeinschaft nicht immer auf ganz so illustre Mitstreiter zurückgreifen konnte. Vor allem aber steckt darin jede Menge Hoffnung auf die gesellschaftsverändernde und -formende Kraft des Wissens: Über „sachliche Gespräche“ könne man das Fluglärmproblem am Lerchesberg schon in den Griff bekommen. Zudem wird hieran deutlich, dass die Gruppe der Lerchesberger und Lerchesbergerinnen sich selber als Experten beziehungsweise Expertinnen verstand, die den Aussagen der Stadtverwaltung und der Expertenkommission mit wissenschaftlichen Beweisführungen und Argumenten zu begegnen wusste und sich den Argumenten nicht ohne Widerspruch fügte. So nahm ein Professor für Baustatik und Anwohner am Lerchesberg ein Antwortschreiben der Stadtverwaltung auseinander, indem er entgegnete: „Dieser Brief enthält im wesentlichen Binsenwahrheiten und versucht, von dem eigentlichen Tatbestand abzulenken: die vielfachen Fehlflüge und Abweichungen von der Route nach Norden. In einem Punkt muß ich die Ausführungen als unqualifiziert bezeichnen: mir geht es nicht um die Lärmverhältnisse im Bereich meiner Wohnung [...], mir geht es um die Lärmsituation der Lerchesbergsiedlung und der Kisselsiedlung (Sozialwohnungen).“[164] Auch der bereits erwähnte Professor Karl P. widersprach mehrfach: „Schließlich protestiere ich gegen falsche Auskünfte, die von Ihrer Beschwerdestelle verschiedenen Anrufern gegeben worden sind. Die enorme Steigerung der Lärmbelästigung ist nicht auf den Ostwind zurückzuführen, sondern auf die Einführung des neuen Abflugverfahrens. Und mit einer un-

[162] Presseerklärung (wie Anm. 160).

[163] Karl P. an Huxhorn, 25.9.1969. In: Institut für Stadtgeschichte, Kommission zur Abwehr des Fluglärms, Signatur 2.

[164] I. an Jäckel, 11.8.1976. In: Institut für Stadtgeschichte, Kommission zur Abwehr des Fluglärms, Signatur 2.

fallbedingten Blockierung einer Startbahn hat das Ganze auch nichts zu tun. Zeugen stehen zur Verfügung."[165]

Der Mediziner verließ sich auch nicht auf die Messungen der Lärmmessstelle.[166] Er unternahm eigene Messungen, die er in einer wissenschaftlichen Beweisführung an die Stadt schickte und damit auch dafür sensibilisierte, dass Wissen nie unangefochten bleiben kann, es vielmehr zum Widerspruch aufrufe und immer auch die Frage nach Konstruktion, Intention und Entstehung von Datenmaterial beinhaltete.[167]

Einige Beschwerdeführer wurden jedoch in ihrer sachlichen Kommunikation ernster genommen als andere. Während Karl P. bald sogar zu Sitzungen der Kommission hinzugebeten wurde[168] und gesonderte Termine bei der Bundesanstalt zur Flugsicherung erhielt, also bei der höchsten Ebene,[169] wurden andere wie der Professor für Baustatik mit dem Stigma eines Querulanten versehen.[170] Darauf deuten zumindest die Anmerkungen hin, die sich an seinen Briefen finden. So vermerkte Stadtrat Jäckel handschriftlich an den Satz, dass der Professor der vorherigen städtischen Stellungnahme nicht zustimmen könnte: „Das wäre ja auch eine große Überraschung gewesen". Zudem enthalten die Schreiben mehrere Kennzeichnungen von Passagen, die er als Übertreibung ansah. Am Ende eines Briefes findet sich zudem eine generelle handschriftliche Einschätzung: „Stimmt effektiv nicht. Blödsinn. Sind im Verhältnis echt gut bedient." Auf die Drohungen gerichtlicher Verfahren reagierte er mit: „Darauf sollte man es wirklich mal ankommen lassen." In dem sachlichen und ausgesprochen höflichen Antwortschreiben an den Beschwerde-

[165] Karl P. an die Kommission zur Abwehr des Fluglärms, 4.9.1969. In: Institut für Stadtgeschichte, Kommission zur Abwehr des Fluglärms, Signatur 2.

[166] Karl P. an Brundert, 3.9.1969; Karl P. an die Kommission zur Abwehr des Fluglärms, 2.9.1969; Karl P. an die Kommission zur Abwehr des Fluglärms, 4.9.1969; Karl P. an die Mitglieder der Kommission zur Abwehr des Fluglärms, 30.9.1969; Karl P. an die Kommission zur Abwehr des Fluglärms, 25.9.1969; Karl P. an die Kommission zur Abwehr des Fluglärms, 19.12.1969. Karl P. an die Kommission zur Abwehr des Fluglärms, 8.5.1970. Alle in: Institut für Stadtgeschichte, Kommission zur Abwehr des Fluglärms, Signatur 2.

[167] Ähnliche Diskussionen zeigt für die Statistik Alain Desrosières: Die Politik der großen Zahlen. Eine Geschichte der statistischen Denkweise. Heidelberg 2005, hier: S. 2 f.

[168] Ebd.

[169] Eine Besprechung fand am 19.9.1969 im Verwaltungsgebäude des Flughafens statt: Karl P. an die Kommission zur Abwehr des Fluglärms, 25.9.1969. In: Institut für Stadtgeschichte, Kommission zur Abwehr des Fluglärms, Signatur 2.

[170] Das wird deutlich in der internen Weiterleitung: Peter Jäckel an Huxhorn, 26.4.1976: „Sehr geehrter Herr Huxhorn, Herr Prof. I. hat an den Osterfeiertagen wieder Gelegenheit gefunden, einige Beschwerden hinsichtlich von erfolgten Fehlflügen, die die Wohngebiete Sachsenhäuser Berg, Niederrad und Oberrad berührten, zu Papier zu bringen." In: Institut für Stadtgeschichte, Kommission zur Abwehr des Fluglärms, Signatur 2.

briefschreiber ist von solchen Bemerkungen allerdings nichts zu finden.[171] Der hier gewählte Ton spiegelt vielmehr das Gros der Antwortbriefe wider, die an die Adressen auf dem Lerchesberg gingen. In jedem Fall handelte es sich bei diesen um individuelle Antwortbriefe,[172] die auf die einzelnen Argumente eingingen und sich von den bereits früh entwickelten standardisierten Antwortschreiben an Anwohnerinnen und Anwohner anderer Stadtviertel abhoben.[173] Die Lerchesbergerinnen und Lerchesberger unterschieden sich schließlich auch in einem weiteren Punkt von anderen lärmgeplagten Frankfurterinnen und Frankfurtern: in den Möglichkeiten, mit denen sie abseits des Widerspruchs auf den Lärm reagieren konnten. Wenn auch nur wenige ihren Grund und Boden verkauften und dem Fluglärm entflohen, so konnten sie aber doch durch bauliche Maßnahmen – wie dem Einbau von Schallschutzfenstern – ihr Eigentum so verändern, dass der Lärm erträglicher wurde. Ihre Häuser wurden in Studien häufig als Beispiele angeführt, wie man dem Lärm effektiv begegnen könne.[174]

Die lärmgeplagten Lerchesbergerinnen und Lerchesberger wurden damit eher zufällig Teil einer politischen Dynamik, die in den 1970er- und 1980er-Jahren unter dem Schlagwort „Gegenwissen“ bekannt wurde – die gezielte Mobilisierung von (meist wissenschaftlichem) Wissen gegen eine staatliche Planungspolitik, die in den Augen vieler Zeitgenossinnen und Zeitgenossen völlig aus dem Ruder gelaufen war. Den Protest gegen Atomkraftwerke und Verkehrs- und Versorgungsinfrastrukturen wie den Frankfurter Flughafen, die zu einem Initialmoment für die Umweltbewegung wurden, verbinden wir heute kaum mit Villenvierteln, sondern eher mit einem mittelständischen Klientel oder, im Frankfurter Fall, mit den Bewohnern und Bewohnerinnen des Westends oder des Hüttendorfs, das in den frühen 1980er-Jahren zur Verhinderung der Startbahn West im Flörsheimer Wald errichtet wurde. Das Beispiel des Lerchesbergs zeigt, dass viele Wege zum Gegenwissen führten –

171 Peter Jäckel an Prof. Dr. I., 20.8.1976. In: Institut für Stadtgeschichte, Kommission zur Abwehr des Fluglärms, Signatur 2.

172 Beispielweise Stadtrat Dr. Hans Kiskalt an Willi H., 25.9.1969. In: Institut für Stadtgeschichte, Kommission zur Abwehr des Fluglärms, Signatur 2.

173 Siehe auch Hans Kiskalt an Prof. Karl P., 1.10.1969. In: Institut für Stadtgeschichte, Kommission zur Abwehr des Fluglärms, Signatur 2. So erhielt gerade Karl P. auf seine Eingaben mehrseitige Antwortschreiben und die Bestärkung: „Aufgrund meiner Tätigkeit in der Kommission zur Abwehr des Fluglärms kann ich Ihnen, sehr geehrter Herr Dr. P., versichern, daß all Ihre Sorgen und Beschwerden erneut in diesem Gremium diskutiert werden und daß man sich weiterhin bemühen wird, die Lärmbeeinträchtigung für den einzelnen Bürger möglichst auf ein erträgliches und zumutbares Maß zurückzuführen. Ich persönlich bedauere, Ihnen im Augenblick nicht mehr zusichern zu können, werde mich aber dafür einsetzen, daß sich auch der Magistrat der Stadt Frankfurt am Main nochmals eingehend mit diesem Problem befaßt.“

174 Siehe die Beispiele in: Institut für Stadtgeschichte, Kommission zur Abwehr des Fluglärms, Signatur 5.

nicht zuletzt deshalb, weil die neuartigen Umweltprobleme wie der Fluglärm aus raumplanerischer Sicht demokratisierend wirkten: Auch wenn die Lerchesberger und Lerchesbergerinnen mit allen Mitteln verhindern wollten, dass ihre „bevorzugte Wohnlage" entwertet würde, der Raum für alternative Flugrouten war im dicht besiedelten Rhein-Main-Gebiet schlicht begrenzt. Insgesamt kann festgehalten werden, dass die Mobilisierung von Gegenwissen aus Lerchesberger Sicht keine Erfolgsgeschichte war und es auch nicht mehr werden wird: Durch den Klimawandel nehmen die Ostwetterlagen, die früher seltener auftraten und den Abflug über das Villenviertel mit sich brachten, zu.[175] Gleichzeitig hatte trotz der Bewusstwerdung, dass man sich mitten im Rhein-Main-Gebiet von den äußeren Realitäten nicht völlig abschotten kann, das Traumbild vom bevorzugten Wohnen der Reichen nie ganz an Überzeugungskraft verloren. Es schwelt weiter im Hintergrund. Der Erfahrungsraum hat am Lerchensberg den Erwartungshorizont nie ganz überlagert – oder anders formuliert: Der Traum von der besseren Wohnlage war auch im Düsenjetzeitalter nie ganz ausgeträumt.

Abstract

By examining the history of luxury Frankfurt residential estate Lerchesberg, the chapter explores visions and imaginaries of exclusive private property in West Germany after the Second World War. It focuses on the media and the knowledge produced by various actors concerning the Lerchesberg. The first section addresses the domain of planning: How did the property company plan a "celebrity estate" from scratch? How did journalists or municipal planners visualize and communicate their visions for a social space that did not yet exist? The second section investigates the role of human and social geography at the University of Frankfurt, which conducted several case studies on parcels of real estate in Frankfurt am Main, and Lerchesberg in particular. How did they reconcile the imagined utopia with its reality after construction? What techniques and media did they use to do so? In the third section, we end by turning to the protests of local residents against urban infrastructure measures. The more the environment of the residential estate became a problem – particularly as a result of noise pollution by Frankfurt Airport – the more the residents began to produce "counter-knowledge" on the Lerchesberg. Their knowledge became an important resource for political negotiations.

175 Vgl. dazu Helmut Schwan: Gestörte Ost-West-Beziehung. Lärm am Frankfurter Flughafen. In: FAZ-net, online zugänglich unter: https://www.faz.net/aktuell/rhein-main/frankfurt/laerm-am-frankfurter-flughafen-gestoerte-ost-west-beziehung-16082108.html (letzter Zugriff am 12.1.2024).

Kurzbiografien der Autorinnen und Autoren

Nils Bennemann ist Wissenschaftlicher Mitarbeiter am Lehrstuhl für Sozial- und Wirtschaftsgeschichte an der Universität Duisburg-Essen. Seine Forschungsschwerpunkte sind die Geschichte internationaler Organisationen und die Wissensgeschichte unter besonderer Berücksichtigung der Kartografie sowie die Geschichte der Rechtsstaatlichkeit. E-Mail: nils.bennemann@uni-due.de

Kerstin Brückweh ist Professorin für Historische Stadt- und Raumforschung an der Europa-Universität Viadrina in Frankfurt (Oder) und leitet zugleich den Forschungsschwerpunkt „Zeitgeschichte und Archiv" am Leibniz-Institut für Raumbezogene Sozialforschung in Erkner bei Berlin. Sie forscht derzeit vor allem zur Geschichte Ostdeutschlands und zur Eigentumsgeschichte beziehungsweise zur Geschichte des Wohnens. E-Mail: brueckweh@europa-uni.de

Gabriele B. Clemens ist seit 2007 Universitätsprofessorin für Neuere Geschichte und Landesgeschichte an der Universität des Saarlandes. Ihre Forschungsschwerpunkte liegen in der Kultur- und Wirtschaftsgeschichte Westeuropas, dazu befasst sie sich aktuell mit Fragen des Mäzenatentums in Italien.
E-Mail: clemens@mx.uni-saarland.de

Christof Dipper ist Professor emeritus für Neuere und Neueste Geschichte an der TU Darmstadt. Er war unter anderem im Kollegjahr 1989/1990 Forschungsstipendiat am Historischen Kolleg in München, Gastprofessor an der Hebrew University Jerusalem und Senior Fellow am FRIAS-Kolleg Freiburg. Seine Forschungsschwerpunkte sind italienische Geschichte, Agrar- und Begriffsgeschichte, Geschichte und Methode des Faches Geschichte und Geschichte der Universität sowie die Konzeption und Geschichte der Moderne. E-Mail: christof.dipper@tu-darmstadt.de

Andreas Dix ist seit 2006 Inhaber der Professur für Historische Geographie an der Otto-Friedrich-Universität in Bamberg. Eines seiner Forschungsfelder sind die Methoden und Auswirkungen ländlicher Strukturpolitiken seit dem 18. Jahrhundert auf ländliche Räume. Hinzu kommen Themen der Umwelt- beziehungsweise Kulturlandschaftsgeschichte. E-Mail: andreas.dix@uni-bamberg.de

https://doi.org/10.1515/9783111134826-012

Eva Maria Gajek ist Ko-Projektleiterin des Forschungsprojektes „Where the Rich Live: Mapping Villa Neighborhoods and Cultures of Wealth in Germany's Long Twentieth Century (RichMap)" am Leibniz Institut für Raumbezogene Sozialforschung (IRS). Zudem ist sie assoziierte Wissenschaftlerin am Max-Planck-Institut für Gesellschaftsforschung in Köln und Teil der dortigen Forschergruppe „Wealth and Social Inequality". Ihre Forschungsschwerpunkte liegen in der Zeit-, Kultur- und Mediengeschichte mit besonderem Interesse an der Geschichte sozialer Ungleichheiten, Vermögensverteilungen und der transnationalen Geschichte.
E-Mail: Eva.Gajek@leibniz-irs.de

Nils Güttler ist Assistenzprofessor für die Wissenschaftsgeschichte der Naturwissenschaften am Institut für Geschichte der Universität Wien. Seine Forschungen bewegen sich an der Schnittstelle von Umwelt- und Wissensgeschichte. Er hat sich intensiv mit der Geschichte von Umwelt und Umweltwissenschaften am Frankfurter Flughafen, aber auch mit Kartierungspraktiken in der Pflanzengeografie des 19. Jahrhunderts auseinandergesetzt. In jüngerer Zeit beschäftigt er sich verstärkt mit dem Verhältnis von Wissenschaft und Aktivismus und speziell mit der Geschichte der „Gegenwissens". E-Mail: nils.guettler@univie.ac.at

Heinrich Hartmann ist Professor für Wissensgeschichte moderner Gesellschaften an der Helmut-Schmidt-Universität Hamburg. In seiner Forschung arbeitet er insbesondere zu internationalen Modernisierungspolitiken im Mittelmeerraum im 20. Jahrhundert. Im Kollegjahr 2018/2019 war er Junior Fellow des Historischen Kollegs in München. E-Mail: heinrich.hartmann@hsu-hh.de

Lorenz Kähler ist Professor für Bürgerliches Recht, Zivilprozessrecht und Rechtsphilosophie an der Universität Bremen. Sein Forschungsinteresse gilt insbesondere der Ontologie des Rechts sowie den Grundlagen des Privatrechts.
E-Mail: lkaehler@uni-bremen.de

Ernst Langthaler ist Universitätsprofessor und Vorstand des Instituts für Wirtschafts-, Sozial- und Umweltgeschichte an der Johannes Kepler Universität Linz und des Instituts für Geschichte des ländlichen Raumes in St. Pölten. Er arbeitet insbesondere zur Agrar- und Ernährungsgeschichte (vor allem im langen 20. Jahrhundert), zur Global- und Regionalgeschichte (vor allem zur Warengeschichte) sowie zu historischen Theorien und Methoden (vor allem zu postanthropozentrischen Ansätzen). E-Mail: ernst.langthaler@jku.at

Anette Schlimm ist derzeit – nach Habilitation, Oberassistenzzeit und mehreren Gastprofessuren – als wissenschaftliche Mitarbeiterin am Institut für Zeitgeschichte München–Berlin beschäftigt. Ihre Forschungsschwerpunkte sind unter anderem die Gesellschafts- und Kulturgeschichte ländlicher Räume vom 19. bis 21. Jahrhundert, die Geschichte von Staatlichkeit und Regierungspraktiken sowie methodische Fragen der Geschichtswissenschaft. E-Mail: anette.schlimm@posteo.de

Ute Schneider lehrt und forscht als Professorin für Sozial- und Wirtschaftsgeschichte an der Universität Duisburg-Essen. Ihre Interessen liegen im Schnittfeld von Sozial-, Kultur- und Rechtsgeschichte Europas im 19. und 20. Jahrhundert. Einer ihrer Schwerpunkte ist die Wissenschaftsgeschichte, insbesondere räumlich-kartografische Visualisierungen und Techniken. Seit einigen Jahren forscht sie über die Internationale Weltkarte als Form der Modellierung der Welt. Im Kollegjahr 2019/2020 war sie Senior Fellow am Historischen Kolleg in München und ist seit 2022 *Scientific Board Member of the College for Social Scienes and Humanities der Research Alliance Ruhr*. E-Mail: ute.schneider@uni-due.de

Personenregister

Aufgenommen sind im deutschen Haupttext erwähnte Personen. Indirekte Nennungen (König, Kaiser etc.) wurden nicht aufgelöst und erfasst; zudem wurden Personennamen, die aus Gründen des Schutzes der Person gekürzt worden sind (Willi H. und weitere) nicht aufgenommen. In den Fußnoten genannte Personen wurden nur aufgenommen, wenn die dort angegebenen Informationen weiterführende inhaltliche Ergänzungen liefern oder Forschungspositionen diskutiert werden.

https://doi.org/10.1515/9783111134826-013

Schriften des Historischen Kollegs
Kolloquien

Band 111
Regentinnen und andere Stellvertreterfiguren. Vom 10. bis zum 15. Jahrhundert
Herausgegeben von Gabriela Signori und Claudia Zey
2023. XI, 210 S. ISBN 978-3-11-099216-8

Band 110
Lost Cities. Vom Leben mit verlassenen Städten in den Kulturen der Welt
Herausgegeben von Martin Zimmermann
2023. X, 305 S. ISBN 978-3-11-099456-8

Band 109
Religiöse Gewalt in historischer Dimension
Herausgegeben von Dorothea Weltecke
2025. ISBN 978-3-11-077349-1

Band 108
Narrative und Darstellungsweisen der Globalgeschichte
Herausgegeben von Gabriele Lingelbach
2022. XI, 219 S. ISBN 978-3-11-074268-8

Band 107
Körper-Bilder in der Frühen Neuzeit. Kunst-, medizin- und mediengeschichtliche Perspektiven
Herausgegeben von Michael Stolberg
2021. VIII, 354 S. ISBN 978-3-11-073479-9

Band 106
Gute Erinnerungen an schlechte Zeiten? Wie nach 1945 und nach 1989 rückblickend über glückliche Momente in Diktaturen gesprochen wurde
Herausgegeben von Monica Rüthers
2021. XII, 255 S. ISBN 978-3-11-073076-0

DE GRUYTER
OLDENBOURG

Schriften des Historischen Kollegs
Kolloquien

HISTORISCHES KOLLEG

Band 105
Der Siebenjährige Krieg 1756–1763. Mikro- und Makroperspektiven
Herausgegeben von Marian Füssel
2021. VIII, 275 S. ISBN 978-3-11-070964-3

Band 104
Emotionen und internationale Beziehungen im Kalten Krieg
Herausgegeben von Hélène Miard-Delacroix und Andreas Wirsching
2020. XVI, 430 S. ISBN 978-3-11-067954-0

Band 103
Identities and Representations in Georgia from the 19th Century to the Present
Herausgegeben von Hubertus Jahn
2021. XII, 194 S. ISBN 978-3-11-065927-6

Band 102
Theoderich der Große und das gotische Königreich in Italien
Herausgegeben von Hans-Ulrich Wiemer
2020. XI, 460 S. ISBN 978-3-11-065820-0

Band 101
Gerechtigkeit und gerechte Herrschaft vom 15. bis zum 17. Jahrhundert.
Beiträge zur historischen Gerechtigkeitsforschung
Herausgegeben von Stefan Plaggenborg
2020. XII, 287 S. ISBN 978-3-11-065078-5

Band 100
Große Erwartungen – 1919 und die Neuordnung der Welt
Herausgegeben von Jörn Leonhard
2023. XII, 349 S. ISBN 978-3-11-062429-8

DE GRUYTER
OLDENBOURG